融合教育实践指南

主　编　邓　猛
副主编　景　时　刘慧丽

图书在版编目(CIP)数据

融合教育实践指南/邓猛主编.—北京：北京大学出版社,2016.7
（21世纪特殊教育创新教材·融合教育系列）
ISBN 978-7-301-26732-5

Ⅰ.①融… Ⅱ.①邓… Ⅲ.①特殊教育-教学研究-高等学校-教材 Ⅳ.①G760

中国版本图书馆CIP数据核字(2016)第001021号

书　　名	融合教育实践指南 Ronghe Jiaoyu Shijian Zhinan
著作责任者	邓　猛　主编
丛书主持	李淑方
责任编辑	李淑方　吴卫华
标准书号	ISBN 978-7-301-26732-5
出版发行	北京大学出版社
地　　址	北京市海淀区成府路205号　100871
网　　址	http://www.pup.cn　　新浪微博：@北京大学出版社
微信公众号	通识书苑（微信号：sartspku）　科学元典（微信号：kexueyuandian）
电子邮箱	编辑部 jyzx@pup.cn　　总编室 zpup@pup.cn
电　　话	邮购部 62752015　发行部 62750672　编辑部 62767857
印刷者	河北滦县鑫华书刊印刷厂
经销者	新华书店
	787毫米×1092毫米　16开本　17.25印张　427千字 2016年7月第1版　2024年3月第7次印刷
定　　价	55.00元

未经许可，不得以任何方式复制或抄袭本书之部分或全部内容。
版权所有，侵权必究
举报电话：010-62752024　电子邮箱：fd@pup.cn
图书如有印装质量问题，请与出版部联系，电话：010-62756370

前　言

北京市于2013年正式启动"北京中小学融合教育行动计划",率先以国际最前沿的特殊教育理论"融合教育"(也称作"全纳教育")为目标,推进首都基本公共教育服务均等化,保障残疾儿童少年平等享受基本公共教育服务的权利,促进和谐社会首善之区的建设。

融合教育在本质上与我国自20世纪80年代中期发展起来的随班就读模式是不同的。随班就读的试验与推广主要目标是为大量还没有机会接受任何形式教育的特殊教育需要儿童提供上学读书的机会,融合教育则是彻底的教育变革。随班就读只针对普通班级里少数残疾儿童的教育和服务,融合教育则要求教育整体的、系统的变革来应对所有学生的多样化需求。融合教育者认为残疾儿童有权在普通教室接受高质量的、适合他们自己特点的、平等的教育与服务。学校应成为每一个儿童获得成功的地方,不能因为学生的残疾与差别而进行排斥与歧视;学校应该尊重日趋多样的学生群体与学习需求;多元化带给学校的不应该是压力,应该是资源。融合教育试图通过残疾儿童教育这一杠杆撬动教育体制的整体变革与社会文化的积极改变。融合教育理论远远超出了教育的范畴,成为与社会上所有的公民相关的事情,是挑战不公正与歧视的利器,与各国社会文明发展水平、人权保护,以及社会公平与正义目标的实现紧密相关。融合教育自20世纪70年代以来逐渐成为全球特殊教育领域讨论最热烈的议题。今天,即使在最为贫穷、资源缺乏的国家,融合教育也已成为使更多处境不利的儿童享有学校教育机会的政治宣示或者现实举措。

可见,北京市融合教育行动计划是随班就读发展到一定阶段的必然需求,是北京市基础教育发展的自我突破与完善的必然举措。它开启了我国融合教育发展的新篇章,促进北京市整体教育体制变革,促进北京市教育的现代化与国际接轨的进程,在国内融合教育改革与发展方面起到引领与示范的作用。

融合教育要求普通教师和特殊教师在高度多样性的全纳学校环境中相互合作、协同教学。普通教师掌握特殊教育或全纳教育相关知识与技能,特殊教师学习普通教育的相关教学方法,成为融合教育教师教育的必然选择。各类康复、治疗人员与相关设备也进入普通学校共同构成支持与服务体系,这也是各国发展融合教育的基本举措。

然而,国内关于融合教育的理论与实践的研究仍然非常缺乏,普通教师对于融合教育基本理论与实践方式还不了解。现阶段教师的职前与职后教育中关于残疾的基本知识及相关教育技能的课程几乎没有。因此,开发适合于我国教师培养实际需求的融合教育理论及实践教材就非常必要。北京市作为率先推行融合教育的前沿阵地,所有教师掌握融合教育的基本理论与实践技能是全面实施融合教育的前提。2013年,本人有幸得到北京市"向基础教育倾斜:教育教学改革创新"项目的支持,主要任务就是开发一套系统性、操作性较强的融合教育理论与实践教材,为北京市乃至于全国的普通教师学习融合教育提供一套基本的教材。经过近两年的努力,终于成稿。主要内容由本人历年所指导的研究生共同完成,书稿中的个案由北京市相关学校提供。撰写过程中得到多位特殊教育工作者包括华国栋、肖非、刘全礼、李玉向、兰继军、雷江华、龙建友、芦燕云、孙颖、黄伟、王红霞、周凯、杨希洁等同志的大力协助与支持。特此致谢！

  本教材共分为十章，各章编写者如下。第一章：关文军（北京师范大学）；第二章：江小英（北京师范大学）；第三章：傅王倩（北京师范大学）；第四章：熊琪（南京特殊教育学院）；第五章：赵梅菊（北京师范大学）；第六章：孙玉梅（华中师范大学）；第七章：刘慧丽（赤峰学院）；第八章：汪斯斯（北京师范大学）；第九章：林潇潇（华中师范大学）；第十章：颜廷睿（北京师范大学）。全书由主编与副主编完成统稿工作，北京市161中学高二(3)班邓昱昊同学对书稿进行了文字整理与编辑。教材中难免有诸多疏漏与不当之处，请各同行批评指正！

邓　猛

2015年6月10日于北京师范大学英东楼

目 录

第一章 融合教育的工作机制 …………………………………………… 1
第一节 融合教育的学校工作机制 …………………………………… 2
一、普通学校中融合教育的主要执行者和参与者 ………………… 2
二、融合教育的组织与保障 ………………………………………… 5
三、融合教育的无障碍环境创设 …………………………………… 7
四、融合教育的课程与教学调整 …………………………………… 10
五、融合教育效果与质量的评估 …………………………………… 12
六、融合教育的学校工作流程 ……………………………………… 14
第二节 融合教育的行政管理与支持 ………………………………… 15
一、强化教育部门对融合教育的行政管理与政策支持 …………… 15
二、完善融合教育的资源配置与支持系统 ………………………… 17
三、加强融合教育的师资队伍建设与专业化水平 ………………… 18
第三节 融合教育与社区支持 ………………………………………… 19
一、社区中的教育资源分类 ………………………………………… 20
二、社区支持对残疾儿童融合教育的意义 ………………………… 21
三、社区参与融合教育的途径 ……………………………………… 22

第二章 融合教育学校的管理 …………………………………………… 26
第一节 学校文化的创建 ……………………………………………… 27
一、学校文化的内涵 ………………………………………………… 27
二、融合学校文化的内涵 …………………………………………… 28
三、创建融合学校文化的途径 ……………………………………… 30
第二节 学校管理改革 ………………………………………………… 32
一、学校管理改革的新理念 ………………………………………… 32
二、融合教育的实施过程 …………………………………………… 33
第三节 相关人员的职责 ……………………………………………… 36
一、融合教育教师的职责 …………………………………………… 37
二、特殊教育的专业人员职责 ……………………………………… 41
第四节 融合班级管理策略 …………………………………………… 43
一、融合班级人际关系管理策略 …………………………………… 43
二、融合班级时间和空间管理策略 ………………………………… 46
三、融合班级常规管理策略 ………………………………………… 47
四、融合班级行为管理策略 ………………………………………… 49

第三章　残疾儿童的教育评估 ……………………………………………… 53
第一节　残疾儿童的教育评估 …………………………………………… 53
一、教育评估的内涵 ……………………………………………… 53
二、教育评估的内容与方法 ……………………………………… 55
第二节　评估的流程 ……………………………………………………… 58
一、准备阶段 ……………………………………………………… 58
二、测评阶段 ……………………………………………………… 59
三、综合评定阶段 ………………………………………………… 59
四、教育评估结果应用 …………………………………………… 59
第三节　教育评估的模式及案例 ………………………………………… 60
一、课程本位评估 ………………………………………………… 60
二、行为表现评估 ………………………………………………… 66
三、动态评估 ……………………………………………………… 71

第四章　课程调整策略 ……………………………………………………… 76
第一节　课程调整的简介 ………………………………………………… 76
一、课程调整的步骤 ……………………………………………… 76
二、三种调整方法的选用原则 …………………………………… 77
第二节　课程的精简 ……………………………………………………… 78
一、课程精简的内涵 ……………………………………………… 78
二、课程精简的操作技术及案例 ………………………………… 78
第三节　课程的充实 ……………………………………………………… 82
一、课程充实的内涵 ……………………………………………… 82
二、课程充实的操作技术及案例 ………………………………… 82
第四节　课程的替代 ……………………………………………………… 86
一、课程替代的内涵 ……………………………………………… 86
二、课程替代的操作技术及案例 ………………………………… 86

第五章　融合教育课堂的教学策略 ………………………………………… 91
第一节　差异教学 ………………………………………………………… 91
一、测查学生的差异 ……………………………………………… 92
二、设计差异化的教学内容 ……………………………………… 97
三、差异教学的实施——弹性分组教学 ………………………… 98
四、制定灵活的评价标准 ………………………………………… 100
第二节　合作教学 ………………………………………………………… 102
一、合作教学的类型 ……………………………………………… 102
二、合作教学的实施 ……………………………………………… 106
第三节　合作学习 ………………………………………………………… 107
一、同伴指导 ……………………………………………………… 107
二、同伴互助学习 ………………………………………………… 111

三、小组合作 ……………………………………………………… 111
　第四节　个别化教学 …………………………………………………… 113
　　一、个别化教学的实施依据 ……………………………………… 113
　　二、个别化教学的组织形式及策略 ……………………………… 114
　第五节　结构化教学 …………………………………………………… 119
　　一、结构化教学与特殊儿童的学习特质 ………………………… 119
　　二、结构化教学的组成部分 ……………………………………… 120
　　三、结构化教学的实施案例 ……………………………………… 122

第六章　融合教育的合作和支持 …………………………………… 125
　第一节　教师与家长的合作 …………………………………………… 125
　　一、教师与家长的合作方法 ……………………………………… 125
　　二、教师与家长的合作途径 ……………………………………… 127
　第二节　相关专业人员的合作 ………………………………………… 129
　　一、融合教育执行团队的组成 …………………………………… 129
　　二、融合教育中团队成员的合作 ………………………………… 131
　第三节　融合学校的环境支持 ………………………………………… 133
　　一、物理环境的调整 ……………………………………………… 133
　　二、心理环境的营造 ……………………………………………… 136
　第四节　辅助科技的支持 ……………………………………………… 140
　　一、辅助科技的概述 ……………………………………………… 140
　　二、融合教育中辅助科技的类型 ………………………………… 140
　　三、辅助科技的选择 ……………………………………………… 142

第七章　资源教室的运作 ……………………………………………… 146
　第一节　资源教室的产生与发展 ……………………………………… 146
　　一、资源教室的由来 ……………………………………………… 146
　　二、资源教室的发展 ……………………………………………… 147
　　三、资源教室的内涵 ……………………………………………… 147
　　四、资源教室与普通教育的关系 ………………………………… 148
　第二节　资源教室的规划与配置 ……………………………………… 149
　　一、资源教室的规划 ……………………………………………… 149
　　二、资源教室的配置 ……………………………………………… 155
　第三节　资源教室的运作与管理 ……………………………………… 160
　　一、资源教室的运作 ……………………………………………… 160
　　二、资源教室方案的融合班经营 ………………………………… 162
　　三、资源教室的管理 ……………………………………………… 164
　第四节　资源教室的课程安排 ………………………………………… 169
　　一、资源教室课程安排的步骤 …………………………………… 170
　　二、资源教室课程调整的策略 …………………………………… 171

三、资源教室课程安排的方式 ……………………………………………… 171

第八章　个别化教育计划的制订与实施 ……………………………………… 173
第一节　个别化教育计划的制订 …………………………………………… 173
一、个别化教育计划的参与人员 ……………………………………… 173
二、个别化教育计划的操作流程 ……………………………………… 174
第二节　个别化教育计划的案例评析 ……………………………………… 187
一、基本资料 …………………………………………………………… 187
二、基础评量及分析 …………………………………………………… 189
三、教育目标的制订 …………………………………………………… 193
四、教育措施 …………………………………………………………… 194
五、课程目标调整表 …………………………………………………… 196
六、总结 ………………………………………………………………… 197
第三节　个别化教育计划的实施 …………………………………………… 197
一、审阅 IEP …………………………………………………………… 197
二、设计教学 …………………………………………………………… 197
三、追踪把握学生的发展情况 ………………………………………… 199
四、必要时调整 IEP …………………………………………………… 199
五、评价学生的学习情况并向家长报告 ……………………………… 200
六、总结并拟订新的 IEP ……………………………………………… 202

第九章　残疾学生的转衔 ……………………………………………………… 204
第一节　残疾学生个别化转衔概述 ………………………………………… 204
一、"转衔"的含义 …………………………………………………… 204
二、转衔服务的模式 …………………………………………………… 205
三、个别化转衔计划的制订 …………………………………………… 206
四、制订个别化转衔计划后 IEP 小组成员的职责 …………………… 209
五、残疾学生转衔课程的制定 ………………………………………… 210
六、转衔课程的教学 …………………………………………………… 211
七、自我倡议的培养 …………………………………………………… 213
第二节　残疾儿童的幼小转衔 ……………………………………………… 214
一、幼小转衔的意义 …………………………………………………… 214
二、影响幼小转衔的相关因素 ………………………………………… 214
三、幼小转衔的生态-发展理论 ……………………………………… 216
四、幼小转衔的参考做法 ……………………………………………… 217
第三节　残疾学生的升学转衔 ……………………………………………… 217
一、小学后校际间的转衔 ……………………………………………… 217
二、中学后的教育转衔 ………………………………………………… 218
第四节　残疾学生的社会转衔 ……………………………………………… 222
一、就业转衔 …………………………………………………………… 222

二、生活转衔 ·· 225

第十章　融合教育质量评价与教育督导 ··· 229
　第一节　融合教育质量评价概述 ··· 229
　　一、融合教育质量评价的内涵 ··· 230
　　二、融合教育质量评价指标 ·· 231
　　三、融合教育质量评价方法 ·· 234
　　四、融合教育质量评价的程序 ··· 235
　第二节　融合教育质量评价指标 ··· 237
　　一、融合教育质量评价理念 ·· 237
　　二、融合教育质量评价的指标体系 ··· 237
　　三、融合教育质量评价指标的维度 ··· 239
　　四、根据评价结果制订融合教育行动计划 ·································· 248
　第三节　融合教育的教育督导 ·· 250
　　一、融合教育督导 ··· 251
　　二、融合教育督导的基本过程 ··· 253

第一章　融合教育的工作机制

【本章导言】

融合教育(inclusive education)是当前特殊教育发展的新趋势,与隔离式教育相比,融合教育不仅强调"人人享有平等受教育的权利",同时也强调教育应该主动满足"所有人的学习需求"。融合教育主张将残疾学生安置在普通教育环境中,普通教育学校有责任去除任何不利于残疾学生参与学校一般活动的障碍,为残疾学生提供必要支援;同时,增加普通教师与特殊教育教师的合作,共同计划、协同教学,促进残疾学生实质性参与班级活动,最终让班级中包含普通学生在内的所有学生受益。融合教育更进一步的意蕴旨在强调让残疾学生在普通教育环境中达成能"进入"一般教育环境之外,还要能实质性地"参与"所有教育活动并产生良好互动,最终在参与活动的过程中获得"进步"[①]。从这个意义上讲,融合教育并非仅仅把残疾学生和普通学生在空间上安置在一起,其最终目的是促使残疾学生真正融入普通教育环境,且能得到适当协助与支援,从而与普通学生开展良好互动,进而真正获得进步与潜能发展。

融合教育坚持特殊教育应该是普通教育的一环,而且不能从普通教育分离。近30年来,随着研究的深入以及各国教育实践经验的不断积累,美国、英国、澳大利亚、西班牙、意大利、法国、瑞典等发达国家首先打破了普通教育与特殊教育二元分离的教育体制,进而走向普特合一教育安置体系,实现了全面融合。20世纪80年代中期以来,随着残疾儿童随班就读工作的试验与推广,融合教育也逐渐成为我国特殊教育领域内的热门话题。它不仅对我国的特殊教育理论和实践产生了深刻的影响,其"通过残疾儿童教育这一杠杆撬动教育体制整体变革的趋势也日益明显"。[②] 2012年发布的全国教育事业发展统计公报显示[③],我国普通小学、初中随班就读和附设特教班招收的残疾学生3.50万人,在校生19.98万人,分别占特殊教育招生总数和在校生总数的53.30%和52.74%。可见,随班就读已经成为我国残疾儿童少年接受教育的主要形式,融合教育在我国的推行也进入了关键时期。

融合教育的推行需要教育体制乃至社会体系的全面改革,是一项不同部门(政府、教育管理部门、学校、社区、康复机构、社会组织等)、不同行为主体(普通学校领导、教师、特殊教育学校教师、康复师、家长、普通学生等)共同协作、共同支持、共同推进的工作。如果在配套措施、支援措施尚未完备的条件下实施融合教育,有时很容易带来负面效果,形成新的阻滞和困境。因此,如何结合我国的实际情况,借鉴国外融合教育的运行机

---

① Hitchcock C, Meyer A, Rose D, et al. Providing new access to the general curriculum: Universal design for learning[J]. Teaching Exceptional Children, 2002, 35(2):8-17.

② 邓猛,赵梅菊. 融合教育背景下我国高等师范院校特殊教育师资培养模式改革的思考[J]. 教育学报, 2013 (6): 75-80.

③ 2012年全国教育事业发展统计公报[EB/OL]. [2014-10-3]. http://www.moe.gov.cn/publicfiles/business/

制,明确我国在融合教育实施过程中一些重要相关部门及相关人员所应该承担的责任,从而梳理融合教育的工作机制,是推动融合教育在我国顺利发展的先决要素。本章从学校、教育行政部门、社区三个重要相关主体出发,分别阐述了融合教育运行与推广的流程和具体实施策略。

第一节 融合教育的学校工作机制

融合教育的终极目标是促进包括残疾儿童在内的所有学生在普通教育环境中获得"实质性"进步与潜能发展。为了达到这个目标,普通教育学校必须做出一系列的改革,以应对融合教育给普通教育所带来的挑战。这些改革主要涉及师资建设、支持性资源建设、制度建设、课程调整、环境创设等诸多方面。本节内容主要阐述融合教育的学校工作机制。

一、普通学校中融合教育的主要执行者和参与者

(一)学校领导(校长)

学校领导(校长)是学校的管理者,更是教育政策的执行者。学校领导对待融合教育的态度,会直接影响融合教育的实施效果。普通学校要真正开展教育改革,以适应融合教育的发展需求,作为学校领导的校长必须首先认同这种全新的教育理念,对其教育目标和具体的实施步骤、工作内容清晰明了,并能全力支持和推行。可以说,一个能深刻理解融合教育精神并愿意全力为残疾儿童融合教育提供各种资源和支持的校长,是保障融合教育顺利开展的关键因素。

(二)资源教师

资源教师(resource room teacher,RRT)是指承担资源教学、评估和计划的制订、咨询以及日常管理和行政事务的资源人士,是特殊教育与普通教育融合和沟通的桥梁;[①]在资源教室方案(resource room program,RRP)实施中,资源教师居于核心地位,是学校推行资源教室方案的核心和灵魂,全面筹划和实践各项工作。[②] 实践中,资源教师主要承担残疾学生的筛选与诊断、教学与指导、咨询与沟通以及相关的行政事务、公共关系等多项具体工作。

(三)普通教师

在融合教育背景下,广大普通教育教师将成为融合教育的主体,每一个教师都可能面临有特殊教育需要的儿童。他们是最多时间、最大程度与残疾学生直接接触的教育工作者。普通教师所秉持的对待残疾学生的态度、所掌握的处理和应对残疾儿童问题行为的技能,以及他们所具备的为残疾儿童提供适切的、个别化、差异化教学的素养水平的高低,直接影响残疾儿童教育的效果。

(四)班主任

班主任是在学校领导和其他教师的协调帮助下,全面负责一个班级学生的思想品德教育和教学组织工作的教师,其工作内容包括指导本班学生的课外活动、与科任老师沟通协调、进行家校联系、对学生进行操行评定等工作。班主任是班级的直接管理者,对残疾学生融合教育的成败有着直接的影响。班主任对待残疾学生的态度会间接地对普通、科任老师

[①] 王和平. 随班就读资源教师职责及工作绩效评估[J]. 中国特殊教育,2005(7):37-41.
[②] 许家成,周月霞. 资源教室的建设与运作[M]. 北京:华夏出版社,2006:35-36.

以及普通学生对待残疾学生的态度产生重大影响,并直接体现在他们对待残疾学生具体的教学互动、操行评定、日常生活交流、课外活动等诸多方面。一个真正关心、关爱残疾学生的班主任会带动整个班级学生以及相关科任老师共同为残疾学生打造能使他们"融入"班级教学与班级生活的人文环境,并与残疾学生开展良好的课上、课下互动,从而使得残疾学生获得实质性进步。另外,班主任还需要参与残疾学生融合教育的各项工作,包括残疾学生的评估鉴定、IEP 制定、家长沟通、问题行为干预与矫正等诸多方面。

(五) 科任教师

科任教师是学科知识教学的直接执行者。除了对具体学科开展教学之外,科任教师还是对学生进行品德塑造、操行培育的重要力量,他们也是最多与学生接触的教育工作者。科任教师通过日常的教学活动和与学生直接交往的形式,每时每刻都在对学生的思想、学习态度、学习爱好、品德操行等产生重要的影响。因此,科任教师同样是开展残疾学生的融合教育工作的重要参与者。

(六) 特殊教育教师

融合教育得以顺利实现,一方面离不开特殊儿童所需的各种支持和服务顺利融入普通教室,另一方面,离不开普通教师和特殊教育工作者在普通教室的紧密合作与协同教学。[1] 除了为特殊儿童提供全方位的支持和服务,为融合学校配备专门的特殊教育教师已经成为欧美发达国家实现融合教育的重要举措之一。本书中所指的特殊教育教师是具备特殊教育素养,掌握特殊教育技能,在普通学校从事教育工作的教师(含专职助教、专任随班就读教师、资源教师等)。特殊教师与普通教师共同承担包括特殊儿童在内的所有学生的教育责任。特殊教育教师不仅需要掌握特殊儿童教育的相关知识和技能,还需要掌握普通学校教育教学的知识和技能,从而能从容应对融合环境中学生多样性的学习特征,更好地为特殊儿童融入课堂教学提供支持。

(七) 巡回指导教师

从世界范围内来看,在融合教育的推进过程中,为了解决普通教育机构缺乏专业支持的问题,由专门的特殊教育机构参与融合教育,提供巡回指导服务,已经成为世界各国融合教育发展的普遍做法。[2] 所谓巡回指导,指的是为了促进融合教育的推行,由特殊教育学校(或者特殊教育资源中心)通过派出专业人员,定期或不定期深入普通学校为特殊儿童融合教育提供指导、咨询与帮助的重要支持方式,这些专业的巡回指导人员就叫巡回指导教师。在普通学校中,教师需要对特殊儿童实施适合的教育,作为普通班级的教师,又必须保证正常教学工作的进行,可能无法及时寻求当地特殊教育学校和特教中心的支持和帮助。[3] 因此,能够及时、客观给予指导的巡回指导教师是融合教育支持保障体系中不可或缺的支持内容。在我国,巡回指导的制度还不健全,巡回指导的功能比较模糊,很多地区所开展的巡回指导都缺乏相对成熟的经验以资借鉴。随着我国融合教育理论与实践工作的不断完善,巡回指导教师的设置必将推进我国融合教育顺利发展。

(八) 家长

家庭教育是学校教育的延伸和补充,特别是对于残疾学生而言,在其品德习惯的培养、

---

[1] Salend S J. Creating Inclusive Classrooms: effective and reflective practices [M]. 7th ed. New Jersey: Pearson Education Inc., 2011:7.

[2] 李拉. 巡回指导:学前融合教育的专业支持模式[J]. 现代中小学教育, 2013(3):43-46.

[3] 朱楠, 王雁. 融合教育背景下特殊教育学校职能的转变[J]. 中国特殊教育, 2011(12):3-8.

文化知识的巩固、身心缺陷的补偿训练等方面，都不宜从时空上把学校教育与家庭教育隔离开来，而应该使教育训练寓于孩子的整个学习和生活之中。① 融合教育为残疾学生提供了参与主流社会、文化的机会，但大多数时候，残疾学生需要在一定的帮助下才能真正参与。除学校之外，家庭是残疾学生最大的支援和最长时间的教育环境，其支持密度最大。因此，家长必须和学校通力合作，提高自己的参与能力，并利用日常生活中的活动（如休息、娱乐、闲谈、家务劳动等）对孩子进行补偿性教育和训练，帮助他们弥补缺陷，以便残疾学生能更好地适应学校、社会的学习和生活。另外，普通学生家长对残疾学生参与融合教育的态度对残疾学生在普通学校融合教育的顺利开展同样具有重要的影响。具体而言，在整个融合教育的实现过程中，家长的主要职责包括：

第一，普通学生家长应转变观念，理解、接纳残疾学生与自己的孩子同班就读，并尽可能为他们提供各种便利和支持；

第二，残疾学生家长应主动与学校沟通交流，及时掌握孩子在学校的学业和身心发展的状况，配合学校教师制定残疾学生的学习计划、康复训练计划等；

第三，残疾学生家长应配合教师开展残疾学生的学业补偿及家庭康复训练；

第四，残疾学生家长应参与制定残疾学生的个别化教育计划（IEP），并根据自己对孩子的发展情况的掌握，及时反馈详细信息给学校；同时，还有权监督学校 IEP 实施的情况和效果；

第五，残疾学生家长应参与建立残疾学生的家长组织，共同监督普通学校融合教育的实施情况，并在必要时为普通学校提供支援，包括陪读、适宜的教具辅具提供、信息提供等。

第六，主动搜集为残疾学生可能提供服务的各项支援的信息，并在必要时尽量利用。

（九）普通学生

融合教育的有效实施有赖于普通学生对特殊学生的接纳与提供的同伴支持。普通学生是在学校期间与残疾学生互动交流最多的群体，他们对待残疾学生的态度、表现出来的行为，对残疾学生的身心发展都有重大的影响。同样的，残疾学生对普通班级的参与使得正常学生有机会认识到人的多样性，在与残疾学生相互交流、互相帮助的过程中实现全面发展的目标。对于残疾学生而言，重要的是在获得适当教育的过程中获得被他人接纳的认同感，让他们不再感觉到被排斥。② 而对于那些在普通学校里接受融合教育的残疾学生而言，来自同龄人的接纳和认同要比其他人的接纳和认同更能影响他们的学习和生活。在融合教育的推进过程中，要采取各种方法，让普通学生在帮助残疾学生的过程中成长。他们应该做到：

第一，转变观念，对残疾学生从心底里真正接纳，认识到残疾不过是人类多样性的一种表现，做到不排斥、不歧视残疾学生；

第二，普通学生要主动从生活、学习等方面关心、帮助残疾学生，为他们顺利融入班级提供支持；

第三，普通学生要主动与残疾学生结对子，形成"阳光助学伙伴"，帮助他们解决学习和生活方面的各种问题；

第四，班委要积极发挥引领作用，营造良好的班级氛围，协助班主任、科任老师做好残疾学生的帮扶工作。

---

① 李术. 论全纳教育中的家长参与[J]. 中国特殊教育，2004(4)：5-8.
② 彭兴蓬. 融合教育的价值追求及社会支持系统的建立[J]. 教育研究与实验，2014(3)：73-77.

小结:残疾学生融合教育的顺利开展,需要不同社会力量共同参与、通力协作。对于普通学校而言,一个对融合教育持接纳、理解、欢迎态度的校长,一批有志于投身融合教育事业的教师和专业人员,以及众多支持残疾儿童融合教育的家长和普通学生,都是推动融合教育发展的重要力量和实际参与者、执行者。他们对待残疾学生的态度,秉持的价值观和信仰,以及由此而延伸出的具体行为,对融合教育的实现将起到决定性的影响。

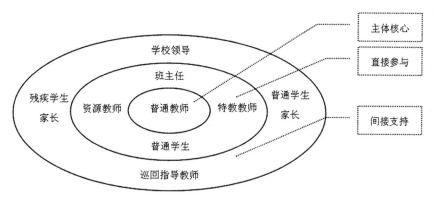

图 1-1 普通学校融合教育主要执行者和参与者的关系图

如图 1-1 所示,普通教师是融合教育的主角,是融合教育最直接的实施者,是融合教育成功的关键;资源教师和特殊教师则是融合教育的支持者,与普通教师共同完成残疾学生的教学与支持服务。资源教师在校长的领导和支持下,主导整个整合教育的推进;资源教师直接向校长负责,协调各方力量,实施融合教育工作。班主任、特殊教师以及科任教师则积极配合资源教师,开展残疾学生的融合教育工作。巡回指导教师往往来自当地的特殊学校;虽然不属于普通学校编制,但他们和家长、普通学生共同构成融合教育工作的支持力量,推进融合教育工作。

二、融合教育的组织与保障

(一)普通学校融合教育的制度建设

1. 残疾学生准入制度

为确保残疾学生顺利进入普通学校,并获得与普通学生一样的高质量教育,学校有必要建设残疾学生的准入制度,为适合在普通学校接受融合教育的残疾学生提供保障。具体而言,普通学校针对残疾学生制定的准入制度应包含以下内容。

第一,明确责任人。即明确由谁来组织开展残疾学生的鉴定、评估以及安置工作。一般而言,此项工作的责任人主要由主管校长、资源教师以及教研组长等来共同完成。

第二,评估学校自身可接受残疾学生的类型。目前我国大部分学校还不具备接受所有残疾类型学生的条件,在这种现状之下,普通学校需要依据自己学校的已有条件以及未来可能具备的条件(如无障碍设施、相关专业人员等),适当地评估自身可以接受的残疾学生的类型。

第三,明确准入的程序。即明确残疾学生进入普通学校所需的证明材料(如医院、残联等权威机构所开具的残疾证明、医学检验和评估证明等),以及残疾学生进入普通学校的步骤,即详细的评估、鉴定及安置程序等。

第四,明确安置办法。依据评估结果,明确残疾学生的安置办法,即选择合适的班级,配备合适的教师,并对适宜的教学方法、教学材料进行讨论与研究。

第五,明确残疾学生的学籍。部分学生可以具有双学籍。

2. 残疾学生的教学管理制度

对残疾学生的教学管理,除了普通学校针对普通学生常规的教学管理制度之外,普通学校还需要考虑如下几个方面。

第一,个别化教育计划(IEP)的制订和管理。IEP 是残疾学生教育教学的重要指南,它规划和指导了残疾学生在学校接受的教育的方方面面,描述了学生的教育需要,确定了学生要达到的教育目标,规划了学生的教育安置形式,明确了学生的教学进程和进步的评价标准[①]。普通学校必须通过制度明确 IEP 制定的主要负责人、参与者及其各项指标。一般而言,IEP 的制定,主要由资源教师主导,科任教师、家长、班主任以及特殊教育教师共同参与。其内容必须涵盖学生的目前发展状况、阶段性的发展目标等(详见本书第八章)。

第二,残疾学生的发展评估制度。普通学校首先必须明确残疾学生发展评估的主要负责人及评估小组的构成人员。一般而言,残疾学生的发展评估由融合教育领导小组主要负责,成员应包括学校领导、各教研室主任、教务主任、德育主任、资源教师、班主任、特殊教育教师、家长等。其次,还必须明确发展评估的主要内容和针对不同内容的各项具体指标。一般而言,发展评估的内容主要包括学业发展评估、适应能力评估、身心发展评估以及 IEP 实施情况评估等。最后,还必须明确针对不同发展内容具体的评估方法,比如是通过直接观察和记录学生在某课程上的行为表现,监测学生在课程上的进步情况的课程本位评估,还是评价学生在完成某项真实性任务时(如编故事、唱一首歌、做个手工艺品等)表现出的知识和技能水平的真实性评估,抑或是通过施测者的提示和反馈使得儿童在一系列难度和复杂性逐渐增加的测试中行为表现发生改变,从而了解残疾学生学习潜能的动态性评估,还是针对残疾儿童在其所属的家庭、学校、社区等情境中的行为表现进行分析的生态性评估等。

第三,残疾学生的应急管理制度。残疾学生尤其是精神、智力残疾的学生大部分存在情绪行为问题。为应对残疾学生的突发问题,普通学校必须提前做好预案,并制定相应的管理制度。一般而言,应急管理制度首先必须明确相关责任人,并明确各种突发问题的处理流程。

3. 融合教育工作实施情况的监督制度

融合教育工作要顺利推进,完善的监督制度必不可少。一方面,通过监督可以促进和推动普通学校融合教育工作的开展;另一方面,通过监督可以使得普通学校发现融合教育工作中存在的问题。融合教育工作实施情况的监督主要包含两部分内容。一是来自学校内部的自我监督,比如校内人员对融合教育实施情况的信息反馈机制等;二是来自学校之外的监督,包括教育行政部门、家长团体、社会组织等。普通学校必须通过制度明确监督人员的构成、具体的工作职责以及信息反馈机制等。

4. 相关人员的绩效管理制度

为保障融合教育工作顺利推行,需要建立融合教育相关参与人员的绩效管理制度。融合教育工作积极性的维持不能仅仅依靠个人的奉献精神,而应该建立一套长期有效的激励机制,用制度来维持这种积极性才是根本出路。[②] 主要内容应包括:(1)工作量认定。比如有

---

① 肖非. 关于个别化教育计划几个问题的思考[J]. 中国特殊教育,2005(2):8-12.
② 刘明清. 融合教育学校管理中几个核心问题的探讨[J]. 绥化学院学报,2014(1):58-61.

特殊学生的班级,班主任工作津贴适当增加,任课教师课时系数适当增加,任课教师每参与一个个案的个别化教育计划制定过程折合一定课时量等。(2)奖惩措施。制定明确的奖惩操作流程,将教师的职称评定、年终考核、评优评先与融合教育工作量及完成情况挂钩,支持优秀的教师参与各种融合教育培训,在校内进行经验分享,提供各种展示平台,让教师在融合教育的过程中有更好的成就体验等。

(二)融合教育领导小组的构成及其职责

在普通学校成立融合教育领导小组,对融合教育的整体工作进行布局,并对融合教育的具体实施提供行政支援和监督,是保障融合教育在普通学校顺利实施的又一重要内容。

1. 融合教育领导小组的人员构成

一般而言,融合教育领导小组的人员构成主要包括校长、主管教学副校长、各教研组主任、教务主任、德育主任、资源教师及特教教师。具体的人员结构如图1-2所示。

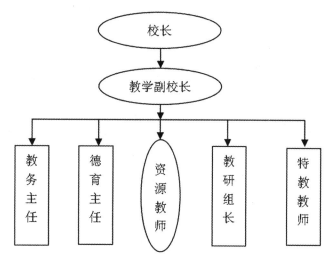

图1-2 北京市海淀区某中学融合教育领导小组的人员架构

图1-2中所描述的融合教育领导小组人员构成中,校长负责融合教育实施的全盘监控,资源教师在教学副校长的直接领导下负责具体工作的开展,教务主任、德育主任、教研组长和特教教师是领导小组的核心成员,配合资源教师做好具体的工作。

2. 融合教育领导小组的职责及主要工作内容

第一,制定融合教育的相关制度。例如残疾学生的融合教育准入、评估鉴定与安置、教学与管理、人员考核与激励等制度。

第二,为融合教育组织和提供各种资源和支持。比如融合教育的硬件支援、无障碍环境的创设、师资配备、师资培训、人文环境创设、应急管理和处置、家校合作的管理、转衔安置等。

第三,监督融合教育工作的具体实施。如教学评估、学生发展评估、IEP实施情况评估等。

第四,协调融合教育工作中的各种问题。如融合教育资源的争取、校外支持的获得、突发事件的处理等。

三、融合教育的无障碍环境创设

无障碍环境是消除残疾人、老年人、妇女、儿童等弱势群体在行动、信息、交流、生活等方面障碍的环境。创设无障碍环境并不只是为了少数人的利益,而是为社会所有成员创造安全、方便、平等的整体社会生活环境。无障碍的校园环境创设则是排除存在于校园及其周边环境中对有特殊需求的学生造成障碍的不利因素,通过学校建筑物、教学设施设备以及人文教育氛围等软硬件的设置与改善,给残疾学生提供便捷的学习和生活环境。在推行融合教育的观念之下,建立无障碍校园环境不再只是特殊教育学校的责任,普通学校也要考虑有特殊需求的学生的学习环境,提供相关的无障碍环境设施、教学设备等,并思考如何让学生克服心理障碍,能够在学校中享受应有的公平教育的机会,以达到"无障碍"的理想境界。①

1. 普通学校无障碍硬件设施的建设与改造

校园无障碍硬件设施的建设与改造,主要包括校园道路、洗手间、电梯(升降设备)、建筑物入口、室内出入口、室内通路走廊、轮椅观众席位、楼梯、停车位等方面的硬件设施。下面依据残疾学生的障碍类型,初步介绍部分需要建设和改造的硬件设施。

第一,视力和听力残疾学生。他们由于失去或者严重损伤视听功能,在使用校园设施时,需要依赖引导系统和警示系统以协助他们克服环境障碍。比较常用的如盲道、警示带、警示音响、指示装置、室外无障碍道路、无障碍建筑物出入口、室内无障碍走廊(如加装扶手的走廊)及楼梯等。

第二,肢体残疾学生。由于他们行动不便,有时需要借助轮椅和拐杖等辅助用具,因此,学校需要在无障碍坡道、扶手、栏杆、电梯以及低位装置等方面做出改变,满足他们的需要。

第三,精细动作障碍者。这些残疾学生可能由于运动神经失调,导致他们的精细动作不协调,因此,在进行开门、开关电源、插插头、扭水龙头等动作时,完成得相对吃力,此方面可提供的无障碍设施有感应式水龙头、声控开关、杠杆式门把等。

第四,容易发生意外事故者。残疾学生常发生碰撞、跌倒、摩擦、翻落、夹伤等意外事故,因此,学校需提供防滑、防撞以及防夹等安全性设施。

 知识卡片1-1

国际通用的无障碍设计标准

◇ 在一切公共建筑的入口处设置取代台阶的坡道,其坡度应不大于1/12,如条件允许,最好设无障碍入口;
◇ 在盲人经常出入处设置盲道,在十字路口设置利于盲人辨向的音响设施;
◇ 廊门的净空宽度要在0.8米以上,采用旋转门的需另设残疾人入口;
◇ 所有建筑物走廊的净空宽度应在1.3米以上;
◇ 公共卫生间应设有带扶手的座式便器,门隔断应做成外开式或推拉式,以保证内部空间便于轮椅进入;
◇ 电梯的入口净宽均应在0.8米以上。
(转引自:http://www.gov.cn/fwxx/cjr/content_1307089.htm)

2. 普通学校无障碍的人文环境创设

除了建设和改造校园无障碍硬件条件之外,融合的人文环境创设也尤为必要,从某种程度上而言,无障碍的人文环境更能促进残疾学生的学习和生活融入,更能有效地推动融合教

---

① 石茂林. 无障碍校园环境建设——基于融合教育理念的视角[J]. 南京特教学院学报,2012(1):10-13.

育在普通学校的发展。融合教育人文环境创设方案包括以下几个方面。

第一,特殊教育影片赏析。包含介绍不同残疾类型人士的电影、残疾名人相关电影、纪录片等。可以由教师主导进行内容分析,引导学生和家长进行思考,并分享心得。另外,还可以安排小组讨论、角色模拟扮演等同伴活动。

第二,讲座宣传。普通学校可以邀请特殊教育专家、巡回指导教师、特殊教育学校教师等以讲座的形式介绍残疾学生的心理发展特点,并介绍常用的教学辅导策略等;另外,普通学校还可以直接邀请成功的残障人士、残障人士家长,分享他们的心路成长历程。

第三,活动宣传。在特定的日期开展相关活动,如在国际残疾人日(12月3日)、世界爱耳日(3月3日)、国际自闭症日(4月2日)、国际盲人节(10月15日)等重大残疾人日开展残疾体验、有奖问答、征文、生活剧表演等活动;有条件的学校还可以设置每年的某个特定时间为本校的助残日;另外,还可以通过鼓励残疾学生参与社区活动、普通学生和残疾学生共同组织表演等形式开展相关活动。

第四,静态宣传。学校可利用宣传栏、网站、海报、校刊等校内媒体,定期设计制作有关残疾儿童融合教育、残疾相关知识、生活故事等的宣传栏目、简报等,促进普通学生和老师对残疾学生的了解。

第五,成立阳光助残团体。鼓励普通学生协助残疾学生的日常生活和学习,可以通过成立学校助残团体,或者以阳光助学伙伴的形式让残疾学生和普通学生结对子,让阳光助学伙伴成为融合教育推进中重要的一分子,并通过他们带动更多普通学生共同参与。

第六,案例研讨。定期组织教师开展融合教育相关工作的研讨,如融合教育成功经验分享、融合教育示范课观摩、说课评课、教材教法问题处理分享、问题行为处理经验分享、教法研讨、专家指导、家校合作与沟通等方面的研讨等。

 知识卡片1-2

校园融合文化创设的相关电影及纪录片推荐

1. 电影类

◇ 孤独症:《雨人》(Rain man)、《我的名字叫可汗》(My Name is Khan)、《自闭历程》(Temple Grandin)、《马拉松》(Marathon)、《莫扎特与鲸鱼》(Mozart and the Whale)、《海洋天堂》(Ocean Heaven)、《亚当》(Adam)、《玛丽和马克思》(Mary and Max)、《本X》(Ben X)……

◇ 听力残疾:《失宠于上帝的孩子》(Children of a Lesser God)、《绽放》《无声的呐喊》(Silent Scream)、《轻轻握住你的手》《走出寂静》(Jensites des Stille)、《妙趣孖宝》(See No Evil, Hear No Evil)、《那年夏天,宁静的海》《听说》……

◇ 视力残疾:《真情难舍》(At First Sight)、《星愿》(Fly Me to Polaris)、《天堂的颜色》(Color Of Paradise)、《听见天堂》(Red Like the Sky)、《闻香识女人》(Scent of a Woman)……

◇ 智力残疾:《我爱罗兰度》《水班长许东奎》《不一样的爸爸》(又名《我是山姆》(I am Sam)、《他不笨他是我爸爸》)、《爱的真谛》(日剧)、《低一点的天空》《阿甘正传》(Forrest Gump)……

◇ 其他残疾或者情绪行为障碍:《我的左脚》(小儿麻痹所致的肢残)、《我的天才宝贝》(天才儿童)、《放牛班的春天》(Les choristes)……

2. 纪录片类

《白塔》(听力残疾)、《我的梦》(多种残疾类型)、《孤独的记忆》(自闭症)、《轮椅上的竞技》《海伦·凯勒》(视力障碍)、《尼克胡哲》(肢残)、《乌托邦》(智力残疾)、《月亮的孩子》(白化病)、筑巢人(自闭症)……

3. 辅助科技支持

辅具是帮助残疾学生更好地适应生活和学习的工具,能够提高残疾学生自主学习的能力和增加参与生活的机会。辅具主要分为三类:(1)学习辅具。如供视力残疾学生所使用的放大镜、电子助视器、盲用电脑、听书机等;供听力残疾学生使用的人工耳蜗、电脑沟通系统等;供精细动作存在的残疾学生使用的辅助握笔套、按键式滑鼠器等。(2)沟通辅具。如沟通板、笔谈本等。(3)生活辅具。如盲杖、助行器、震动闹钟、轮椅、特制餐具、盲用手表、闪光门铃等。

四、融合教育的课程与教学调整

融合分为物理空间融合、社会融合和课程融合三个层次,其中课程的融合是融合教育中最难达到的层次。普通学校要实现融合教育所倡导的让所有儿童都在普通教室里接受高质量的、适合他们独特的学习需要的教育,就必须重视调整普通教室里课程的形式、内容与教学策略,以便有特殊教育需要的学生能够和他们的同伴一起充分、平等地参与学校课程活动。

(一)融合教育学校课程应该包含的内容

传统的普通学校课程不能满足教室内多样的学习需要,普通学校要实现"所有儿童都能获得成功"(Success for All)的目标,其课程必须针对所有儿童。[①] 因此,融合课程首先是一种"共同课程"(common curriculum),即供所有儿童学习的课程。这种共同课程以儿童生理心理一般发展阶段的特点为基础,确定某一年龄阶段儿童应该达到的基本技能与学业水平,从而确定学校课程目标与内容,为儿童将来顺利地过渡到成人生活奠定基础。这种课程亦称为一般发展性课程(Normal developmental curriculum)或功能性课程(Functional curriculum),它既重视学生的学业发展领域,还包括学生的行为、情感、社会交往、人际关系等目标。其次,融合教育的课程应该具备弹性,应该体现学生学习能力的多样性,反映不同学生的不同特点与学习需要。例如,有特殊教育需要的学生需要在学校里学习一些普通儿童在校外通过自我探索、模仿、非系统的口耳相传就能够获得的一些知识,如基本的卫生习惯、生活自理能力、性别角色等。又如残疾学生到高年级以后,学校必须提供过渡课程与服务以帮助他们适应成人生活及发展相关职业能力、独立生活技能。图 1-3 显示了融合教育课程的主要内容结构。

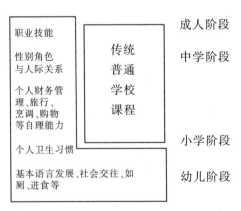

图 1-3　融合教育学校课程的主要结构[②]

---

① Ashman A, Elkins J. Educating Children with Special Needs [M]. 2nd ed. Australia: Prentice Hall, 1994: 132.
② 邓猛. 关于全纳学校课程调整的思考[J]. 中国特殊教育, 2004(3): 1-6.

(二) 融合教育课程调整的策略

1. 课程准入

普通学校需要确保每个学生都能全面、平等地参与学校课堂内外的各种教学与活动,不能因为学生身体上的残疾或相关服务的需求而将他们拒绝于某项教学活动之外。这就要求普通学校需要提供各种资源、设备与服务,改进教学策略,使融合课程真正成为所有学生都能够学习的、高质量的课程。

2. 相关资源与服务的提供

融合教育课程需要相关资源与服务的支持才能有效地实施,这种支持针对学生不同的特殊教育需要,有着很大的差异性。例如,对于那些具有肢体残疾和感官残疾(如盲聋)的学生来说,最重要的是他们能否以适当的方式被"准入"其他学生学习的课程,能否得到斜坡、扶手等残疾人辅助建筑设施,能否得到盲文材料、助听设备、音像教材等,这将决定这些学生能否有效地接受与其他正常学生一样的课程与教学。只要提供了适当的设备与服务,他们能完全与正常儿童一样接受普通学校的学科教学。而对于自闭症、智力残疾以及情绪行为障碍的学生,多方面的人员投入显得尤为必要。如特殊教育教师、资源教师走进普通课堂与普通教师相互合作,共同承担、分享教育全班学生的责任,以保证有特殊教育需要的学生能够平等地"准入"融合教育课程。

3. 课程的分层 (Differentiation)

课程分层即根据学生能力与需要的不同确定适当的课程内容与形式、教学策略以及评价方式,主要包括课程、教学与评价的分层。即资质优异的学生学习更多、更艰深的内容,且经常要求他们独立完成;有特殊教育需要的学生学习较少、较简单的内容,且经常在别人帮助下利用更多的教学辅助工具(如卡片、大字课本等)完成。表 1-1 介绍了几种常用的课程分层模式:

表 1-1 融合教育中常用的几种课程分层模式

同样的课程	所有学生学习同样的课程,不需要对课程内容做出任何调整,教学目标、要求也相同
多重课程	所有学生学习的课程内容相同,但要求掌握的水平不同
交叉课程	所有学生参加同样的教学活动,但所学习的课程内容和要求掌握的概念不同
替代性课程	由于普通学校传统课程不能满足某些学生需要,教师小组需要重新为他们设计单独的课程内容与教学活动,这些课程可以根据需要在普通教室、学校或社区内进行,并吸纳有兴趣的正常同伴一起进行

需要注意的是,课程分层存在着增大学生差异的风险性。其中的原因是,由于长期接受不同层次课程的教育,学生可能出现学习高层次课程的学生学业成就成长得更多,学习低层次课程的学生成长得更少,导致学生之间差距拉大。为避免出现这种情况,融合教育的课程分层应当遵循"最少分层"的原则,即尽量让所有的学生都参加同样的课程与教学活动,并尽量让他们独立完成任务,只有在必要的时候才改变课程内容与教学方法。因此,第一选择是不变,其次是小变,第三是同学帮助,第四是教师的额外辅导,最后才是特别设计的课程与教学活动以及在家庭里开展的特别训练活动。

五、融合教育效果与质量的评估

融合教育质量评估是对普通学校实施融合教育情况的反馈与监督,目的是促进普通学校进一步做出改变,满足包括残疾学生在内的所有学生的发展需求。质量评估的内容包括师生和家长的接纳态度、关注阶段、教师融合教育的使用层次、无障碍环境的创设、课程和教学调整的效果以及学生发展情况评估几个重要方面。

(一)师生、家长的接纳态度和关注阶段

融合教育相关者对于特殊儿童的接纳态度是融合教育可以顺利实施的基础。反过来讲,师生、家长的融合教育接纳态度可以间接反映融合教育的实施效果和质量。

Hall 和 Hord 曾提出融合教育的关注本位采用模式(Concerns-based Adoption Model,简称 CBAM),主张学校成员对于学校推动融合教育的关注阶段和使用层次进行考量,并以此作为融合教育实施效果的重要指标之一[①]。具体而言,CBAM 提出的关注阶段包含以下内容。

表 1-2 融合教育关注阶段的类型与特色

类型	阶段	特色说明
自我关注 (Self-concern)	知觉关注 (Awareness)	代表个人对融合教育很少关注或者参与
	信息关注 (Information)	个人对于融合教育具有一般认识,同时愿意了解更多内容,在此阶段,个人不太在意融合教育与自己的关系,而是关注融合教育本身的一般特征、影响和使用要求
	个人关注 (Personal)	个人尚未能了解融合教育对于自己的要求,同时担心自己能否应付此项工作
任务关注 (Task-Concern)	管理关注 (Management)	个人将较多的关注集中于落实融合教育的工作,例如使用信息与资源的最佳方案等,因此,在此阶段个人希望了解融合教育的效率、组织、管理、时间表等
影响关注 (Impact-Concern)	结果关注 (Consequence)	此阶段个人关注的焦点为融合教育对学生影响的效果,将着重于融合教育对于学生的适切性、推广融合教育后学生的学习效果,或者是融合教育有无改善学生表现或影响其需求改变
	合作关注 (Collaboration)	此阶段个人关注焦点为实施融合教育时,该如何与他人协调合作,在此阶段,个人能与他人讨论与互动,进而激发合作产出,对融合教育有进一步推动
	再调整关注 (Refocusing)	此阶段个人已经不再关注融合教育的影响、利益或者执行,而是进一步探讨融合教育的优点,同时,能设计其他策略,以评鉴、改善或者取代融合教育的现存推动内容

---

① Hall G E, Hord S M. Change in schools: Facilitating the process[M]. Albany, NY: State University of New York Press, 1987: 60.

(二)教师融合教育的具体措施的使用层次

对于融合教育质量的评估,除了需要考察教师对融合教育的接纳之外,还需要对教师在学校或者班级内实际使用融合教育措施的熟练程度作出综合判断。表 1-3 描述了使用层次的 7 个阶段及其具体说明。普通学校可以通过问卷、访谈及观察等方法具体判别教师所属的层级。

表 1-3 融合教育使用层次及各层次的具体说明[①]

使用层次	具体说明
未使用(Nonuse)	教师对于融合教育缺乏了解,或者知之甚少,也未准备参与,与融合教育的新事物没有任何关联
心理导向(Orientation)	教师正在探索自己当前对于融合教育的价值导向,如教师可能已经获取或者正在获取融合教育的新资料,且已经探求或者正在探求融合教育的价值取向
准备(Preparation)	教师准备第一次使用融合教育的新事物,如尝试制定 IEP、开展评估等
机械性使用(Mechanical Use)	教师能短暂使用融合教育新事物,但缺乏反省的机会和时间,如:教师每天短暂使用的融合教育新事物仅仅是教师所熟悉的领域,而非真正对学生有益,使用比较肤浅且不连贯
例行性使用(Routine)	教师可以稳定地使用融合教育的相关方法,但很少做出改变,或者很少愿意尝试新的方法或者方案
精炼(Refinement)	教师能变化使用融合教育的方案,并能依据短期或者长期的效果对融合教育方案的实施方式、策略进行调整,并能对问题提出多种解决方案,以增进融合教育的效果
更新(Renew)	教师能再次评判融合教育方案的品质,寻找目前融合教育的变通方案或者重大修正方案,以增进其对学生的影响,同时,可以主动更新融合教育的前沿知识和理论,探索自己和学校整个系统的新目标

(三)课程及教学调整的实施效果评估

普通学校中课程的融合是融合教育最高也是最难的指标。对于课程和教学调整的实施效果评估,其主要内容应包含:

第一,教师是否有调整课程与教学的意识和具体行为?包括教师是否有主动的意识去结合残疾学生的特点和发展需求,调整课程内容,改变教学方法、教学情境,或者实施个别指导,是否能利用多种教学媒体来协助残疾学生学习,依据残疾学生学习状况调整作业难度和分量,是否能采用多种方法来评价残疾学生的发展等。

第二,课程与教学是否具有弹性?也即调整后的课程和教学能否体现学生学习能力的多样性,反映不同学生的不同特点与学习需要。比如对于资质优异的学生设计更多创造性、问题解决以及批判性高的内容,有特殊教育需要的学生学习较少、较简单的内容,且经常在别人帮助下利用更多的教学辅助工具等。

第三,IEP 与课程及教学的结合程度。主要考察教师在拟定各学习领域的学习内容、教学目标、教学方法、成就测验等时,是否参考学生 IEP 中设计的短期和长期目标,是否符合学生的已有

---

① Hall G E, & Hord S M. Change in schools: Facilitating the process. Albany, NY: State University of New York Press, 1987: 60.

能力发展水平,同时,还需要考察教师是否在教学中提供了残疾学生所必需的支持和资源。

第四,课程和教学调整受学生欢迎的程度。主要通过学生对调整后课程的内容、教学方式、教学组织形式等的具体反应来进行评估。

(四)融合教育的无障碍环境评估

融合教育的无障碍环境主要包括无障碍硬件设施、人文环境以及辅助科技支持三个方面的内容。因此,对于融合教育的无障碍环境评估,也应该包含以下内容。

第一,无障碍硬件设施的完备程度。如无障碍设施(厕所、电梯、斜坡、楼梯等)是否能满足残疾学生的需求,是否针对残疾学生的特点主动调整学校、教室环境等(如安排残疾学生在靠近电梯、厕所的教室等)。

第二,无障碍的人文环境创设程度。即学校师生的整体接纳态度、残疾学生与普通学生的互动程度、学校无障碍氛围的创设内容及活动频次等。

第三,辅助科技的使用。学校是否能为残疾学生提供或者申请辅助科技或者相关服务,包括软硬件设备、学习设备和资源以及相关的人员支持等。

(五)学生的发展评估

学生的发展评估是真正检验融合教育质量的核心指标,也是判断融合教育效果的关键。具体而言,融合教育背景下学生的发展评估主要涉及两个方面。

第一,学生的学业能力发展。包括学生的语言能力、阅读能力、算数能力及其他学科知识能力的发展与进步程度。

第二,学生的社会性发展。包括生活自理、社会交往能力(如同伴接纳、班级适应、社会交往技能和社会行为等)、职业技能等方面的发展。

六、融合教育的学校工作流程

前述五个方面描述了普通学校融合教育的参与者与执行者、融合教育的组织与保障、融合教育无障碍环境的创设、课程与教学的调整以及融合教育效果与质量的评估五个方面的内容,本部分将前述五部分进一步归纳与总结,从各步骤的顺序、主要的工作内容、主导者和参与者以及监督者几个方面来具体做一描述。

表1-4 融合教育的学校工作流程及其主要内容

步骤	主要工作内容	主导者	参与者	监督者
1.融合教育的组织和保障	成立融合教育领导小组	校长	学校中层领导、资源教师、特殊教育教师	上级教育行政部门
	制定融合教育相关制度	资源教师领导小组	校领导、普通教师、特殊教育教师、家长、普通学生、残疾学生	校领导
2.融合教育无障碍环境创设	无障碍设施建设	后勤主任	资源教师、特殊教育教师等	家长、资源教师
	人文环境创设	德育主任	普通教师、特殊教育教师、普通学生、家长等	资源教师、校领导、家长等
	辅助科技支持	资源教师	巡回指导教师、普通教师、特殊教育教师	家长

续表

步骤	主要工作内容	主导者	参与者	监督者
3. 残疾学生的进入与安置	残疾学生评估与鉴定	资源教师	融合教育领导小组、家长、巡回指导教师等	家长、上级教育行政部门、校领导、教务主任等
	残疾学生IEP制定			
	残疾学生教学与生活安置			
4. 融合教育课程与教学调整	残疾学生课程准入	普通教师科任老师	资源教师、巡回指导教师、特殊教育教师	家长、校领导、教务主任、教研组长
	残疾学生支持提供	资源教师	巡回指导教师、特殊教育教师	资源教师、家长
	课程分层	普通教师科任老师	巡回指导教师、特殊教育教师、资源教师	资源教师、教务主任、教研组长
5. 融合教育实施效果与质量评估	师生接纳程度和关注阶段	融合教育领导小组	普通教师、特殊教育教师、残疾学生、普通学生等	家长、教育行政部门、社会团体和组织
	教师融合教育使用阶段			
	无障碍环境的建设			
	课程与教学的调整			
	残疾学生的发展			

第二节 融合教育的行政管理与支持

随班就读是残疾儿童少年在普通中小学接受义务教育的一种形式,是发展我国特殊教育事业的重要策略,是我国基础教育工作者特别是特殊教育工作者立足国情,探索融合教育的一种创新。2014年1月,国务院转发教育部等部门特殊教育提升计划(2014—2016年),提出了"全面推进全纳教育,使每一个残疾孩子都能接受合适的教育"的整体目标,为我国特殊教育的发展指明了方向。为使我国融合教育更加规范化、制度化和科学化,加大政府对融合教育的行政管理力度,为融合教育的发展提供必需的支持,是推动我国融合教育向纵深发展的必然要求和先决条件。

一、强化教育部门对融合教育的行政管理与政策支持

(一)进一步完善残疾学生随班就读的入学保障制度

各级教育行政部门要在我国现有的法律法规及相关制度的基础上,依据各地区实际情

况,切实制定和完善残疾学生随班就读的入学保障制度,使各类残疾学生进得来、留得住、学得好。具体有以下几个方面:一是进一步完善和落实残疾学生的就近入学保障制度,明确各类残疾类别随班就读具体标准,要求各地区的学校做好本学区内残疾儿童入学接收与安置工作,确保普通学校依法接收本校服务范围内经检测符合规定的残疾儿童少年随班就读。二是制定随班就读学生的检测、申请、审核及安置工作流程,提高随班就读对象确定、安置及后续管理工作的科学性;三是逐步将随班就读对象由视力、听力、智力残疾三类儿童拓展到自闭症、脑瘫、多重残疾、重度残疾等儿童,各地区和各学校应当做好接受各类残疾儿童的入学准备。四是逐步实行多层次办学,将残疾儿童随班就读工作向前延伸到学前教育,向后延伸到普通高中和职业高中教育,为残疾学生随班就读和升学就业构建"绿色通道"。另外,各地区还需要制定随班就读学生的转衔制度,以保障随班就读残疾学生学习的连续性,严控残疾学生的辍学率。对于完成当地规定的小学教育年限并有能力继续升学的残疾学生,教育行政部门可根据其发展需要、家长意愿和当地教育情况,安排到普通中学、特殊教育学校或职业学校继续学习。

(二)进一步完善残疾学生的筛查、鉴定和评估工作

教育行政部门要会同卫生、民政、残联以及相关的专业机构,进一步做好残疾学生的发现、筛查、鉴定、评估和安置工作,同时,加强政府对残疾儿童鉴定和评估的引导和监督。有条件的地区应建立县(区)一级的残疾儿童入学鉴定委员会,由各区县教育行政部门牵头,医学、康复、心理、特殊教育专家、教师与家长代表共同参与,根据鉴定结果及学生的实际表现,对残疾儿童的发展状况进行评估,最后由学校与家长协商对其入学安置做出具体安排并提出安置与个别化教育建议。对于随班就读学生的评估应该有利于学生自信心的培养和提高。评估形式要灵活多样,评估内容应包括思想品德、文化知识、社会适应能力、缺陷补偿以及潜能开发等。普通学生的综合评估要增加尊重和帮助随班就读学生的考核内容,以便更好地促进残疾学生和普通学生的交流与融合。

(三)进一步完善随班就读的管理网络,明确各部门具体的管理职能

我国随班就读目前大多实行市、县(区)、校三级管理网络,以区县负责为主;同时,在各级政府的领导下,建立了以教育行政部门为主,其他各有关部门协同管理的体制。其中,市级教育行政部门主要负责对本市特殊教育(随班就读)工作的统筹管理、规划和指导,并依据本市的情况制定相关政策和标准;各区县教育行政部门负责本区域内的特殊教育(随班就读)的管理、指导和考核工作;普通学校则负责具体开展残疾学生的随班就读工作。下一步,还需进一步明确各级教育行政部门负责随班就读工作的具体责任人,负责本地区随班就读的行政管理、教育教学研究和科研工作;同时,还需研究制定普通学校随班就读工作职责、特教康复指导中心工作职责、特教学校随班就读工作职责、随班就读教师工作职责、巡回指导教师工作职责等,使随班就读各项工作有章可循,形成各部门分工负责、有序合作的良好局面。

(四)进一步完善随班就读工作的质量监督与评价体系

各级教育行政部门要强化对本地区随班就读工作的监督,明确监督的主体和内容。一方面,要将残疾儿童少年随班就读入学指标列入当地义务教育督导、特殊教育督导和中小学全面实施素质教育综合督导以及义务教育均衡发展评估验收指标体系;另一方面,需要组织相关领域专业人士研究制定随班就读工作的质量评估体系和相关指标,对普通学校残疾学生随班就读的质量进行监督和评价,以评促建,以评促改,共同推动随班就读工作的全面

落实。

（五）创新随班就读学生的档案和学籍管理制度

学校应当为随班就读学生建立专门个别档案，并进行个别化管理。随班就读学生档案一般应包括随班就读学生的基本情况和学习情况记录。基本情况主要包括随班就读学生的自然状况、残疾类别和程度、残疾时间、诊断时间、家庭情况、生活自理情况等。学习情况主要包括随班就读学生每学期的学习情况、IEP的制定情况，包括跟随普通班级的学习活动情况、学习成绩、在资源教室学习情况、接受个别辅导情况等。另外，对于随班就读学生的学籍管理，可以尝试实行普通学生和随班就读学生双重档案管理的办法，县（区）级特殊教育中心要建立随班就读学生档案，进行跟踪管理。

（六）进一步加强随班就读工作的激励机制

各地应当将承担随班就读教学与管理人员的工作计入岗位绩效考核内容。建立区县承担随班就读工作教师的岗位补助制度，资源教师和巡回指导教师享有特教教师特殊岗位补助津贴。地方各级教育行政部门和随班就读学校或幼儿园要根据实际情况，制定奖励和补贴的办法，并在评优、评先、职称评定等方面予以优先考虑。对表现突出的教师，应当给予表彰和奖励。各级财政、教育行政部门和学校必须根据有关规定，按时足额发放随班就读教师特殊教育补贴。有条件的地区应适当提高随班就读教师的特殊教育补贴。

二、完善融合教育的资源配置与支持系统

（一）各级政府和教育部门需要确保随班就读工作所需的各项经费

各地教育行政部门应根据本区域随班就读学校和学生的数量，建立随班就读工作经费保障制度。第一，依据各地区条件设定随班就读学生人均公用经费标准，将义务教育阶段随班就读学生教育所需经费纳入当地义务教育财政预算，建立稳定的随班就读工作经费保障机制，并逐步增加随班就读工作经费在当地义务教育财政预算的比例份额。一般而言，随班就读残疾学生人均公用经费标准应与特殊教育学校人均公用经费标准一致。第二，省、市级教育行政部门设立配套资金支持随班就读工作，并使特殊教育经费投入向随班就读教育倾斜，在逐年增加对特殊教育经费投入的基础上，调整特殊教育经费配置结构，逐年增加特殊教育专项资金中对随班就读学校的投入比例，用于解决建立随班就读保障体系的建设（特殊教育中心、资源教室等）、随班就读教具、学具等配备，随班就读教师培训、特教补助等。第三，使用彩票公益基金、残疾人就业保障金，对普通学校无障碍改造和随班就读学生辅助器具适配给予支持。第四，随班就读学校可以直接通过县级教育行政机构申请随班就读专项基金。学校根据自身开展随班就读的需要，制定预算，与地方教育当局、当地随班就读资源中心等讨论学校的需要，向地方教育当局提出资助申请，获取专项资金的支持。第五，对招收残疾学生随班就读的社会力量所办幼儿园、学校，应给予适当补助。

（二）成立省、市、县三级特殊教育支持中心，为随班就读工作提供指导

第一，加大市级特殊教育支持中心建设力度，明确工作职责，合理配备人员编制，充实高素质教科研人员，充分发挥其教学、科研、师资培训和资源开发等功能；第二，各区县依托原有特殊教育学校建立特殊教育支持中心，明确专兼职工作人员，有条件的区县可根据实际工作需要，在编制总额内为特殊教育支持中心明确专职管理人员和教科研人员，加强对本区域随班就读工作的管理和指导，健全以特殊教育支持中心为核心的随班就读管理体系和服务机制，完善特殊教育支持中心的教学、科研、资源开发和教师培训职能；第三，对于随班就读

学生较多的地区,应当在其辖区内的普通中心学校内设立随班就读巡回指导中心,负责辖区内随班就读教师的咨询及随班就读学生的巡回辅导(巡回指导教师可由特殊教育学校教师兼任)。

（三）为残疾学生人数达到一定标准的普通学校配置资源教室

资源教室建设是随班就读支持保障体系的重要内容。普通学校配置资源教室的优势在于学校能够根据学生的实际需求,提供丰富的教育教学资源,使学生能借助学校为其提供的资源进行有针对性的学习。教育行政部门应在接收一定数额随班就读学生的学校建立资源教室,并安排专职资源教师,配备适当的教具、学具、康复训练设备、器材和图书资料等,为随班就读学生得到针对性辅导和训练创设必要条件。同时,还需要建立资源教室的长效服务机制,保障资源教室的功能发挥。另外,还需发挥资源教室的辐射作用,为部分没有资源教室的普通学校或规模小、随班就读学生少的普通学校提供支持和指导。

（四）加强对普通学校随班就读的教学研究与指导,提供专业支持

普通学校开展随班就读工作往往面临班级人数多、教育内容多、要求高、教师缺乏必需的教育教学方法、学校缺乏必需的特殊教育资源等诸多困难,这些困难严重影响了随班就读学生在普通学校就读的效果。因此,有必要对普通学校随班就读工作提供必要的指导。第一,教育行政部门要健全由教育行政人员、科研人员、特教学校、普通学校教师及医务等专业人员组成的随班就读专家指导小组,为普通学校提供指导和支持。第二,各级教研机构应选聘专职或兼职特殊教育教研员,指导随班就读工作,加强随班就读的课程设置、教材选用、教学方法、教学评价等方面的研究,探索各类随班就读学生在不同年龄阶段的教育教学模式,提高随班就读的教育教学质量。第三,要发挥市、区县教研室的作用,成立市、区县随班就读教研组,组织基层学校教师定期开展教研活动,在随班就读教学模式与策略、课程设置、教学方法、个别化教育、师生关系、生生关系、资源教室的建设与利用、资源教师的作用等多个领域进行探索。第四,充分发挥特殊教育学校的骨干、示范和辐射作用,为随班就读工作提供指导、业务咨询及师资培训等方面的支持。第五,各级教育行政部门要依托高等院校,对随班就读工作进行研究,做好随班就读工作的顶层设计。

（五）建立健全家校合作机制

普通学校应建立健全家校合作机制,形成学校、家庭、社会三位一体的合力,共同推动融合教育的发展。第一,从组织机构入手,完善家长委员会的机制,建立家校联系制度,开展丰富多样的家庭教育指导活动。第二,创造条件加强同家长的联系与沟通,及时听取家长对随班就读工作的意见和建议,为残疾学生提供支持和服务。第三,确保家长积极参与学校的重大决策,让家长委员会参与学校重大事项的监督管理,并深入课堂,参与学校的教学评价,推进课堂教学改革。第四,充分调动家长委员会的主观能动性,在全校家长中形成关心、帮助随班就读学生的良好氛围,为融合教育提供多方面支持。

三、加强融合教育的师资队伍建设与专业化水平

（一）构建随班就读教师、资源教师的专业标准体系[1]

融合教育事业发展不但需要一大批规范化、标准化、具有接收残疾学生随班就读能力的普通学校,而且更需要建设一支数量充足、专业水平较高的随班就读教师、资源教师队伍。

---

[1] 王雁. 强化特殊教育教师专业发展[J]. 现代特殊教育,2014(2):25.

建立随班就读教师、资源教师专业标准是融合教育教师专业发展、质量提升的关键。目前，我国仍然缺少国家层面的特殊教育教师、随班就读教师以及资源教师的专业标准，尚未建立随班就读教师、资源教师专业证书制度，这些直接影响了融合教育教师准入政策的完善，影响了融合教育课程教学改革。建立健全随班就读教师、资源教师专业标准体系，不断增强普通学校教师融合教育的专业能力，多角度、全方位地为我国融合教育师资队伍建设提供强有力的政策支持，将为加快推进融合教育师资队伍建设提供新的契机，对于提升融合教育发展水平具有里程碑式的重大意义。为此，各级教育部门需要开展以下工作。

第一，完善随班就读教师、资源教师专业发展标准体系，研究制定随班就读教师、资源教师专业标准，推动地方确定随班就读教师、资源教师的岗位条件和岗位要求，并明确他们的具体工作内容和责任。

第二，研究建立随班就读教师、资源教师专业证书制度，逐步实行持证上岗。

第三，将特殊教育相关内容纳入普通教师资格考试，推动普通教师掌握特殊教育知识和技能。

第四，研究制定随班就读学校资源教师和随班就读教师的编制标准，确保合格的随班就读教师和资源教师进入普通学校开展随班就读工作。

（二）加强融合教育教师的培养和专业培训

随班就读的实施增加了普通教室中学生的多样性，这就要求教师必须掌握较丰富的特教专业知识和技能，具备为有各种特殊教育需要的学生提供教育服务的能力。目前，我国普遍存在普通学校负责随班就读的教师专业化水平不高等问题，因此，需进一步完善融合教育教师教育体系建设，继续做好融合教育师资的培养和培训工作。具体而言，各级教育行政和管理部门可以从以下几方面着手。

第一，加大随班融合教育教师的培养力度，拓展高等特殊教育教师的培养模式。一是择优选择师范类院校和其他高校增设特殊教育专业；二是支持师范院校和其他高等学校在师范类专业中普遍开设特殊教育课程，培养师范生具有指导残疾学生随班就读的教育教学能力；三是拓展高等特教师资培养模式，在高校内部走"普通师范专业＋特殊教育专业"的办学道路，或者在有条件的高校直接开办融合教育专业或者随班就读专业；四是积极支持高等师范院校与医学院校合作，促进学科交叉，培养具有复合型知识技能的特殊教育教师、康复类专业技术人才。

第二，开展融合教育相关教师的全员培训。主要做好四方面的工作：一是对普通学校融合教育相关教师实施全员培训。可以依托"国培计划"及各级各类常态化培训项目，采取集中培训和远程培训相结合的方式，加大对全国特殊教育学校教师的培训力度。二是要推进信息技术与特殊教育教师培训深度融合，为特殊教育教师专门建立网络研修社区，开展特殊教育教师教育技术能力专项培训，促进特殊教育教师专业发展常态化。三是教师培训机构建立专兼结合的特殊教育教师培训队伍，加强特殊教育教师教研、科研队伍建设，提高培训的专业性、针对性和实效性。四是在特殊教育师范院校设立随班就读在职教师培训、继续教育项目，为融合教育教师提供针对性的、有选择性的培训。

第三节　融合教育与社区支持

融合教育的最终目的是要让残疾儿童从生理和心理上真正融入、适应并能积极地参与社会生活。让残疾儿童顺利回归社区是他们迈进社会独立生活的第一步。这一过程需要残疾儿童和社区双方的互动:一方面残疾儿童要有主动参与社区生活的意识;另一方面,社区也要主动地采取措施,创造条件,积极接纳特殊儿童,并利用自身的资源为他们提供服务。① 普通学校需要在此过程中发挥引领与组织的作用。

一、社区中的教育资源分类

(一) 社区中的文化资源

社区文化是"区别于其他社区的独特的行为系统、明显的居住形式、特殊的语言、一定的经济体系、一种特定的社会组织,以及某一种宗教信仰和价值观念等"。② 它是一种无形资源,融合于社区生活与发展的各项活动中,为社区成员所共享,又制约着其行为和思维的方式。具体来讲,社区文化主要包含精神文化和物质文化两大类。③

1. 社区精神文化。主要包括社区居民的信仰、价值观念、行为规范、社会习俗等,往往通过一系列行为和态度表现出来,决定着人们赞赏什么、追求什么、选择什么样的人生理想和生活方式等,这些都对社区成员的精神生活具有重要的导向作用。

2. 社区物质文化。也可称为文化载体,是经过人类改造的自然环境和由人们有意识创造的物质产品及组织社区成员开展文化活动的设施和机构,是社区文化的有形部分。如图书馆、文化宫、公园、影剧院、体育场馆、儿童乐园等等。社区物质文化决定着社区成员文化娱乐活动、体育健身活动、休闲活动的质量与水平。

(二) 社区中的人力资源

社区人力资源主要是指社区内在知识、技能等方面有专长的人才及具有一定社会影响的群众组织,它以个体人或具有某种共同目标的群体活动为载体,直接作用于社区某项具体的事务④,主要包括:

1. 社区的行政组织。如街道办事处、居委会、村委会等行政组织机构的工作人员,他们可以方便地协调本地区的相关资源为社区教育提供支持。

2. 学生家长。学生家长是学校所在社区的居民,他们在不同的单位工作,有各种教育资源的优势。加之关注孩子的教育,他们非常愿意为孩子的校外活动助一臂之力。

3. 专家学者。这些人学识渊博、受人尊重,可以为校外教育提供智力支持。一方面,可以在校外教育活动中作为校外辅导员向学生普及自然科学、社会科学基本常识,介绍最新的学术前沿问题,开阔学生的视野,扩大知识面;另一方面,对校外教育活动进行深入研究和理论指导也是他们特有的优势。

4. 各类企业及社会组织人士。坐落在社区内的各类企业以及各类社会组织中热心教育的人员,可以为儿童社会实践提供支持和帮助。

5. 退休人员。退休人员主要的活动范围在社区。他们既有丰富的阅历、较强的活动组织能力和感召力,又有参与社区教育活动的极大热情和时间、精力。由他们组织社区内各种校外教育活动,感染力强、效果好。

---

① 刘昊. 社区中的教育资源对于推行全纳教育的作用[J]. 中国特殊教育,2003(6):6-9.
② 鲁洁. 教育社会学[M]. 北京:人民教育出版社,1990:349.
③ 关颖. 社区教育资源的开发和利用[J]. 教育研究. 2001(6):54-57.
④ 雷少波. 社区教育资源的开发及其价值思考[J]. 教育理论与实践,2001,21(7):8-10.

6. 社区志愿者。社区的志愿者大部分由高校大学生、公益组织人士、医院志愿者等组成。他们热心于社区教育和社区服务，用他们的专业知识在实践中发挥作用。

7. 其他人员。如社区内社会各界的先进人物、社会工作者、知名人士及具有各种专业特长的居民等。

（三）社区中的物质资源

社区中可以获得丰富的融合教育资源，主要包括自然物质资源和社会物质资源两大类。

1. 社区的自然生态资源。主要指社区中的山川河流、动植物等，自然地存在于儿童的生活环境中，构成学校存在的自然背景。这些自然生态环境为对儿童进行环境教育、生态教育提供了生动而且近便的教学材料，构成了环境教育和生态教育的物质基础。

2. 社区的社会物质资源。主要包括社区的物质设施与服务机构，具有一定的社会性，也是社区物质文化的体现。例如，农贸市场、楼房、街道、建筑工地、超市、医院、银行、邮局、百货商店、理发店、裁缝店、小吃店、修理部、垃圾站、图书馆、书店、科技馆、少年宫、学校、体育馆、影院、宣传栏、交通标志、博物馆、公共汽车、交通设施、敬老院、福利院、警察局、消防队、公园、旅游景点等。这一类是与儿童发生联系的社会机构或社会设施，构成儿童成长的社会物质背景。

二、社区支持对残疾儿童融合教育的意义

（一）促进对残疾儿童的理解与接纳

促进残疾人融入社会的过程中，第一位的任务就是要消除任何形式的残疾歧视，促进对残疾儿童的理解与接纳，避免仅仅基于残疾而做出的任何区分、隔离和排斥，避免给残疾人贴上任何形式的负面标签，逐步实现残疾人与社会之间相互认同和接纳的心理融合。社区可以为残疾儿童提供互动的真实环境。残疾儿童通过与社区中正常人的交往，可以改变社会对残疾儿童的负面态度，消除普通人对残疾儿童的歧视和偏见，同时也有利于残疾儿童与正常人之间的情感交流，增进他们之间的相互了解，使人们对残疾儿童的观念由传统的歧视、怜悯转为平等、接纳，最终形成全社会理解、尊重、关心和帮助残疾儿童的良好风尚。

（二）为残疾儿童社会化发展提供机会

按照社会学的理论，人的社会化就是个体适应社会的要求，在与社会的交互作用过程中，通过学习与内化社会文化而胜任社会所期待承担的角色，并相应地发展自己的个性的过程。整合利用社区中的教育资源，开展残疾儿童的社区教育，可以克服学校教育及家庭教育中教育形式单一、封闭的局限。长期以来，我国残疾人除了一部分作为救济安养、疾病治疗的对象生活在机构中，大多数长期依靠家庭，同时也封闭在家庭中，并没有在真正意义上返回社区。因此，应通过社区自身丰富的教育资源组织开展多样活动，为残疾儿童参与社会提供机会，丰富残疾儿童对社会的认识，加深残疾儿童对社会的真实体验，进而促进残疾儿童能尽早顺利地进入社会、适应社会和融入社会。同时，提供支持和便利让残疾人以一般社会成员的身份参与到政治、经济、社会和文化生活中，参加到普通的社会组织、机构和活动中，融入主流社会的人际关系和社会交往中，最终实现"平等、参与、共享"的目标。

（三）为融合教育的课程开发提供多种资源

设计和开发与儿童日常生活紧密联系的课程是增强课程适应性的一条有效途径。儿童需要与自己的年龄以及身心发展特点相适应的形式活泼生动、内容简洁实用、与日常生活密切联系的课程，对于那些身心发展存在着缺陷的特殊儿童来说尤其如此。社区作为儿童们

生活的背景,为这种课程的开发提供了丰富的课程资源,如社区成员之间的人际关系、社区开展的各种活动、社区的风土人情等等。充分地开发和利用这些课程资源,灵活确定教育内容,设计"社区本位"的课程,是增强课程适应性、提升融合教育质量的有效手段。同时,社区为教学提供了丰富多样的教学环境和设施,教师可以根据社区情况灵活地选择甚至创造教学的方式方法。[1]

三、社区参与融合教育的途径

(一)利用社区资源组织教育教学活动

利用社区资源组织教育教学活动主要包括两方面内容。

1. 在学校外开展教育教学活动。主要包括组织学生开展社区资源的参观、调查、访问、实习、见习以及生活体验等活动。一方面,可以充分利用学校周围得天独厚的社区资源优势,组织学生参观实践、交流表达、动手尝试,让每一个孩子用心灵与大自然对话。比如可以在春暖花开时观察动植物的生长变化,在秋收时节体验劳作生活的乐趣及收获的快乐,真正让社区资源成为教育的活教材。另一方面,还可以充分利用丰富的社区资源,带孩子们回到现实生活,体会现实生活的本色,如带学生进行商品调查、户外教学、社区访问、社区参观、社区远足、参与社区服务等,为其学会与人交往、合作奠定基础,让生活和学习真正成为一体。

2. 在学校内开展教育教学活动。主要指学校利用社区教育资源,诸如请社区内的相关领域的专家学者、各行业的专业人士、社会志愿者以及学生家长等,开展校内的讲座、学习指导,组织游戏、手工劳动等。如可以通过"家长导师""家长辅助教学""与专业人员结对子""志愿者辅助教学"等形式,鼓励家园互动,学校和社区互动,将社区资源中可移动的部分"请进"学校,从而使社区资源真正走进学校。

(二)利用社区资源开发课程

利用社区资源开发课程,包含有两层含义:一是指将原来有教育意义却未被认识和利用的自然和社会资源纳入课程资源范畴,即社区资源课程化;二是指对原有社区课程资源进行再开发,即充分地利用以最大限度地发挥其教育的功能和意义。利用社区资源开发课程,有利于学校课程结构的完善。一方面,学校积极地组织社区资源开发课程,必将在课程内容上更多关注学校及所在社区的具体特点,有效地将社区文化、物质环境、人力资源等方面的特点组织进具体的课程教学,从而扩展课程内容;另一方面,在课程实施上,利用社区资源开发课程还可以改变传统的教育手段和组织形式,提高学生学习的主动性、主体性。

在利用社区资源开发课程方面,宁波市达敏学校的经验值得借鉴。达敏学校自2002年开始,经过多年的持续实践和系统化的课题研究,逐步形成了培智学校教育社区化思想,提出了"社区大课堂,生活活教材,公民似教师"的达敏学校社区化课堂教学模式(见图1-4)。

---

[1] 刘昊. 社区中的教育资源对于推行全纳教育的作用[J]. 中国特殊教育,2003(6):6-9.

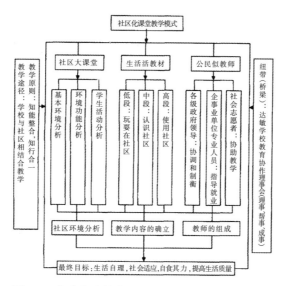

图 1-4　宁波市达敏学校构建的社区化课堂教学模式

该模式以学校教育协作为纽带、社区为平台、生活为内容、公民为教师,知能整合、知行合一,学校教学与社区教学相结合,最终实现智障学生"生活自理,社会适应,自食其力,提高生活质量"之目标。①

（三）创设社区融合文化,营造残疾人社会融合的价值基础

融合文化是指残疾人在平等的基础上参与社会文化活动,享受公共文化服务,进行文化创造,并由此形成的新的社会文化形式和精神文化产品,包括文艺、休闲、娱乐、体育、健身等诸多领域,是社会文化的组成部分。建立社区融合文化有利于包括普通人和残疾人在内的所有人获得精神上的满足,实现心灵上的沟通,树立自尊心、自信心和包容心,确立作为平等社会成员的主体地位,促进所有人全面融入社会。

具体而言,残疾人社区融合文化的创设可以通过三个途径实现:一是共享,即共同享有公共社区文化服务。社区公共文化服务设施应向残疾人开放,并积极推进公共政策环境和无障碍环境建设,提供辅助服务,切实保障残疾人利用社区公共文化资源、享受社区公共文化服务的权利。二是共融,即共同融入社会文化活动。残疾人参与社区文化、体育、休闲、娱乐活动是综合性的,他们应当与所有人一样有权利共同享用公共文化设施和参加公共文化活动,社区应当积极创造条件,吸收和引导残疾人参与到具体的文化活动中来,将他们的需求充分纳入社区服务。比如可以组织残疾人和普通人同台献艺的文化活动、趣味性体育运动,支持残疾人、残疾人亲友及残疾人组织参与社区康复的决策等。三是共创,即共同创造文化作品和产品。②

（四）利用社区资源开展社区康复

社区康复（community-based rehabilitation,CBR）是在社区内促进所有残疾人康复,享有平等机会和融入社会的一项整体发展战略。社区康复的实施要依靠残疾人、残疾人亲友、残疾人所在的社区以及卫生、教育、劳动就业与社会服务等部门共同努力。近年来,社区康复理念在不断变化发展,已经由早期的"治疗模式"向"融合发展模式"转变:一是社区康复内

---

① 刘佳芬. 培智学校社区化教学模式的实践探索[M]. 现代特殊教育,2012(1):8-11.
② 吴文彦,厉才茂. 社会融合:残疾人实现平等权利和共享发展的唯一途径[M]. 残疾人研究,2012(3):34-42.

容从阶段性的个体功能恢复向持续的社区参与活动转变,更加强调残疾人的主动参与和全面融入;二是社区康复责任从以个人为主向以社会为主转变,更加强调主流社会价值观的改变和社会无障碍环境的创设对残疾人康复的意义;三是社区康复从单个部门或单个学科向多部门、多学科的共同参与转变,更加强调残疾人的全面康复和社区的全面发展。融合教育的最终目标是要让残疾儿童从生理和心理上真正融入、适应社会生活,并能积极地参与社会生活。利用社区资源,积极开展残疾儿童的社区康复,可以通过以下途径来开展。

第一,社区志愿服务。建立以社区为基础的志愿人员服务体系,组织社区内人力资源来支持残疾儿童以及他们的家庭,并向志愿者提供必要的训练与支持,为残疾儿童提供康复和训练,为残疾儿童家长开展指导和培训,使他们获得经常性的志愿服务。

第二,医疗健康服务中心。旨在通过社区内的医疗康复机构,为残疾人士家长举办讲座、展览,介绍预防残疾和康复训练相关知识,同时,为残疾儿童提供常规医疗检查、康复服务、家庭危机与干预等活动。

第三,企事业网络。通过与企事业单位联络,获得他们的支持,并争取他们为残疾人就业提供指导和训练,同时,尽可能地接受残疾人就业。

第四,家长教育与资源中心。旨在为残疾学生家长以及公众提供社区教育课程,为他们提供聚会、交流的空间,并指导他们积极开展相互帮助与支持。

第五,生活指导与训练。旨在为残疾人士提供生活技能的训练,如买卖商品、邮寄物品、食物制作、手工制作等,促进残疾儿童社会生活技能的提升。

(五)为残疾儿童的就业转衔提供服务

就业转衔服务即通过系统、专业的辅导及相关资源支持,帮助残疾学生由学校生活过渡到成人生活,进入工作岗位,使其能自力更生,并能通过就业活动平等参与社会生活。一般而言,大多数的特殊儿童在接受完义务教育之后可能会选择进入职业学校或者直接进入社会。由于这一时期的特殊性,除了学校教育开展的指导外,社区中的资源对于这些残疾学生的就业转衔也能够发挥重要的作用。一方面,社区里丰富的资源,诸如企事业单位、社会组织、工厂等可以在对儿童的职业教育中得到充分利用,提前让他们接触实际的工作情境并在其中进行劳动体验和技能学习,为他们的职业意识的养成和职业技能的学习提供帮助,同时工厂、企业、单位通过残疾人的实习实践活动,了解他们的实践能力,才能从根本上消除歧视态度,变被动接受政府安置为主动接纳残疾人,并营造平等、自强、自立的良好氛围;另一方面,社区资源可以利用来为残疾儿童提供更加符合本社区特点和需要的职业技能培训。社区中部分企事业单位、工厂还可以直接为残疾学生提供支持性就业机会,直接为残疾学生提供特定岗位的工作机会。

【本章小结】

融合教育的顺利推进离不开教育行政管理部门、普通学校和社区的通力合作。其中,普通学校是融合教育的主要实施者,教育行政部门是融合教育相关政策的制定者和融合教育质量的监督者,社区则是融合教育实践的重要场域。本章分述了普通学校、教育行政管理部门和社区三者在融合教育具体实施过程中的工作机制,认为普通学校需要从师资建设、支持性资源建设、制度建设、课程调整、环境创设等诸多方面做出一系列的改革,以应对融合教育给普通教育带来的挑战;教育行政管理部门不仅需要强化教育部门对融合教育的行政管理,还需要为融合教育的发展提供政策支持,同时需要加强师资培训,提升融合教育师资的专业化水平;社区应该发挥自己的优势,主动采取措施,创造条件,积极接纳特殊儿童,并利用自身的资源为他们提供服务。

【思考题】
1. 学校融合教育的实施,需要哪些人员的共同参与?各自应该承担什么主要工作?
2. 资源教师在融合教育的推进中,扮演什么样的角色?
3. 如何评估普通学校融合教育质量?我们可以从哪些方面着手建立评估指标体系?
4. 无障碍环境的创设包括哪些内容?
5. 教育行政部门如何推动在普通学校开展融合教育的工作?
6. 如何利用社区教育资源开展融合教育?

【推荐阅读】
[1] 冯雅静. 随班就读教师核心专业素养研究[J]. 中国特殊教育,2014(1).
[2] 王雁,王志强,程黎等. 随班就读教师课堂支持研究[J]. 教育学报,2013(6).
[3] 毛亚庆. 论公平有质量的学校管理改进[J]. 教育学报,2013(3).
[4] 黄兆信,万荣根. 社区:融合教育实施的重要场域[J]. 教育发展研究,2008(3).
[5] 彭兴蓬. 融合教育的价值追求及社会支持系统的建立[J]. 教育研究与实验,2014(3).
[6] 于素红,朱媛媛. 随班就读支持保障体系的建设[J]. 中国特殊教育,2012(8).
[7] 彭霞光. 中国特殊教育发展面临的六大转变[J]. 中国特殊教育,2010(9).

第二章 融合教育学校的管理

【本章导言】

　　学校的校园环境无论何时都是那么干净整洁,让学生感到非常舒适、温馨。校园的环境布置围绕校训"爱生活,让心灵充满阳光!"设计了以蓝天和日月星辰为主题的内容,意在烘托融合教育的氛围,希望孩子们在蓝天下快乐地生活,遨游在日月星辰之间,探索自然界的奥秘,产生奇思妙想,努力追求自己的梦想,天天健康快乐地成长。

　　因为学校有肢体障碍的学生,我们在通往教学楼和资源教室的道路上修建了无障碍坡道,方便坐轮椅上学的同学;楼内增加了许多关爱孩子们的生活设施,如软化饮用水、学生储物柜等;学校为有听觉障碍的学生购置了无线调频的助听器,用于学生的课堂教学和语言训练,为低视力的学生复印放大课本,以减轻其视力疲劳,方便其完成学习任务。

　　遵循融合教育理念,近年来我们一直在营造一种尊重、平等、合作、互助的情感氛围。教师、家长、普通学生和特殊学生之间相互尊重,相互包容,相互合作。教师树立服务意识,保持平和的教育心态,无条件地关爱学生。争取家长配合是一项非常重要的工作,教师经常主动与家长联系,使家长感受到学校教育对自己家庭教育的支持,因此他们也克服了许多困难,非常主动地关注、参与教育孩子的工作。学校现在有三个特殊学生的家长或代理家长陪读,解决了生活不能自理的孩子进学校学习的困难。

　　助学小伙伴是学校最亮丽的风景线,特殊学生刚入学时由老师指派一名能力较强的学生做他(她)的助学小伙伴,随时提供帮助。一段时间后,因助学小伙伴经常受到老师和家长的称赞,其他同学很羡慕他们,就会争先恐后为有需要的同学服务,班级很自然地形成一种融合氛围,孩子们很团结。几年来,在校园里从没有发生过特殊学生被歧视、被冲撞的事故。助学小伙伴们因为充当了小老师的角色,各方面的能力都得到增强,因此普通学生和特殊学生的家长都很满意。①

　　从这个案例中,可以看出该校具有什么样的融合学校文化?可以通过哪些途径创建融合学校文化?融合学校的校长和教师分别具有哪些职责?融合教育班级管理有哪些策略?通过本章的学习我们将会深入思考并回答这些问题。

　　20世纪90年代,一系列国际特殊教育会议通过了《世界教育全民宣言》《哈尔滨宣言》《萨拉曼卡宣言》《特殊需要教育行动纲领》,这些重要文献反复强调:普通学校应倡导融合教育,普通学校和教育机构的管理者、教师和学生及其学生的家长都应满怀热情地接纳特殊需要儿童。② 我国的《义务教育法》(2006)和《残疾人保障法》(2008)都明确提出:普通学校应当接收具有接受普通教育能力的残疾适龄儿童少年随班就读,并为其学习、康复提供便利和帮助。《北京市中小学融合教育行动计划》(2013)明确要求:促进全市每一所公办义务教育学

---

① 案例由北京市东城区西总布小学李静华、孙全红老师提供。
② 方俊明.融合教育与教师教育[J].华东师范大学学报(教育科学版),2006(9):37-42.

校接收随班就读学生,使义务教育阶段有能力的残疾儿童少年均可就近进入普通学校学习。普通学校必须依赖学校文化、学校管理、课程、教学、师资队伍、班级管理等方面的一系列改革措施,才能使教师及普通学生接纳特殊学生,关注特殊学生的个体差异和不同发展需求,确保每一个学生都受益。

第一节 学校文化的创建

2000年第5届国际特教大会上,南非的尼西女士号召:要承认人与人之间是有差异的,有性别的差异、经济的差异、身体上的差异、语言上的差异等等,要在学校中创造出一种多元化的,人人彼此尊敬,互相学习的文化氛围。[①] 2008年第48届国际教育大会"融合教育:未来之路"明确提出应推广具有以下特点的学校文化和环境:对儿童友好、有利于有效的学习、包容所有的儿童、有益健康和保护、注重性别问题以及鼓励学习者、家庭和社区的积极参与。[②] 可见,创建面向全体、尊重差异的学校文化既是有效实施融合教育的必然要求,也是整个融合教育系统发展的基础和前提。

一、学校文化的内涵

对学校文化的理解各有不同,经常被人们引用的是:学校文化可以理解为教师、学生和校长所持有的共同信念,这些信念支配着他们的行为方式;同时,学校文化和学校本身的传统与历史也有密切的关系。[③]

学校文化可具体分为学校精神文化、学校制度文化、学校行为文化和学校物质文化。学校精神文化是学校文化的核心,是学校文化的最高层次,是一个学校本质、个性、精神面貌的集中反映,又被称为"学校精神"。学校精神文化是学校在长期的教育实践过程中,受一定的社会文化背景、意识形态影响而形成的,为其全部或部分师生员工所认同并遵循的精神成果与文化观念,表现为学校风气、学校传统以及学校教职员工的思维方式等。[④] 学校制度文化、行为文化和物质文化是学校精神文化的产物和表现。具体来讲,学校精神文化主要包括学校价值观、精神、传统、校训、形象、校风、教风、学风、班风、人际关系、集体舆论、心理氛围等;制度文化主要包括学校教育、教学及管理的各种规章制度等;行为文化主要包括约定俗成的各种行为规范和做事方式等;物质文化主要包括学校标志、学校建筑、学校景观、学校文化设施等。四个方面全面、协调发展,将为学校树立起完整的文化形象。

学校文化是一种氛围、一种精神,是一所学校综合实力的反映。学校文化建设可以极大提升学校的文化品位。学校文化是学校发展的灵魂,决定着学校的发展方向、发展战略、发展道路、发展前途,也影响着学校人才培养的目标和结果。如果一所学校没有文化,这所学校严格意义上还不能算是一所学校;如果一所学校不能形成属于自己的积极、向上的学校文化,这所学校就难有长久的生命力和核心竞争力。[⑤] 学校文化对学生的人生观、价值观产生

---

① 吴安安. 全纳性教育:对现行特殊教育及普通教育制度的挑战[J]. 现代特殊教育,2001(11):14-15.
② 高靓. 世界目光聚焦全纳教育[N]. 中国教育报,2008-12-25(03).
③ Heckman P E. School Restructuring in Practice:Reckoning with the Culture of School[J]. International of Journal of Educational Reform, 1993, 2(3):263-272.
④ 赵中建. 学校文化[M]. 上海:华东师范大学出版社,2004:299-300.
⑤ 苏建华,赵文兴. 学校文化建设新视野[M]. 北京:国家行政学院出版社:2013:105.

着潜移默化的深远影响,而这种影响往往是任何课程所无法比拟的。融合教育的开展是一个长期的、复杂的过程,学校文化的建设是一个长期的、系统的工程。融合教育的价值观、氛围和精神是学校开展融合教育的基础,也是融合学校文化建设的必要组成部分,同时,还是评价学校融合教育质量的首要标准。

二、融合学校文化的内涵

融合学校文化的创建,首先涉及谁来参与学校文化的创建,为谁创建融合学校文化以及创建什么样的融合学校文化等问题。需要明确的是,融合学校的文化不仅仅是为特殊学生而创建的,尽管最初是源于对特殊学生需求的考虑,其实最终受益的是全体师生员工。可以说,每个师生员工都是融合学校文化的创建者,也都是融合学校文化的受益者。融合学校中的每个人都在为别人提供支持,也能得到别人的支持。

融合教育就其本质而言是一种态度,是学校及其成员在一种价值观念的驱使下做出的一系列充满关爱的决策和行动。[①] 联合国教科文组织编写的《理解和回应融合班级儿童的需要》一书指出,要通过学校内外部人员的合作才能促进学校文化的变革。学校的文化和传统的变革不是一蹴而就的,也不是单靠一个人就能改变的。[②] 为此,融合学校首先要致力于建立一个融合共同体,这个共同体不仅包括学校全体领导、教师、学生,还包括所有家长、相关专业人员、社区成员等。当然最好还包括那些对学校有影响力的教育行政部门官员等,只有这些重要人物和教师、家长、学生共同努力才能促进学校文化的变革。

在这个共同体中,每个人都受到欢迎,每个人都受到尊重,每个人都有归属感,每个人都被接受认可,每个人的需要都被了解并得到满足,每个人都能取得最好的成绩。在这个共同体中,领导、教师、学生、家长、社区人员对融合教育都达成共识,学生之间相互帮助,教师之间相互合作,师生之间相互尊重,教师与领导之间工作配合默契,教师设法消除学生的所有障碍,学校尽力减少歧视和欺负行为,教师与家长之间相互合作,社区和各界都积极参与学校工作。[③] 总之,融合学校文化的目标是使学校的所有领导、教师、学生、家长以及社区人员形成共同的融合教育价值观,创建平等、接纳、尊重、合作的融合学校文化。

1. 平等

平等及相关的公平、公正等概念是融合教育价值观的核心。融合教育倡导的平等有着双重涵义:首先是承认每个人具有同等的价值,学校欢迎每个人,每个人都是集体的一员,它影响着儿童在学校和班级中的分组,还涉及学校的管理方式,[④]要尽量地减少不平等的地位、生活和学习条件;其次是主张人人都有平等的受教育权,即不仅要有平等的入学机会,而且要能做到平等地对待每一个学生,满足他们的不同需求。[⑤]《萨拉曼卡宣言》强调每一个儿童都是不同的,都有各自独特的特性、兴趣、能力和学习需求。融合教育追求的并不是一种绝对的平等,而是强调不能仅仅关注部分学生,而歧视和排斥其他学生,应该关注每一个学生

[①] 杜晓萍. 解读全纳教育,建构全纳学校[J]. 中国特殊教育,2008(10):16-21.

[②] UNESCO. Understanding and Responding to Children's Needs in Inclusive Classrooms: A Guide for Teachers [EB/OL]. [2014-8-8]http://unesdoc.unesco.org/images/0012/001243/124394e.pdf

[③] Tony Booth, Mel Ainscow. Index for Inclusion: Developing Learning and Participation in Schools [EB/OL]. [2014-8-7]http://www.eenet.org.uk/resources/docs/Index%20English.pdf

[④] Tony Booth. 玫瑰之名:全纳价值观融入教师教育的行动中[J]. 教育展望,2011(3):3-17.

[⑤] 黄志成. 全纳教育展望——对全纳教育发展近10年的若干思考[J]. 全球教育展望,2003(3):30.

的发展。这与融合教育提倡更多地关注被排斥的学生是不矛盾的。

2. 接纳

融合教育倡导接纳所有的学生,而不考虑其身体、智力、社会、情感、语言及其他状况。这里指的所有学生包括残疾儿童和天才儿童,流浪儿童与童工,边远地区及游牧民族的儿童,少数民族儿童及其他处境不利的儿童。[①] 融合共同体总是以开放的态度接纳每一位新成员,他们对共同体的形成都能做出贡献并使共同体更加丰富。可以说,平等是接纳的思想基础,而接纳是尊重与合作的前提。具体而言,融合教育除了提倡所有教师对所有学生的接纳之外,还特别强调所有学生对教师的接纳,学生与学生之间的相互接纳,家长与学生之间的接纳,教师与教师之间的接纳,以及学生的自我接纳等。

3. 尊重

融合教育理念核心是尊重学生的多样性,满足学生的不同需求。这里的多样性是指相似性和差异性,是在某一共通的人性中的差异。对多样性的融合回应需要建立多样性的群体,属于群体的每一个人都是平等的,他们悦纳并尊重他人的平等价值,而不考虑彼此间的差异。拒绝多样性同样会拒绝自身存在的差异。[②] 融合教育认为人类的差异是正常的,承认每个儿童都具有独一无二的智力、知识、兴趣、情感、意志、性格、气质、能力和学习需要。未来社会对人才的需求是多元化的,每个儿童都具有不同的潜能,其发展也具有多样性。从某种意义上说学生有差异不是坏事,而是可以充分利用的教育资源。联合国教科文组织主张学校要进行改革,积极看待学生的多样性,不是将个体差异视为需要解决的问题,而是视为丰富学习的机会。[③] 我国新课程理念的基本精神是"为了每一个学生的发展",同样体现了对每个学生的尊重和呵护,特别是对有特殊需要的学生的尊重和呵护。融合教育还倡导学校中包括校领导、教师、学生、家长、社区人员在内的每个人都应该互相尊重。

4. 合作

融合教育所指的合作是指人们参与共同的活动,他们感觉自己参与其中并被接纳。融合共同体的建立需要一种鼓励合作的文化,它涉及责任感的培养,涉及公共服务、公民与全球公民等意识以及对全球相互依存的认可。[④] 融合教育倡导的价值观之一是集体合作,从融合学校最终走向融合社会,营造人人参与、共同合作的氛围。融合教育认为,每个学生都可能遇到学习困难,这不仅仅是他个人的问题,也是班级的问题,因为他是班集体的一员,是学习集体中的合作者。[⑤] 合作是未来社会优秀人才必备的能力,融合教育目标之一就是培养学生的合作能力,使他们对自己和对他人具有一种责任感,能够与不同兴趣、不同能力、不同个性、不同学科、不同社会背景的人共同合作。融合学校要满足所有学生的各种不同需求,需要教师与学生之间、教师与教师之间、教师与领导之间、教师与家长之间、学生与学生之间、家长与学生之间以及教师与社区之间建立一种更为密切的合作关系,充分发挥他们的能力,共同创建一种融合的氛围。

---

① 李芳. 论全纳性教育思想及其挑战[J]. 现代特殊教育,2002(7):12-15.
② Tony Booth. 玫瑰之名:全纳价值观融入教师教育的行动中[J]. 教育展望,2011(3):3-17.
③ 联合国教科文组织. 全纳教育指导方针 确保全民接受教育[EB/OL]. [2011-12-16]. http://www.ibe.Unesco.org/fileadmin/user_upload/Curriculum/4_Guidelines_for_Inclusion-translation_CHN.pdf
④ Tony Booth. 玫瑰之名:全纳价值观融入教师教育的行动中[J]. 教育展望,2011(3):3-17.
⑤ 黄志成. 全纳教育展望——对全纳教育发展近10年的若干思考[J]. 全球教育展望,2003(3):30.

三、创建融合学校文化的途径

英国融合教育研究中心编写了《融合教育指南——促进学校中的学习和参与》一书,书中将融合教育的实施分为创建融合文化、制定融合教育政策和开展融合教育实践三个步骤,对国际融合教育发展有着很大影响。书中提出:学校文化是学校发展的核心。有时,人们很少关注学校文化支持或破坏教和学发展的可能性。正是通过学校文化,学校政策和实践的变革才能够得到教师和学生的支持。[①] 可见,在实施融合教育的过程中,创建融合教育的学校文化既是首要的也是核心的任务。学校融合文化构建要有校长的卓越领导,要有机渗透在学校教育的各个学科、各个环节、各个方面,既要充分运用课程和课堂教学,又要始终以体验为主,开展形式多样的主题教育活动,要重视营造融合教育的物质环境,发挥环境育人的作用。

(一)校长的卓越领导

一个学校的校长怎样营造出自己的学校文化,这是一个具有教育家风范的学校校长必须思考的问题。[②] 学校领导在学校文化创建中发挥着不可替代的作用。学校领导既是学校发展规划制定和实施的领导者,又是融合教育领导小组的负责人,应当有强烈的文化使命意识。在创建融合教育学校文化之初,学校领导应该尽可能发动全体师生共同参与,各抒己见,对学校融合教育文化做出详细的阐述。讨论越充分,学校融合教育文化就能够定义得越细致,师生就越能准确把握学校的要求及自己需要努力的方向。在讨论中,不仅可以提高全校师生对学校融合教育文化的认同感,也可以较好地协调学校整体文化与融合文化之间的关系,使之尽可能达到和谐的状态。学校融合文化需要挖掘和提炼,表述应该明确简洁,准确反映学校发展的个性特色,发挥其独特的凝聚力。融合教育文化内涵一旦确立,学校领导应抓住每次例行的典礼和仪式的机会进行宣传,对教师、学生、家长、社区人员不断重复其观点,并以身作则、言传身教,达到"耳濡目染"的效果,使促进"平等、接纳、尊重、合作"成为全校师生的文化自觉、精神追求和价值取向。

(二)课程教学的渗透

中小学的语文、品德与社会(思想品德)等课程是融合教育文化的显性或隐性课程。以人民教育出版社和江苏教育出版社的小学语文教科书为例,两套教材都有一些残疾人的形象,其中一部分是人们耳熟能详的优秀残疾人,如苏教版第六册的《微笑着面对一切》中的桑兰、第十册《海伦·凯勒》中的海伦·凯勒、《二泉映月》中的阿炳、第十一册《司马迁发愤写〈史记〉》中的司马迁和《轮椅上的霍金》中的霍金;还有一些人们不熟悉的人物,如人教版第六册《检阅》中的博莱克,第八册的《触摸春天》中的安静、《鱼游到纸上》中的无名青年等。[③] 其中《检阅》是一篇精读课文,讲述了国庆节前夕,儿童队员们做出了一个大胆的决定:让腿有残疾的博莱克参加检阅,并赢得观众的一致称赞。教学中,教师要引导学生形成平等对待、接纳并尊重残疾人的品质。除此之外,人教版《品德与社会》第七册有《走近残疾人》、第十册《司马迁与〈史记〉》,通过体会残疾人的处境,培养对残疾人的理解、接纳和尊重。

---

① Tony Booth, Mel Ainscow. Index for Inclusion: Developing Learning and Participation in Schools [EB/OL]. [2014-8-7]. http://www.eenet.org.uk/resources/docs/Index%20English.pdf.
② 袁振国. 校长的文化使命[J]. 中小学管理,2002(12):8.
③ 张计兰. 我国当下小学语文教科书对残疾人关注的研究[D]. 南京师范大学硕士学位论文,2005:17-18.

数学、历史、科学、美术、音乐等课程同样蕴含了丰富的融合学校文化内涵,教师要结合教学内容,充分利用与学生密切相关的人物和事件作为教学资源,利用多种手段和方式开展融合教育活动。

(三)主题活动的引导

教师可以充分利用班团队活动、仪式教育、节日和残疾人纪念日、学生社团活动、社会实践活动等形式,精心设计和组织开展内容丰富、形式多样、吸引力强、调动学生主动参与的融合教育活动。班团队要积极创造条件,增强集体的凝聚力,用游戏、情境体验、角色扮演、讨论、演讲、阅读、观影、征文等多种形式,激发学生对融合教育理念的认同感。学校要通过入队、入团、入党、开学典礼、毕业典礼等各种重要仪式,精心设计,有效实施,培养学生积极的融合教育价值观。坚持每周一次的升国旗仪式,发表紧密联系学生实际、内容生动具体的国旗下讲话,激发学生对他人和社会的责任感。要充分利用各种节日和残疾人纪念日,特别是以全国助残日、国际助残日、孤独症日等为契机,从培养学生尊重理解他人,接纳关爱他人,学会与不同人合作的能力出发,设计并开展有针对性的教育活动。学生社团是帮助学生提高对残疾人的认识、理解和接纳的重要载体,要大力发展内容丰富、形式多样的兴趣小组,充分发挥社团的宣传舆论作用。学校要充分利用各种校内外的资源开展社会实践活动,去特殊教育学校、康复机构、福利院、养老院等地方,让学生感受到残疾人的生活和精神状态,引导学生理解残疾人的处境,关心接纳他们。

(四)环境的潜移默化

融合学校文化创建要重视学校绿化、美化和人文环境建设。要把校园建成育人的特殊场所,充分利用校园的每一个角落,营造良好环境和氛围,使校园内的一草一木、一砖一石都体现教育的引导和熏陶。学校应在校园内栽种花草,绿化、美化校园,使整个校园安全、干净、整洁、美观、有序。要对学校环境进行精心设计,鼓励学生积极参与校园环境的设计、维护和创造。学校的校训、校歌、校徽、校标等设计要体现融合教育理念,要充分利用板报、橱窗、走廊、墙壁、雕塑、地面、建筑物等一切可以利用的媒介①蕴涵融合教育理念,营造学校文化气息,创设良好的文化氛围,如张贴、悬挂优秀残疾人作家、企业家、科学家、艺术家等杰出人物的画像和格言,绘制引导学生乐于助人、善于合作的卡通人物形象等,引导学生形成良好的思想品德。

知识卡片 2-1

香港全校参与模式

香港全校参与模式目标是建立互相关怀的学校文化,加强学校员工、学生和家长接纳有特殊教育需要的学生,提升教师支援学生的能力及促进家长与教师的合作。在校长的领导下,学校订立照顾有特殊教育需要学生的政策,建立融合的学习环境,推动教师、家长及学生协力帮助有特殊教育需要的同学。学校会按学生的需要,设计个别学习计划,因应能力差异调适课程,采用多元化的教学方法,进行不同形式的评估,让学生展示能力;并邀请家长参与"个别学习计划小组"会议,共同制定和检讨学生的学习目标

---

① 教育部.教育部关于大力加强中小学校园文化建设的通知[EB/OL].(2006-5-8)[2014-9-3].http://www.www.moe.edu.cn/publicfiles/business/htmlfiels/moe/moe_1237/200608/17004.html

和进度。此外,学校亦会引进适当设备以辅助学生学习。① 2008 年香港特别行政区政府教育局编写第三版的《照顾学生个别差异:融合校园指标》,该指标以英国融合教育家所著的《融合教育指南》(2000)为主要参考资料编写而成。

其中有与融合学校文化相关的指标为"校风及学生支援",具体包括:

教师、学校管理委员、学生和家长对融合校园的信念存有共识;
所有学生均受重视;
学生关顾政策是配合课程发展及学习支持政策的;
欺凌行为已减少;
停课处分的压力已减少;
各种妨碍学生上学的因素已减少;
学校致力减少带有歧视成分的措施;
学校对本区的学生来者不拒;
学校遵循《残疾歧视条例》,对于阻碍学生学习的屏障尽量消减,让所有学生均能参与学习;
教师和学生之间互相尊重;
学生互相帮助;
教师合作无间;
校方对所有学生均寄望甚殷。

第二节 学校管理改革

1994 年世界特殊需要教育大会通过的《特殊需要教育行动纲领》中提出:"地方行政管理者和校长……可以在使学校更适合于有特殊教育需要的儿童方面发挥主要的作用。他们应参与发展更灵活的管理措施,调整布置教学资源,丰富学习内容,发动同伴帮助,为有困难的学生提供支持以及与家长和社区建立密切的联系。成功的学校管理依赖于教职工积极的、创造性的参与,依赖于为满足学生需要建立的有效合作。"②科学的学校管理是实施融合教育的保障,而融合教育必然给学校管理带来变革,这包括管理理念上的转变、管理模式的改变和管理实践的变革。

一、学校管理改革的新理念

1993 年《中国教育改革发展纲要》提出"中等及中等以下各类学校实行校长负责制",这表明学校内部管理制度在发生变革。学校管理权限的下移和校长负责制的实施为学校的自主发展提供了制度空间,使学校获得了较大的管理自主权。③ 这一制度的实施能够使学校制定出切实的适合自身的发展目标,在全校教职工参与的情况下分析学校办学传统与现状,明确学校愿景和目标,确定学校发展重点,建立学校发展保障机制,从而形成学校发展规划(简称 SDP)。学校发展规划是一种新的学校管理理念和工具,其目标是将学校建成社区的学校,密切社区与学校的关系,自下而上,上下结合,不同群体平等参与学校管理,发挥学校发

---

① 香港特别行政区政府教育局.照顾学生个别差异:融合校园指标[EB/OL].(2008-12-25)[2014-10-4]. http://www.edb.gov.hk/FileManager/TC/Content_6596/indicators-082008_tc.pdf

② 特殊需要教育行动纲领[EB/OL].(2010-10-21)[2014-10-4]. http://spedu1.guangztr.edu.cn/html/6/1/2010

③ 韩梅.小学制定学校发展规划的问题及对策研究——以成都市×小学为例[D],四川师范大学硕士学位论文,2013:1.

展委员会的作用。①

学校发展规划源于英国的研究与实践,20世纪90年代成为英国一个全国性的学校管理改革项目,对英国学校教育改革产生了深远的影响。我国各省市都开始逐步重视中小学学校发展规划。学校发展规划对学校的管理理念和行动产生了影响,也激起了家长与社区参与学校管理的想法与行动。② 如今,学校发展规划已成为很多学校改进管理、提高学校绩效水平的新的学校管理理念和不可缺少的工具。

学校发展规划的运作实际上就是抓住了学校管理的核心环节,通过合理的规划去干预学校管理的全局,促进学校的发展。③ 学校发展规划既是一个内涵丰富的管理理念,又是一项有具体操作流程的技术。④

二、融合教育的实施过程

参照英国融合教育专家托尼·布思和梅尔·艾因斯考制定的《融合教育指南》⑤,融合学校发展规划及实施的过程可具体分为成立协调小组、分析学校的具体情况、制定融合学校发展规划、实施学校发展重点、评估融合教育实施五个阶段(如图2-1所示),其核心则是以融合教育价值观为指导,通过学校发展规划,实现学校管理改革。

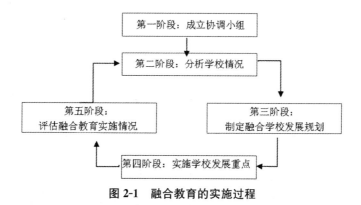

图2-1 融合教育的实施过程

融合教育在学校的实施过程可以分为以上五个阶段,但实际上,融合教育的实施过程是无限循环、永无止境的。

(一)成立协调小组

这个阶段需要做以下几项工作:成立协调小组、回顾促进学校发展的方法、提高对《融合教育指南》的认识,运用《融合教育指南》的概念和框架了解小组成员的看法、考虑确定各项目标和问题、准备与其他小组合作等。

协调小组在整个《融合教育指南》的实施过程中起着非常关键的作用,其成员的选择要慎重。协调小组的成员要能代表学校的各个方面,包括校长和其他校领导、学校发展规划小

---

① 朱志勇,董轩,向思.学校发展规划实施与评估:西部五省的经验[J].清华大学教育研究,2010(3):40-48.
② 朱志勇,董轩,向思.学校发展规划实施与评估:西部五省的经验[J].清华大学教育研究,2010(3):40-48.
③ 陈向阳.学校发展计划基本原理与操作规程[M].桂林:广西师范大学出版社,2009:16.
④ 陈向阳.学校发展新动力——学校发展计划(SDP)视野下的学校管理变革[M].桂林:广西师范大学出版社,2009:60.
⑤ Tony Booth, Mel Ainscow. Index for Inclusion: Developing Learning and Participation in Schools [EB/OL]. [2014-8-7]. http://www.eenet.org.uk/resources/docs/Index%20English.pdf

组的主要成员、学习辅导员、家长,同时要注意性别、种族结构,还应包括一名重要的顾问,这名顾问应当很了解学校,能对学校提出建设性意见。他可以是其他学校的教师、教育咨询工作者、教育心理学家等。小组的每个成员都能对学校提出建设性意见,要了解有关资料和《融合教育指南》的实施过程;成员之间应彼此信任,对实施融合教育充满信心。

这个阶段,有12个系列活动建构和支持协调小组的工作。每个活动需要一个清楚的时间限制,通过分成四人以下小组实施。活动包括:(1)回顾学校发展规划。(建议1小时)(2)什么是融合教育?(30分钟)(3)障碍和资源?(20分钟)(4)什么是支持?(20分钟)(5)运用《融合教育指南》识别临时问题。(25分钟)(6)讨论证据。(20分钟)(7)将《融合教育指南》和问题联系起来:文化、政策和实践。(35分钟)(8)回顾所有的《融合教育指南》和问题。(1小时)(9)选择重点并计划干预。(30分钟)(10)使用摘要单。(20分钟)(11)总结小组的工作。(20分钟)(12)运用《融合教育指南》识别和克服障碍。(20分钟)开展这些活动可以加深协调小组对《融合教育指南》的理解,为进一步实施《融合教育指南》做好准备。全校所有成员都要参与,协调小组要准备好与其他小组一起工作,但在此之前需要阅读和讨论二、三、四、五阶段指导。第一阶段大约需要半学期。①

(二)分析学校情况

第二阶段的任务是分析学校的情况,主要是了解教师和校领导、学生、家长和社区成员的看法,进而确定学校的发展重点,时间为一个学期。通常情况下,中小学学校发展规划的制定都是从这一步开始。要制定一份令人满意的学校发展规划,最基础的工作就是研究学校的内外部环境,分析学校的传统和现状,对学校进行准确定位。② 首先,学校管理者要善于动员教师、学生、家长和社区成员一起总结和提炼学校发展的传统、特色和优势资源,以此作为学校发展的基石;其次运用优劣势分析法(SWOT分析法)对学校内外部环境进行全面分析,进而了解学校优势、劣势、所面临的机遇以及挑战。SWOT分析技术是最适合分析学校校情的一种方法。

收集信息的方法受到学校规模、学校类别、小组的知识情况等因素的影响。在规模较小的学校,协调小组可以和学校的所有成员一起工作;在规模较大的学校,则可以以一个部门或各年级组为单位组成小组,不同类型的小组在一起考虑不同的问题。在此过程中,可能会遇到这样的困难:一些人不喜欢当众表达自己的看法;在用问卷进行调查时,问题本身可能有诱导性,有些学生可能迫于压力或其他原因而做出自认为老师喜欢的回答等。因此,协调小组要安排各种机会收集信息,让每一个成员都对《融合教育指南》和问题做出自己的回答。在收集来自学生的信息时,可以就问卷进行小组讨论,对一些回答有困难的学生,要给予指导和帮助。协调小组有计划地与家长、当地社区成员进行交谈,开展问卷调查,对于那些有交流问题的家长,学校要安排一名联络员进行详细解释。总之,协调小组可以提供多种机会、选择多种途径来了解学校的情况。当然,这其中的工作量相当大,这时候,重要的顾问可以提供帮助。收集好原始信息后,要进行分析,找出各小组观点的不同之处,特别要关注教师小组,包括课堂助手和教师助手。从这些初步的信息中找出问题所在,鉴别出哪些领域还需要哪方面的信息,然后进一步收集信息,分析学校已有的资料,观察学校的实践。

---

① Tony Booth, Mel Ainscow. Index for Inclusion: Developing Learning and Participation in Schools [EB/OL]. http://www.eenet.org.uk/resources/docs/Index%20English.pdf,2014-8-7

② 凡勇昆. 中小学制订学校发展规划的个案研究[J]. 现代教育论丛,2009(1):39-42.

这一阶段每个学校都不同,拟定的学校发展重点也各不相同。最终确定的发展重点并不仅仅是简单把收集到的信息中带有普遍性的问题列出来,而是要确保没有遗漏弱势小组的意见,学生和家长的意见尤其要体现出来。最终列出的发展重点可能在数量和所需的时间及资源方面差别很大。可以运用融合教育实施的三个维度六个方面的《融合教育指南》和对问题的回答来对信息进行分析整理,拟定学校的发展重点。例如以下就是学校运用《融合教育指南》确定的发展重点:开展教师发展活动,更好地应对学生的多样性;为残疾学生和成人改进学校所有的通道;为教学助理和教师安排联合培训;培养学生合作学习;修订反欺凌行为的政策;增进学校和家长之间的沟通;提升学校在当地社区的声望。

（三）制定融合学校发展规划

确定学校的发展重点后,即进入第三阶段:制定融合学校的发展规划。在这个阶段,学校发展规划小组要将《融合教育指南》以及在第二阶段拟定的学校发展重点纳入学校发展规划中。在这一阶段,学校发展规划小组与协调小组要注意协调,这两个小组最好合并为一个小组。该小组应确定将实施融合教育作为学校发展规划的重点,明确在何种程度上运用《融合教育指南》的框架来决定发展规划;同时,仔细分析第二阶段提出的发展重点,就涉及的时间、规模、资源以及对教师发展的意义,制定出关于发展规划实施情况的评价标准。

融合学校发展规划需要明确学校愿景和目标。学校愿景是学校成员在一定价值追求下,在一定的学校文化背景下,在学校发展的总体战略下,在吸纳广泛意见基础上,通过广泛沟通达成共识后所表达的若干年内经过奋斗可以实现的想象式的图景。[①] 学校愿景是一个学校共同体中所有人共同的最本质愿望和图景,它关系着一个学校所有利益相关者最根本的前途和命运。因此,在学校发展规划中形成一个共同愿景是一个最基本的任务。目标是学校使命的具体化,是学校在完成基本使命过程中所追求的长期结果,反映了学校在一定时期内活动的方向和所要达到的水平。一旦明确了愿景,就可以在其引导下认识学校的使命,从而制定出适合于本校的总目标以及目标体系。

融合学校发展规划的制定是一个系统策划过程,它涉及到学校当前和未来阶段性发展的多个纬度,所以一定要将第二阶段确定的发展重点明确写入学校发展规划的文本之中。这些重点即是本阶段必须做或者会对学校的发展有着本质性促进作用的环节。对于这些重点,规划者一定要有一个清醒的思维,切实根据本校的实际情况并顺应当前发展的契机,把合理的内容放到重点发展的位置。

（四）实施学校发展重点

制定发展规划后,即进入第四阶段:实施发展重点。在将发展规划付诸实施的同时,要对照发展规划提出的标准,评价学校的发展情况,并且进行记录。这个阶段没有固定的期限,只要学校的发展重点没有变成现实,就必须一直进行下去。

校长是学校发展规划的制定者、执行者和学校的管理者。制定科学、合理、适合本校发展的融合教育发展规划是一项挑战,而有效、完整地执行融合教育发展规划则更难,需要将融合教育的愿景、目标和内容,通过具体的措施付诸实践。融合教育发展规划的实施很大程度上取决于校长对融合教育的认识和态度。以原北京市宣武区（今西城区）上斜街小学为例,该校校长曾在特殊教育学校工作过六年,对特殊儿童了解非常全面,对特殊教育理解非

---

① 陈向阳.学校发展新动力——学校发展计划（SDP）视野下的学校管理变革[M].桂林:广西师范大学出版社,2009:25.

常深刻。学校在其领导下进行了一系列的管理改革:构建了融合教育工作的网络,形成了各级组织体系;建立了融合教育工作体系,在区特殊教育专家的指导下,建立了校长负总责、特教干部主管、资源教师为骨干、教师全员参与的分级管理的随班就读工作的秩序;建立了较完善的管理制度,涉及融合教育的教学管理、融合教育教师的培训和奖励机制、资源教室运作、校本研究等。① 校长先进的教育理念和特殊教育工作经验是该校管理改革见成效、融合教育有实效的重要因素之一。

真正卓越的校长,不仅要有清晰的愿景,还要能够经常分享愿景,激励他人实现愿景,这是融合学校管理改革的特征。融合教育意味着变革,校长必须要勾勒一个融合学校的愿景,把校长和教职员工"捆绑"在一起,使他们从道德、智力和情感等方面作出同样的奉献和努力。作为校长,应经常构建融合教育这个愿景,持续不断地强化教职员工头脑中的这幅蓝图,引领每个人朝着融合教育这个目标勇敢前行。② 学校校长必须认识到在教职员工面前展示融合教育愿景的重要性,更要认识到让教职员工参与实现这个愿景的重要性。

(五)评估融合教育的实施情况

在这一阶段,要评估学校发展规划和《融合教育指南》的实施情况。学校发展规划小组根据第四阶段记录的学校进展和第三阶段制定的发展规划中的评价指标,思考学校在文化、政策和实践中出现的任何变化,考虑改革过程中出现的新问题,并就学校下一个发展规划形成初步的设想。继而再次开始第二阶段,继续学校规划的循环过程。

知识卡片 2-2

照顾学生个别差异:融合校园指标③(节选)
香港特别行政区政府教育局编写④

《融合校园指标》中与融合学校管理相关的指标为:
员工发展活动有助于教师照顾学生的个别差异;
校方有协调各种支援的措施;
校内气氛融洽,无分彼此;
教师与学校管理委员会合作无间;
学校的"特殊教育需要"政策正是融合校园政策;
学校尽量改善校舍,方便所有人使用;
学校公平分配资源,以支援融合校园的建设。

第三节 相关人员的职责

要推行融合教育必须有一定数量规模和质量要求的既懂普通教育、又懂特殊教育的专业队伍来执行政府的方针政策,具体实施普通儿童与特殊儿童的日常教育与康复工作,保证

---

① 朱楠,赵小红,刘艳虹. 随班就读学校氛围案例研究[J]. 中国特殊教育,2009(3):24-28.
② 杜晓萍. 全纳学校特征探析[J]. 外国教育研究,2008(10):6-9.
③ 这里节选了 2008 年第三版中与融合教育学校管理相关的指标。
④ http://www.edb.gov.hk/FileManager/TC/Content_6596/indicators-082008_tc.pdf

儿童教育的科学性、有效性,最大限度地发挥不同儿童的潜能;指导不同儿童的家长进行有效的家庭教育;号召各专业团体和群众组织充分理解、认同与合力支持融合教育。[①] 相关专业人员的参与是实现融合教育的必要条件,因此,融合教育的专业队伍已突破传统教师队伍的范畴,主要包括校长、班主任、任课教师、资源教师、巡回指导教师以及康复训练师、心理咨询师、社工等专业人员。

一、融合教育教师的职责

（一）校长的职责

融合教育离不开校长的领导和支持,也赋予了融合学校校长更多的职责,其主要职责如下:

1. 根据国家及地区关于特殊教育的法律法规和要求开展融合教育工作,将融合教育工作纳入学校整体发展规划之中,研究并制订学期工作计划,组织教师及相关工作人员,整合学校各方面力量开展融合教育工作;

2. 组织建立由分管校长、教导主任、年级组长、班主任、资源教师、任课教师等人员组成的融合教育工作小组,建立健全融合教育工作岗位责任制、教师工作量核定标准、教师工作考核标准等有关工作的规章制度,对融合教育工作实施规范管理;

3. 选择富有爱心、业务精湛的教师担任班主任和任课教师,配齐配足资源教师,按规定认真做好融合教育对象的确定工作,根据学生的实际情况进行合理安置,做好融合教育学生的学籍管理工作,组织开展融合教育工作效果的评估和督导;

4. 组织开展特殊学生的评估、安置、转衔等工作,组织相关教师针对特殊学生的实际需要制订个别化教育计划,设计课程,安排学习内容、学习时间和施教方式,保证每个学生的个别教育和康复训练时间;

5. 领导研究与制定适合融合教育学生特点、反映学生成长过程的多元评价内容,对学生的发展进行综合评价;

6. 组织专门的教研组对融合教育的教育教学进行校本研究,开展有关融合教育工作的科研课题研究;

7. 争取足额经费,配置融合教育所需的设施设备,给各班级融合教育提供经费、场地支持,参加校内外融合教育宣传教育活动,引导建立平等、关爱、友善的师生、生生关系,将特殊教育融入学校文化建设,组织特殊学生参加各类学校和社会实践活动,充分利用和开发各种有助于特殊学生学习的教育资源,创设无障碍校园环境,为特殊学生学习、生活提供良好的环境支持;

8. 采用各种形式积极开展融合教育教师培训工作,增强教师进行融合教育的教育教学能力,为教师提供培训经费支持和时间便利,形成融合教育骨干教师队伍,有计划、有执行、有考核和奖励;

9. 建立家校联系制度,开展丰富多样的家庭教育指导活动,创造条件加强与家长的联系与沟通,及时听取家长对融合教育工作的意见和建议,为家长提供服务,充分发挥家委会的作用,在全校家长中形成关心、帮助融合教育学生的良好氛围;

10. 接受区特殊教育学校或融合教育指导中心的指导,及时反馈融合教育学生的信息,通

---

① 方俊明. 融合教育与教师教育[J]. 华东师范大学学报(教育科学版),2006(9):37-42.

报开展融合教育工作的情况,积极依靠指导中心并利用各种社会资源,开展融合教育工作。

（二）任课教师和班主任的职责

任课教师与班主任共同承担育人的责任,是融合教育教师队伍中最大的组成部分。融合教育教师中的任课教师的工作职责应包括：

1. 和资源教师、巡回指导教师、校领导和家长等相关人员共同参与特殊学生学业、生活能力及问题行为等的评估,为特殊学生的教学安置提供意见和建议；

2. 与资源教师、巡回指导教师、校领导和家长等共同为特殊学生量身制订个别化教育计划(IEP),承担某门课程的教学工作,并与资源教师、家长一起监督、评估 IEP 实施的情况；

3. 运用适合特殊学生特点的多种教育教学方法,调整课程及教学内容,对特殊学生实施个别化教育,提高教育的有效性,并引导特殊学生积极参与课堂教学活动及班级的日常活动；

4. 对特殊学生课堂中可能发生的问题行为进行监控和疏导；

5. 开展特殊学生发展过程的评估,加强对特殊学生的观察,了解特殊学生的发展过程,根据课程特点,针对学生的实际情况设计评估内容,对特殊学生进行动态、全面的发展性评估；

6. 开展教育教学研究和科研,对融合教育教学工作中的热点、难点问题开展研究,总结教育教学经验和研究成果,提高融合教育工作的科学性；[①]

7. 积极加强各种特殊教育专业知识的学习和培训,提高自身融合教育的素养,参加市、区县组织的各种教研、交流活动,主动保持与资源中心的联系,提高开展融合教育工作的专业技能。

8. 尽可能地通过各种渠道(网络、报纸、新闻等)获取有关为特殊学生提供服务的各项支持信息,并尽力在必要时利用。

班主任是学校中全面负责一个班学生的思想、学习、健康和生活等工作的教师,是一个班的组织者、领导者和教育者,也是一个班级中全体任课教师教学、教育工作的协调者。因此,班主任除了上述与任课教师相同的职责外,还应承担以下职责：

1. 与特殊学生和普通学生家长直接沟通,向特殊学生家长宣传特教知识,开展家校间经常性的联系,指导家长采用正确的方法开展家庭教育,注重家庭教育与学校教育的一致性,帮助特殊学生融入学校和班级,促进普通学生家长对特殊学生融合教育的理解,并在必要时做好他们的情绪疏导与安抚工作；

2. 班级所有例行活动都有特殊学生参加,融合教育成为班级常规的重要构成,每学期开展融合教育相关活动(如交流讨论、主题探究、角色体验等),对融合教育表现好的学生进行表扬；[②]

3. 引导特殊学生主动参与班级日常活动,并为他们提供必要支援,对特殊学生课上和课间的问题行为进行引导和干预,对特殊学生进行思想品德教育,塑造特殊学生健全的人格,对特殊学生进行社会技能训练,提高其适应能力；

4. 与任课老师和普通学生共同创设融合的班级文化,为特殊学生顺利融入班级、参与班级活动、获得学业和身心发展创设关心、关爱、互助、共同成长的人文环境；

---

① 上海市教育委员会. 上海市教育委员会加强随班就读工作管理若干意见[EB/OL]. [2014-8-18]. http://www.chinalawedu.com/falvfagui/fg22598/22941.shtml

② 张文京. 融合教育与教学[M]. 桂林:广西师范大学出版社,2013:151-153.

5. 为特殊学生建立发展档案(或成长记录袋),及时记录其发展状况,为评估提供信息;

6. 与其他校领导、任课教师、资源教师、康复训练师、社工、家长等开展沟通和合作工作,帮助特殊学生更好地发展。

(三)资源教师的职责

资源教师是指规划、建设、运用和管理资源教室的特殊教育以及相关专业的人员。[①] 资源教师是资源教室的核心和灵魂,资源教室功能的实现主要取决于资源教师的专业素养。按照目前实际,资源教师可以分成三个类型:一是以补救教学为主,目的是帮助学生在文化成绩上达到规定的标准,这种类型的资源教师应该是目前资源教师的主体,可由学科教师兼任;二是以行为训练为主,目的是针对学生的特殊需要开展各种类型的行为改变和塑造,如感知机能训练、定向训练、语言训练、不良行为的改正等;三是以测量、咨询、指导为主,包括特殊儿童的测量,为其他教师、家长提供咨询,为学生提供心理辅导,等等。我国目前条件下,资源教师可能需要同时承担上述三种任务,成为复合型资源教师。后两类资源教师必须受过系统的特殊教育培训,并在教育实践中承担多项职责。目前在我国,资源教师多由特殊教育学校的教师担任,负责指导融合学校的教师工作和帮助特殊学生学习,也有部分普通学校设有专职的资源教师。

资源教师的职责是多元化的,既要直接承担特殊学生资源教学与指导,又要参与鉴定与评估、日常管理、咨询与沟通、对外联络和教学科研等多种事务。[②] 具体而言,资源教师工作职责包括以下几个主要方面:

1. 启动本校特殊学生鉴定与评估程序,收集并熟悉学生资料,实施特殊学生的筛选、鉴定及教育评估,撰写评估报告,提出初步安置方案;

2. 在校长的直接领导下,负责制定本校融合教育的有关规定,并对具体实施情况进行检查、协调与督导;

3. 组织并参与设计本校特殊学生个别化教育计划(IEP),动态观察和评估 IEP 执行的效果,学生的发展进步情况等,为修改 IEP 收集信息,会同任课教师、班主任、家长等相关人员作出及时调整;

4. 指导任课教师为特殊学生选择或设计适合的课程、教材、教具和多媒体,运用恰当的教学方法和课堂行为管理策略,指导或协同完成普通班级的差异教学,为特殊学生提供跟踪服务,直至其完全适应普通班级的教学活动;

5. 开展小组或个别的教学或训练,为特殊学生提供与学科直接相关的文化知识、社会技能和学习策略的教学等;

6. 与任课教师、班主任、康复训练师等共同研究特殊学生在普通班的学习需求和问题行为的对策;

7. 对特殊学生的档案进行管理,对特殊学生的持续发展进行追踪和持续性、连续性评估,为特殊学生的安置、转衔等提供建设性的指导意见;

8. 定期开展资源教室教学成效的自评工作,管理资源教室内各种软硬件设施,做好经费预算和使用计划,组织召开资源教室教学相关的各项会议;

9. 组织开展本校融合教育的教学科研,包括学习相关理论和研究方法,规划和申报研

---

① 许家成,周月霞.资源教室的建设与运作[M].北京:华夏出版社,2006:5.
② 王和平.随班就读资源教师职责及工作绩效评估[J].中国特殊教育,2005(7):37-41.

究课题,组织实施课题研究,撰写、交流和推广研究成果;

10. 为本校普通教师、家长、学校领导等开展相关业务培训,指导他们开展融合教育相关工作,包括特殊学生的心理与教育理论知识,特殊学生学业及问题行为干预的相关技能,最新的特殊教育理念,各种诊断、评估工具的原理和使用等;

11. 对外联络,协调区域内的各种特殊教育资源,与可能为特殊学生及家庭提供服务与协助的残联、民政局、社区、学校、医院、康复机构等有关机构保持联系,必要时为特殊学生提供帮助,组织并利用各种校内外资源,促进资源教室的教育教学工作的开展;

12. 与地区资源中心及时、顺畅地保持对接和沟通,了解地区特殊学生教育的相关政策,为特殊学生学习、康复等工作提供政策性指导和支持,及时解决资源教室在实施中遇到的疑难问题;

13. 从各方面获取为特殊学生可能提供服务的各项支援的信息,并尽力在必要时利用。①

（四）巡回指导教师的职责

巡回指导教师是从事特殊教育教学指导工作的一种专职人员,以巡回教学的方式对一个地区的若干所学校、家庭、医院中的特殊儿童进行定期或者专项辅导,同时也对学校教师、特殊儿童家长提供指导。② 目前,我国的巡回指导教师一般由特殊教育学校经验丰富的教师担任,需要具备某类型特殊儿童教育的专业知识与技能、专业康复训练知识与技能,熟悉普通学校的学科教学,具备某一学科的专业背景。巡回指导教师既可以为特殊学生提供直接服务,也可以通过与普通教师合作的方法,为特殊学生提供间接服务③,服务方式较为灵活,亦可以最大限度发挥巡回指导教师的专业性,对推进融合教育具有重要意义。巡回指导教师工作职责如下:

1. 直接为本地区各个融合学校的融合教育教师提供指导与服务,指导融合教育教师分析特殊学生的发展情况,对特殊学生进行评估,制订巡回指导工作计划,指导制订个别化教育计划;

2. 在计划实施过程中定期参与评估,做出相应调整;

3. 深入课堂指导融合教育班级教学,与融合教育教师共同研究并解决教育教学、康复训练中的困难与问题;④

4. 为特殊学生提供服务,为融合学校特殊学生设计专门课程,对有特殊康复训练需要的特殊学生进行康复训练或指导,定期或不定期地对特殊学生进行课堂或课后补偿教学;

5. 为融合学校特殊学生儿童提供、设计专业辅具、学具等,如为低视力儿童提供大字课本和助视器,为听障学生配备助听器等;

6. 为普通学校开展融合教育教学和管理提供咨询服务,了解普通学校开展融合教育工作的情况,对特殊学生的确定与安置、融合校园环境营造、无障碍设施与教育资源的配置和利用等方面提供咨询服务;

---

① 方俊明.特殊教育学[M].北京:人民教育出版社,2005:87.
② 朴永馨.特殊教育辞典[Z].北京:华夏出版社,2006:72.
③ 汤明瑛.视力残疾儿童随班就读巡回指导教师角色探究——以角色理论为视角[D].北京师范大学硕士学位论文,2008:13.
④ 汤明瑛.视力残疾儿童随班就读巡回指导教师角色探究——以角色理论为视角[D].北京师范大学硕士学位论文,2008:16.

7. 掌握本地区特殊学生的情况,直接参与残疾儿童的筛查、评估与鉴定,负责特殊学生个人档案、学籍管理工作,及时更新有关信息;

8. 为本地区融合教育教师组织专题讲座,提供个别指导,进行特殊教育知识与技能的专业培训;

9. 为特殊学生家长提供教育咨询服务,帮助家长了解孩子的身心发展特点与特殊需要,解决家长在教育孩子过程中遇到的困惑,指导家长树立正确的理念,采用科学的方法对学生进行康复训练,促进家长积极参与和配合学校教育;

10. 开展融合教育工作研究,参与本地区融合教育教学、管理工作研究,组织力量开展教研与科研;[①]

11. 利用各种机会开展广泛的融合教育宣传工作。

二、特殊教育的专业人员职责

(一) 康复训练师的职责

康复训练师是为各类特殊学生提供语言训练、认知训练、动作训练、社交技能训练、物理治疗、作业治疗、职业治疗等服务的专业人员。目前我国主要由特殊教育学校或康复机构的教师担任融合教育学校的康复训练师,部分学校设有专职的康复训练教师。融合教育学校的康复训练师的职责应包括:

1. 利用常用评估工具,对特殊学生进行心理和教育测量;

2. 根据有特殊康复训练需要的特殊学生的具体情况,制订个别化康复训练计划;

3. 针对不同类型特殊学生的感知运动、认知、语言、社会交往和情绪行为等方面的需要开展康复训练及相关护理;

4. 能独立设计康复训练课程,并开展个别化教学和集体教学;

5. 观察、记录特殊学生康复训练过程,及时总结和改进康复训练工作,能评估特殊学生康复训练的效果;

6. 学习国内外最新的科研成果、理论方法、操作技术,不断提高康复训练能力;

7. 协调特殊学生康复训练和参与教学,使其各方面能整体配合;

8. 参与定期交流教研活动,提高康复训练水平;

9. 动员家长参与康复训练,定期对家长进行技能培训,为家长提供咨询,保持与家长的沟通与交流,指导家长针对孩子的情况进行居家训练;

10. 负责评估、训练仪器设备保管、保养工作。

(二) 心理咨询师的职责

心理咨询师是指运用心理学以及相关学科的专业知识,遵循心理学原则,通过心理咨询的技术与方法,帮助求助者解除心理问题的专业人员。[②] 心理咨询师可以为特殊学生、家长和融合教育教师提供专业的心理咨询和心理危机干预服务,但不能从事心理治疗或精神障碍(如孤独症)的诊断、治疗。融合教育学校的心理咨询师的主要职责包括:

1. 热爱心理咨询工作,积极认真地负责学校心理咨询室的工作;

---

① 上海市教育委员会. 上海市教育委员会关于加强随班就读工作管理若干意见[EB/OL]. [2014-8-18]. http://www.shmec.gov.cn/attach/xxgk/1930.htm

② 劳动和社会保障部. 心理咨询师国家职业标准[S]. 北京:中国劳动社会保障出版社,2005:1.

2. 态度真诚友善,热心接纳、尊重接受心理咨询的特殊学生、教师,保持客观、中立、公正、平等、信任的关系,给他们以安全感,不把个人观点强加给他们;

3. 对特殊学生的生理发展、感觉运动、认知、语言、情绪行为、人格、学业、社会交往及家庭生活等进行全面评估;

4. 根据生理和心理测查的结果,如发现特殊学生有精神障碍和躯体疾病,应及时、负责地建议家长或教师带特殊学生接受专业的心理治疗或转往其他专科;

5. 坚持真诚保密原则,做好心理咨询的记录,对特殊学生和教师的有关资料、档案应予以绝对保密;

6. 如果发现特殊学生有危害自身和危及公共安全的情况,有责任立即采取必要的措施,防止意外事件的发生;

7. 能利用最新的理论和科学方法,针对不同类型特殊学生、教师的心理问题、心理障碍进行疏导;

8. 配合资源教师、康复训练师对特殊学生进行教育评估,参与个别化教育计划制订和实施;

9. 加强对心理健康咨询的宣传,与班主任协商共同做好特殊学生的心理咨询工作;

10. 做好全校师生心理问题和心理健康教育状况的调查,为学校改进工作提供信息服务、对策和建议。

(三) 社工的职责

社工是指社会工作者,是遵循助人自助的价值理念,运用个案、小组、社区、行政等专业方法,以帮助机构和他人发挥自身潜能,协调社会关系,解决和预防社会问题,促进社会公正的专业工作者。[①] 融合教育的发展是一个牵涉到社会各个方面的系统工程,来自残联、民政、卫生、司法、劳动与社会保障、妇联等部门及非政府组织、慈善机构、社会团体机构、社区服务机构、街道办事处的社会工作者都会对融合教育的发展产生不同的影响。为融合学校服务的社工工作范畴主要是社区服务、家庭服务、残疾人服务,其主要职责包括:

1. 维护残疾人的合法权益,宣传贯彻《残疾人保障法》与国家残疾人政策,争取全社会对残疾人的理解、关心、支持,为特殊学生及其家长提供政策咨询服务,支持对他们的法律援助;

2. 了解特殊学生的生活方式、家庭状况、经济条件、社会处境,并评估其医疗、卫生、康复、教育、就业、司法、社会福利、社会参与等各方面的需求;

3. 改善特殊学生的生活质量,建设无障碍的物质、信息和交流的公共和家庭环境,为其配置需要的辅具,组织特殊学生参加社会活动,协助其获得各项资助,改善其教育、经济和生活状况;

4. 提供心理援助,增强特殊学生家庭的应变能力,提供家庭关系、婚姻辅导、亲子教育和个人职业发展与辅导服务,以提高其家庭生活的能力;

5. 开展社区康复工作,认真制订社区特殊学生康复计划,协助做好社区康复员和特殊学生家庭的培训,负责筛选训练对象,建立档案,组织特殊学生在社区、家庭开展训练,做好记录;

---

① 劳动和社会保障部. 社会工作者国家职业标准[EB/OL]. (2010-12-04)[2014-10-4]. http://jnjd.mca.gov.cn/article/zyjd/mzxzy/201012/20101200118427.shtml

6. 协助学校帮助特殊学生掌握必要的文化知识,培养其社会适应能力,帮助解决特殊学生的学业困难、学校生活适应问题、人际关系问题和情绪问题,促进特殊学生融入社会;

7. 动员社区一切资源,促进特殊学生家庭与社区人员的沟通与合作,建构一个社会支持网络,促进特殊学生康复和参与社会活动。

第四节　融合班级管理策略

班级是学校的基本单位,通常由一位班主任、几位任课教师与一群学生共同组成,融合班级则还包括一位或几位特殊学生。班级是学生成长的主要环境,班级对学生个体的发展具有直接的影响,而影响的好坏则与班级管理的质量密切相关。对特殊学生而言,班级、教师、同学对其的影响和意义较普通学生来说更为重要。

融合班级管理目的在于通过普通学生与特殊学生共存、共生的班级,建立共享、共欣赏、共进步的和谐、互动的教育教学团队,为特殊学生创建无障碍生活、学习、活动环境。融合班级追求的是每一个人的成长,包括教师、家长、普通学生、特殊学生的成长。[1] 融合班级的管理主要涉及人际关系管理、时空管理、常规管理和行为管理等。

一、融合班级人际关系管理策略

班级人际关系是指班级成员之间通过交往而形成的关系,主要包括师生关系和同伴关系。班级人际关系是由认知成分、情感成分和行为成分构成的。平等、接纳、尊重、理解、支持、合作、安全的班级心理氛围和融洽的班级人际关系对普通学生和特殊学生的成长都有着积极的影响。因此,班级管理过程中要通过培养融洽的人际关系,形成融合的心理氛围,为每一个学生的健康成长创造良好的环境。

（一）师生关系管理策略

师生关系是教育活动过程中最基本、最重要的人际关系。在师生互动过程中,教育者具有主导地位,教师通过师生互动过程对学生施加影响。所谓"亲其师,信其道;尊其师,奉其教;敬其师,效其行",良好的师生关系是促进学生健康发展的重要因素,有利于学生形成对学校、班级的积极情感态度,能极大调动学生参与学习和活动的积极性、主动性和创造性,与同学形成积极和谐的情感关系,促进学生个性的社会化发展。对于特殊学生来说,教师的支持尤其重要。教师的支持能够促进特殊学生融入普通学校的生活,满足特殊学生的特殊需要,促进他们的能力发展。[2] 融合班级的师生关系管理策略如下。

1. 树立融合教育理念

融合教育中良好的师生关系的形成有赖于教师对融合教育理念的认同。在实践中,多数普通中小学教师认同特殊儿童有在普通班接受教育的权利,但一旦把特殊学生放到自己的班上,就在态度和行为上表现出不接纳的倾向。[3] 这必然会阻碍良好师生关系的形成。有成功的案例表明,当所有普通教师支持融合教育理念时,他们就更愿意从事融合教育工作。[4]

---

[1] 张文京. 融合教育与教学[M]. 桂林:广西师范大学出版社,2013:160.
[2] 朱楠,赵小红,刘艳虹. 随班就读学校氛围案例研究[J]. 中国特殊教育,2009(3):24-28.
[3] 陈光华,等. 我国大陆随班就读态度研究综述[J]. 中国特殊教育,2006(12):27-32.
[4] 朱楠,赵小红,刘艳虹. 随班就读学校氛围案例研究[J]. 中国特殊教育,2009(3):24-28.

因此,融合教育中的普通教师要不断通过了解特殊学生相关知识,参与教学研讨,参与融合教育培训,提高对融合教育的认同感,从而为良好师生关系的形成打下基础。

2. 明确自身多重角色

融合班级教师有着多重角色,包括知识的传授者、行为的塑造者、班级的管理者、学习的支持者、健康的辅导者、潜能的开发者、缺陷的补偿者、家长的代言人、学校的代表者、规范制定的组织者、纪律的维护者等。[①] 融合班级的教师要明确自己在师生交往中的角色,既要承担各自的岗位教学工作,也负有教书育人的职责;不仅有促进普通学生成长的任务,更有促进特殊学生进步的任务。营造平等、接纳、尊重、理解、支持、合作、安全的班级心理氛围,接纳和关怀每一个学生。教师要给特殊学生提供课堂学习及表现的机会,适时与他们开展互动,持续关心并改善特殊学生的班级适应情形,给特殊学生提供公平参与班级、学校各项活动的机会。教师要根据特殊学生学习需求调整课程内容,依据特殊学生状况调整课堂教学策略,会按照特殊学生需求实施弹性上课方式,会用各种教学媒介协助特殊学生学习,适度调整特殊学生作业难度与分量,会依据特殊学生状况教给其学习策略,能针对特殊学生的问题行为采取适当的应对方法。

3. 尊重、理解、关爱学生

教师有关心爱护全体学生、尊重学生人格、促进学生全面发展的义务。融合班级的教师不仅要关心、爱护每一个学生,还要能够尊重和理解每一个学生。这可能体现在很多的教育细节上,例如:教师是否都能以尊重的态度称呼学生,而不是叫他的绰号;教师能否不在无关人员面前暴露特殊学生的隐私和出示图片;教师能否接纳孤独症学生对结构化的需求,并对环境和课程的安排做一定的调整;特殊学生和普通学生是不是一样受到重视,成绩差的学生和成绩好的学生是不是一样受到重视,有情绪或行为问题的学生是否和其他学生一样受到重视,是否所有学生都有机会展示自己的强项。

4. 主动交往,善于沟通

有的特殊学生害怕、不愿意或者不懂得如何与教师交往,遇到这样的学生,融合班级教师要主动引导,当他们默不作声或欲言又止的时候,教师可用讲故事、玩游戏的方式引出他们真正的想法,了解其需要、愿望、意见与感受,努力营造比较轻松、愉快、自然的谈话氛围。同时,还要乐于倾听,给特殊学生以表现自我、成就自我的机会,让其产生一定的归属感,增强交往的配合意识和主动交往的积极性,让他们畅所欲言。在日常生活中,教师要抓住时机与特殊学生沟通,课前、课后、教室里、操场上、路途中,随时都可以聊聊,可以谈学习、谈家庭、谈爱好、谈困惑,也许一个温暖的微笑、一个关注的眼神、一句鼓励的话语,就能成为打开学生心灵的钥匙。

(二)同伴关系管理策略

同伴关系是指年龄相同或心理发展水平相当的儿童在交往过程中建立和发展起来的一种人际关系。良好的同伴关系有助于儿童发展社会能力,能够满足儿童社交需要,使其获得社会支持和安全感,有利于儿童自我概念和人格的发展,对儿童的适应和心理健康有重要影响。在融合班级中,与特殊学生接触最多的是他的同伴,因而对他们而言,同伴关系具有非常重要的价值。对特殊儿童来说,来自于同伴的友谊和来自于教师的支持同样重要,同伴的接纳能够增进特殊儿童与普通儿童社会交往的机会,满足特殊儿童的需要,帮助他们提高自

---

① 申仁洪. 从隔离到融合:随班就读效能化的理论与实践[M]. 重庆:重庆大学出版社,2014:326.

尊,促进情感发展。[①]同样,这有利于正常儿童的健康成长与全面发展。

融合教育班级同伴关系的关键在于促进普通学生对特殊学生的接纳。影响普通生与特殊生同伴关系发展的因素一方面来源于普通学生是否能够具有接纳特殊学生的态度、技巧和策略,另一方面来源于特殊学生是否具有一定的社会交往技能。基于此,融合教育班级同伴关系管理策略如下。

1. 增进普通学生对特殊学生的理解和接纳

特殊学生在认知和情感层面被接纳的程度较高,但行为上的接纳程度相对较低。对于普通学生,尤其是小学生,要促使他们真正从行动上关怀、接纳特殊学生,需要运用他们能理解的方式去引导他们。因此学校和班级需要开展丰富多样的主题活动进行宣传,增进普通学生对特殊学生的认识、理解和接纳,包括对特殊学生的身心特性、特殊的沟通方式、需要和所使用的辅助设施设备、特殊的行为方式,尤其是特殊学生的优势和特殊学习需求等方面的认识、理解和接纳。[②]对于小学生而言,可以开展欣赏特殊儿童主题电影、阅读特殊儿童主题绘本、参与体验活动、征文比赛、展示能力、班级主题活动等,而对于初高中阶段的学生,则还可以采取角色体验、交流讨论及主题探究的方式进行融合教育活动。其中,反映特殊儿童生活和学习状况的经典电影有《奇迹缔造者》《地球上的星星》《听见天堂》《弹钢琴的盲童》《漂亮妈妈》等,以特殊儿童为主角的绘本有《我的姊姊不一样》《超级哥哥》《我的妹妹听不见》《美丽心灵看世界》等。实践证明,这些活动能使普通学生对特殊学生的身心特点、生活、行为或情感等有较多的认识和了解,激发普通学生更多尊重、包容、体谅、接纳与关怀,进而真正从内心到行为能够接纳特殊学生。

2. 培养普通学生与特殊学生交往的技能

教师对于学生而言具有绝对的权威性,对学生的影响是重大而深远的,道德观、价值观正在形成中的学生,容易受到教师的正确引导。普通学生对特殊学生的接纳态度往往受到教师的影响。教师可以通过言传身教改变普通学生的观念,让普通学生认识到,和特殊学生交往不是麻烦和负担,他们也有优势和长处,更有值得自己学习的优点;帮助特殊学生不是"丢面子"的事情,而是体现出一个人乐于助人的高尚品质,是一件快乐的事情。要鼓励普通学生与特殊学生交往,走近他们,了解他们,形成良好的同伴关系。教师要经常为普通学生与特殊学生的交往提供机会,创设交往的环境,培养学生的同伴交往意识,提高普通学生与特殊学生交往的技能,例如,要真诚地关心对方,学会宽容对方,主动发起交往,懂得聆听的技巧,讲究谈话技巧,懂得理解、欣赏、尊重、接纳别人的差异等。同时,针对不同类型的特殊学生,教师要引导普通学生运用不同的交往技能,例如:与聋生之间的沟通要让对方看到自己的口型;与盲生之间的沟通特别需要表明自己专心倾听并及时做出回应;与智障学生之间的沟通语言要简单、明确;与孤独症儿童游戏时,要先以手势和动作示范,帮助他们了解游戏规则。普通学生掌握这些技巧后就更容易与特殊学生相处,帮助特殊学生得到更好的融合。

3. 引导普通学生运用有效策略协助特殊学生

教师引导普通学生与特殊学生建立友谊的有效策略,包括朋友圈、特殊朋友、同龄朋友、同伴网络等策略。以特殊朋友为例,教师安排一个普通学生与特殊学生成为朋友,包括如何跟他们游戏、沟通和分享兴趣,其主要目的是建立友谊。引导普通学生如何与特殊学生形成

---

① 朱楠,赵小红,刘艳虹. 随班就读学校氛围案例研究[J]. 中国特殊教育,2009(3):24-28.
② 申仁洪. 从隔离到融合:随班就读效能化的理论与实践[M]. 重庆:重庆大学出版社,2014:327.

学习上的伙伴关系的有效策略,包括同伴示范、同伴分享、配对阅读等。以配对阅读为例,它是将特殊学生和普通学生配对在一起阅读课文、故事书等。引导普通学生协助特殊学生学习、表现适当的社会行为和参与班级活动的有效策略,包括同伴监控、同伴教学、合作学习、同伴调解、同伴发动、创造性问题解决、同伴增强、同伴面对、同伴评量、全班性同伴协助的自我管理、团队行为后效策略等。以同伴监控为例,它是指教导同伴监控特殊学生的注意力,提醒他们生活作息和该做的事项,以及该准备的教学材料。[①]

4. 训练特殊学生的社会技能

家长与教师在生活和学习中应经常鼓励特殊学生,寻找他们的闪光点,让其感受到成功的快乐,塑造他们更加活泼开朗、乐于助人的优良性格。对于同伴关系不良的特殊学生,家长和教师需要对他们进行社会技能训练,从而改变或增强他们的各种社会交往能力。具体训练方案包括:让特殊学生学习有关交往的新的原则和概念(如合作、参与等);帮助特殊学生将原则和概念转化为可操作的特殊的行为技能(如某种亲社会行为);在同伴交往活动中树立新的目标(如交朋友);促使已获得的行为的保持和在新情境中的泛化;增强特殊学生与同伴成功交往的信心。[②] 研究表明,表现出较多亲社会行为特征的特殊学生更容易得到同伴的欣赏和接纳,因此,帮助特殊学生表现出更积极的互动风格,采取主动交往的策略,纠正其攻击、干扰他人等不良行为,培养合作、友善、助人等亲社会行为,能使特殊学生在同伴交往中更受欢迎,与他人建立良好的同伴关系。

二、融合班级时间和空间管理策略

学生在学校的活动时间主要是在班级中度过的,大约占到一天的三分之一,占据了学生日间活动的主要时间。同时,每个班级都有固定的教室,教室是学生主要的学习和活动场所。因此,教师需要对融合班级的时间和空间进行有效的管理。

(一) 时间管理策略

融合教育班级的时间管理主要是对班级的教育教学活动进行恰当的安排,使教师适当规划与运用班级的时间,保证教育教学的顺利开展。每一位教师都必须关心班级时间管理。教师快速、高效地工作,严格遵守时间,做事情有条不紊,不拖延,能充分利用时间,是班级时间管理的前提条件。

一日作息是对一天的时间进行周密安排,依照特殊学生的要求,调整一日活动的时间要求。结合特殊学生需求,调整学生在本班学习时间(以少隔离为原则)和在其他班级或资源教室学习的时间,做好特殊学生一日活动安排。对全天均在本班的特殊学生,尽可能提供其可能转换或调节的时间。比如孤独症学生在一天的自由活动时间当中,教室里能有一角让其自我选择与独处;对情绪、行为问题较重的学生、多动症学生,在坚持15分钟课堂学习后,允许下座位在教室后走动两三分钟再归位。[③]

对特殊学生而言,每天知道要上什么课以及课堂进行的活动内容,是非常重要的,这样他才能控制周围的环境,他的学校生活也才能有规律。有些课程教学内容比较明确,且在固定的座位,特殊学生上这些课,情绪通常较为稳定,而体育课没有固定的座位,无法预知上课

---

① 钮文英. 拥抱个别差异的新典范:融合教育[M]. 台北:心理出版社,2008:260-272.
② 邹泓. 社会技能训练与儿童同伴关系[J]. 北京师范大学学报(社会科学版),1996(1):50.
③ 张文京. 融合教育课程与教学[M]. 桂林:广西师范大学出版社,2013:56.

内容,因此特殊学生在上这些课时,情绪常有失控的情形。有必要给特殊学生提供图文结合的作息时间表,让特殊学生事先知道每天发生的事情,并做好准备,将有助于其情绪的稳定。如果当天有所变动,应事先告知。[①]

形成班级常态活动的时间顺序及结构,养成学生的时间管理习惯,培养时间管理能力。全班一日活动结构严谨,全班依其行事。每堂课的时间,依规定执行。作为班规,全班学生严格遵循不迟到、不早退等规定,让特殊学生学会自己拟订时间管理计划,在逐步理解及行动中形成行为习惯,并逐渐养成全班包含特殊学生在内的每个学生高质、快速、依序进行并完成活动的良好班风。

(二)空间管理策略

融合班级空间管理主要是对班级教室进行合理规划和管理,使学生能够进入正常学习状态,主要包括教师空间规划、教室空间布置和座位安排。融合班级空间管理以最少受限制和无障碍环境建设为原则。空间管理要突出环境的安全、卫生和健康,配备环境无障碍设施设备。特殊学生对空间环境的需求,与普通学生一样除无污染、安静、安全、清洁之外,还因障碍各异而有特殊需求。如盲生需各楼层的盲文指示,厕所、教室、图书馆等的盲文指示及无障碍通道等物理环境;有聋生的教室除安置电铃外,还应有灯光等视觉信号,保证上下课指令的传达;孤独症儿童的教室则应更强调结构化。

教师空间规划,即教师根据需求将教室分隔成学习区、活动区、教师工作区、资源区、卫生区和自然区。学习区主要放置学生桌椅,活动区是学生课间休息或动态教学的活动区域。教师工作区主要是讲台及办公桌,教师既可以在这里进行教学,也可以处理班级事务,或者使其成为补救教学的区域。资源区放置一些教材、教具、图书、资料等。[②] 教室布置的地点还包括教室的富余空间、教室后方墙壁上的三大块面积、门里门外、走廊、教室内柱子、天花板、黑板和白板、黑板左右、窗户上、前后黑板及窗户下方的墙壁等,内容可以丰富多样,如学习角、布告栏、班级公约、图书角、作业柜、学生置物区、游戏角、格言录、荣誉榜、时事报、创意墙、心情涂鸦等。融合班级中残疾学生的座位应安排在:教师容易监控与协助的位置,同伴合作与协助的便利位置,较少受到分心或干扰的位置;靠近黑板的位置,根据学生视野状况尽可能安排在前面靠近中间的位置,容易听清楚教师说话的位置,容易看到教师面部的位置,配合学生身高安排位置,允许学生进行位置移动[③]。同时,不同类型的特殊学生的座位安排有不同需要,聋生的座位一般安排在教室中间靠前位置,要便于看教师的口型和发挥助听器的作用;给低视力学生和盲生安排的座位要光线比较充足,尽量靠近讲台和黑板,有利于发挥听力和残余视力的作用;肢残学生必须安排在有利于出行和教师辅导的合适座位,配置必要的康复运动器材。

三、融合班级常规管理策略

班级常规管理是指教师和学生在班集体中通过制定出班级常规,来对班集体中每一分子的日常学习、生活提出要求和期望,并结合一定的奖罚制度帮助达到班级管理目标的一种管理活动。班级常规管理是一项十分细致而又具有一定挑战性的工作。班级常规的制定和

[①] 吴淑美.融合班的理念与实务[M].台北:心理出版社,2004:59-61.
[②] 申仁洪.从隔离到融合:随班就读效能化的理论与实践[M].重庆:重庆大学出版社,2014:310.
[③] 申仁洪.从隔离到融合:随班就读效能化的理论与实践[M].重庆:重庆大学出版社,2014:311.

运行,保证了班级师生之间、同学之间和谐共生、融洽共处、平等互助。

(一)常规的制定

融合班级中普通学生和特殊学生的差别大,行为方式多样化,常规的制定比起同质性班级更具有挑战性。同质性是指班上学生情况相似,特点相似。融合班级的学生差别较大,呈异质性特点。在班级常规的制定中,要遵循合情、合理、可操作、简明扼要、正面行为表述、方便可行等原则。所谓合情,就是班级常规的制定不能脱离班级学生的实际情况。做好班级常规管理工作的一个重要前提就是对本班学生有一个全面的了解。教师只有熟悉每个学生,了解他们各自的个性和习惯,并结合他们的这些特点才能制定出符合本班学生发展的常规管理的目标和方法。合理就是常规需要符合学生成长和发展的规律、学习情境和能力水平现状,例如要求智力障碍学生一节课都注意听讲,要求多动症儿童一节课都不能离开座位,这样的要求就不合理,超过了学生的能力。可操作就是班级常规必须让学生清楚明白,便于学生观察和模仿,同时也可以让学生明确地遵守与行动。简明扼要就是便于学生理解和记忆,常规条目不宜过多,5~8条即可。正面行为表述就是班级常规的表述应当展现学生应该遵守的行为和适当行为,而不是禁止负向行为,例如"上课听讲"就比"上课不能开小差"更恰当。方便可行就是班级常规的难度和数量比较容易执行,而且必须执行下去。[①]

班级常规管理的内容大致包括:(1)班级教学常规管理(教学正常秩序、新学期学生座位的安排、自习课、考试纪律、考勤、请假制度等管理内容);(2)班级各项建设(班干部队伍建设、班级小图书馆组织、黑板报小组组织、教室布置等);(3)了解研究学生(班级日记、班史编写、周记检查、学生档案建设等);(4)学生卫生保健(卫生习惯培养与检查、常见病的预防、学生身体检查等);(5)班级总结评比(年级操行评定、评选三好学生、班级总结奖惩等);(6)假期生活管理(校外学习小组组织、假期作业布置及检查、学生联络网的组织等)。在开学的第一天教师很有必要把教学工作放在一边,安排专门的时间讨论具体的班级常规。在制定班级常规时,数量是需要考虑的一个基本指标,常规数量过多或过少都可能面临着某种难题,因此事先计划好可能需要执行的班级常规是非常重要的,如座位怎样编排、课桌怎样安放才能满足所有学生等。

(二)常规的执行

常规的实际意义在于能够使重要的教育教学活动有效地实现,为师生节省时间和精力。在班级常规确定下来之后,要书写成文或者绘成图贴到教室醒目的位置,便于随时查看。要迅速地传达给学生,帮助他们理解常规的内容和含义。在传达班级常规时,不要指望学生一次就能理解并记住所有的常规,会有一个循序渐进的过程,从简单规则开始,逐渐走向复杂的规则。在班级常规的执行过程中,为了保证班级常规达成预期目的,需要注意以下事项:维持好例行常规,坚持不间断地执行;保持常规的相对稳定性,一旦制定不宜经常修改;注意发挥班级中榜样与模范的作用(特殊学生一样可以成为榜样和模范);必要的提示(如书面文字、口语、手语、大字、点字、图片等提示);创造良好的执行条件;个别训练的协助;形成性评价与正向行为的奖励。[②]班级常规执行对事不对人;预防重于治疗;注重合作而非命令;正向的引导,但必要的时候可以根据制度实施惩罚。

---

① 张文京. 特殊儿童班级管理[M]. 重庆:重庆出版社,2007:22-23.
② 张文京. 特殊儿童班级管理[M]. 重庆:重庆出版社,2007:25-26.

四、融合班级行为管理策略

融合班级中学生之间差异大,行为表现多样化,行为管理比一般的普通班级更需要技巧。班级行为管理通常包括良好行为的建立与增加、不良行为的消除与矫治,以及维持某行为或使行为降到低发水平。

(一) 特殊学生的常见问题行为

教师进行融合班级日常管理和课堂管理时,常常感到头痛的就是特殊学生可能会出现的问题行为,这些行为表现各异,甚至可能严重干扰教师课堂教学秩序。特殊学生问题行为主要可分为下列六种类型。

1. 自我刺激行为。通常是特殊学生因为无聊或无所事事而产生的问题行为,可分成如下两种。(1)刻板性行为:如吃手、踢脚、摇晃或挥舞身体的任一部位、弯腰、玩手、拍手、拨弄耳朵或眼睛、不停地旋转物体、尖叫或发怪声、重复问相同的问题、坐固定座位、走固定路线等;(2)自伤行为:如自打、撞击、咬、吸吮身体部位、拔头发、抓脸、挤眼珠等。

2. 攻击行为。通常来自重要他人的管教不当而形成,如下。(1)身体攻击:打人、推人、咬人等;(2)口语、物品攻击:大声叫骂、破坏东西等;(3)反抗行为(不听从):消极的抵制或是不听话的反抗行为等。

3. 过度活动行为。因为注意力有缺陷而导致分心、多动行为,通常是脑部功能出现问题,无法停留在某一个事物较久时间,处理策略需要"延长注意力"的训练,常有下列三种行为:(1)不注意、分心;(2)冲动(包含内、外在冲动);(3)过度活动。

4. 不当社会行为。如逃学、旷课、逃家、说谎、偷窃、赌博、在公众场合脱衣服、大小便、对他人不当的碰触等。

5. 严重情绪困扰行为。如忧郁症、躁郁症、焦虑症、畏惧症、急性压力症候群、精神疾患、强迫症等。

6. 生活自理异常行为。特殊学生随着障碍程度的加重,其生活自理越加困难,如饮食异常、排泄异常、睡眠异常、卫生习惯异常、穿着困难等。

> **温馨提示:**
> 列出这些行为的具体表现,是为了便于教师识别行为的类型,从而进行有效的行为管理。并非特殊学生一定会表现出以上的行为,但相对而言,这些行为在智障儿童、孤独症儿童、多动症儿童身上更为常见。同时,注意力分散、攻击性行为等同样可能在普通学生身上出现。

(二) 问题行为的原因分析

当学生无法参与学校生活时,会从他们的行为中显现出来,因此学生的行为本身可视为一种与外界沟通的方式。[1] 特殊学生产生问题行为的原因通常是复杂的,在实施行为管理策略之前,必须首先明确引发问题行为表现的真正原因。影响学生在班级中行为表现的环境因素包括五个基本变量[2]:行为前的相关事项,如班规、作息时间表、课程、师生与同伴互动、物理环境等;行为后果处理策略与行为的关联性,教师是否让学生清楚地知道应该表现的良好行为、行为后果及后果与行为的关联性;行为后果处理策略运用的即时性,教师是否立即给

---

[1] 钮文英. 拥抱个别差异的新典范:融合教育[M]. 台北:心理出版社,2008:260-272.
[2] Kerr M M, Nelson C M. Strategies for Addressing Behavior Problems in the Classroom[M]. 6th ed. New Jersey: Prentice Hall, 2009: 56.

予学生适当行为或不当行为的处理;行为后果处理策略的安排,是否恰当地使用行为后果处理策略并在行为稳定之后逐渐撤除相关策略;是否建立弹性有效的行为管理系统。

学生类似的行为表现很可能是由不同的原因造成,而不同的行为表现也可能是同一种原因导致。具体而言,教师要分析问题行为的表现、问题行为的发生情境、问题行为的潜在功能,最后作出结论性陈述:描述情境、行为及其后果之间的关系,从而找到问题行为产生的根源。例如,问题行为表现:小明上语文课时尖叫并且发脾气;发生情境:不喜欢的语文课,已经打了下课铃,小明已经提醒老师,但是老师仍然没有下课;潜在功能:让教师立即下课。结论:小明不喜欢语文课,语文教师没有及时下课,于是小明用尖叫和发脾气向教师表示不满,希望老师能立即下课。通过分析问题行为产生的原因,或许可以发现,减少语文老师的拖堂行为可能降低小明发脾气的可能性。

（三）行为管理策略

根据行为矫正的相关理论,对于特殊学生的问题行为,比较有效的应对策略包括强化法、惩罚法、消退法、代币法、示范法、认知疗法和观察学习法,等等。一般来讲,建立和增强良好行为时选择正强化法、示范法、代币法、塑造法等;消除或矫正不良行为时,多选择消退法、负强化法和示范法,少用惩罚法和厌恶制约法;维持儿童某行为或使行为降到低发水平时,用间歇强化法等等。

1. 正(负)强化法:首先要明确强化物,从无条件发放强化物到确定强化物,并给强化物分等级;其次选择强化时间的间隔,一般由短到长,由人为操作到自然行为,例如学生出现问题行为的频率是十五分钟一次,则应该在十分钟左右进行一次间隔强化,避免他的行为出现。

2. 任务分解法:其中包括两个要点,即一系列适当的顺序及细小的步骤与不同的行为组合在一起。以连续增强与目标行为有关的一连串细小步骤来发展新行为,而非静待新行为以最终面貌自行呈现,换言之,在过程中每一个类似新行为的细小行为都受到增强。例如:走向同学—和同学握手—和所有同学握手。

3. 替代行为法:用有意义、有价值的行为替代刻板的、无意义的行为。比如儿童喜欢反复念同一句广告词,家长和老师可以有意识地引导他说其他的话;又比如孩子有攻击性或破坏性,则可以通过正确的训练手段和方法替代,例如拍球、丢沙包等。一般我们对要消除什么问题行为比较明确,但是在寻找合适的替代行为上会有一定困难。但学生的改善程度是跟家长和教师能不能找到合适的替代行为有较大关系的。

4. 代币法:通过应用代币来帮助学生建立良好行为、消除不良行为的方法。代币是在适当的反应之后,立即或稍后获得可以交换某种活动、特许或物品等的作为报酬的代替品,例如点数、星星、记号、贴纸等。当学生表现出良好行为时,即可获得相应的代币;若学生表现出不良行为时,即被扣除相应的代币;学生用手中的代币可换取自己所希望的奖励。

5. 惩罚:当个体在某一情境中从事某项事情后,若能及时体验到不愉快的后果,则下次遇到相同的情境时,较不可能发生同样的事情。

6. 隔离法:当某人做出某一非期待行为时,通过取消他获得注意与奖赏的机会以减少其不适当行为的一种方法。隔离的方式有很多种,但最有效的方法是将某人移至一个少有机会做其他的事、看别的东西或得到任何趣味或酬赏的地方。

7. 系统脱敏法:在舒适的环境中,让特殊学生充分地放松自己,然后系统地让其逐渐接近其所恐惧的事物;或是逐渐提高患者所恐惧的刺激物的强度,从而让其对于恐惧事物的敏感性逐渐减轻,直至完全消失。

8. 饱厌法:有些不当行为单靠禁止是不易见效的,饱厌法是由成人主动提供给特殊学生其所追求的目的物,让其享受到极限之后,产生生理上的不舒适,因而解除不当行为或削弱不当行为。

9. 塑造法:塑造法是指系统地、及时地对特殊学生所表现出的那些接近目标行为的一系列相似行为进行强化,从而使特殊学生最终建立起目标行为的方法。

10. 消退法:当儿童表现出某种不良行为时,不给予其强化或处罚,即不予理睬、不予关注,从而导致该行为的出现频率下降,直到儿童的这种不良行为消退掉。应用消退法时要注意:(1) 正确应用"不予理睬";(2) 坚持不懈;3) 各方意见一致。不让儿童发现成人之间的观念不一致,否则会使不良行为加剧。不能运用于非自伤性、非破坏性、非攻击性的不良行为。

案例 2-1

> 特殊儿童渴望老师的爱,而老师的爱会激励他们奋发向上,得到发展,成为社会的有用之才。
>
> 我班里有个学生王某,属于智障生,他个子瘦瘦小小。上课时我发现他注意力难以集中,和班上的其他同学不合拍,例如有时候上课爱发言,但却回答得让人啼笑皆非;自控能力差,上课经常玩东西;下课爱追跑打闹,爱招惹别人;平时不会抄写记事;等等。于是我为他安排了一个离老师近的座位,并且周围都是一些学习好、纪律好的同学,希望他也能以他们为榜样,同时,也希望他们在他有困难的时候及时帮助他。在课上,我加强了小组讨论的活动,有意识地让好学生帮助他。我还给他提要求,让他注意倾听别人的发言,会的问题要主动大胆地发言,得到同学们的认可。在表扬和肯定中逐渐把他带回到教学实践中,使他重新认识了自己,有了自信和学习的热情,有了"要学、想学、能学"的求知欲。
>
> 当他有进步的时候,在班里大力地表扬他,让同学给予他掌声。我还主动地分配给他一些任务,例如,在平时的学校生活中,我发现王某是个热心肠的孩子,当谁有不舒服的时候,他从不嫌脏,主动去帮忙打扫,他还特别爱主动帮助班集体打扫卫生,我抓住这个契机,在表扬他的同时,奖励给他班级小卫生监督员的职位。他特别高兴,每个课间都主动检查地面,有一天我发现他主动对我笑了。这说明教师真诚的爱和尊重是启迪学生心灵的钥匙。从他的变化中,我体会到教育好智障生的途径有千万条,但爱是最根本的一条。经过两年来的努力,王某有了很大进步,现在每天高兴上学,高兴回家。①

知识卡片 2-3

香港普通学生与特殊学生的融合教学活动

香港伤健协会编写了促进普通学生和特殊学生融合的教学活动教材,将融合教育的核心价值介绍给初中和高中学生。教学活动的方式包括"角色体验""交流讨论"及"主题探究"。角色体验主题包括:共融一小时、同心同身、缺一不可、同心合力、人生不设限、行前行后等;交流讨论主题包括:不为也/不能也、平等好"棋"、沉船求生记、游戏人生、生命有价等;主题探究的主题包括:喂喂喂电话查询、找分离体、不可能后的可能、谁是谁非等。每个活动设计方案包括:主题与形式、适合的年级和人数及时间、学习重点、执行细则、任务建议、注意事项、延伸活动、反思部分,同时还提供了必要的教学材料,如人物角

---

① 案例由北京市方家胡同小学常学玲提供。

色卡片等。这些教学活动可以用于通识科、公民教育科、德育科等课堂应用,或配合学校的学习主题,设计成学生的课外活动,以丰富学生的学习经历和生命体会。① 具体每项活动的设计方案可在以下网址下载:http://www.hkedcity.net/sen/pd/remedial/ page_ 52679b2e25b7191b4a000000

【本章小结】

学校文化是一种氛围、一种精神。学校文化对学生的人生观、价值观产生着潜移默化的深远影响。融合教育开展的基础是创建平等、接纳、尊重、合作的融合学校文化。每个师生都是融合学校文化的创建者,也都是融合学校文化的受益者。学校融合文化建构要有校长的卓越领导,要有机渗透在学校教育的各个学科、各个环节、各个方面,既要充分运用课程和课堂教学,又要始终以体验为主,开展形式多样的主题教育活动,要重视营造融合教育的物质环境,发挥环境育人的作用。学校发展规划及实施可具体分为成立协调小组、分析学校的具体情况、制定融合学校发展规划、实施学校发展重点、评估融合教育实施五个阶段,其核心则是以融合教育价值观为指导,通过学校发展规划,实现学校管理改革。

要推行融合教育必须有一定数量规模和质量要求的既懂普通教育、又懂特殊教育的专业队伍,主要包括校长、班主任、任课教师、资源教师、巡回指导教师以及康复训练师、心理咨询师、社工等,专业人员各司其职是保障融合教育有效开展的重要条件。

融合班级的管理主要涉及人际关系管理、时空管理、常规管理和行为管理等。融合班级要培养融洽的师生关系和同伴关系,形成平等、接纳、尊重、理解、支持、合作、安全的班级心理氛围。有效的时间和空间管理为融合教育的开展创造良好的环境。班级常规管理直接影响着班级整体的面貌,影响着学生各方面的发展,因此,要制定明确、可行的常规并坚持执行。特殊学生可能表现出一些令教师头痛的问题行为,教师要明确分析问题行为产生背后的原因,采取恰当的行为管理策略。

【思考题】

1. 融合学校文化创建的核心内容包括什么?
2. 根据学校融合教育的发展状况,请你对学校整体发展规划提出意见和建议。
3. 作为一名融合教育教师,你的主要工作职责有哪些?
4. 融合班级常规管理有哪些策略?
5. 融合班级行为管理有哪些策略?

【推荐阅读】

[1] 戚业国.学校发展规划的理论与操作[J].中国教育报,2006-09-19.
[2] 朱楠,赵小红,刘艳虹.随班就读学校氛围案例研究[J].中国特殊教育,2009(3).
[3] 杜晓萍.全纳学校特征探析[J].外国教育研究,2008(10).
[4] 梁松梅.融合教育为学校管理带来的变革[J].现代特殊教育,2012(3).
[5] 罗秀玲.浅谈随班就读班主任工作[J].现代特殊教育,2013(3).
[6] 林永建.从资源教室到全纳学校:现状、困境与出路——以浙江省宁波市李兴贵中学为例[J].现代特殊教育,2012(3).
[7] 黄志成.全纳教育展望——对全纳教育发展近10年的若干思考[J].全球教育展望,2003(3).

---

① 香港教育学院特殊学习需要与融合教育中心.伤健融合教学活动[EB/OL].(2013-11-13)[2014-10-5]. http://www.hkedcity.net/sen/pd/remedial/page_52679b2e25b7191b4a000000

第三章 残疾儿童的教育评估

【本章导言】

残疾儿童个体差异较大,需要特殊设计的教育教学,而特殊设计的教学的起点即为教育评估,它是特殊需要儿童教育质量的保障。一般来说,教师对学生的表现高度敏感,他们易于发现学生不合理的行为与表现,并向教务处或有关部门报告该儿童可能存在特殊需要,然后再决定孩子是否需要进一步的评估。同时,家长或者儿科医生也有可能报告残疾儿童的特殊需要。在此基础上,再对儿童进行筛查,以确定残疾儿童有哪些类型的特殊需要。筛查的目的是辨别哪些儿童需要进一步的评估。之后正式进入教育评估阶段,它是在前者的基础上,由评估团队综合运用生理学、心理学、教育学上的知识与技能,采用多种评估的方法,全面、细致、深入地了解儿童在教育上的特殊需要后,分析其教育基础,确定其身心发展的潜能,并作为教育教学设计和实施的参考依据。因此,对残疾儿童进行教育评估能够深入了解残疾儿童的各项能力的水平与特点,从而使得教师对他们的教育需要有充分的认识,并有针对性地实施教学以提升教育质量。本章详细介绍了教育评估的内容、方法并结合案例对其进行阐述。

第一节 残疾儿童的教育评估

对残疾儿童进行教育评估是十分必要的,它有助于帮助教师和家长了解残疾儿童的水平及其教育需求,并以此为依据对残疾儿童开展教育教学实践。因此,教育评估是保障残疾儿童接受高质量教育的重要一环。那么何为教育评估?残疾儿童的教育评估的内容和方法及其具体实践如何?接下来主要针对以上内容进行阐述。

一、教育评估的内涵

(一)教育评估的发展

20世纪30年代美国教育测量运动的兴起孕育并推动了教育评估的发展,目前国内外教育研究者对于教育评估的定义并没有达成统一。泰勒认为"评估就是确定教育目标实际实现程度的过程"[1]。美国教育评估标准联合委员会1981年对教育评估的定义为"评估是对教育目标及其价值判断的系统调查,是为教育决策提供依据的过程"[2]。教育评估国际百科全书指出"评估者的主要任务是调查了解评估所影响的人的需要,并将这些需要作为判断评估效应优劣的基础"[3]。教育评估专家Stufflebeam,D. L.和Shinkfield,A. J.认为"教育评估是按照特定社会的教育性质、教育方针和政策所确定的教育目标,对所实施的各种教育活动的

---

[1] 张意忠.教育评价的理论与实践[M].北京:高等教育出版社,2012:9.

[2] Joint Committee on Standards for Educational Evaluation (1981) Standards for Evaluations of Educational Programs, Projects and Materials. New York:McGraw-Hil:12.

[3] Walberg H J, Haertel G D. The international encyclopedia of educational evaluation. Oxford:Pergamon Press, 1990:229-230.

效果、教育任务完成情况以及学生学业成就和发展水平进行科学判定的过程"①。

虽然以上对教育评估的定义有所不同,但综合比较分析以上观点,可以发现教育评估是根据一定的教育目标和标准,通过系统地收集信息和科学分析,对教育活动做出价值判断并改进教育工作的过程。即对于残疾儿童的教育评估是收集资料,了解学生现有的知识和能力水平、个性特征、行为习惯缺陷、学习需要、同伴关系、家长的教养态度和方式以及社区可利用的资源等,指明残疾儿童存在的问题,并针对特殊儿童的教育教学做出相关决策的过程。教师在对自己接触的不同类型的特殊儿童有了更全面认识的基础上,制订相应的教学计划,确定其是否适合接受教育,应该接受什么样的教育。

(二)融合教育背景下的教育评估

在融合教育的理念指导下,残疾儿童的教育评估相比于传统教育评估而言,展现出其特有的一些性质。

首先它强调尊重差异,价值多元。价值多元是融合教育评估的核心理念之一,认为每个学生都有其个性发展差异性的需要。融合教育背景下的教育评估并非传统教育评估的一刀切,按照统一的标准对所有学生进行划分等级,甚至对其"贴标签",而是以开放的视角看待学生的需要,以学生为中心,以评估为出发点考虑学生怎么学,怎么发展的问题,使得学生的个性特征得到充分发展,促进教育甚至是社会的多元化。

其次,融合教育提倡增权,即着眼于学生的个性、优势和动态发展,主张挖掘残疾学生的潜能和优势,突出其主体性、能动性和价值性②,进而体现在教育评估上,要求教育评估的着眼点是评估学生的能力而不是障碍③。传统的教育评估希望通过评估预测学生能达到的教育水平,重点关注学生的发展限制而非其发展潜能。在融合教育的理念下,人人都有其优势,只要给予适当的资源与支持,所有的学生均可以达到高水平的发展。在融合教育中,尤其强调在残疾儿童教育评估中关注儿童的潜能,即在评估中发掘儿童的优势和长处。因为在教育中,残疾儿童极易被过低估计其能力,教师、家长等倾向于将残疾儿童的学业、社会能力等方面的落后归因于其残疾问题,给残疾儿童低期望,使得其潜能发展受到外界限制。因此在残疾儿童教育评估中非常有必要强调对其潜能的发现,并在教育活动设计中促进其潜能发展,这样才能为残疾学生的个性化发展提供平台,也有利于教师发掘学生的优势智能,促进学生的潜能开发。

融合教育评估是以服务、发展为导向的评估。不同的评估理念具有不同的评估功能。教育评估在功能转换上经历了管理性功能、服务性功能、发展性功能的相继变革。总体而言,在"测量"和"描述"时代,教育评估最初的功能取向主要为管理性功能,其要解决的核心问题是通过评估体系的科学化改造为评估者提供作出价值判断的客观证据,如最初评估的目的是对残疾儿童进行分类。到了"判断"和"响应式建构主义"时代,应答式评估模式的出现使评估的服务性功能日益受到关注。评估服务性功能主张为不同主题提供有用信息,以便满足各利益相关者的需要。融合教育中的教育评估是为了指导、反馈教育,提供有用信

---

① Stufflebeam. D. L, Shinkfield. A. J. Systematic Evaluation: A self-instruction guide to theory and practice. Boston: Kluwer-Nijhoff, 1985: 68-76.
② 陈奇娟. 从特殊教育需要评估到个别化教育计划:英国全纳教育的两大核心主题[J]. 外国教育研究. 2014(04): 104-112.
③ Wasburn-Moses, L. What Every Special Educator Should Know about High-stakes Testing[J]. Teaching Exceptional Children, 2003, 35(4): 12-15.

息。在此基础上,强调为评估客体提供参与评估的机会,使其作为评估主体进行自我判断,有助于被评估者获得持续发展,由此凸显出评估的发展性功能。

此外,融合教育对残疾儿童的教育评估主张评估过程是一个多方参与、团队合作的过程。在对残疾儿童进行教育评估时,应当吸纳各利益相关者共同参与,充分听取不同方面的意见,协调各类价值标准的差异,形成共同的心理建构,最终使评估活动及结果获得各方的普遍认同。如此之后,才能全方位地评估残疾儿童的各方面的特点和需要,并且在教育教学活动实施过程中获得多方面的支持和协助,促进教育教学活动的有效开展。同时在评估方法的使用上,强调质性、量化结合的评估方法。原先一直强调"科学实证主义",单纯强调量化的方法,忽视了质性方法的使用,形成固定、严格的教育评估程序,使之缺乏贯通性和灵活性。在融合教育中,越来越强调评估过程的"响应"和"建构",提出要在自然情境下运用质性方法收集数据,并促进相关人员通过协商形成共同的心理建构。建构主义评估方法是往复的、互动的、辩证的、开放的,它能更加深入事物的本质,能从内部分析残疾儿童的教育需要。

二、教育评估的内容与方法

残疾儿童的教育评估的内容是建立在多项评估上的综合性评估。它通过综合分析有关医学诊断、心理测量、行为评估、学业测试、家长和教师所提供的各种信息,对儿童的发展水平、教育需要、教育实效作出一定的解释、评价与判断。[①]

（一）残疾儿童教育评估的内容

对残疾儿童的教育评估主要包含两大内容:学业能力和社会适应能力。

1. 学业能力。学业能力的评估一直是学校教育的重要方面之一,它包括对学生认知能力及学业成就的评估。

（1）认知过程涉及心理过程的全部范围,但观察能力、记忆能力、思维能力和想象能力是其中的四种基本能力[②],这些能力在学生的发展及素质教育过程中有着非常重要的作用。

观察能力。观察能力是一种有目的、有计划、持久的知觉活动,是知觉的高级形态,是认知过程的基本环节。它是一种有意识且自觉的认知活动,持久的观察活动需要注意的主动参与。而一个人的观察力是否敏锐,在很大程度上取决于观察的精确性与概括性,这些是观察能力的高级表现,是儿童学业能力的重要方面之一。

对学生观察能力的发展进行评估,主要有如下几种方法:(1)活动评估法。通过设计活动或游戏,在活动过程中通过实际观察来评估学生的观察能力。(2)作业评估法。即通过学生的画画或作业等来分析、判断与评价学生的观察能力。(3)标准测验法。依据对残疾儿童作品的分析和对平时活动的了解,专业人员可以对学生的观察能力作出初步判断;一般采用质与量混合的评估方法。在此基础上,还要采用专门的测验来客观地评估学生的观察能力及其特点。常用的观察能力测验有两种,一是从图形符号的辨认来评价学生的观察能力。这种方法是通过学生对图形、符号、字母或数字等材料的精细辨别来评估学生的视觉感受力、知觉的综合能力与认知的速度及精确性。二是综合评估学生的排除错觉能力、差异辨析能力、空间翻转视觉能力、局部与整体的识别能力以及思维的判断等方面,来判断学生的观察能力发展水平。

记忆能力。记忆作为人的思维乃至整个心理活动过程的基础,是人类日常生活中最普

---

① 王辉. 特殊儿童教育诊断与评估[M]. 南京:南京大学出版社. 2007:9.
② 黄光扬. 教育测量与评价[M]. 上海:华东师范大学出版社,2012:210-215.

遍的心理现象之一,它对于人类生活极其重要。虽然记忆能力是每个人都具有的一种基本的认知和心理能力,也可以通过后天的训练得到一定程度的提高,然而,在人的记忆能力发展上存在着明显的年龄特征与个体差异。而且儿童的记忆功能缺陷往往是许多器质性和功能性精神障碍的一种常见的伴随症状。因此对残疾儿童进行教育评估时要考虑记忆能力的发展水平与特点。

对记忆能力的评估主要通过记忆能力测验来判断。记忆能力测验主要可以分为三大类:文字记忆测验、非文字记忆测验以及综合性成套记忆测验。其中文字记忆测验主要包括数字广度记忆、词的广度记忆和故事记忆测验。非文字记忆测验主要有图形再认测验、视觉保持测验及图形记忆测验等。专门检测记忆功能的成套记忆测验为数较少,我国目前主要是韦氏记忆量表以及中国临床记忆量表两种。

思维能力。思维是一个心理过程,通常包括分析、综合、比较、抽象和概括。无论哪一种思维过程都具有明确的认知过程。了解残疾儿童的思维发展规律和特点,抓好关键期,对促进残疾儿童的思维能力充分发展有重要意义。大多数思维能力测验把语言文字推理、图形推理以及数学符号推理综合在一起形成推理测验或思维能力测验。

想象能力。想象是在原有的感性材料的基础上,经过重组联合等加工改造而创造出新形象的活动,不一定有明确的逻辑规律。在学校学习生活中,想象是必不可少的。学校教育主要传递的是间接知识,间接知识的理解需要依靠想象能力。残疾儿童的想象能力是其学习、游戏活动中极为重要的品质。评估学生的想象能力大致有两类常见的方法:一是作品分析法,二是心理测验法。

(2)学业成就。学业成就一直是衡量教育有效性的重要方面之一,它是对学生的课程学业所取得的发展水平及其进步程度的反映。由于学生课程发展的内容是丰富多彩的,因此评估时所需的参照点类型也是多种多样的。概括地说,学业成就的参考点类型主要有个人发展参考、教育目标参考和教育常模参考三大类。对残疾儿童的学业评估往往以个人发展和教育常模参照,以便认识到其在个人发展及群体中的位置。个人发展纵向比较可以发现学生在学习过程中的进步幅度,横向比较可以对学生在不同类型的学习活动或科目中进行比较,对学生各个方面的发展情况作出评级,并提出书面评语和建议。而教育常模比较是将学生与其所在的团体进行比较,该参照方法并不是为了让学生达到一定的标准,而是在融合教育环境下,残疾儿童往往在普通班级中接受集体教育,通过常模比较有利于普通教育教师了解其水平,在教学设计的时候把握难度和重点。

2. 社会适应能力。社会适应能力是指人为了在社会上更好地生存而进行心理、生理以及行为上的各种适应性的改变,从而与社会达到和谐状态的一种执行适应能力。依据生活条件、文化背景的不同,社会对个人提出的要求也是不同的,在评估儿童的适应行为时必须考虑其本身的年龄、所处的环境和文化背景。对适应行为的评估一般都采用结构性访谈法。例如,在实施适应行为量表(AAMR)、文兰适应行为量表和儿童适应行为量表时,评估人员需要将题目逐条念给熟悉受测者的人如家长、教师听,询问儿童在该项目的表现情况,对其进行打分,最后根据最终得分了解儿童的适应能力水平与特点。

(二)残疾儿童教育评估的方法

评估是一种以信息为最终产品的调查形式。[①] 教育评估要求信息的全面性、可靠性和有

---

① Guba E G, Lincoin Y S. 第四代评估[M].秦霖,蒋燕玲,等译.北京:中国人民大学出版社,2008:35.

效性。信息的质量决定了评估的质量,评估人员往往需要采用各种方式去收集信息,以便对儿童作出较为全面、综合、客观的评价。以下介绍几种常见的方法。

1. 观察法

观察法是指评估人员有目的、有计划地对评估对象进行实地考察,收集与评估对象相关的信息的一种方法。观察法分为自然条件下的观察和实验条件下的观察等形式,在教育评估中运用较多的是自然条件下的观察。评估人员进入评估现场,尽可能不影响其原有的活动,有针对性地对评估对象的语言、行为进行观察以获得真实信息。如对残疾儿童进行评估时,评估人员可以进入课堂听课,观察学生在课堂上的情绪、注意力、是否积极提问或回答等参与课堂的情况,还可以观察学生的课外活动,其在活动中的合作、沟通、执行力等。尽可能多情境下观察儿童可以获得更为全面的信息。观察法的步骤是:①选择观察对象和观察目标;②确定所要观察的内容,最后列表以便观察时记录;③确定观察者,如果没有观察的经验需要提前培训,说明观察内容和注意事项;④分析整理观察内容;⑤得出观察结果。

通过观察法可以收集到具体、直观、形象的一手资料,但存在一定的局限性。一方面是因为观察者的主观性、兴趣点会导致观察资料具有一定的主观性,因此在观察前应要求观察者尽可能客观地描述被观察者的行为、情绪等。另一方面,评估人员观察的时间、情境都具有一定的局限性,观察时所得的信息可能会出现一些偏差,观察情境的选取是否合适会对结果产生影响。因此,对通过观察收集到的资料要进一步验证、分析。

2. 访谈法

访谈法是指评估者依据一定的访谈主题,与被访者进行谈话来获取评估对象资料的一种方法。访谈法根据不同的方式可以分为不同的类型,根据访谈提纲的设计可以分为结构访谈和非结构化访谈。结构化访谈是根据已经设计好的问题对被访者进行访谈。非结构化访谈是指根据一定的访谈提纲或某一主题,由访谈者和被访谈者进行自由交谈以获取资料的方法。另外,根据被访者人数的多少,访谈还可分为个人访谈和集体访谈。

访谈法是一种常用的收集资料的方法,但对访谈者要求较高,需要访谈者具有较强的沟通能力。在进行访谈前,一般先让被访者了解访谈的主题,确立信任关系。访谈往往根据预定的访谈提纲进行,但由于访谈者与访谈对象之间不断互动,因此访谈过程是一个动态的过程,可能会随着被访者的回答产生新问题。对于有价值的新问题,访谈者要抓住契机,引导被访者深入解释该问题,挖掘更多有价值的信息。对于无关主题的新问题,访谈者要引导其回到正题,但注意不能直接打断或命令被访者。

3. 问卷法

问卷法是一种比较经济有效的收集信息的方法,是评估者根据评估的需要,围绕一些评估重点设计问卷或选用已有的成熟问卷,向评估对象的有关人员,如教师、家长、同伴等收集信息。问卷根据题目类型可分为三类,第一类是封闭式问卷,被调查者只能在提供的答案中进行选择。第二类是开放式问卷,被调查者可以根据问题自由回答,答案不唯一。第三类是融合前两类问卷的题型,既有封闭式问题也有开放式问题。在设计问卷时,原则是:一般问题在前,特殊问题在后;容易问题在前,复杂问题在后;被调查者熟悉问题在前,生疏问题在后。

问卷法的两个主要优点是:标准化程度高、收效快。问卷法能在短时间内调查很多研究对象,取得大量的资料,能对资料进行数量化处理,经济省时。问卷法主要缺点是,被调查者由于各种原因(如自我防卫、理解和记忆错误等)可能对问题做出虚假或错误的回答,而且对问卷法中疑似有问题的回答加以确证比较困难。

教育评估的方法并不限于以上几种,还有作品分析等方法。在教育评估的实际操作中,往往同时选用多种方法,方法之间并没有优劣之分,各有所长。

第二节 评估的流程

教育评估是用来判断一个儿童是否有残疾,以及儿童对特殊教育的需求与范围进行科学鉴定与价值判断的过程。学校可根据儿童当前发展状况组织一个评估团队来对儿童进行教育评估。学校在对儿童进行教育评估之前需要得到家长签字的书面同意书,家长所提供的任何与儿童相关的信息也必须包括在教育评估的文件内。在对儿童进行是否应接受特殊教育与相关服务的教育评估时,不能只依据一项评估测试工具或过程。教育评估的结果需要使用多方面的评估工具、材料与过程。学校的所有评估工具、材料、过程都有统一的程序、标准与管理,工作人员不能随便使用学校的任何评估工具,教育评估的结果只有在儿童的教育评估所设定的范围内并使用学校的评估工具才可以被认为是准确与可靠的,而且只有受过训练的学校专业人员才可以使用这些评估工具和执行教育评估。

评估团队在教育评估进行的初期阶段会在儿童所有的发展领域中测试可能的残疾类型。教育评估过程中收集的所有数据与资料会有益于拟制儿童之后的个别化教育计划。教育评估的内容、工具、材料、过程需要使用儿童的母语或是熟悉的语言,这样才能更准确地了解儿童的智能与技能。需要注意的是,教育评估所使用的教材本身与执行教育评估的过程中不能对儿童的种族与文化有歧视。评估团队会在不同的环境中收集儿童的相关信息,如观察、面试、测试、活动中所进行的评估等。这些信息也可以来自与儿童相关的人如家长、老师、专家、邻居等。教育评估最终目的是要告知儿童在认知、生理、自理、沟通等方面能力的相关信息。沟通能力的测试要包括中文不是第一母语、使用手语或其他沟通方式的儿童。教育评估结束之后家长会得到一份总结报告与一些建议的复印件。家长与学校可以根据当前儿童的信息决定儿童是否需要再次进行评估。通常,整个教育评估阶段可以分为四个阶段:评估前的准备阶段、诊断评估的实施阶段、综合分析得出评估结果以及评估结果应用阶段。①

一、准备阶段

(一) 评估团队的建立

残疾儿童的教育评估涉及领域广泛,需要组成评估小组共同来完成对残疾儿童的评估资料收集,因此,首先要建立评估小组。评估小组的成员一般包括专业人员、残疾儿童的任课教师、学校管理人员、家长等。具体人数可根据被评估对象而定,一般为5~9人。组织者在选出合适人选后,要对小组成员进行简单的培训与任务分工,同时确保小组成员在评估实施过程中相互支持和配合。每次评估活动结束时,小组成员要集合对这次评估中所掌握的资料进行汇总和分析,团队对残疾儿童的了解会随着问题不断的出现和解决加深。

(二) 设计教育评估方案

设计教育评估方案首先要明确评估目的。教育评估的目的是通过评估明确残疾儿童的教育水平、特征及教育需要。明确教育评估目的,以便于确定评估的内容,选择恰当的评估工具和方法。其次,确定评估项目。一般而言,残疾儿童的教育评估要对其整体情况进行评

---

① 王辉. 特殊儿童教育诊断与评估[M]. 南京:南京大学出版社. 2007:15.

估,包括其障碍类型与特点、认知能力、学业成就、社会适应能力等。之后选择收集资料的方法、途径和工具,并设计出评估的程序。每个评估项目都有其不同的评估方法和工具,应根据儿童的年龄、阅读水平、障碍类型等选择合适的评估工具,如对盲生可以使用盲文工具或者口头报告的工具来进行评估。根据项目评估的难易程度和方便性制定评估安排表,确定评估参与的人员、评估项目、评估的时间和地点。

二、测评阶段

该阶段主要是对教育评估计划的执行,根据方案中的计划表以及现实条件来获得残疾儿童评估项目所需的数据和材料。评估小组人员对残疾儿童进行分项测评,然后收集和汇总各项专业性评估所获得的资料。在测评阶段要注意评估资料的隐秘性。为了保护评估对象的利益,评估者应该对这些资料进行严格的保密,不能把评估结果拿到非正式场合与教师、学生进行讨论。

三、综合评定阶段

收集完资料之后,评估小组将每位参评者的测定、评估的材料汇总并一起讨论、分析,最终为残疾儿童提供一份书面的评估意见和教育建议。在分析资料的过程中,把可靠的资料与需要证实补充的资料分开。某些用间接方式获得的资料,如通过访谈家长、教师所获得的资料可能有误差,即使是通过直接观察所获得的资料也可能因为观察者的介入使得儿童的表现与自然状态下略有差异。因此,在对资料进行综合之前,需要筛选出哪些资料是准确的,哪些资料需要进一步的证实。进一步选出对于制订教学计划有用的资料,最后运用专业知识以合理的方式比较和解释各种资料,根据评估目的对残疾儿童各方面的发展状况及存在的问题作书面总结,并据此提出教育建议。评估报告中应包含的项目:(1)基本资料,包括评估对象的姓名、性别、出生年月、障碍类型、家长的情况等。(2)评估目的。描述评估对象进行项目评估的原因及目的,包括转介资料等。(3)评估结果,包括由标准表测验、观察、访谈等途径获得的与评估目的有关的资料,并根据评估内容对资料进行梳理,得出评估结果。(4)教学建议。根据评估结果,提出具体的教学建议,包括教学内容、教学方法以及相关服务等。

四、教育评估结果应用

教育评估的结果主要应用于指导教学,根据不同儿童的身心发展水平和教育需要制订个别化教育计划。首先,记载综合评估的结果,表明残疾儿童目前已达到的教育程度。然后,设计残疾儿童的教育目标、教育内容,提出具体的有针对性的教育方案和措施。最后,对预期内的教育目标进行检查。

由于目前大部分残疾儿童都在普通学校接受教育,普通学校教材多是固定统一的,不能适应残疾儿童教育发展的需要,因此教师要根据学生的生理、心理特点,以及独特的教育需求展开教学。这在实践中就体现为教师要根据儿童的评估结果,调整课程设置、教材和教法,来满足残疾儿童的需要。

第三节 教育评估的模式及案例

在融合教育环境中,由于学生个体差异大,表现不稳定,在教育评估上缺乏统一的评估标准和评估方法,而以纸笔测验为代表的传统的评估方式已难以适应评估的需要。国际上实施融合教育的国家越来越多地采用一些非正式的评估方法来评估残疾儿童在融合环境下的表现[1],如课程本位评估、动态性评估、行为表现评估等。这些评价模式目的在于帮助教师了解学生的真实学习情况,反馈教学,提高学生的学业成就等。

一、课程本位评估

(一)课程本位评估的内涵

课程本位评估(curriculum-based assessment,CBA)是直接观察并记录学生在某课程上的行为表现,并以此为基础收集信息,从而作出教学决策。这种方法强调教学与评价同等重要,并且将所得资料直接运用于教学上。它强调学生学业上的困难并不是学生的问题,而是教学上存在着问题,关键在于教学方案的改进。它具有以下特点:以图示来督导学生的进步情形;以实用课程为评价的基础;应用行为分析中的时间序列概念;强调学习内容的排列次序。由于课程性评估将评估、教学和儿童进步情况的评估联系在一起,因此该评估方法在残疾儿童教育中至关重要,且为融合课程的设置提供了一个良好的基础。课程性评估将教学目标作为评估的指标,因此,它在特殊儿童的干预目标和预期结果之间建立了直接的联系。通过课程性评估,教师可以确认特殊儿童在融合课程中完成教学目标的程度,并据此对课程进行调整,使之与特殊儿童的水平和进步程度相符合。具体而言,课程性评估有五个主要目标:

(1)分析特殊儿童的发展能力;
(2)针对特殊儿童改变学习材料、学习速度;
(3)确定个别化教育计划(IEP)的目标;
(4)监控特殊儿童进步情况,评价课程方案;
(5)促进资源教师、班级教师和家长的合作。

Bagnato 和 Neisworth 认为课程本位评估是学生课程教学的"地图",它为课程设计和实施提供了具体方向,其包含了课程实施的途径和需要达到的目标等信息。[2] 这张课程地图非常详细,能够检验进程,适应各种障碍,平衡目标。这张地图也为教学设计提供了详细的参考资料,并规定了教学进度。因此,课程性评估不仅纵向地评价了儿童的进步,而且横向地提供了有关教学方案的形成性和终结性的评估。

课程本位评估按照课程内容可以分为发展里程碑模式、功能/适应模式、认知-建构主义模式和互动/相互作用模式。按照评估方法侧重的不同又可以分为以流畅性为基础的课程本位评价模式、以正确性为基础的课程本位评价模式以及标准参照的课程本位评价模式。

---

[1] 韦小满,余慧云.运用新的评估方式提高随班就读质量的初步设想融合教育的视角[J].中国特殊教育,2006(12):3-7.
[2] Bagnato S, Neisworth J. Assessment for Early Intervention: Best Practices for Professionals[M]. New York: Guilford Press, 1991:56.

流畅性本位模式的目的在于直接测量学生进步的情形,以作为教师长期观测与修正教学的依据;正确性本位模式的目的在于检验教材内容对于个别学生的难易程度以作为教学分组和选择教材的依据;标准参照模式是基于特定的标准来评价学生完成学习目标的程度,以作为教师教学的依据。[①]

从以上比较分析可以看出,流畅性本位模式主要适用于大规模的以筛查为目的的外部评价,正确性本位模式适用于学校内部在学期初以制订教学计划为目的的诊断性评价,而标准参照模式则适用于在普通课堂教学中以获得即时反馈为目的的形成性评价。

此外,由于与课程紧密相连,课程本位评估的类型根据课程模式的不同而不同。融合教育在普通学校进行,主要根据普通教育的课程来设计教学,普通教育所采用的课程模式归纳起来有如下三种:(1)学科课程;(2)活动课程;(3)综合课程。与其相对应的课程评估也呈现出不同的内容与形式。

1. 学科课程性评估

学科课程评估以学生个体为评价对象,根据教学目的,对学生在各学科学习目标达成方面进行评估。尽管残疾儿童发展与正常儿童可能不同步,但发展的模式与规律是相同的。因此,融合学校要提供适合于主体学生参与的课程,根据学生不同学习特点进行弹性处理。

2. 活动课程性评估

活动课程是融合教育课堂中另一种常用模式,它有两个特点。第一,该模式特别强调课程的内容为学生的常用技能。例如通过观察不同环境中(如集体活动、自由游戏、小组活动、就餐、户外活动和盥洗等)儿童的表现,来确定融合课程的内容。第二,该模式更重视特定行为的功能作用,例如对于融合课程中的残疾儿童而言,学习从自由活动转入集体活动的技能就非常必要,因为该技能保证残疾儿童能够真正地参与到融合课程中。与学科课程性评估不同,基于活动课程的评估需要对正常儿童和特殊儿童分别作评估。因为许多在正常儿童那里不必学习的技能,对于残疾儿童而言却至关重要,如盲童的定向行走。

3. 综合课程评估

综合课程模式着重于评估儿童整体的知识与技能以及能否在实践中运用所学的知识和技能。残疾儿童对知识和技能的综合运用决定儿童将来的认知和社会发展水平。在课程的实施过程中,必须使教师行为、环境事件和儿童的能力、兴趣和行为模式之间相互协调。与该课程相匹配的课程性评估不但对融合课程中的残疾儿童要进行重点评估,而且可以评估到普通儿童的综合表现。该评估中应根据儿童能力与水平对应具备的重要技能进行任务分析,形成儿童学习课程,帮助儿童建立学习和现实的联系,以此来促进儿童达到发展阶段目标。

总之,不同的课程模式对课程性评估的要求也不尽相同。理论上说,没有任何一项课程性评估能够适用于所有儿童和所有教学方案,课程性评估的选择也应与儿童障碍的类型和课程类型相匹配。

(二) 课程性评估的实施及案例

课程性评估是为特殊儿童设计教学计划的主要手段。与其他评估相比,课程性评估是唯一将评估项目建立在课程内容基础上的评估。通常课程性评估可以鉴别儿童的优势和弱势,追踪课程的进程,使教师工作与评估工作同步进行,并为课程的实施和调整及时提供信息。

---

① 陈政见. 特殊教育学生评量[M]. 台北:心理出版社,2007:29-35.

1. 课程性评估的实施途径

Bagnato 等人[①]提出了一种称为关联系统(Link System)的方法来帮助特殊儿童教育者实施课程性评估。该系统将评估、干预、儿童进步和课程方案评价之间有机地联系在一起，形成了一个既精确又具个性化的系统。在关联系统中，评估不是一个独立的过程，而是许多定性和定量信息的综合，家长和专业人员正是基于这些连续的、多维度的信息，并经过价值判断，从而最后达成共识。这种关联过程强调：课程性评估应建立在对特殊儿童的日常活动中的表现进行全面观察和评估的基础上；无论是评估还是课程实施都要针对融合课程中不同类型的特殊儿童进行适当调整；在课程实施期间对儿童的发展和进步进行个别化、纵向评估；在认真解读课程性评估的基础上，家长和教师合作进行教育干预。

在具体的操作步骤上，它基本可以分为以下几步。[②] 首先，分析课程。教师要综合考虑国家、地区以及本校的课程标准来选择某一门课程分析的具体内容；同时根据学生 IEP 中的目标选择需要评估的技能。其次，根据课程目标和技能编制细目表，它是课程目标的下位目标和技能的细化。接着，编制试题或活动。从当前所教授的课程知识中选择所需要的内容编制成形式恰当的题目或活动。然后，反复施测。一般这个过程都是在两次正式的班级测试之间，在教师教授了部分课程之后，这样教师就能很容易地掌握学生最近的学习情况，检查自己的教学有效性。施测频率根据课程单元而有所差异，一般一周两次，每次 3 分钟左右，施测之后可以得到不同的成绩。紧接着，根据之前几次的施测结果绘制学生在该课程学习的进展图。最后，做出教育决策——继续或调整。整个流程图可表示为：

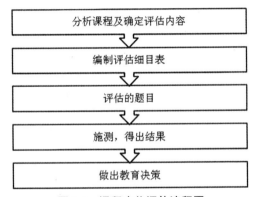

图 3-1 课程本位评估流程图

2. 课程本位评估的标准

对于融合性课程而言，虽然基于课程的评估方法能很好地解决评估与课程之间的关联问题，但是如何保证一项课程本位评估能够达成目标，即如何测评课程性评估的有效性，这是一个保证课程本位评估质量的关键问题。Bagnato 和 Neisworth[③] 为此提出了若干标准，以评价课程性评估的效果。这些标准为：现实性、会聚性、公平性和敏感性。所谓评估的现实性是指从日常生活情境出发，将真实生活中的常用技能直接作为评估对象，而不是采用诸

---

① Bagnato S, Neisworth J, Munson S. LINKing Assessment and Early Intervention: An Authentic Curriculum-based Approach[M]. Baltimore: Brookes. 1997:121.

② Margaret E, Mila B, Tracey L. Applying in Inclusive Settings: Curriculum-based Assessment[J]. Teaching Exceptional Children, 1999, 32 (1): 30-38.

③ Bagnato S, Neisworth J. Assessment for early intervention: Best practices for professionals[M]. New York: Guilford Press. 1991:121.

如成就测验等团体测验形式的评估方法。要判定一个评估是否具有现实性特征,可以从以下五个因素来加以考量:(1)该评估是否在儿童所熟悉的自然日常生活环境中进行;(2)收集信息的方法是否是灵活的、家庭能够接受的、具有社会性效度,并且是多来源的;(3)是否强调将常用的活动作为评估的样本;(4)是否已经将所要评估的儿童功能水平转化为日常活动中的行为目标;(5)是否对其所要评估的技能和成就的标准水平都进行了清晰的界定。例如共享能力、使用词典等都是现实性评估的例子,可用来评估儿童的认知、社会性、交流、动作和其他技能的水平,也可以用来教授儿童这些日常生活中所需的技能。一个良好课程性评估的内容必须侧重于功能性、趣味性、实用性和活动的现实性。

课程性评估过程中融合性课程的执教教师、资源教师和特殊儿童家长应该相互合作,形成一个整体。这种合作将使评估更为精确和全面,并能将评估与干预直接关联。与此同时,对于融合课程中特殊幼儿的评估应该采取多维的方法,所谓会聚就是将从不同来源、测量方式、环境、领域和场合中收集到的信息加以综合的过程。

课程性评估的材料和实施过程必须根据残疾儿童的特殊需要进行调整,尤其是当儿童有感觉、神经运动、语言、情感或行为障碍时,可以通过以下这些方法来进行调整:(1)改变施测过程中玩具和物体的刺激性质;(2)接受多种功能性反应;(3)灵活地实施评估和收集信息;(4)使用反应性策略来引发儿童的行为,并评估这些行为对学习的影响;(5)鼓励开展家长培训。

课程性评估在检验儿童的能力以及课程学习过程中所取得的进步方面非常有效。一个敏感的评估工具应该在儿童功能性技能层级划分上细致、清晰,并能区分出功能性技能形成的先决能力。这样,评估者才能够有效地辨别儿童目前的水平,以及干预带来的进步,甚至对那些有极重度障碍儿童的缓慢而微小的进步也能探测到。

案例 3-1①

> 学生情况:小龙同学,男生,听障,一级聋,裸耳听力左耳 105dB,右耳 115dB,补偿后听力左耳 80dB,右耳 60dB。社会适应能力一般,能进行简单的日常交流,学习上的交流通常用词语表达,很少说完整话,用语言表达自己的思维过程就更难了。有一定的理解能力和分析能力,数学计算较好,但解决问题对他来说是难点,自信心不足。
>
> 一、教学内容:《两步解决问题》是二年级下册第五单元《混合运算》中例 4 的内容,前 3 个例题主要解决的是四则混合运算的运算顺序,本例题是利用运算顺序来解决实际问题。

图 3-2　两步解决问题

---

① 本案例由北京市西城区玉桃园小学罗兴娟教师提供。

二、教学目标：学会解决此类问题的方法。具体目标如表3-1：

表 3-1 教学目标

教学目标	1. 尝试提出问题，会列出求中间问题的第一步算式。（重难点）
	2. 看懂色条图表示的信息与问题。（重难点）
	3. 学会使用分步算式，感受综合算式，体会小括号的作用。
	4. 增强解决问题的信心，培养认真观察、合作交流等良好习惯。

三、起点行为评估

小龙同学基本能理解加、减、乘、除的基本含义，能分析相应的一步解决问题的数量关系。本例题中需要运用对减法和除法含义的理解，能分析减法和除法的数量关系。对于这种两步解决的问题，小龙同学对数量关系的分析需要支持，对解题方法的选择需要指导，可以借助"色条图"来了解信息与问题，分析数量关系。

四、评估标准

1. 会找信息与问题：从文字与图片中找信息与问题，单纯从图中找信息与问题。
2. 能找到中间问题，并分析相应的数量关系，列出第一步算式。
3. 会根据最终问题分析相应的数量关系，列出第二步算式，求得最终答案。
4. 按照"找—想—查"的步骤独立解题，能正确列出分步算式，增强自信心。

五、教学过程

1. 看图3-2情景，找出信息与问题。
2. 按照"找—想—查"的步骤探究并解决问题。

   找：从文字中找出信息，并提出问题。

   想：分析数量关系，绘制色条图，通过图分析数量关系，提出解决问题的方法，并列分步算式进行解答。

   查：检查答案正确与否。
3. 回顾过程，总结方法：点出什么是中间问题，以及如何找中间问题。
4. 练习反馈，深化理解。做学习单，上面有两道不同形式的需要两步解决的问题。
5. 总结全课，强调重点。

具体教学流程参见图3-3：

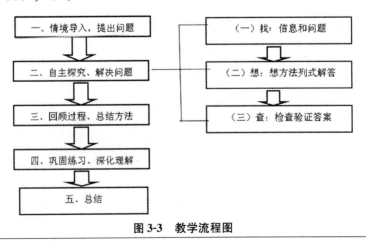

图 3-3 教学流程图

六、评估结果:

表 3-2 评估表

评估内容	评估标准	评估结果
一、找到相关的信息和问题	1. 从图 3-2 文字中找到信息和问题。	小龙同学能从图片和文字中找出信息和问题,他回答了自己找到的一个信息:"每次烤9个"。
	2. 找到学习单中第 2 题,从图 3-2 的图画中找出信息和问题。	在小组合作中,在助学伙伴的帮助下,小龙顺利找出相关信息和问题(助学伙伴帮助他找到了本题的问题)。
二、找中间问题,列出第一步算式	正确找出学习单第 2 题的中间问题,并能用手势表示出数量关系,尝试用语言表达数量关系。	在小组合作中,在助学伙伴的帮助下能用语言表达出中间问题。会用手势分析中间问题的数量关系,能独立列出第一步算式。
三、根据最终问题列出第二个算式	根据学习单第 2 题的最终问题列出第二个算式,并正确求解。	小龙能独立正确地列出第二步的算式,并最终正确求解,只是忘记写单位名称了。
四、按照"找—想—查"的步骤独立解题	独立正确地解答出学习单的第 3 题。	小龙独立且正确地列出了此题的分步算式,并正确求得最终答案。他的学习单还在课上被展示了,增强了他的自信心。

(三)课程本位评估的简评

融合性课程中特殊儿童的评估与课程调整之间的关系问题一直是课程设置的关键问题,课程本位评估由于将评估与课程目标内容进行有机的结合而使该问题迎刃而解。但是课程本位评估也存在着不足。如果我们在融合性课程中引进该方式,那么必须对其优缺点有着清晰的认识。

课程本位评估的主要优点在于:(1)评估与课程的紧密结合,使得教师能够在日常教学活动中对残疾儿童加强观察与记录,能够更了解残疾儿童的发展情况,及该儿童学习需要与设置内容相适应的程度。因为它遵循所测即所学的原则,评估紧扣所学的课程内容。对特殊儿童来说,使用智力测验或标准化的成就测验似乎没有多大的意义,因为这些分数不会体现学生的学习进展情况。只有结合所学课程的具体内容,评价学生在哪些知识点上存在何种问题,才能充分利用评估的结果指导下一阶段的教学。(2)评估项目按照一定顺序——如年龄和发展领域——分组,使得项目很容易转化为教学目标和建议性活动。对融合教育中的残疾儿童进行评估时,尤其需要这种方法。因为直接将他们的成绩与同班学生进行比较是不合适的,更普遍的做法是与学生自己的过去相比。通过进展曲线就可以了解学生在某一课程上所取得的进步以及教学的有效性。(3)可针对同一个残疾儿童进行多次重复评估,以提供有关形成性评估的信息。经常进行评估,可以反映出短期内的变化。特殊教育中一般每周进行两次以课程为基础的评估。同时描绘出学生学业进展图,分析短期内学生所取得的进步,或者分析学生达不到预期目标的原因,可以及时改变教学计划或采取补救措施。(4)

许多课程性评估都为每个领域发展情况提供了剖面图,从而使得不同领域间的发展具有可比性。(5)评估结果反过来为融合课程中个别化教育计划的制订提供了依据。

课程本位评估的主要缺点在于:课程本位评估着重于与教学内容的紧密结合,以学科知识为主要结构,因此,忽略了评价的情境与生态因素。其评价方式属于静态评价,缺少评价人员之间的互动;评价内容为单纯的学科知识,无法深入了解学生的学习过程与方式,也无法明确地指出导致学生在学习上产生障碍的原因所在。因此,其所获取的评价信息可能不足以为教师提供有效的反馈。如果教师不满足于只是了解学生在课程内容上的学习情况,而是想更深入地探究学生在学习具体的课程内容时存在的认知障碍,以及学生的潜能是否有进一步发展的空间,仍要寻求其他的评价方式。

实施课程本位评估时必须注意如下事项:(1)由于课程本位评估是以某一具体的课程内容为标准,因此课程本位评估的标准化程度不高,不同的课程本位评估的结果很难进行相互比较;(2)因为评估测验是以课程为参照的,科任教师和资源教师一般倾向于只教授测验中的项目,从而严重限制了评估工具中没有的,但又是与儿童发展相适宜的相关技能的学习;(3)由于该评估与课程设置及实施之间的密切关联,无论是评估还是课程方面出现的问题都会影响到对方的效果,因此在评估和课程实施过程中必须格外小心。现今在特殊儿童的课程中,尤其是融合性课程中采用基于课程的评估已越来越普遍。因为就评估而言,该方式对特殊儿童来说具有现实性和多维性特征,可提高特殊儿童评估的有效性;而就课程而言,评估的结果直接为课程内容的设置和调整、个别化教育计划的制订提供了实质性信息。

二、行为表现评估

(一)行为表现评估的内涵

行为表现评估是一种新的教育评估方法。1992年美国国会技术评估部门把它定义为用来评价学生所创造的答案或作品能否证明自己的知识或技能的方法[①],或者也可以认为是评价学生在完成某项真实性任务时,如编故事、唱一首歌、做个手工艺品等,表现出的知识和技能水平。Gronlund指出,行为表现评估就是要求学生实际完成某任务或一系列的任务,如编故事、演讲、做实验与操作仪器等,从中表现出他们在理解与技能上的成就。教师不是依据教师的标准答案,而是依据学生的行为表现对学生的学业情况加以评估。[②] 将此方法应用于残疾儿童教育评估可以促进新学知识与情景的结合,评估学生的学习过程以及解决问题中的合作性等。行为表现评估关注学生的学习过程,一般包含以下任务:设定评判标准和一套执行管理标准,这一评估将教、学、用三者巧妙结合,注重数据的收集和及时信息反馈。在行为表现评估中,每一个学生的行为表现并不和其他学生进行对比,而是与特定的标准和尺度相比。

行为表现评估具有不同于其他评估的特点。第一,与传统测验强调客观性和精确性不同,行为表现评估以建构性学习理论为基础,强调意义和对环境的熟悉程度,以学生的真实作品来衡量其成就。第二,它通过关注学生实际问题解决的能力,而不仅仅是课堂上的纸笔

---

① Gallagher, K A. Educating Exceptional Children[M]. 9th ed. Boston: Houghton Mifflin Company, 2000:153-155.

② Gronlund N E. Assessment of Student Achievement [M]. Massachusetts: Allyn & Bacon, A Viacom Company, 1998:211-212.

测试,来考查学生高级思维能力如批判性和反思性思维的发展。第三,因为学生在解决实际问题时需要收集各方面的信息或做各方面的准备,因此评估可能持续一个较长的时间,视任务不同从几分钟到一学期不等。第四,评估形式多样,可以是考试成绩或课堂表现,也可以是文体表演或社会活动,因此是描述性和情境化的。

(二)行为表现评估方法及案例

系统观察法。对于简单的行为表现,我们可以进行非正式的观察,如,观察儿童握笔的姿势,但对于复杂的行为表现,缺乏系统的观察会使我们丧失重要的信息。如一个5岁儿童几乎每天都要哭一次,而父母却不知道儿童哭的原因。这是由于他们缺少对儿童的系统、仔细观察,不知道儿童的欲求。在观察的同时,我们要借助于检查表或评定表所列举的情况进行观察。观察学生如何完成任务、学生的坚持情况、工作的努力程度等。同时要做好记录。简洁地描述重要的情况,包括所观察的行为、行为发生的情景以及对事件的解释等。观察作为一种科学的研究方法,可应用到行为表现评估中来为进一步的评价、诊断、治疗、安置提供丰富的信息。

检查表。检查表一般列出行为或结果特征的测量维度,并且判定"是"或"否"。也就是要求教师勾出学生评估过程中表现出的行为。具体的设计步骤列举如下。

1. 列出要评价的过程或结果特征;
2. 如果要诊断出较差的行为,可在检查表中列出常见的问题行为或儿童行为中常见的错误反应;
3. 检查项目按照行为发展的顺序进行排列,由易到难,由简单到复杂;
4. 提供指导,留出空格以便核查项目;
5. 如果需要,可在结束之前留些空格让教师发表意见。

评定表。评定表与检查表是很相似的,但它不是做是否回答,而是要求对行为的质量、频率等进行评分(比如经常、一般、从不等)。它的设计具体步骤如下。

1. 列出所要评价的过程或结果特征。
2. 选择评定的数字,数字通过描述性的术语界定;
3. 对项目排序,以方便使用;
4. 提供简洁的指导语,告诉评定者如何使用量表;
5. 可在最后附上空格,让评定者发表意见。

当然评定的方法还很多,可按照具体的评估内容与实际的可行性加以选择。[①] 一般来说,行为表现评估的流程为:

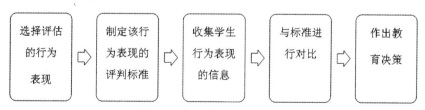

图3-4 行为表现评估流程图

---

① 王小慧. 行为表现评估:一种新的教育评估方法[J]. 宁波大学学报(教育科学版),2000(2):8-11.

案例 3-2

列表式评估

评估主题:写作课——怎么处理零花钱

1. 要求学生回答下列问题:什么是零花钱?你有零花钱吗?
2. 四人小组讨论下列题目:我们是怎么处理零花钱的。

通过以上提问,让学生尽快进入角色,对如何使用零花钱,说出自己的看法。让学生分小组活动,四人一组,教师巡视,需要时给予帮助,并参与学生的讨论。引导学生掌握相关字词,明确基本语法与句型,注意紧扣作文主题。然后,选出某一小组的代表向全班汇报他小组讨论的内容,再请1~2位学生发表他们的观点。

3. 将"怎么使用零花钱"写在黑板上。向学生布置接下来的任务:主题为"学生应如何使用家长给的零花钱"。请你根据提示写一篇发言稿。

使用方式	好处
存入银行	养成节约的习惯
购买书籍	获取知识
其他	培养兴趣(音乐、体育、集邮等)

注意:字数300左右。

针对教师所给出的问题,对学生是否按照写作步骤进行写作、修改和编辑,设定评估表。

表3-3 写作评估计分表

回答评估	姓名
评估项目	评估等级(优、良、中、差)
写作前	
1.题目清晰	
2.内容合题	
修改	
1.顺序合理	
2.终稿条理分明	
编辑	
1.字词正确、标点正确	
2.语法正确	
写作后	
1.誊写认真,字迹清晰	

案例 3-3[①]

学生行为-互助合作评估

小志同学,男生,轻度智力障碍,该生学习态度端正,能够虚心接受指正,有学习的积极性,能够完成部分学习任务,具有比较强的表达欲望和学习愿望,愿意在课下与老师探讨感兴趣的地理知识。在课堂中,回答问题的准确率较低,缺少学习方法,对旧知识具有较短暂的记忆,在回答问题时容易偏离题意。

所用教材为七年级下地理,北京市义务教育课程改革实验教材(中国地图出版社2002年版)。

评估主题:学生的互助合作
1. 活动背景
(1) PPT展示生动景观图片。
(2) 课前动员学生集思广益,设计小实验道具。
2. 课堂活动
(1) 请学生观察景观图片,说出或体会公路的崎岖、建设过程的艰难,积极思考,小组进行讨论。
(2) 请学生辅助做实验,近距离观察实验结果,并结合实验,讨论中国地形特征对水能的影响。
3. 小组安排

观察图片,结合实际生活经历,前后桌两人为小组进行讨论,请3~4位同学作为代表发表观点。

观察实验操作,结合本节课内容,以一整列学生为一个小组进行讨论。教师巡视,必要时候给予适当提示。请每个小组选出代表进行本小组结论阐述。

以班级为单位,进行各小组讨论结果的班级大讨论,对结论进行提炼升华,教师再进行填补性归纳。

表3-4 小组互助合作评估计分表

回答评估	姓名
评估项目	评估等级(优、良、中、差)
讨论前对问题的独立思考	
1.认真读图	
2.有意识进行思考	
3.积极要求参与实验操作	
4.认真观察实验操作过程	
两人小组的参与度	
1.认真听取另一人观点	
2.两人达到一致观点	

[①] 本案例由北京市159中学吴晓征教师提供。

续表

小组的参与度	
1. 积极参与小组讨论	
2. 发表独立思考的有效结论	
3. 对小组其他成员结论进行合理评析	
4. 采纳小组成员的合理建议	
5. 对小组成员的反驳,能够积极思考,并对自己的观点进行合理阐述,或心悦诚服接受小组成员的结论	
小组的讨论提炼	
1. 提炼小组讨论结果	
2. 有逻辑地进行阐述	
班级大讨论	
1. 认真听取其他组成员讨论结果	
2. 筛选有效信息,对不赞同观点发表自己观点,并简单说明反驳理由	
3. 进行提炼总结	

(三) 对行为表现评估的简评

相对终结性评估而言,行为表现评估更人性化。首先,为教学成效提供准确科学的动态画面。行为表现评估在轻松自如、互相信任的气氛中进行,重视从学生日常表现中提取信息。教师可以持续收集并记录每个学生的行为表现情况,了解每个学生的学习情况和需求,并以此衡量学生进步与否,一改往日终结性评价一锤定音的分数评判模式。行为表现评估可以在真实的情景中对学生的知识掌握情况进行测评,具有其他评估方式无法比拟的直接性与真实性;可以为学生和教师展示动态立体的变化过程,不仅有利于教师掌握学生的学习特点和学习规律,也为学生和家长及时得到反馈信息提供了方便。因此,行为表现评估更为科学合理。其次,行为表现评估的目标就是提高学生的行为表现和自我尊重的意识。[1] 因此,在行为表现评估过程中,学生可以事先了解评估标准和方式,也可以参与评估甚至决定评估标准。由于所采用的工具可以重复使用,教师可以对学生历次的行为表现加以记录并比较,分析其进步状况。[2] 这就意味着参与评估的每个学生都是以个体为单位与自己的过去或预期学习成效进行比较的。行为表现评估的及时反馈可以使残疾儿童了解自己的进步情况和速度,从中不断得到激励和鼓励,从而持续有效激发其学习潜能。对于处于不同起跑线、不同特点、不同进度的学生而言,能够及时了解个人进步的情况无疑是对其自信心的最好维系。

---

[1] Moses M. Basic Steps for Creating Performance Assessments[C]. Paper presented at the Professional Development Institute of the Association for Supervision and CurriculumDevelopment. Washington, D. C. 1990:12.

[2] Airasian P W. Classroom Assessment [M]. NY:McGraw-Hill, Inc. 1991:46.

行为表现评估有下面几个优点:(1)避免使用阅读、写作上的能力来完成任务。因为这些儿童一般在这两方面的能力都很差,但他们有自己的优势,同样可以很好地完成一定的任务。以画地图这一任务为例,有些儿童可以充分地发挥自己的特长,在教师的指导下完成任务。这样可以增强学生的自信心。(2)任务的完成没有严格的时间限制。它不会像传统的纸笔测验那样严格规定时间,通常规定一个完成任务的期限。对多动症儿童来说,要让他们集中注意力,在40分钟内完成任务是很困难的。期限的规定有利于学生完成任务。(3)可促进在学校所学的知识与实际生活的联系。如将数学计算与购物结合起来,可以提高学生适应社会生活的能力。(4)可激发学生的兴趣。设计良好的任务可充分调动学生的兴趣与好奇心,这样会使他们更加积极地投入任务的完成中去。行为表现评估要求学生能分析、综合所学的知识并应用于实际生活中,这对普通儿童来说都是很困难的,更不必说特殊儿童了。但关键还在于教师如何根据儿童的身体情况、认知发展水平、学业进展情况等来制定适合于个体的任务。

行为表现评估也有些不足,比如:比较费时间,不同的老师评判、引导等差异会很大;对教师的要求比较高,教师需要对学生表现出的多样化的行为灵活地作出反应;评估前教师也需要花时间、精力去构思出生动的评价情景。无论是评估前的准备还是具体的评估,都是很艰巨的任务,所以需要对教师进行方法的培训,让他们结合各自学科的特色深入地开展行为表现评估。

三、动态评估

(一) 动态评估的内涵

动态评估概念主要是针对传统评估即静态评估的弊端而提出的。动态评估一经提出,就引起了广泛的注意。有研究者将动态评估定义为通过施测者的帮助使得儿童的行为表现发生改变,从而了解儿童学习潜能的过程。Sternberg 和 Grigorenko[1]将动态评估定义为主要成果在于考虑干预结果的过程。在干预过程中,施测者将教会受测者在整个测验中或某一个分测验中如何表现得更好一点。最终的分数很可能是一个能够描述出前测(学习之前)和后测(学习之后)分数之间的差异的学习分数,或者可能只是考虑过的后测的分数。动态评估描述的是一种交互评估过程,这种评估采用测验—教学—再测模式。一般情况下,评估的测验(再测)部分由一个指定领域的测验组成,教学部分重点是帮助儿童学习和使用策略更好地理解任务,并在测验中表现得更好一点。通过对儿童前测和后测的表现进行比较,可以了解儿童的纵向发展状况。综合诸多研究者的定义,动态评估主要是指反映学生学习过程及特点的一种过程导向评估模式。这种评估希望能够扩展传统标准化测验评估的范围,改变测验情景以比较个体内在能力差异,检验学习过程,并寻求足以促进新的信息或认知技能获得的策略。

动态评估有以下几个特点:(1)看重的是儿童发展的潜能,评估的是儿童的潜在水平;评估通常分为三个部分,前测、教学干预和后测,并且会把前测和后测分数做对比,以得到更真实的评估结果;不存在歧视现象,会考虑社会文化因素对儿童发展的影响,适用于所有的儿童;在整个评价过程中,教师或者施测者会随时介入,对儿童进行指导,以利于儿童学习,教

---

[1] Sternberg R J, Grigorenko E L. Teaching for Successful Intelligence: To Increase Student Learning and Achievement[M]. 2nd ed. CA: Corwin Press, 2000:153.

师或施测者与儿童之间存在着良好的互动;评估会与教学紧密结合,在教学过程中进行评估,有利于教师或施测者根据评估结果及时调整教学,以达到最好的教学效果;时间上的连续性,即将学习的过去、现在和将来紧密联系在一起;评估与情境密切融合,具有真实情境性,即让儿童实地解决真实性问题,观察其在解决问题过程中的表现。

尽管当前存在许多形式、取向各异的动态评价程序,其中最常被提及或进行比较的是,标准化的 Campione 与 Brown 的渐进提示评价模式和非标准化的 Feuerstein 等人的学习潜能评价模式。

渐进提示评价模式以维果茨基的最近发展区理论为基础,评价形式分"前测—学习—迁移—后测"四个阶段进行,其最大特色为采用标准化的渐进提示系统,提示系统为事先设计,也可采用分支提示的方式,施测时根据被试反应有顺序地给予协助和提示。评价的目的在于鉴别出学习失败的高危害群儿童,并发展对学习能力有效的评价方式;评价的重点为被试学习和迁移表现的过程;评价的内容多为学科领域。这种评价模式易与学科内容结合,施测时简单易行,故我国台湾地区的动态评价实证研究多使用此模式。

学习潜能评价模式以结构性认知可塑性理论为依据,认为中介学习经验是认知发展的重要基础。评价的目的是诊断学生认知功能的缺陷,评价学生对教学的反应。评价形式为:前测—教学—后测。首先运用学习潜能评价工具、认知功能缺陷表和认知图诊断出学生的认知缺陷所在,接着设计结合中介学习经验的工具性充实方案进行教学干预,评价重点在于中介教学后的认知改变。评价的内容为学习潜能评价工具(LPAD),包括视觉动作组织作业、高级认知过程、心智运作、记忆等认知学习成分。

(二)动态评估的程序及案例

动态评估包括许多维度变化的特殊模式,所有评估模式最具典型的测验程序就是:测验—教育干预—再测。前后两次测验的内容难度类似,根据不同的模式中间间隔时间不等。评估者与被试建立良好的合作关系以利于彼此的沟通、理解。主试在评估的过程中认真观察、记录被试的各种表现。动态评估非常独特之处在于其一改传统的结果取向为过程取向,评估者配合被评估者的反应,与被评估者积极互动,扮演积极的干预者,引导个体认知机能的改变,以促进测验参加者的机能水平的提高。动态评估最大的改进是将评估和干预教学有机结合起来,动态评估具有评估的教学取向和教学的评估取向两种不同的研究取向,为教学提供了更丰富的参考信息。

教育干预的内容和形式根据测验的编制意图、被试的具体特点、操作任务的种类等有所不同,用以平衡不同被试之间的背景知识和测验的经验,旨在促进个体操作成绩的提高和使被试获得迁移能力,最终提高个体的机能水平。研究表明,教育干预环节中最重要的两个成分是精致反馈(elaborated feedback)和口语报告(verbalization),口语报告是指被试描述要解决的问题、自己的思考方式、解决问题所采用的策略等;精致反馈包括主试对被试解释他们的操作的对或错的原因,解决问题的策略、原则等。教育干预环节对于低机能组儿童的认知能力提高最大,对其他儿童也有积极的影响。[①] 其中动态评估与其他评估最大的区别在于它是一个循环的过程,后测所得的信息同样可以作为下一阶段的前测,继续为教育干预提供建议。其流程图为:

---

① 范兆兰.动态评估理论与应用研究——智力测验的新进展[D].南京:南京大学博士论文,2006:53.

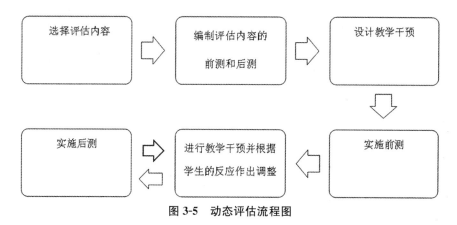

图 3-5 动态评估流程图

在动态评估过程中有几点需要说明的问题:首先,在动态评估模式中个体的操作水平和能力是两个不同的概念。其次,动态评估的主要目标是改变测验者的操作水平,最终达到改变被试的认知机能的目的,但由于时间等因素,有些效果不稳定。动态评估提供了被试的认知缺陷等方面的资料,如果后期的教育培训没有跟上,被试的教育生活环境没有得到有效改进,个体的潜力仍然得不到发挥。第三,尽管动态评估的基本目标是增加测验者的测验成绩,但改变也就意味着可以减少,当个体的生存环境朝向不利的方向发展时,个体的认知机能有时会不增反降。第四,动态评估所选用的材料和干预的形式可以是多元的。如,与测验项目相伴行的暗示、辅导、探索指导解题策略等。有的动态评估模式还伴有对被试生存环境的调查、访谈等内容,测验的环境也不仅仅拘泥于固定的室内,也可以在自然环境中测查被试实际生活中的表现。第五,在动态评估中往往以被试的最高得分作为被试的成绩,而且动态评估不设置参照的常模,是个体自身发展的纵向比较。

 案例 3-4[①]

> 小志同学,男生,轻度智力障碍,该生学习态度端正,能够虚心接受指正,有学习的积极性,能够完成部分学习任务,具有比较强的表达欲望和学习愿望,愿意在课下与老师探讨感兴趣的地理知识。在课堂中,回答问题的准确率较低,缺少学习方法,对旧知识具有较短暂的记忆,在回答问题时容易偏离题意。

所用教材为七年级下地理,北京市义务教育课程改革实验教材(中国地图出版社 2002 年版)。

1. 评估

表 3-5

评价内容	评价量规	随班就读学生
读图	继续努力	在提示和讲解后,仍然不确定是否存在这种地形。
填图	继续努力	不能填注地理信息,不能用三种颜色区分三级阶梯。

---

① 本案例由北京市 159 中学吴晓征教师提供。

续表

评价内容	评价量规	随班就读学生
注意力	继续努力	经常不集中
观察实验	—	—
完成学案	—	—

2. 干预——培养注意力集中的能力

(1) 利用图片、视频等现代技术，对课程进行形式上的花样渲染，增加课程兴趣点，吸引学生注意力。

(2) 降低对随班就读学生在本节课的教学难度，增加学生的学习信息，努力为随班就读学生创造成就感。

(3) 增加动手操作环节，激发普通学生的学习兴趣，也充分利用随班就读学生好动的天性。

3. 再评估

表 3-6

评价内容	评价量规	随班就读学生
读图	继续努力	在提示和讲解后，仍然不确定是否存在这种地形。
填图	继续努力	不能填注地理信息，不能用三种颜色区分三级阶梯。
注意力	良好	偶尔不集中
观察实验	—	—
完成学案	—	—

4. 再干预——专业能力强化

(1) 读图练习，举行小组竞技、小组评分、抢答等活动，进行读图找地理信息，活跃课堂气氛，增加学习兴趣。

(2) 读图、指图环节，为激励学生，开展小老师角色的扮演，在角色扮演中使学生心理状态带动知识获取环节：好玩—进入角色—获取知识。

(3) 对随班就读学生进行补偿式教学，针对专业知识、读图技巧等进行课间10分钟非正式的交流，即进行不为学生所察觉的分块分点辅导。

5. 最终评估

表 3-7

评价内容	评价量规	随班就读学生
读图	良好	能够按照要求明确中国是否存在这种地形，并指出主要地形区。
填图	良好	按照要求正确标注必要地理信息，进行填色。
注意力	优秀	集中

续表

评价内容	评价量规	随班就读学生
观察实验	优秀	能够近距离观摩实验,并理解实验中的规律,了解中国地形特征对生产生活的影响,并在指引下,思考还存在哪些利弊。
完成学案	优秀	正确判断,并大概说出判断错误的原因,在错误处标注,进行改正。

（三）动态评估的简评

优点:动态评价采用诊断性、非标准化的互动评价方式,比标准化的干预提示更适应被试的个别差异,从而能深入了解被试认知结构的变化,并提供合适的干预与教学。

缺点:动态评估是一种正在发展的评估方法,对它的研究存在许多困难。第一,费时费力,对施测人员的要求非常高。由于动态评估是针对个人的,因此一个一个地测验非常费时费力,而且需要施测人员有很高的理论和实践能力,把握好施测时引导的度。第二,动态评估面临着信度和效度的难题。动态评估缺乏比较评估结果的常模,评估结果往往由主试根据个人经验做出,主观性很强。第三,在目前的动态评估中前测和后测使用的工具都是静态测验工具,施测人员所受训练也是静态测验的训练,如何在这种情况下保证真正运用动态评估是我们面临的难题。

特别需要说明的是,不同类型的教育评估并非相互独立,相互排斥。教师可以根据评估对象及评估目的,选择或综合运用若干种不同的教育评估方式。

【本章小结】

教育评估是融合教育中对残疾儿童进行教育的重要过程之一。本章旨在让教师理解、掌握及运用这一过程,促进残疾儿童教育实践的开展。本章对教育评估的涵义、实施、常用方法等进行了逐一介绍。在评估方法的介绍中,为了让读者更好地掌握评估的实施步骤,结合了一些案例讲解在实际操作中的具体应用,以更具体、清晰地展现评估的操作。在对残疾儿童进行教育评估的过程中,教师要注重对其潜能的发现与发展。

【思考题】

1. 什么是教育评估?
2. 教育评估的主要方法有哪些?
3. 残疾儿童教育评估的主要类型有哪些?各有什么优缺点?
4. 请为某一残疾儿童设计课程本位评估的方案。
5. 残疾儿童的潜能发展如何实施?

【推荐阅读】

[1] 大卫·艾伦.学生学习评估——更深入的地理学生的学习[M].伍新春,管琳,等译.北京:北京师范大学出版社,2011.
[2] 季明月.中小学教育评估[M].北京:中央民族学院出版社,1994.
[3] 张世慧等.特殊学生鉴定与评估[M].台北:心理出版社,2003.
[4] 王辉.特殊儿童教育诊断与评估[M].南京:南京大学出版社,2007.
[5] 韦小满.特殊儿童心理评估[M].北京:华夏出版社,2006.

第四章　课程调整策略

【本章导言】

　　学生洪某,女,10岁。该生为一级听力残疾,植入人工耳蜗。上课时该生需要借助看口型听讲,如果教师语速快一些,语句长一些,或者距离远一些,她听得就会比较吃力,不能完全听清教学内容。口语表达不连贯,有丢字的情况,不能连贯说完三个句子以上的话。但是该生学习动机比较好。课上能认真听讲,在教学过程中能主动、积极地参与教学活动。具有基本的认知能力、基本的计算和理解能力,记忆能力一般。

　　在学习《乘法分配律》一课之前,老师通过学习前测发现洪某已经学习并掌握了加法的运算定律、乘法的交换和结合律,有了一定运算规律的经验。学会了一些归纳、总结的方法,并且学会了用字母表示运算定律,但凑整简算意识不强。具备了用两种不同的方法解决实际问题的知识基础,但对乘法分配律还没有认知,掌握了四则运算的运算顺序并能正确计算。那么这一节课对于这名学生来说,学习的重点是什么?是和普通学生一样,还是应该有所调整?在整个教学过程中,教师又应该为学生提供怎样的支持?[①]

第一节　课程调整的简介

　　课程的调整是在保证普通教育原有课程的基础上,根据特殊学生的特点对其所学的普教课程的内容和标准做出适当的调整或修正,以满足学生的特殊教育需要。之所以能够进行课程调整,是因为特殊学生和普通学生之间虽有差异性,但仍有很大的共性,可以使用基本相同的课程,所以不需要为他们设计专用的课程。课程的调整可以是调整课程的内容,也可以是调整期望学生达成的成绩水平。[②] 在课程调整方法上,可以由教师调整课程内容的数量和范围、深度和难度。如果特殊学生在课程调整后仍然无法跟上学习进度或还有其他的特别需要的话,再考虑充实或替代普通教育的课程。融合教育课程的调整是融合教育实施的基础,同时也是对教师个人教育教学能力的重大挑战。

一、课程调整的步骤

　　首先,了解并评估特殊需求学生的身心特质与学习需求,以清楚特殊需求学生学习的起点行为和先备能力。

　　其次,分析普通教育课程目标与教学程序跟学生特殊需求及个别能力的适配性。这就需要教师充分了解普通教育课程大纲、课程标准和特殊教育课程大纲的异同,了解大纲在教学目的、教学内容等方面的差异,以便课程的调整紧扣大纲要求,符合学生的发展特点。教师只有在了解了两种教学大纲的异同和学生的实际情况后,重新制订的课程目标和教学目

[①] 案例由北京市朝阳区黄胄艺术实验小学王细君老师提供。
[②] 于素红.普通学校随班就读学生的课程建设[J].中国特殊教育,2005(4):56-59.

标才可能改变全班统一的目标,进而教学内容也才会随之做相应的调整。这样既照顾了全体学生,又体现了差异。

最后,根据前两点决定是否需要进行课程调整。教师可以通过观察和自编课程调整必要性调查表,以了解现有的课程是否符合班级中特殊学生的特殊需求,从而确定是否需要做出课程调整。如有必要,可开始进行普通教育课程的调整。

二、三种调整方法的选用原则

一般来说,精简、充实和替代是融合教育课程调整中最常用的三种方法,如图 4-1 所示。其中,精简、充实中的添加课程内容和替代中的目标分解基本都是可以在普通课堂中完成的。它们的共性在于没有改变课程的主题,在最大程度上保证了特殊学生参与普通课堂。而充实技能和学习替换中的替换学习内容则属于干预度较大的两种调整方法。特别是在学生的障碍程度很严重的时候,实施教学时可能就需要采取抽离式的教学,通过资源教室或其他场所来完成。

至于具体选择哪一种调整方法,则根据学生的障碍程度和特殊需求来决定,程度越严重或者需求越特殊者,在调整方向上就会越偏离普通教育课程的方向,在调整的力度上就会越大。三种方法大多时候并不是单独使用的,在使用的顺序上也并不是固定不变的。这都要依据学生的情况、课程的特点来进行调整。所以,融合教育的课程调整应该是一个动态的过程,是因学生、课程而随时进行调整的,其宗旨是以学生为主。但是调整的原则是以融合为方向,所以在选择和实施调整方法时都要以此作为前提。例如替换学习内容,即便课程的主题不同,仍然要优先选择有同伴参与的活动,在其中进行替代性的活动。尽可能做简单的调整,即最少干预,教师尽量尝试使用较少的时间和努力让学生获益最多的调整方法。只有在需要时才使用较多的调整。事实上只有极少数学生需要单独设计的、完全不同的替代性课程。大多数有特殊教育需要的学生可以采用经过很小修改的、甚至是完全相同的课程即可满足需要。① 调整只有在需要时才有意义,过度的调整反而会适得其反。

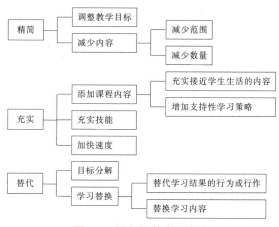

图 4-1 课程调整常用方法

---

① 邓猛.融合教育与随班就读:理想与现实之间[M].武汉:华中师范大学出版社,2009:270.

第二节 课程的精简

一、课程精简的内涵

所谓精简，是指降低普通教育课程标准下的学年、学期目标难度或减少普通教育课程标准下的部分内容，保留最基本的内容。[①] 这是在课程调整中较为常用的一种方法，它可以最大限度地保持课程的完整性，保证特殊学生和普通学生所学的内容基本一致，是相对干预较少、融合程度较高的一种方法。课程的精简是相对幅度最小的调整，也是特殊学生进入普通班级后无法适应普通课程时的首选调整方法。课程的精简特别适用于认知方面存在障碍的学生。考虑到基础教育中语文和数学为核心科目，因此本节在介绍课程调整方法时，大多都以语文和数学两门科目为例。

二、课程精简的操作技术及案例

（一）调整教学目标

调整教学目标是指特殊学生与正常学生学习基本相同的课程内容，但是适当降低课程的深度和难度，所谓"同教材、同进度、异要求"。譬如，回答的问题少而简单，只完成最基本的目标。教师之所以这样做是为了尽量让学生能够跟上班级的进度，避免学生在学习中出现困难。如当语文课文中生字词、难句太多，不利于阅读时，教师可以将课文的阅读要求改为听故事了解内容即可。降低课程标准，应以保持课程的逻辑体系为前提。对于核心知识的学习，即使不能达到正常学生较好的水平，但至少也要基本掌握。[②] 在课程标准的调整上考虑两点，一点是参照普通教育课程标准，另一点是因人而异，力求目标在学生的最近发展区内。一般来说，智力障碍儿童最终智力活动可达到11岁正常儿童的水平，即在学习上可以达到小学5～6年级水平，而听力和视力障碍类儿童的标准则略低于普通儿童相应阶段的程度，但差别不大。[③] 因此对于随班就读智障生的课程处理是：小学一年级原则上不降低教学要求，从小学二年级开始，实行两类学生同教材、异要求，对智障学生降低教学要求。

表4-1展示了二年级轻度智障学生和普通学生的小学数学课程目标，可以发现轻度智障学生的课程目标偏基础层次，倾向于知识的认识和了解，而普通学生则倾向于知识的运用。

表4-1 小学数学课程目标[④]

年级	轻度智障随班生	义务教育数学课程标准（2011年版）
二年级	1. 学会100以内笔算加、减法的计算方法，能较为正确地进行计算。2. 知道乘法的含义和乘法算式中各部分的名称，试着记忆乘法口诀、口算两个一位数相乘。会读、写几时几分，知道1时＝60分，知	1. 能熟练地口算20以内的加减法和表内乘法。2. 能口算简单的百以内的加减法和一位数乘两位数。3. 能认识钟表，了解24时计时法，结合自

---

① 徐素琼,谭雪莲,向有余. 浅析随班就读中课程与教学的调整[J]. 南京特教学院学报. 2008(2)：29.
② 于素红. 普通学校随班就读学生的课程建设[J]. 中国特殊教育,2005(4)：56-59.
③ 杨春增. 浅论残疾儿童随班就读课程[J]. 特殊儿童与师资研究. 1995(4)：39-43.
④ 案例由特殊教育研究中心提供。

续表

年级	轻度智障随班生	义务教育数学课程标准(2011年版)
	道珍惜时间。 3.初步认识长度单位厘米和米,初步建立1米、1厘米的长度观念,知道1米＝100厘米,初步学会用刻度尺量物体的长度(限整厘米)。 4.初步认识线段,会量整厘米线段的长度。 5.认识角,知道各部分名称,初步认识直角、锐角和钝角,会用三角尺判断一个角是不是直角,会辨认锐角、钝角,初步学会画线段、角。 6.能辨认从不同位置观察到的简单物体的形状。	己的生活经验,体验时间的长短。 4.结合生活实际,经历用不同方式测量物体长度的过程,体会建立统一度量单位的重要性。 5.在实践活动中,体会并认识长度单位千米、米、厘米,知道分米、毫米,能进行简单的计算,能恰当地选择长度单位。 6.结合生活情境认识角,了解直角、锐角和钝角。 7.能根据具体事物、照片或直观图辨认从不同角度观察到的简单物体。

再以语文课的学习为例,如表4-2所示。老师在教授《老人与海鸥》一课时,充分考虑到智障学生的认知特点和学习特点,将智障学生的教学目标调整在基础层次,即能够重复课文主要内容和简单体会课文情感。可以明显看到,老师降低了对智障学生在情感态度方面的要求,而着重于更加直观和具体的目标。

表4-2 《老人与海鸥》教学目标的调整[①]

普通学生	随读学生(轻度智障)
1.复习巩固课文的主要内容。 2.有感情地朗读课文,感受老人与海鸥之间深厚的感情。 3.抓住课文的重点词句,体会句子的意思,并揣摩作者是如何把老人与海鸥之间的感情写具体的。	1.能够重复课文的主要内容。 2.能够找出一两个句子体会老人对海鸥的爱。

(二) 减少内容

随班就读学生在进入普通班级后,如果能够使用普通教材则直接使用,如果不能则考虑调整。前文介绍了难度的调整方法,现介绍内容的调整方法。减少内容,包括减少内容的数量和范围。调整的原则是不能打乱教材的逻辑关系,影响到教材的科学性。删除不适宜随读生学习的内容,只要能保证基本要求,不破坏知识的系统性,就可以根据随读生的具体情况,适当删除。表4-3列举了不同障碍类型学生教材内容的精简方式,可以为教师在选择精简时提供一些思路。

---

① 案例由北京市体育馆路小学郭菁老师提供。

表 4-3　不同障碍类型学生教材内容精简示例①

智力障碍	听力与视力障碍	肢体障碍
删除难度大，用于扩展与提高的部分，充实基础知识、基本训练的部分。 为解决教材中较难理解而又必须理解的部分，可以设计一些铺垫内容，减缓梯度，可以帮助他们和大家一起去克服困难，掌握重点的内容。	使用盲文教材、触摸教材、视觉教材、助听教材等。	针对具体情况，删除他们不方便学习的内容，或改成能鼓励他们克服困难、完成学习的辅助教材。

1. 减少范围

为了保持原有课程的基本结构，教师应在学生的学习能力和接受水平的基础上保留课程的核心知识，保证核心知识间的逻辑体系。对于不会影响学生有关学科知识结构而学生又难以掌握的内容，可以适当删减。② 以《小狮子爱尔莎》一文为例，这篇精读课文记叙了"我"精心驯养失去母亲的小狮子爱尔莎，和他一起生活了三年，又把它送回大自然的故事。文章共有 10 个自然段，在处理时教师保留了每一段中点明小狮子爱尔莎年龄的语句、"我"无限关爱小狮子爱尔莎和爱尔莎对"我"友好、依恋的语句，将保留的句子联成一篇短文，课文的叙述顺序一目了然，既保留了文章的主要内容，又能让学生体会"我"与爱尔莎之间的深厚感情③，如案例 4-1 所示（原文请见人教版三年级语文下册选学课文《小狮子爱尔莎》）。

案例 4-1

> **《小狮子爱尔莎》课文精简示例**
>
> 　　小狮子爱尔莎出生才两三天，它的妈妈就死了。我从岩石缝里把它抱出来，抚摸它，喂它奶粉和用鱼肝油、葡萄糖配成的饮料。五个月以后，它长大了，很强壮。它一刻也不离开我，晚上也跟我一起睡。
> 　　夏天来了，爱尔莎特别爱到河里洗澡。它看见我蹲在河边，故意扑腾起浪花，还用前爪轻轻地把我扑倒在地上，十分高兴和我开玩笑。
> 　　有一天傍晚，来了一头犀牛。我大声呼喊，爱尔莎从远处跑来，勇敢地和犀牛搏斗。犀牛敌不过它，掉头跑了，爱尔莎一口气把它赶出很远很远。
> 　　爱尔莎开始换牙的时候，像孩子一样张开嘴给我看。我轻轻地摇动它快要脱落的乳牙。它闭着眼睛，一动也不动。
> 　　我们到卢多尔湖去，最初爱尔莎还能跟帮我们驮行李的驴子和睦相处。但有一天半夜里，爱尔莎忽然闯进驴群里，抓伤了一头驴子。我用鞭子着实教训了它一顿。爱尔莎耷拉着脑袋，一声不响，垂头丧气地蹲在地上，好像求我宽恕。我抚摸着它的头，安慰它，告诉它下次可别这样了。它好像听懂了我的话，撒娇似的吮着大拇指，用头蹭着我的膝盖，鼻子里发出轻轻的哼声。
> 　　爱尔莎快两岁，我想把它送回到大自然去，替它选择一个好的环境，让它自己去生活。由人抚养的动物回到大自然是不容易生存的，因为它带着人的习气。

---

① 随班就读[EB/OL]. (2012-02-14)[2014-11-2]. http://blog.sina.com.cn/s/blog_5fd4e809010128hc.html
② 于素红. 普通学校随班就读学生的课程建设[J]. 中国特殊教育, 2005(4):56-59.
③ 随班就读小学语文课堂教学教材处理初探[EB/OL]. (2011-07-16)[2014-11-2]. http://wenku.baidu.com/

> **《小狮子爱尔莎》课文精简示例**
>
> 我首先教它学会自己捕获食物。我把打得半死的羚羊抛到它跟前,让它去咬死剖开,慢慢地,它会自己捕获一些食物了。过了些日子,我把它悄悄地放进狮子生活资源丰富的地区,并且悄悄地离开它。有好几次,它都饿着肚子回来了。过了几天,我又把它送回大自然。
>
> 有一次,它回来了,发着高烧。我一步也不离开它。
>
> 爱尔莎和我一起生活了三年。最后分别的时候,我感到莫大的痛苦。它恋恋不舍地朝森林走去,一次又一次回过头来看我,直到我们互相看不见为止。

一般来说,在减少内容时会采用两种方法。一种是对于较长的文章,采用删除次要内容,保留主要内容的方法。这适合于那些篇幅较长,但结构较清晰的文章。如案例 4-1 所展示的《小狮子爱尔莎》这篇文章,就是按照爱尔莎的成长过程记叙的,线索是"小狮子的出生—成长—回到大自然";第二种是删去一些在文章结构中不太重要的和较难理解的句子,保留重点段落,删改后重新组合成一篇短文供随读生学习。① 这在高年级的语文教学中较为常用。如《少年闰土》这篇文章,在处理时教师将对闰土形象的描写、"我"与闰土相识及后来发生的捕鸟、看瓜这些内容作为重点内容理解,而将对于随读生来说难以理解的段落和句子删去。如第二自然段写过年祭祀时叫闰土来管祭器,离当下时代较远学生不易理解,又如"他们不知道一些事,闰土在海边时,他们都和我一样看见院子里高墙上四角的天空"这样的句子随读生也不易理解,在进行教材处理时都进行了删除。②

2. 减少数量

在学习核心知识时,教师还可以减少特殊学生学习材料的数量,让他们学得少而精。③ 例如一篇完整的文章,只要让随读生理解文章的重点段落,其余内容只了解即可。比如《卖火柴的小女孩》,文章篇幅较长,但是它的结构比较清楚,文章的主要内容是:大年夜,天下着雪,又黑又冷,一个卖火柴的小女孩为了暖和自己,五次擦燃火柴,从火柴亮光中看到种种幻象,最后冻死街头的故事。由于文章篇幅太长,随读生阅读起来难度较大。教师可以让学生重点理解小女孩为什么要擦燃火柴和她第一次擦燃火柴看到了什么样的幻景,以及最后女孩最后被冻死这三部分的内容,其余内容中只需要了解每一次燃烧后看到什么,这样就大大降低了学生的阅读难度,同时又把握了主要内容。④ 再如,《卖火柴的小女孩》这篇课文中,有 8 个生字,普通学生要求音、形、义都掌握,而对于随班就读的智力残疾儿童来说,"橱""魂""喷"这三个字不需要掌握,可以删除,"梗"只要通过实物掌握,"蜷"通过动作演示掌握。⑤

---

① 张娟,蔡明尚. 随班就读小学语文课堂教学教材处理初探[J]. 现代特殊教育. 2004(2):33-34.
② 随班就读小学语文课堂教学教材处理初探[EB/OL]. (2011-07-16)[2014-11-2]. http://wenku.baidu.com/
③ 于素红. 普通学校随班就读学生的课程建设[J]. 中国特殊教育,2005(4):56-59.
④ 张娟,蔡明尚. 随班就读小学语文课堂教学教材处理初探[J]. 现代特殊教育. 2004(2):33-34.
⑤ 随班就读小学语文课堂教学教材处理初探[EB/OL]. (2011-07-16)[2014-11-2]. http://Wenku. baidu. com/link? url=Ra8kjTibrdgclZIZrq8RJfXQJ5e6oUaWZmtnkUsL-Nu8Z1t2KG4_Z_BWmlzxylzTn8QBQkez9P4gOh3DPe8xllk_bC-dfrPC6pfSqyg9cqu

第三节 课程的充实

一、课程充实的内涵

如果采取精简的方法不能充分地解决一些残疾学生的特殊需要,那么就需要考虑通过充实普通课程的方法去满足这些学生额外的特殊教育需要。课程的充实是指以某些方式对普通课程内容进行强化或扩展以满足学生的特殊需要。它需要增加的不仅仅是普通课程可能未涉及的内容,同时也包括能够促进学生更好地参与普通课程学习所必需的技能,以及促进学生全面发展的其他技能。[①] 充实的主要方式有两种,一种是在原有普通教育课程框架的基础上采取附加、添加等方式来充实课程内容,另一种方法则是增加一些克服特定障碍所必须学习的技能,诸如定向行走、语言训练、感觉运动统合、行为改变等方面的补偿性课程。充实的方式特别适合学习障碍、严重情绪行为障碍的学生。

通过充实的方式,可以更好地保证学生顺利地、有意义地参与普通课程学习。例如,对于一些残疾学生来说,必须学习一些沟通交往的技能,才能更好地投入普通课程的学习活动。这些充实课程和内容将有助于学生参与普通课程学习,而且又能够对补偿学生的障碍缺陷起到作用,使学生在更好地参与普通课程学习的同时,获得全面的发展。

二、课程充实的操作技术及案例

(一) 添加课程内容

添加课程内容,是在原有教材中的基本知识、基本技能部分,适当充实和增加符合特殊学生特点和需要的内容,增大学习与练习的数量,以达到牢固掌握基本知识的目的;还可以充实有利于直观演示、动手操作的教材内容,便于随读生的学习。[②] 添加课程内容,是对现有课程资源的延伸,但实质更是对传统课程理解的一种突破。这使得教师需要明白,课程不限于教材,而是包括教材在内的各种资源。因为固定不变的教材、课本早就已经不能满足学生的需要了。因此,添加课程内容其实不仅仅适用于特殊学生,也适用于普通学生。

1. 充实接近学生生活的内容

前文介绍了简化的方法,那么教师需要注意的是在对于一些离学生生活实际太远的内容进行删除后,可适当地充实一些与其生活相关、更容易理解的内容。还可添加一些实践活动,让学生在实践中去学习,不把教学内容拘泥在教材上。用教材来教,但不是完全教教材。对于随读生来说,要充实一些便于他们接受的东西。要根据他们的不同残障特点,把教学内容转化成残障学生能够用视觉、听觉、嗅觉、触觉等感官感知到的信息,充实到教学之中,帮助他们理解、掌握知识。这种充实不仅对随读生有益,对其他普通学生同样会产生积极的作用。如在学习了《走向生活》这篇文章以后,教师给随读生布置了一项特殊的作业——"同学到我家做客"和"我到同学家做客",教师带领班上的部分同学到随读生家做客,让学生通过这项特殊的作业,在实际活动中学会与人相处的技能。[③] 再如对于家处农村的随读生来说,

---

[①] 盛永进. 随班就读课程的调整[J]. 现代特殊教育. 2013(6):31-33.
[②] 随班就读[EB/OL]. (2012-02-14)[2014-11-2]. http://blog.sina.com.cn/s/blog_5fd4e490109128hc.html
[③] 张娟,蔡明尚. 随班就读小学语文课堂教学教材处理初探[J]. 现代特殊教育,2004(2):33-34.

教师适当地充实一些实用性强的农业生产知识和技能,以便培养学生的一技之长,也是很有意义的。再如学习数学时要充分运用图片、实物、录像、投影、多媒体、学具等直观形象的教学手段,充实一些动手操作的内容,利用学生直观思维、动作思维的特点,让他们通过摆一摆、看一看、想一想、做一做解决学习的难点,如数学中分数的意义和性质、面积、体积、行程应用题等学习难点。如教学"正方形、长方形、三角形"时,可以让学生在这些不同种类的图形中分别涂上不同的颜色,可以让学生采用描红的方式描一描这些图形,让学生用书空的方式画一画这些图形,也可以让学生在地上画一画图形,并沿着画线走一走,还可以引导学生用长方形的折纸折一折这些图形,再让学生沿着折痕用剪刀剪一剪,也可以让学生在校园内外找一找学过的图形,等等。① 总之,教师需要注意的是添加的内容一定是贴近学生生活的、现实的生活素材,并将其融入原有的课程体系中去。只有以学生的日常生活体验作为起点,才能让学生学得懂,能运用,才能真正达到教育的目的。

教师除了在学校规定的课程内添加内容,还可以根据学生的兴趣在课下为学生添加相关的内容,从而引导其更好地发展。如案例 4-2 所示,地理教师王老师发现该生对电脑和动漫感兴趣之后,就特别为该生设计了和其兴趣相关的充实内容,如通过电脑搜集资料、制作 PPT、运用电脑输入作文等,既使该生的电脑水平得到了极大的提高,也改善了同伴关系,让该生在学习和生活中都充满了自信。

 案例 4-2

> **教师针对学生兴趣增加内容**②
>
> 男生小 L,唐氏综合征患者,智商偏低。执教地理的王淑珍老师针对小 L 同学喜爱动漫和电脑游戏的特点,特地为他度身定制了"兴趣转移"的教育方案。她指导孩子通过电脑搜集学习资料,学习制作 PPT。一学期不到,小 L 同学不仅学会了制作 PPT,而且还能帮助其他同学利用电脑进行学习,同学们纷纷称他为"小老师";他帮助资源教师制作的漂亮 PPT 也得到了英国友好学校前来参观的老师赞赏。于是,小 L 同学的自信和学习热情倍增。暑假期间,他自购作文集,每天用电脑录入一篇文章并进行花样排版和美化。60 多篇作文的录入,使他的打字速度大为提高。与此同时,通过电脑学习,他对地理知识和动漫制作也产生了浓厚的兴趣。他不仅自购《中国国家地理》杂志光盘认真学习,还精心制作了《全球气候分布图》展览于资源教室。

2. 增加支持性学习策略

主要是指采取恰当的策略帮助学习有困难的特殊学生认识、组织、理解和记忆课程的内容信息,如提供先行组织者、以视觉的方式提供信息、提供学习指南和记忆帮助是几种较为常用的方式。③ 以提供先行组织者为例,它是指提供一些教学材料以增强新知识和学生已有知识间的联系。特别是在教材删减后,可以在教学中增加一些课前铺垫和课后扩展的内容,如学习毛泽东的《为人民服务》,课前准备好张思德和雷锋同志的故事并配以音乐动情地讲

---

① 朱友涵. 转变观念 重构面向弱智学生的数学课程[J]. 现代特殊教育,2003(1):27-28.
② 大爱无言——上海市南洋初级中学关爱随班就读学生的故事[EB/OL].(2008-04-08)[2014-11-3]. http://www.xhedu.sh.cn/cms/data/html/doc/2008-04/08/155569
③ 于素红. 普通学校随班就读学生的课程建设[J]. 中国特殊教育,2005(4):56-59.

述,课后布置活动:"我怎样为同学服务?""寻找我身边的雷锋"等①。

再以信息的视觉呈现方式为例,可以包括图表、模型、影像或数字材料等,以视觉的方式形象地概括在教学过程中出现的各种信息,帮助学生组织信息,掌握主要的知识点,并且有利于学生在已有知识与新知识间建立有意义的联系。② 具体来说,教师可采取纲要式、图表式、连线或填空等形式来呈现教学的主要内容,帮助学生对新知识的理解。如分数对于学生来说是一个特别抽象、难以理解的数域,对于随读生来说学习这部分知识就更加困难,因此在《找分数》这堂课中,教师采用数轴贯穿课的始终,这样能把抽象的知识变得形象、直观。不管学生是在数轴上找分数,在两个分数之间找分数,还是在更小的区间内找分数都会用数轴作为思维支撑,便于理解,如图 4-2 所示。

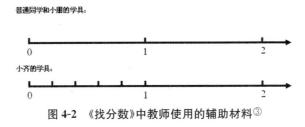

图 4-2 《找分数》中教师使用的辅助材料③

在图 4-2 中,小朋的学具和普通学生的学具是一样的,因为分数这部分知识他掌握得较好,所以让他独立在数轴上找 $\frac{1}{5}$、$\frac{2}{5}$ 和 $\frac{1}{10}$,助学伙伴检查小朋找到的分数。而因为小齐在数轴上不能准确地找到分数,所以教师把数轴上的单位"1"平均分成了 5 份,让他直接在数轴上找 $\frac{1}{5}$ 和 $\frac{2}{5}$,这样把他的学具变得更加直观,然后助学伙伴辅导小齐表述 $\frac{1}{5}$ 的含义。

还比如说,智障儿童课堂记忆的特点可以归纳为:他们感兴趣或喜爱的事物所带来的刺激能够促进其对信息进行存储,但要对信息进行加工整合再存储,则必须通过持续性的有目的的接触才能实现。④ 因此帮助这类儿童记忆最好的方式就是让他们常常接触所要记忆的事物。例如学习了洗手这个内容,就要让学生在学校或家里都能自己洗手。通过接触和实践获得的记忆对他们来说能够保持的时间会更长一些,当然这也还是和他们倾向于形象思维的特点有关。

(二)充实技能

为了兼顾学生的特殊教育需要,走向融合的课程模式在课程结构上采取二元设计,基本保留普通教育课程的学科性科目(主要包括语文、数学、历史、地理、化学、生物等),然后增设特殊性课程科目(主要包括感知觉训练、康复治疗、生活自理、社会交往等科目),形成普通科目模块和特殊科目模块的二元互补。⑤ 因为对特殊学生来说,有时普通教育的课程并不能完全满足其特殊需要,那么就需要为他们增设一些补偿性和功能性的课程,目的在于弥补学生的缺陷,以增进其学习与生活的能力。⑥ 我国台湾地区现行的《基础特殊教育课程纲要总纲》已实现全部

---

① 张娟,蔡明尚.随班就读小学语文课堂教学教材处理初探[J].现代特殊教育.2004(2):33-34.
② 于素红.普通学校随班就读学生的课程建设[J].中国特殊教育,2005(4):56-59.
③ 案例由北京市西城区天宁寺小学陈静老师提供。
④ 李世英,王若文.智力残疾学生课堂记忆特点的研究与应用[J].玉溪师范学院学报.2009(9):54-57.
⑤ 盛永进.当代特殊教育课程范式的转型[J].外国教育研究,2012(1):98-105.
⑥ 徐素琼,谭雪莲,向有余.浅析随班就读中课程与教学的调整[J].南京特教学院学报,2008(2):28-31.

与普通教育九年一贯课程的接轨。其中特殊需求领域的学习内容可包含职业教育、学习策略、生活管理、社会技巧、定向行动、盲文点字、沟通训练、动作技能训练、辅助科技应用、领导才能、情意课程等科目,这充分保证了特殊需要学生参与普通教育课程的机会,又顺应了融合教育的潮流。[1] 这种充实技能的方式,重点在于训练学生的弱势,以增强学生在课程学习中未能获得的基础能力。

表4-4 四类障碍学生所需的补偿性和功能性课程

视觉障碍	听觉障碍	智力障碍	自闭症
阅读和书写盲文、生活指导、定向行走等	语言训练等	社会和生活适应、语言训练等	情绪、行为训练,沟通训练等

如表4-4所示,这些补偿性和功能性的课程内容,可以帮助特殊学生更好地适应普通学校的生活。如对于视觉障碍的学生来说,听觉固然是获取信息的重要渠道,但是掌握盲文也是其必须具备的基本能力之一,这包括认读、书写盲文;生活指导课则是训练其适应生活环境、培养生活自理能力的相关课程;定向行走则是帮助学生扩大生活范围、提高适应能力的一门课程。对于听觉障碍的学生来说,他们最需要的就是学会多种语言表达方式,以便可以和普通人进行沟通和交流。而对于智力障碍的学生来说,能够提高社会适应能力是亟待解决的问题。因为对这类学生来说,能够具备独立的生活自理能力,能够参加基本的社会劳动和社会活动,是保证和提高他们生活质量的根本所在。自闭症儿童大多存在情绪和行为问题,这使得他们常常成为课堂中最难管理的对象。因此情绪、行为的训练对他们来说是非常必要的,可以教会他们适当的情绪行为表达和控制。此外沟通训练对于自闭症儿童来说也是非常重要的,因为他们中大多数人没有或少有语言,因此如何进行沟通,例如表达需求、服从指令等都是他们进入普通课堂必备的基本技能。

需要注意的是,这些特别增加的课程是需要专业的老师来完成的。但普通教师必须了解和知道这些课程,才能在课程调整的时候有所依据,并在课程安排时可以为这些特殊学生留出一定的时间和空间。此外,这也是加强两类教师(普通教师和资源教师)合作的良好时机。因为在合作的过程中,普通教师能够更加了解学生的特点和学习需求,为他们在普通班级的学习和适应创设合理的条件。如本章导言介绍的案例中那个听力残疾的女生,就伴有严重的感统失调。那么对于这个女孩来说,专业的感觉统合训练固然需要,但是对于随班就读的老师来说,在平时的教学中也应该留心对她这方面的训练。如在教她文化课的同时,还应该针对她手握笔无力、手眼协调性差,加强精细动作训练和手指力量的训练。这样有针对性地配合专业的教师,才能使个体的发展得到更好的保障。

(三)加快速度

虽然在大多数人眼里,特殊儿童的发展相对于正常儿童而言是较为迟缓和无法达到正常水平的,但是这种观点显然是不符合实际的,尤其是当加德纳提出"多元智能"这一理念后,颠覆了人们对待特殊儿童教育的传统观念。例如美国的心理学者希尔曾通过调查发现约每万名精神发育迟滞患者中,就有六名"白痴天才",这些人通常在某个方面具有超常的才能。[2] 虽然比例很小,但却给我们的教育带来了希望,所以在课程调整中加快教学进度以及

---

[1] 盛永进.特殊教育学基础[M].北京:教育科学出版社,2011:226.
[2] 盛永进.特殊教育学基础[M].北京:教育科学出版社,2011:146.

提升教学难度也就有了可能。例如对于盲生来说,由于听力的补偿作用,普通的音乐课教学可能已经不能满足他们的学习需要。所以此时就需要老师提高教学难度或者加快教学进度来促进他们更好地发展。而某些高功能自闭症患者在艺术等方面的潜能更是需要教师对原有课程进行调整。例如英国年仅五岁的自闭症天才画家,由于其画风酷似莫奈而震惊英国艺术界。对于这样的特殊儿童,同龄孩子的绘画教育显然是不适合她的,甚至会显得过于简单,所以加快教育的速度是必然的选择。

第四节　课程的替代

一、课程替代的内涵

课程替代有两层含义。一是指目标分解,即将总体目标分解成若干个小目标,然后逐步学习,可以在同一阶段或不同阶段分开学习①。二是指学习替代。所谓学习替代,是从学生的角度出发,来对整个学习过程的不同阶段进行调整。主要包括两个方面:替代学习结果的行为或动作、替换学习内容。这两种方法,看似没有关系,但其实质都是对课程目标的调整。替代适合于重度和多重障碍的学生,特别是当课程完全被替换掉的时候。

但值得注意的是,此处的替代并不是完全取而代之的意思,而是通过两种不同的方式来实现替代。在替代的操作方法中,真正完全要让学生离开普通教室单独学习的是"学习内容的替换"。这也是在所有调整方法使用后效果都不佳的情况下而采用的一种替代方法。所以在替代程度上的不同,使得即便使用替代,学生仍然可以有部分的时间留在普通班级中,也在最大限度上实现了融合。

二、课程替代的操作技术及案例

(一)分解目标

此处的目标分解,虽然也是对课程目标的调整,但与前文介绍的降低课程标准相比,两者之间仍然是有区别的。不同之处在于目标分解意味着个体还是要完成课程目标,只不过是要分成多个步骤来完成。降低课程标准则直接意味着个体不需要完成普通的课程目标,在难度上实现降低。所以能够使用分解目标的学生,从障碍程度上来说,要比降低课程标准的学生更轻;从课程目标难易度上来说,能够使用分解目标进而实现课程目标的内容相对会比降低课程标准的内容复杂一些。如案例 4-3 所示,老师根据乐乐的特点,在不同时期给他制订了不同的目标,既挖掘了他的潜能,又实现了教师的期望值。而且通过分解目标的形式,让学生更容易找到成功感,促进他们再学习的积极性。

案例 4-3

智障学生学习唱歌的过程②

乐乐,轻度智障。该生喜欢写字,而且字写得工整美观。于是音乐老师在一开始其他学生学习唱歌的时候,先让他将歌词的内容抄写下来,并将他抄的歌词放在投影下作为自

---

① 徐素琼,谭雪莲,向有余. 浅析随班就读中课程与教学的调整[J]. 南京特教学院学报,2008(2):28-31.
② 梁松梅,等. 融合教育新模式——北京朝阳区新源里小学的探索[M]. 北京:人民日报出版社,2010:167.

己上课用的课件,供大家唱歌时使用。过了一个学期,老师慢慢尝试着让他看着屏幕,把他抄的歌词读给大家听,他欣然接受了,而且读得很流利。又过了一段时间,老师开始指导他根据音乐节拍,有节奏地朗读歌词。到最后,乐乐不仅会唱歌,还在"六一"儿童节的时候登台演出了。

对于轻度智障的学生来说,学习比较十以内数的大小,可以使用分解目标完成,而比较一百以内数的大小,则可能要通过降低课程标准来实现了。在表4-5中,关于3和4的大小比较,普通儿童大多能准确回答出来,但对于智障儿童来说,这可能就很难,所以教师可以考虑把这个问题分解成几个小问题,并用实物演示的方法来让他们回答。

表4-5 轻度智障学生比较数的大小①

问题	3和4哪个大哪个小?
目标分解	①左边有几个方木块?(3个) ②右边有几个方木块?(4个) ③右边方木块比左边方木块多几个?(1个) ④右边方木块个数4比几大?(4比3大)

一般来说,目标分解的时候要注意几点:第一,目标分解的步骤不宜过多。因为过多的步骤反而会显得冗繁,不利于学生的掌握。所以如果遇到较为复杂的内容,可以考虑多次使用目标分解。第二,使用目标分解的内容大多都是内在逻辑性较强的内容,如数学、操作性的活动等。

(二)学习替代

1. 替代学习结果的行为或动作

替代学习结果的行为或动作是指学习结果或内容相同,但因学生在表现上的困难,而从行为或动作上做出调整。② 例如对于一般学生要求写出一篇作文,对盲生则要求"用点字的方式"完成一篇作文。如果学生在学习行为的表现上不能以一般的形式表达,如"说、写、指"等,那么可以考虑使用他所擅长的方式来表达。教师可以让学生通过图片、实物、电脑、辅助器具等方式来完成课程学习。例如,一个智力重度障碍学生对于有关四则混合运算的课程学习,就必须改变纯认知取向的学习训练,而把它调整为使用计算器进行运算,从而替代原有的课程目标。③ 案例4-4中,教师利用现代化的交流手段替代了传统的学习方式,既调动了学生的学习兴趣,又提高了学生的识字量和阅读能力。

案例4-4

智障学生利用短信学习汉语拼音④

张老师所带的特教班里有几个学生平时汉语拼音掌握得不好。于是,张老师利用业余时间以手机短信的方式来教学生学会汉语拼音。学生的兴趣大增,学习起来非常投入,原来字母都认不全的学生,没几天就会了。"十一"放假期间,张老师意外收到了这几位同学的节日祝福。从那以后,这几位同学的看音节学词语再也没有困难了。

---

① 黄兴云,彭新花.弱智儿童随班就读数学课堂教学探讨[J]. 现代特殊教育,2001(3):21-22.
② 钮文英.拥抱个别差异的新典范——融合教育[M]. 台北:心理出版社,2009:432.
③ 盛永进.随班就读课程的调整[J]. 现代特殊教育,2013(6):31-33.
④ 梁松梅,等.融合教育新模式——北京朝阳区新源里小学的探索[M]. 北京:人民日报出版社.2010:178.

2. 替换学习内容

具体来说,即更换原有的课程主题和内容,即特殊学生在同一时间学习的内容与其他同学不同。这种替换有两个层次,第一个层次是提供相同课程主题的替代性活动,它可以在部分班级活动之前或之后实施,而且优先选择有同伴参与的替代性活动,如另外安排到学校福利社的活动,让身心障碍的学生练习购物和金钱使用的技能。① 这种替代可以是把一些学科性的课程内容替换为功能性的课程,以便支持特殊学生有效地参与普通课程的学习活动并获得相应的发展。如在数学课学习除法这个主题时,教师让一位中度智障的学生发放三十颗糖果给三十位小朋友,并练习说:"某某同学,这颗糖给你。"而其他同学则列出这道题的算式。② 这种替换适用于个体差异较大、能力较差的认知障碍学生,可以为他们提供多一些参与普通课程的机会。例如在地理课教导认识方向这个课程主题时,老师则教导特殊学生认识生活中常见的符号或标识。此时的替代虽然是对原有课程的较大改变,但仍然要以普通教育课程框架为基础,在此之上来进行改变。

表 4-6 课程内容替换的示范③

课程内容	八年级的数学课上教师引导学生进行平均数一课应做的活动。教师多媒体展示相关问题后,学生通过活动了解加权平均数的意义;会根据加权平均数的计算公式进行有关计算;能利用加权平均数解决实际问题。
随读学生情况	Peter 能简单地求一组数的平均数。在前面的学习过程中,他经历了一些初步的统计活动,解决了一些简单的现实问题,感受到了数据收集和处理的必要性和作用,获得了从事统计活动所必须的一些数学活动经验,具备了初步的合作与交流的能力。
课程替换	1. 同时进行——普通学生:学生分析、思考,得出人均捐款数。 Peter:思考后回答问题时,会使用公式,但出现了计算错误,经过修改后正确。 2. 同时进行——普通学生:学生计算出人均捐款。 Peter:利用计算器计算出人均捐款。 3. 同时进行——普通学生:判断某同学的做法是否正确,找出错误原因。 Peter:只判断某同学的做法是否正确。 4. 同时进行——普通生评价标准:全对为优秀;大部分对为良好;一小题对为及格。 Peter 评价标准:一小题对(必要时可在助学伙伴的帮助下完成)即可。 5. 合作进行——普通学生:独立推导 n 个数的加权平均数公式。 Peter:在助学伙伴帮助下完成用公式表示 n 个数的加权平均数。 6. 合作进行——普通学生:运用公式计算出两名选手的最后得分。 Peter:利用电脑上的计算器演示运用公式计算,结果正确,受到大家肯定。

从表 4-6 可以看到,教师虽然对 Peter 的课程内容进行了部分的替换,但这种替换仍然是在原有课程基础上的替换,这使得 Peter 依然可以在班级中学习,并学到他所需要的东西。具体来看,Peter 一直参与班级学习并且通过不同的评价标准、学习方式、学习内容获得了成功,同时教师安排的合作学习形式促进了 Peter 和其他同学之间的互动。

一般来说,替代在课程主题和内容的选择上仍然需要考虑和原有课程尽量相似或相关,且尽量以活动形式开展。也就是说要尽量注意教学的功能性和趣味性。教师必须常常设计

---

① 钮文英.拥抱个别差异的新典范——融合教育[M].台北:心理出版社,2009:416.
② 钮文英.拥抱个别差异的新典范——融合教育[M].台北:心理出版社,2009:401.
③ 案例由北京市第二十四中学王惠娟老师提供。

不同的活动,从教材到活动形式再到小组成员等方面都要尝试有所改变,这样才能既让学生保持学习兴趣,又增强他们学习的主动性,同时还实现了融合。

第二个层次则是完全替换原有的课程主题和内容。这主要是针对重度或多重障碍的学生,旨在为他们提供更具功能性和实用性的课程,以符合其需要。当一个学生由于某种障碍而学习某类课程有困难或意义不大,而学习另一类课程能达到类似效果,就可以考虑取而代之。例如,对于聋生可以用艺术欣赏课代替音乐欣赏课;对于肢体残疾学生,则要为他们选择适合的体育课程。但要注意不能随便取消学生的课程,如盲生也应该上体育课,课程的安排要有利于他们的全面发展。从调整的程度来看,替代属于100%的调整,也就是最大限度的调整,是选择使用另一种适合学生学习的课程主题、目标和内容。当对课程进行了各种调整后学生仍然无法适应时,必须采用替代性课程,或者说是围绕生活实用技能设定替代性的教学目标和具体教学内容。这种完全的替换,由于干预性较大,所以从融合的程度上来说也相对较低。如果课程目标或内容大部分被替换,甚至完全替换,譬如把一位脑瘫儿童的体育课,替代为肢体运动康复训练,而普通课堂的专业资源又不足以支撑学生的参与,那么就需要抽离教学了。[①]

【本章小结】

本章通过大量的案例来介绍融合教育课程调整的操作方法,让使用者可以边看边学边应用。首先对课程调整的使用对象和步骤进行了说明,这是每一种具体方法使用时都需要了解的内容。然后分别重点介绍了当前普通班级中较为常用的三种调整方法:精简、充实和替代。每一种方法都结合多个案例进行说明,让使用者充分理解操作原理并能够进行简单的操作。要强调的是:课程调整策略应符合融合教育理念;应从对主流课程的事后调整走向事前的通用性课程(或适应性课程)设计。虽然做法上可能依然需要简化、替代等方式,但是我们应该引导看此书的教师在设计课程时考虑每一个学生的独特性,使所有学生在能力上获得最大的发展,而不是从一开始就预设特殊学生可以达到的学习难度与内容。教师在课程调整时,考虑的应该是学生学习的真实过程,他们的多感官应用,他们的学习优势,他们需要的教学上的辅助,等等。课程的调整应该是教学上的一种准备,目的是促使老师更有效地教和学生真实的学习过程的实现。说得更远一些,这里的课程是一种包含了促进所有人学业成绩的教学预先设计的更为宽泛的课程观,而不仅仅是课程内容的调整。

【思考题】

1. 案例分析:A同学,男生,自闭,低智力,社会适应能力重度低下,理解能力弱,能学语。一年级语文《趣味识字3——水果类》,教师为其设置的教学目标就一个:学会本堂课出现的词语。在课堂教学中,该生不懂课堂常规,行为非常随意,严重干扰了其他同学的注意力。

请思考:老师设计的教学目标是否合理?教师应该怎么调整课程才能使全班同学都在教学中受益?

2. B同学,男生,五年级,视觉障碍、听觉障碍且坐轮椅。该生现在正在学习人教版五年级数学下册《分数的意义和基本性质》。作为一名随班就读的教师,请运用所学的课程调整技术为该生进行适当的课程调整,使其能够在普通班级中学习。

【推荐阅读】

[1] 于素红.普通学校随班就读学生的课程建设[J].中国特殊教育,2005(4).
[2] 徐素琼,谭雪莲,向有余.浅析随班就读中课程与教学的调整[J].南京特教学院学报.2008(2).
[3] 吴淑美.融合班的理念与实务[M].台北:心理出版社.2007.

---

① 盛永进.随班就读课程的调整[J].现代特殊教育.2013(6):31-33.

[4] 张娟,蔡明尚.随班就读小学语文课堂教学教材处理初探[J].现代特殊教育.2004(2).
[5] 盛永进.特殊教育学基础[M].北京:教育科学出版社.2011.
[6] 邓猛.融合教育与随班就读:理想与现实之间[M].武汉:华中师范大学出版社.2009.
[7] 钮文英.拥抱个别差异的新典范——融合教育[M].台北:心理出版社.2009.
[8] 李淑玲.普通班融合重度及多重障碍学生教师的实务策略[M].台北:心理出版社.2011.

第五章 融合教育课堂的教学策略

【本章导言】

琪琪,女,8岁零9个月,是某小学一年级的学生,中度智障并伴有癫痫。琪琪的学习能力有限,只认识少数的笔画简单的汉字,不会做1至10的加减法。但是,她的学习动机较强,特别希望得到老师的表扬。当老师讲课的时候,对于她能听得懂的内容,她都会很认真地听,特别是体能课和舞蹈课上,她会很认真地参与其中。此外,琪琪语言发展缓慢,主动表达能力和语言模仿能力差,例如让她模仿句子"我爱吃葡萄",她只会说"吃葡萄"或"我吃葡萄";精细动作发展落后,控笔能力差,打开书包、文具盒和书需要花很长的时间,因此,常常因为动作慢跟不上老师的节奏。此外,琪琪在上课时会伴有问题行为,特别是当听不懂课堂内容时,会出现下座位、大笑、自言自语等行为。对于该名存在多方面障碍的特殊儿童,教师在进行课堂教学时,需要从哪些方面做出调整才能够让她在融合教育的课堂中获得合适的、高质量的教育?

融合教育的重要目标是保证全体学生的参与和减少排斥,它不但要求改革目前的教育体制,还要求改革普通教育的课程和教学方式、方法等,以促进教育的平等和教育的多样化,使每个学生的不同学习和发展的需要都得到充分的帮助和支持。教学策略是指教师在课堂上为达到某一教学目标而采取的特定的方法,是转化课程内容、提高教学质量、实现教学最优化的重要环节。特殊儿童在教育教学上有特殊的需要,必然要求普通学校对传统的课堂教学策略和方法做出相应的调整。但是在我国目前的普通学校中,对该群体存在着隐性排斥,尚未能认识到该群体学生在学习中的特殊需要,他们的学习与发展潜能被忽视,学习的方法不适应其特殊需要,等等。如何采用有效的教学策略,促进有特殊教育需要的学生有效参与学习活动,是我国融合教育课堂教学中亟待解决的问题之一。目前在融合教育领域,通过不断的探索与研究,发展出了差异教学、合作教学、合作学习、个别化教学、结构化教学等教学策略,这些策略为融合课堂的学生,同时也为融合教育教师提供了有力的支持,有效地提升了融合课堂的教学质量。

第一节 差异教学

差异教学是指在班集体教学中立足学生个性差异,满足学生的不同学习需要,以促进每个学生最大限度发展的教学。[①] 其根本目的在于让所有学生都能以自己的方式,谋取自身的最佳发展,获得相对于自己的学业成功。差异教学的特色在于它以评估为基础,为学生提供学习内容、过程和成果的多元选择,它是弹性、多样化的教学,是全班、小组与个别教学的组合。融合教育希望班集体中的每一个成员都能得到很好发展,而差异教学的本质是满足学生的不同学习需要,使教学与每个学生的学习最大限度匹配,目的是为促进每个学生的最

---

① 华国栋. 差异教学论[M]. 北京:教育科学出版社,2001:24.

大限度发展。可见,差异教学的最终目的和融合教育是一致的。差异教学的开展有助于融合教育的实施和推广,是提升融合教育质量的必然要求。

一、测查学生的差异

差异教学的目的是给不同的学生提供适合他们情况的教育,这意味着实施差异教学的起点是教师对学生的了解以及对他们的学习需要的了解,这就需要对学生进行测查,了解他们在兴趣、学习偏好、学习速度、学习准备、动机等方面各有什么不同。

（一）测查学生的优势智能

测查学生的优势主要目的在于了解学生的最佳学习方式是什么。Diane Heacox 提出多元智能的测查可以通过教师测查、家长观察和学生自评三种方式来实施。

1. 教师测查

目前还没有能够全面、详细检测学生多元智能的科学测验,但是美国研究多元智能的学者 Thomas Armstrong 提出,评价学生多元智能的最好及最方便有用的办法就是:观察。他建议教师,通过观察学生在课堂上的不规范行为,从而有效地判断学生发展较高的智能因素。例如,有语言天赋的学生经常在课堂上乱讲话,空间智能因素发展较好的学生会乱涂乱画或做白日梦,有运动感的学生总是坐立不安……另一种办法则是观察学生在余暇时间里干什么。观察这些学生最初的行为,可以描述出他们是如何最有效学习的。① 此外,教师也可以用 Diane Heacox 提出的 58 个测查学生优势智能的问题(见表 5-1),对学生进行观察记录。如果班级学生规模太大,不能对每个学生的情况进行记录,则可以挑选出班级"最麻烦的"和有特殊需要的学生,对他们进行课堂和课余时间的观察。

通过测评,教师会发现每名学生,包括特殊学生总有比较突出的地方。教师了解学生的优势能力和不足之后,可以有意在私下交谈中或课堂教学中加以肯定和表扬;或者根据学生的长处来安排学习任务,让学生以长补短。例如,某个学生肢体运动能力不错但阅读水平较低,那么当其他同学朗读文章时,教师安排该名学生用手势和表情组织文章情节,然后再让他/她独立阅读,这种方式能使学生更容易理解文章内容。②

2. 家长观察

学生在家庭环境中往往比在课堂环境中更容易表现出真实的自己,能力的展现也更加全面,而家长最熟知子女的情况,因此,家长有必要参与到学生优势智能的测查中。特别是当低年级的学生在分析自己的学习偏好有困难,或特殊学生在语言理解和表达能力方面存在困难而无法单独完成学习偏好分析的任务时,家长的参与便显得更加重要。Diane Heacox 提出了 58 个供家长测查学生优势智能的问题,按照多元智能分类,如 5-1 所示。

表 5-1 优势智能测查表

多元智能类别	测查项目	
逻辑/数学智能	对数学非常感兴趣; 喜欢表格、图表、地图,喜欢对信息进行归纳组织;	理解抽象概念; 喜欢有序的、逻辑性强的东西; 喜欢下国际象棋、跳棋以及其他需要运用

---

① [美]Thomas Armstrong. 课堂中的多元智能理论[M]. 张咏梅,王振强,等译. 北京:中国轻工业出版社,2003:37.
② [美]Carol Ann Tomlinson. 多元能力课堂中的差异教学[M]. 刘颂,译. 北京:中国轻工业出版社,2003:20.

续表

多元智能类别	测查项目	
	能轻松心算数学题； 喜欢做逻辑性谜语或难题； 对电脑着迷	策略的游戏； 对数字和统计着迷,对数字的记忆非常出色
口语/语言智能	喜欢说故事,喜欢加入谈话和讨论； 拼写又快又好； 喜欢说,能用口语清晰地表达意思； 喜欢字词游戏,比如纵横字谜、拼字游戏； 与同龄伙伴相比,词汇内容情况好	善于记忆名字、地点、日期以及其他事情； 喜欢阅读并通过研究来探索自己感兴趣的主题； 擅长用写作来表达自己的思想和想法
视觉/空间智能	展现摆弄机械的技能,能轻松地拆分和组装物体； 喜欢用图解或其他可视的材料来表述观点； 以看或观察的方式才能学得最好,通过形象或图片回忆信息	喜欢谜语、迷宫或其他具有挑战性的视觉作品； 能精确地描绘图画； 喜欢模型和三维图形
身体/运动智能	喜欢四处走动和不停运动； 能很快地、轻松地掌握身体机能； 喜欢扮演各种事物,表演滑稽小品和戏剧,具有戏剧表演能力； 条理性强,时间感强； 喜欢积极地参与到学科学习中,而不只是简单地听听课或看看书	平衡能力、精细以及粗大动作能力出色； 能够精确完成身体动作； 能够模仿其他人的举止或特殊风格； 擅长运动或其他身体活动(蹦跳、武术、创造性运动)
音乐智能	能记住乐曲； 能轻松地演奏乐器,或/且有一副好嗓子； 能即兴唱歌或演奏乐器且/或能作曲	对音乐表现出极大兴趣； 对动作和说话的节奏有强烈的感受； 经常唱歌或打节拍
自我认识智能	喜欢问关于平等的问题； 对正确和错误、公平和不公平有强烈的兴趣； 喜欢独自工作,自己指导自己； 有强烈的意愿； 能清晰地辨识自己的情感并表达	自己一个人能做到自得其乐,不在乎同伴的压力； 对自己的认识非常清楚,有很强的自尊心； 探究、思考环境； 清楚地认识自己的优势和不足
人际交往智能	具有领导能力,能影响其他人的观念和行动； 对其他人的情感、想法和动机非常敏感； 喜欢和其他人一起学习和工作	能够组织并激励其他人； 和其他人交往时很自然,而且很自信； 很容易交到朋友
自然观察智能	喜欢问问题来更多地了解自己观察的事物； 善于观察周围环境,了解不同系统的运作方式,并能利用该系统给自己带来好处； 对自然事物感兴趣,而且很敏感	仔细观察周围环境； 能调节并适应不断变化的环境,具有灵活性； 能很快地对物体、信息以及观点进行鉴定和归类

在给家长发放多元智能检核表时,需要将以上58个项目打乱顺序,重新排列,以免产生类别效应。

3. 学生自评

如果儿童能够了解自己的优势智能和学习偏好,那么他们就能够选择正确的解决问题的策略,以及知道自己采用什么方式学习更有效。在新的环境下,他们也会知道怎样有效地自我激励。这就需要学生首先了解多元智能的知识。鉴于学生理解能力有限,很难理解与多元智能相关的专业词汇,教师可以设计一系列问题来描述每种智能,然后引导学生根据自己的选择结果来判断自己的学习偏好。以下是根据美国的 Thomas Armstrong 在《课堂中的多元智能理论》一书中呈现的有关多元智能的问题进行改编后的项目(见表5-2)。①

表5-2 多元智能学生自测项目

言语智能:词汇强项	你是否很喜欢说话? 你是否能够清晰地说明事情? 你是否喜欢写日记? 你是否擅长用文字表达自己的想法?
逻辑-数学智能:数学强项	你是否喜欢做数学题? 你是否喜欢下象棋、跳棋? 你是否能轻松地算数学题?
空间智能:图画强项	你是否擅长画画? 你是否闭上眼睛时,还能看到脑中的景象? 你是否能够轻松地拆分和组装物体?
肢体-动觉智能:运动强项	你是否擅长运动? 你是否喜欢动手操作,比如模型或乐高玩具建筑? 你是否喜欢扮演各种事物,表演小品?
音乐智能:音乐强项	你是否经常唱歌? 你是否能够轻松地记住乐曲? 你是否能够演奏一种乐器?
人际智能:人际强项	你是否愿意帮助他人? 你是否很容易交朋友? 你是否愿意跟其他人一起学习?
内省智能:自我强项	你是否能清楚地认识自己的优势和不足? 你是否喜欢独自做事情?
自然观察者智能:自然强项	你是否喜欢到大自然中探索? 你是否曾经收集过蝴蝶、昆虫,收集过树叶、贝壳或其他大自然中的东西? 你是否喜欢宠物,或喜欢和动物在一起?

教师也可以设计适合自己班级学生的问题。为了更加直观,教师也可结合多元智能图来设计问题和引导学生分析自己的学习偏好。需要注意的是,教师一定要让学生清楚地知道,每个人都有自己独特的学习优势,也有自己的局限,思维和学习方式没有对与错之分;也要让学生知道,我们要学的内容常常需要动用好几种智能才能完成,要运用自己的优势能力

---

① [美]Thomas Armstrong. 课堂中的多元智能理论[M]. 张咏梅,王振强,等译. 北京:中国轻工业出版社,2003:51-53.

逐步提高自己其他方面的能力。案例5-1中,北京市昌平区二毛学校的陈淑文教师利用特殊学生在科学学习方面的优势,在课堂上为他创造参与和展示的机会,使学生获得了成就感和自信心,为他在班级的顺利融合打下了基础。

案例 5-1

以其优势促其进步(节选)

陈淑文　北京市昌平区二毛学校

昕昕是我教了四年的一名特殊的孩子,有轻度的注意力障碍。上课时总爱发出一些怪声,如果老师说他,他不但不会停止,反而更加频繁地出声。他还总爱做出一些招惹别人的小动作,别人告状他也不以为意,而且还会继续。他写作业速度很慢,如果感觉落后太多了,就索性不写了,有时一开始就不写。他的时间观念比较差,即使上课铃声响了,他依然是不紧不慢晃晃悠悠地走路,好像铃声与他无关。但通过课堂观察和平日的测验,我发现昕昕很喜欢科学,而且有很丰富的科技方面的课外知识,在描述这方面的知识时语言流畅,思路清晰,兴趣十足。因此,我利用他科技知识丰富且善于表达出来这一优势,在班上不断地强化,使之有机地融入科学学习中。昕昕经常在我讲课过程中没有提问的情况下,把手举起来跟我说:"老师,您讲的内容我还知道其他方面的内容。"这时,我会让大家集中注意力倾听。而他讲的内容,大多数学生是不知道的,有些扩展部分的知识是比较难的,而他能讲得头头是道。我抓住这个机会表扬他、鼓励他,让他充分感觉到"我能行"。在学习电学内容时,学生画电路图很容易出错,而他却没有出现这种现象。我夸他学得好,学得扎实。他对我说:"我爸是电工,我经常看他操作,所以就明白了。"这时我就会在班上说起这件事,昕昕会利用家庭、社会的资源进行学习,从而很好地掌握了教材中的知识。利用他的优势,给他充分展示的机会,让他得到了同学和老师的认可,获得了成就感和自信心,为后续的学习奠定了坚实的基础。

(二)测查学生的学习水平

学生学习水平不同,对课堂教学内容的需求也不同,因此,学生的学习水平是教师实施教学的重要依据。教师可以通过多种方式测查学生的学习水平,最常见的方法则是进行课堂测验或考试等,通过学生的答题情况,来了解学生对课堂知识的掌握情况。那些通过测考证明自己已经具备相当能力的学生,应该学习更深的内容。而那些需要多辅导和多练习的学生,则可以得到更多的时间来巩固已学内容。Diane Heacox 还提出了一种 KW 的检核策略,即对该教学主题,我知道(know)多少? 对这个主题,我想知道(want to know)的是什么? 教师可以在某一教学活动或单元教学之前及之后采用该策略。这一策略中,K 表明了学生目前的知识水平,W 则可以抓住学生的兴趣,激发他们的好奇心。[①] 当教师了解学生的学习水平后,则要考虑如何为那些程度差的学生提供基础性教学,同时又不会让那些能力高的学生重复地做无意义的作业。

在对特殊学生进行测查的时候,要注意特殊学生的学习特质,选择能够让学生理解测查内容的检测方式,同时允许学生用适合自己的方式来描述自己的学习内容。例如,对于有阅读障碍的学生,可以选择同伴读题和口语描述答案的方式。对于语言理解和表达存在障碍

---

① [美]Diane Heacox. 差异教学——帮助每个学生获得成功[M]. 杨希洁,译. 北京:中国轻工业出版社,2004:47.

的自闭症儿童,教师则要尽量使测试内容的表述简洁明了,并尽量以客观题的形式呈现。

(三)测查学生的学习兴趣

通过表 5-3 中的多元智能兴趣调查表能够较好地了解学生兴趣和强项。让学生在阅读了表中所列出的 8 类作品清单后,圈出自己喜欢的作品形式,借以展示自己学过的内容。

对于特殊学生,教师可以利用该兴趣作品清单指出:哪些是学生可以独立完成的项目?哪些是经过部分修改后学生可以独立完成的项目?哪些是在小组其他学生帮助下可以完成的项目?哪些是在助手的帮助下学生可以完成的项目?教师也可以考虑对某些项目做一些特殊的修改。比如,让学生把书中两个任务的对话录下来,而不是写出来。学生的选择可以帮助教师了解学生想做的事情是什么,从而创造出更适合特殊学生学习偏好、优势以及兴趣的课堂教学活动。

表 5-3 多元智能兴趣调查表(3～5 年级)①

名字_____

你喜欢做哪些类型的学习任务或项目?读一读下面的八大列表,在每个列表中,圈出所有你想用来展示自己学习成果的事情。

列表1	辩论 写诗歌 演讲 讲故事 写一篇散文 写一份研究报告 写一则故事 写一篇传记	写一篇杂志或报纸的文章 创作 创造一个谜语 写一份报告 制作一盘录音带 创造一份纵横字谜	编写一本杂志 写一份总结 写一本小册子 创造一则标语 写一篇交谈或对话的内容 给编辑写一封信	写一则童话、神话或传说 创建一份新闻报纸或一份杂志 写一封信
列表2	设计一个迷宫图或一则谜语 调查一个问题 写一个纲要	解决一个数字问题 做一份图表 制定一个时间表	制作一张表格或图形 发明一套代码 记录信息	设计一个调查 设计一个电脑程序、游戏或图解 提出一个假设
列表3	画图 素描 画油画 设计一个网站 设计一个有立体图片的书 创作一个卡通片或喜剧片 制作一个陶艺品或纸模型	画一份地图 做一份海报 画一幅壁画 做一副剪贴画 制作陈述时用的辅助性视觉作品(幻灯片,道具) 拍照片 制作一个活动装置	制作一个模型 制作一个故事情节介绍图版 做一份图表 为一则广告做插图 制作数码相机拍摄的幻灯片	发明一个棋盘游戏 设计一个小册子 设计一张明信片 设计一张贺卡 设计喜剧布景 制作一个立体模型
列表4	角色扮演 制作一盘录像带 讽刺小品表演	哑剧表演 舞蹈表演或其他创造性动作表演	出演一部戏剧 制作一个模特模型 提出一个发明	做一个实验

---

① [美]Carol Ann tomlinson. 多元能力课堂中的差异教学[M]. 刘颂,译. 北京:中国轻工业出版社,2003:30.

续表

列表 5	音乐表演 写歌	演奏或创作摇滚乐 创作节奏明快的短曲 用打击乐器表演各种节奏 参加集体朗诵	写一首歌 在小组、合唱团里唱歌	演奏乐器 用打击乐器表演
列表 6	参加小组活动 参加讨论	做一次访谈 对个人想法、观念、看法进行辩论	和小组成员一起解决问题 为某个理由或主题筹划一次运动	做一个志愿者方案 组办一个活动
列表 7	写私人文章或日记	作个人工作日志或记录	设置个人目标	表达个人观点、意见或想法
列表 8	对物体进行分类 根据特点鉴别物体 收集物品	参与模拟表演 组办物品或工艺品展览 做比较	计划徒步旅游 调查某事物如何运作 为动物园或博物馆设计一个展览会	做观察 识别问题 解决问题

二、设计差异化的教学内容

教师充分了解了学生的学习需要之后必须解决"学生要学什么?"的问题。差异教学不强调记忆零碎的知识,而是重视理解概念和原则。因此,在差异教学中,教师不必花过多的时间让学生记忆和练习不具有生成价值的事实类的知识,而是强调重要知识的学习和意义的理解,以获得学习迁移能力。① 教师在讲完最核心最重要的概念和知识点后,应给学生提供关键的、较开放的问题,让他们去寻找差异化的答案,例如,在学习气候、地理和自然资源时,教师让学生分组讨论问题"人类生活的环境会对他们的生活造成什么影响",在开放性的学习中,满足学生差异化的需求。

(一)确定教学内容的核心问题

教学内容的核心问题反映出教师希望学生在课程结束后能够掌握的重要知识和技能,对差异教学起到方向引领性作用。教学核心问题可以帮助教师确认对学生理解和掌握知识最为重要的概念或观点,有针对性地制订教学计划,使教师不会陷入和学生的需要无关的活动之中。② 教师首先要确定每一个教学单元的核心问题,然后再以此为基础设计每堂课的核心问题。以小学四年级的"海洋生物圈"为例,教师在研究教材的基础上确定:该单元总的核心问题是让学生理解什么是海洋生物圈,围绕这一核心可以再拟定出课堂教学的核心问题:①海洋有什么特征?②海洋有什么动物和植物?③海洋的动物和植物之间存在什么样的食物链?④海洋怎样影响人类?⑤人类怎样影响海洋?③

---

① [美]Diane Heacox. 差异教学——帮助每个学生获得成功[M]. 杨希洁,译. 北京:中国轻工业出版社,2004:119.
② 梁心愿. 差异教学:内涵、设计策略及难题[J]. 重庆文理学院学报(社会科学版),2012(5):114-118.
③ 张春苏. 基于差异教学的小组合作学习教学设计[D]. 长春:东北师范大学硕士学位论文,2005:13.

(二) 评估课程内容

在进一步拟订教学计划前,教师要对他们所教课程的内容进行选择,既要考虑到国家的课程标准,又要根据学生的能力、兴趣和教育需要对教学内容进行筛选。其中一条重要的标准是,教师要尽量选择有争议的和较宏大的问题来教,以给学生足够的探索空间。研究表明,对学生关于新课程的了解程度进行调查能够促进学生的学习,即调查他们对于新课程已经学了什么和还不知道什么,对学生的学习成果有积极的影响。教师可以随机抽取班上3~5名同学,来调查学生的学习情况,例如:"请告诉我,关于元音,你已经知道些什么?"需注意的是,教师要确保调查问题是开放性的问题。调查完之后,教师要汇总所有搜集到的信息,然后决定可能的教学内容。一般可以将教学内容分为三个层次,第一个层次是所有的学生都应该知道的,第二个层次是大部分学生应该知道的,第三个层次是部分学生需要知道的。[①]

(三) 寻找实施差异教学的突破点

当核心概念和知识确定后,教师要仔细分析已经确定的教学内容,对于要求学生掌握的知识技能,哪些知识技能有的学生还需要更多的时间进一步学习,而有的学生可以转而学习新的内容;哪些知识技能对于有的学生来说可以运用其解决一些基本问题,另外一些学生可以进行一些更具挑战性的任务;对于要求学生完成的作业,哪些任务是可以有多种形式供学生选择而完成的。当类似于这些地方出现时,教师一定要做好标记,这就是学生差异显现的地方,是实施差异教学的"突破点",即突破点造就差异教学。有的时候,老师可以提供多种项目让学生选择,学生可以根据自己的学习需要和学习偏好来选择不同的学习任务。这些学习项目也可以作为实施差异教学的突破点。以下案例展示了教师如何确定核心问题及如何实施核心问题的教学。

一名小学教师在"物种灭绝"的单元教学上采用了差异教学,她主要教授两个核心知识:(1)自然环境的改变会导致物种灭绝;(2)人类对环境的改变也会导致物种灭绝。

教师把学生分成了两个小组,其中一组侧重运用恐龙的实例来研究导致物种灭绝的环境因素,另一组比较恐龙灭绝与当今热带林消失这两个事件,来分析导致两类物种灭绝的因素有何异同。两个小组在学习中都会遇以下任务的挑战:理解重要科学观点,分析特殊案例,提出假设和总结结论等。但两组的学习要求略有不同:一组以学习内容为基础,着重从具体事例和单方面来分析;另一组讨论更加复杂、抽象和综合性的问题,教师根据每组学生的准备水平来分配学习任务与材料的层次。[②]

三、差异教学的实施——弹性分组教学

弹性分组就是根据学生的学习需要组建教学小组,为学生提供合适的学习活动。弹性分组是实施差异教学的核心环节。在差异教学课堂上,弹性分组是非常重要的管理策略,它帮助教师根据学生的需要设计合适的学习活动,同时也使教师有时间给班上的特殊学生提供额外的教学辅导。[③]

弹性分组有多种分组方式,取决于教师对学生的了解情况以及学生的学习需要情况。

[①] Marcia L R, Madeleine G, Edwin E, et al. Reach: a framework for differentiating classroom instruction[J]. Preventing School Failure, 2008(52):31-47.

[②] [美]Carol Ann Tomlinson. 多元能力课堂中的差异教学[M]. 刘颂,译. 北京:中国轻工业出版社,2003:121.

[③] [美]Diane Heacox. 差异教学——帮助每个学生获得成功[M]. 杨希洁,译. 北京:中国轻工业出版社,2004:69.

（一）根据学生的学习优势或学习偏好分组

学习方式是学习风格的一个重要组成部分，有心理学家称，根据学习方式的不同可以把学习者大致分为视觉、听觉和动觉学习者三类。① "视觉学习者"偏爱通过阅读、观察的方式学习，多数自闭症儿童、中重度智力缺损儿童属于视觉学习者；听觉学习者善于倾听，例如视力障碍儿童多数时候以听觉学习为主；而动觉学习者在通过肢体语言、表演等方式学习时效果好。

例如，学生正在比较两个根据不同文化背景写出来的《灰姑娘》的故事，教师决定根据学生的学习风格来分配任务，把学生按照视觉型的、听觉型的、动觉型的分成三组。视觉型的学生用图描绘出两个故事中的相同点和不同点。听觉型的学生和伙伴们一起讨论两个故事的相同点和不同点，并准备做口头报告。动觉型学习者要创造两个1分钟的情景剧，呈现故事中的相同点和不同点。最后，让所有学生在一起分享他们的心得。②

在以上案例的分组方式中，教师可以根据自闭症学生和听力障碍学生的视觉偏好和优势，将其分到视觉型组，将视力障碍学生分到听觉型组，将多动症学生分到动觉型组。异质分组的方式就保证了特殊学生有机会参与到课堂学习中，并能发挥自己的长处和优势。

（二）根据学生的准备差异进行分组

教师在教学前通过对学生的测试会发现，从准备状态来说，学生一般可以分为三类，不同类型的学生需要不同的教学策略。第一类学生由于缺乏必要的前提知识，对将要学习的新材料感到很困难。对于这一类学生需要提供补偿性、矫正性的教学。第二类学生由于校外学习或自学的缘故，已经提前掌握了教师将要讲授的新内容、新材料。他们需要加速类或扩展类的教学。在测验中，凡测试结果达到掌握标准的学生，可以免做所有或部分的日常作业、练习、复习等，可以自由地从事教师为他们提供的、富有挑战性的替代性学习活动。对其他学生来说，新材料的学习相对于他们的准备水平来讲刚好合适，不会太难也不会太容易，这类学生属于介于"两端"之间的中间学生，绝大多数课堂教学都是以这类学生为假想对象来设计的，只需要按照日常教学为他们提供有效教学即可。③ 在同一个课堂上，为了满足不同准备水平的学生的需求，最好的办法就是进行弹性分组教学，教师根据对学生准备水平的了解，把全班学生分成几个不同的学习小组。在某些小组内，教师为学生提供更多的基础练习，帮助学生掌握规定的内容；在另一些小组内，教师给学生布置超前的学习内容或更具有挑战性的学习材料；而对于准备状态较差的学生，教师则要尽量分配更多的时间来指导他们。下面举例来说明如何根据学生的学习准备状态来进行弹性分组。

拉里·金默教的四年级学生要学习数学的线段图。学生在三年级的时候就已经学过线段图的知识，于是他要求学生回忆自己是怎么收集数据并绘制成图的。在预考中，有3名学生在所有的考核项目中都取得85以上的分数。10名学生在部分考核项目中取得85以上的分数。11名学生的分数表明他们仍需要进一步练习如何分析数据，以及怎样用图来表示数据的技能。

根据考试结果，拉里想给11名需要复习线段图知识的学生多讲些课。等这些学生能熟练掌握技能后，他要求学生根据他提供的数据来绘制图形。对其他13名在预考中证明自己已经部分或全部掌握了线段图知识的学生，他设计了一系列的学习活动。3名通过考试的学生可以立即选择活动，这些活动或者要求学生运用已掌握的知识来解决问题，或者要求他

---

① 杨璐.差异教学策略研究——来自美国的经验[D].上海：华东师范大学硕士论文，2009，4：22.
② [美]Diane Heacox.差异教学——帮助每个学生获得成功[M].杨希洁，译.北京：中国轻工业出版社，2004：4.
③ 夏正江.一个模子不适合所有的学生·差异教学的原理与实践[M].上海：华东师范大学出版社，2008：89-90.

们设计收集数据的方案,还要报告最后的结果。10 名掌握部分知识的学生则采取弹性的学习方式。当拉里讲授他们已经掌握的技能时,他们就可以选做其他的学习活动。拉里准备了学生在活动时要用到的材料,还有活动指导卡,并制定了评估学习结果的标准。[1]

以上案例中,拉里教师只给那些在预考中表明自己需要复习的学生讲解线段图知识,而对于其他可以学习新知识的学生,他提供了一系列具有不同挑战难度的学习活动。这样不但给学习有困难的学生提供了更多的指导,而且没有浪费那些有能力学习新知识的学生的时间。

(三) 按学生的学习兴趣分组

在按兴趣进行编组的分组活动中,学生对什么感兴趣将直接关系到教学内容的选择。以兴趣为基础的分组,不仅能够利用和丰富学生已有的兴趣,还能帮助他们发现新的兴趣。教师应该激励学生就自己感兴趣的课题进行深入的探索,让学生了解和拓展课程的关键内容,以同时实现学生的个人目标和课程目标。

2001 年 6 月教育部颁发的《基础教育课程改革纲要(试行)》规定,中小学都必须把"综合实践活动"当做必修来设。在综合实践活动中,便可充分按照学生的学习兴趣分组,以激发学生的兴趣,发挥学生的特长,培养学生的合作能力等。

Diane Heacole 的著作中列举了一位名叫肯尼斯的老师的课堂教学案例。在肯尼斯的课堂里,学生时常参与兴趣小组的讨论学习。根据学生的学习内容,肯尼斯先生创建了兴趣中心的主题,以满足学生的好奇心和求知欲,并使其获得更多的知识。比如,当学习动物生活习性时,肯尼斯先生就设置有关各种动物习性的兴趣中心,诸如青蛙、北极熊。在中心里,学生可深入了解某种特定的动物的习性来扩展对单元内容的理解。最后,由学生自愿结成兴趣小组,来为同伴同学或低年级的同学创建以其他动物习性为主题的兴趣中心。在兴趣小组里,学生有时一起阅读,有时展开讨论,有时分享各自的学习所得,或探讨兴趣中心的计划和筹备工作。全班同时学习动物的习性,但对某一主题感兴趣的学生还可以在兴趣小组中继续研究动物及其习性。结合兴趣中心和兴趣小组的方式将更有助于学生的发展并拓展学生的兴趣。

差异教学中的分组是不固定的,按兴趣分组时被分在 A 层的学生,到了按学习能力分组时,可能又被分到了 B 层,而且分组不是每课必用,只是在必要时才用。分组的依据是学生的学习需要是否相同,只有在教师没有定期更换小组成员,没有改变分组目的时,学生才会注意到分组的情况。如果教师经常"搅乱课堂局面",学生就不会把精力集中在哪天谁和自己一组了。而且教师采用不同的分组方式,学生能从各种各样的分组安排与学习活动中获得多种经验。

四、制定灵活的评价标准

(一) 评价内容多元化

传统考试和测验更多的是通过考查学生对课本知识的掌握程度,来了解他们的认知能力和智力发展水平,而儿童的发展是多方面的,道德情感、动作技能等均应该是教师考查的内容。尤其对于某些认知水平发展较落后的特殊儿童来说,他们虽然很难在传统的纸笔测验中取得较好的成绩,但往往在其他领域有较好的表现。差异教学测验与考试不仅考查学生对知识的掌握程度,同时,它也注重考查学生在学习过程中能力和学法以及非智力因素的

---

[1] [美]Diane Heacox. 差异教学——帮助每个学生获得成功[M]. 杨希洁,译. 北京:中国轻工业出版社,2004:5.

发展水平。例如,对学生情感领域和动作技能领域的内容进行评价。情感领域的内容包括学生的情感、态度、动机、价值观等。例如,评价学生"参与小组讨论的表现""与他人合作的能力""对他人的关心和尊重"等。评价的方式可以通过课堂观察,也可以制定相应的评价工具。动作技能包括学生的动手能力、表演能力、运动能力等,教师应尽量对学生的优势动作技能进行评价,比如有的多动症学生注意力难以集中,经常扰乱课堂纪律,但他有很强的表演欲望,那么教师就可以给他机会通过表演来表现自己对学习内容的掌握程度。

在教学评价中,也可以尝试使用下面的评价工具(见表5-4),对学生三个领域的学习进行综合的评价。

表 5-4　对学生"问题解决技能"的评价[①]

```
学生：_____  班级：_____  科目：_____  时间：_____
评价内容：问题解决技能
教师_____  日期_____  签名_____
同伴_____  日期_____  签名_____
自己_____  日期_____  签名_____
评价标准：经常、有时、未达标
```

情感评价
聆听他人_____
主动检查功课_____
主动复习功课_____
遇到困难继续任务_____

动作技能评价
扮演角色_____
动手参与_____

认知评价
正确计算_____
遵循步骤_____
核对答案_____

（二）评价标准多元化

人们通过评价结果判断学生的学业成就,然而评价结果反映的信息有时并不全面。例如同样得到了 A 等成绩,有的学生为此付出了极大的努力,而有的学生却不费吹灰之力。为了避免这些缺陷,对评价结果应做差异化的处理。教师可以用不同的分数表现出差异任务不同的复杂程度,比如某位学生出色地解决了一个难度很大的问题,那么就可以给他 A1 的成绩；而同样出色地解决了一个难度较低的问题的学生可以得到 A2 的成绩。同时,教师还要为每个项目都附上相应的评分标准,并明确告诉学生,他们必须达到标准才能取得相应的分数。即选择 A 水平的项目不等于一定能拿到 A 成绩,要取得 A,学生的作业应当符合 A 等级的要求。否则,他们可能会拿到低分数。此外,差异教学的得分包括日常作业、考试、单元测验等,需要考虑多方面的成绩来决定学生的最后得分,不同类型的任务占不同的权重。

[①] 杨璐.差异教学策略研究——来自美国的经验[D].上海:华东师范大学硕士论文,2009:41.

比如,面向全体的测验成绩占 30%,差异性的任务按其复杂程度占 10%~15%。①

（三）采用适时适度的评价

评价贯穿于教学过程,而不仅仅在学习结束后才被用到。根据评价的时间可将评价分为前测、即时性评价、后测三种。在对学生的表现进行打分时,教师要讲究时机,不能在每个评价阶段对每一件事都打分。首先,不要在前测时给学生打分,前测的主要目的是了解学生的准备状态、兴趣和学习风格,而不是为了给学生划分等级。其次,在教学过程中的评价也尽量避免打分,学生需要练习的机会,需要一个从错误中分析问题和改进学习的安全的学习氛围。学生对于新知识的掌握快慢有别,教师要有足够的耐心,因为更重要的是有效的学习发生了多少,而不是发生的早晚。② 最后,在评价中,评价结果可以以定性和定量相结合的方式,来对学生进行综合评价。

第二节 合作教学

合作教学强调普通班教师与特殊教育教师或资源教师彼此分工,通力合作,共同完成教学活动和解决安置在普通班的特殊学生的问题,是满足学生特殊教育需要的一种有效教学策略。合作教学既有助于学生个别化教育的落实,又有益于教师的专业成长。

一、合作教学的类型

合作教学的策略会依主题、学生年级和成熟度而有所不同,并没有最好或是最差的。Cook 和 Friend 指出,依据教师的组合、教学的进行和空间的安排,可将合作教学分为五种类型。③ 具体内容如下。

（一）一位教学,另一位协助

在这类的教学中,两位教学者都会在课堂内,一位教师主导课堂教学活动,另一位教师则观察学生或巡视整个教室,当学生需要时予以协助。特殊教育教师在课堂内走动,可以更清楚地了解特殊儿童以及其他普通儿童在课堂中的学习情形,且能为遇到困难的学生提供指导,同时也减轻了特殊教师一直坐在特殊儿童身边而带给儿童的无形压力,也避免了特殊儿童过于依赖特殊教育教师的问题。该类合作形式存在一定的消极影响,即当其中一位教师只是担当观察或协助的角色时,特别是这个任务交给特殊教师时,他就如同一位教学助理。而主教老师和学生往往会质疑教师的权威,特教教师也会对自己的角色和功能产生困惑。为了解决这一问题,两位教师可以轮流担任主教教师和辅助教师的角色,并根据教学内容和教学需要,将该种合作模式和其他类型的合作模式结合使用,让两位教师的角色变得更加丰富和灵活。下面引用北京市西城区椿树馆小学的资源教师李莉老师提供的案例 5-2,以说明如何在普通班级的课堂上实施协助教学。

---

① [美]Diane Heacox. 差异教学——帮助每个学生获得成功[M]. 杨希洁,译. 北京:中国轻工业出版社,2004:37.
② 杨璐. 差异教学策略研究——来自美国的经验[D]. 上海:华东师范大学硕士论文,2009:22-43.
③ Cook L, Friend M. Co-teaching: Guidelines for creating effective practice[M]. Focus-on-Exceptional,1995(3):1-16.

 案例5-2

> **做主讲教师的"合作者"——关注有需要的学生（节选）**
> 北京市西城区椿树馆小学　李莉
>
> 1. 共同研究教材
>
> 在合作教学开始前，我与晓雨的数学教师对全册教材的知识点进行梳理，例如在六年级上册的几个单元的学习范围中，数学教师认为晓雨会在"小数乘法""小数除法"和"多边形的面积"中遇到问题，在计算中也会出现问题。其他单元的内容比较简单，所以我们确定将这三个单元的学习定为协同教学内容。
>
> 2. 课堂指导化繁为简，提供支持
>
> 在数学课堂上，我作为资源教师在晓雨的旁边协同其学习，当晓雨遇到障碍时，我与数学教师及时沟通，调整晓雨的学习进度，保证基本学习目标的达成。
>
> 例如在"多边形的面积"的一节练习课上，老师讲解这样一道题：有一块平行四边形的麦田，底是250m，高是84m，共收小麦14.7吨。这块麦田有多少公顷？平均每公顷收小麦多少吨？
>
> 这是一道两步题，在老师讲解第一问的过程中，晓雨非常认真地听老师讲，从表情上看听懂了，但在写算式时明显慢了下来。当老师讲下一问时，晓雨还没有算完，我就临时调整进度，对第一问的计算进行个别辅导，第二问没有在课堂上解决，是下课后解决的。当老师在全班讲解完进行巡视时，我将晓雨的情况反馈给数学教师，老师表示赞同。
>
> 根据学习的规律，往往在快下课时，教师会安排较难题的练习与讲解，这时资源教师可以用准备好的基础题对晓雨进行当堂检测，并将结果及时反馈给数学教师，使数学教师对随读生的学习状况有更深入的了解。
>
> 3. 辐射其他学生
>
> 在课堂上，晓雨多数的学习环节能够与全体同学同步，所以要逐渐多放手，在她能独立完成的学习任务上给足时间，让其独立完成。这时，我会留意周围的同学，关注他们的学习情况，并适时进行指导。例如在上面的这节课中，当晓雨独立思考解题时，有一半左右的学生已经完成，并举手示意，数学教师一一巡视，但是时间有限，看不了几个学生的答题，我就帮助数学教师了解晓雨周围的同学的情况，有错误及时给学生指出或简单讲解，并把学生的错误情况反馈给数学老师，这样就节省了课堂时间。时间长了，学生做完题目主动拿给我看，我也将自己融入这个课堂里。

（二）分站教学（station teacher）

分站教学是指根据教学的内容和学生的学习需要，把课堂内容分为两部分，再把全班学生分为两组。两名教师各教一组学生的一半学习内容，然后再交换分组教各自的另一半内容。分站式教学的前提是教学内容并不要求按顺序呈现，有些教学内容需要用特殊的或替代性的方法来完成。例如，语文课上，一些学生跟普通教育教师一起学习朗读与背诵的方法和技巧，另一组学生则跟特殊教育教师学习盲文的拼读和书写，然后再分别交换学生和教学内容。[①] 在传统的教学中，当班级教学不能满足特殊学生的学习需求时，资源教师常常会采

---

① 盛永进. 随班就读合作教学的几种形式[J]. 现代特殊教育. 2013, 11: 49-50.

取抽出的方式将特殊儿童安置在资源教室进行教学,这种方法人为地减少了特殊儿童融合的机会,而分站教学则可以让特殊儿童与普通儿童处在同一空间里学习,并且通过辅助教师的指导获得高质量的学习。

(三)平行教学(parallel teaching)

平行式教学是在同一课堂中,根据学生不同的学习兴趣和学习风格,配以相应的教授风格,两位教师分别进行分组合作教学的一种形式。平行教学时,两位教师根据自己的教授风格和习惯,再结合学生学习的兴趣特点和认知风格,把学生分成相应的两组,每个教师教一组学生,这样的教学效果非常好。这种教学在课堂上实际是相互平行分立,但又是共同完成任务。①

平行教学片段②

第一次使用平行教学的当天,课堂情况可以说是一片混乱。主要原因在于教室空间小,分组后教室中的活动变得很不方便,且学生过去很少和小组成员坐在一起,因而很兴奋,离开座位、大声说话等行为明显增多。虽然平行教学模式的第一次试验有些不理想,不过我还是觉得这样的教学方式有助于学生概念的建立,尤其是对于班上的特殊学生,因为实际操作机会的增加,他们对"容量与重量"单元中重要的观念有了很清楚的了解。之后,又陆续将平行教学模式应用于学生写作业的时间。在学生写作业的过程中,科任老师分别负责前四排的学生,而我(资源教师)则负责后三排的学生,随时给予他们辅导。这样的方式,让所有的学生可以立即在课堂中解决自己不会的地方,另一方面也可以减轻老师课后批改作业的压力。

(四)替代教学(alternation teaching)

当特殊学生的人数符合一个较小群体时,则可实行替代教学。即由一位教师来教导这个小群体,而同时由另一人指导大群体,这个方法可以用来确保所有学生都有机会在小群体中与教师互动,也可以使一个兴趣群体去追求特定兴趣,或创造评估机会来检测学生的发展情况。只是这个方法最大的弊端在于会给特殊学生或小群体中的其他人贴上标签。所以,可以用多样分组的方式来确定所有学生都会轮流出现在小群体中。

(五)小组教学(team teaching)

小组教学是由两名或多名教师分担学生的教学,他们共同承担备课、教学和评价学生的职责。教师们可能轮流领导讨论,或一个担任解说,另一个在做示范;或一个在做解说,而另一个则在使用投影系统。当然,他们也可以做角色扮演或示范,并以适当方式去问问题。小组教学需要教师之间有高度的信任和默契,而且相对于其他类型的合作教学,小组教学需要教师有更多的面对面的交流和共同制订教学计划的时间。有学者将小组教学的教师形象地比作舞者,只有二者相互了解、相互信任,跟上彼此的节奏和步伐,才能跳出流动美妙的舞蹈。③ 以下案例摘自 Richard 等人编写的《合作教学指南——促进学生学习的新课堂和策略》一书,期望以案例的形式更直观地展示融合班级中教师如何开展小组教学。

---

① 盛永进.随班就读合作教学的几种形式[J].现代特殊教育,2013(11):49-50.
② 柯懿真.卢台华资源教师与普通班教师实施合作教学之行动研究——以一个小学二年级班级为例[J].特殊教育研究学刊,2006(29):95-112.
③ Villa R A, Thousand J S, Nevin A. A guide to co-teaching: new lessons and strategies to facilitate student learning[M]. Thousand oaks: Corwin, 2013:64.

 案例 5-3

在班会课上,教师 Glipatrick 准备就学生在操场上多次出现的问题进行讨论。语言治疗师 Nugent 带来了装有描述"课间操场问题行为"卡片的盒子。两位教师准备用 SODAS 模式即"情景—选择—缺点—优点—策略"(该程序表见表 5-5)来解决这一问题。

Glipatrick 向学生解释本次班会的目的后,从盒子中随机抽取了一张卡片,上面写有:"一个学生喊另一个学生妈妈的名字,然后两位同学因此事在操场上打起来。"当 Nugent 让学生识别这一问题情景时,Glipatrick 将 SODAS 的表格投影到幻灯片上。Glipatrick 点学生起来描述这一问题情景时,Nugent 将问题和相关情景写在 SODAS 表格的第一栏上。然后 Nugent 让学生们提出几种解决该问题的方法,两位老师轮流点学生起来分享他们的观点,并由 Nugent 将相关内容输入表格中。

下一阶段主要是让学生讨论每一种选择的缺点,Nugent 和 Glipatrick 先示范讨论第一个选择的缺点,然后 Glipatrick 将该缺点录入表格中。然后,Nugent 让学生和邻座的学生讨论第二钟选择的缺点,一分钟后,Glipatrick 让多组学生起来描述,并由 Nugent 将学生分享的观点输入表格中。班上的一名自闭症学生,由一位擅长帮助他人的学生给予辅助,帮他创造自己的观点。对于剩下的几种选择,两位合作教学者重复以上程序,并轮流担任点学生回答问题和输入信息的角色。讨论优点的环节也遵照以上程序。

以上两个环节结束后,让学生举手投票选择他们最认同的优点和最糟糕的缺点,将票数最多的"优点"和"缺点"圈起来,然后 Glipatrick 引导学生变换合作对象,讨论出包含最多优点和最少缺点的解决措施。几分钟后,Nugent 让学生报告他们的结果,Glipatrick 则将观点输入表格中。两位打架的学生则要运用 SODAS 的内容提出下次再出现这样的问题合理的反应。[①]

表 5-5　SODAS 问题解决程序

SODAS
情景(定义问题) _____ _____ _____
选择: 1._____ 2._____ 3._____
缺点 A._____ A._____ A._____ B._____ B._____ B._____ C._____ C._____ C._____ D._____ D._____ D._____
缺点: A._____ A._____ A._____ B._____ B._____ B._____ C._____ C._____ C._____ D._____ D._____ D._____

---

① Villa R A, Thousand J S, Nevin A. A guide to co-teaching: new lessons and strategies to facilitate student learning[M]. Thousand Oaks: Corwin, 2013: 65.

续表

策略：
假如同意某一策略，制订一个计划（　）

二、合作教学的实施

（一）组建合作团队

由于专业上的差异与教学理念的不同，习惯于独立教学的普通班教师在与特教教师或专业人员进入教室共同教学时，经常需要花费许多时间来沟通，建立关系与共识。在融合教育的安置中，通常至少是由一名普教教师和一名特教教师组成团队，可能还会有其他学科的老师或特殊教育专业人员的参与。当团队成员确定后，接着便是建立伙伴关系与达成共识，通常可通过共同规划课程及教学内容的互动过程来理清各自的教学观点和建立伙伴的关系。

（二）评量特殊学生及其生态环境

对特殊学生的评量主要是了解其学习特质、学习能力与学习需要。搜集资料的方法包括正式的评量和非正式的评量（访谈、观察、检核表、问卷等），资料搜集的来源可以包括学生本人、家长、特殊教育教师等。在对学生评量完之后，教师需要进一步了解学生的家庭生态环境资料、家长对他们的教养态度和做法以及家庭需求等，接着再了解学生的班级和学校生态环境，包括物理环境、心理环境、生活作息、行为管理、课程与教学等。在对学生及其生态环境有详细的了解后，合作教学团队成员需要共同为特殊学生拟订合作教学计划，包括教学的主题和内容、课程的安排、预期的成果、教学的策略、合作的方式、评量的方式，以及工作的分配等，让合作教学参与者清楚地知道自己的角色，以及在什么时间、什么地点、负责什么工作、教哪一部分的学生。合作教学计划需要由所有的成员共同参与讨论及拟定，讨论及互动的过程需要建立在一个对等、相互尊重和自愿的基础上。[①]

（三）实施合作教学

在实施合作教学之前，特殊教育教师可针对特殊学生和相关人员的需求，与普通教育教师合作设计支持计划，其中也包括为班级的普通教师设计的支持计划。例如，在开学前，资源教师为普通教师提供与特殊儿童教育有关的知识和技能指导，包括特殊学生的特征、有效的融合课堂教学策略、行为问题的干预等方面的知识；开学后，资源教师主动到融合班级为普通教师指导融合的教学技巧，并协助他们处理学生的行为问题和给予人力支援。在具体的合作教学层面，教师可以根据教学需要，参照上述五种合作方式中的分工模式与轮流主导

---

① 黄志雄.特教教师与普教教师的合作与协同教学[J].特教论坛，2007(12)：34-43.

模式进行实施。合作教学的执行需要采用有效的教学策略,包括获得学生的注意,回顾先前的教学内容,清楚地陈述学习目标,示范、引导学生成功学习,检查学生学习的熟练程度,安排作业及评量等。

(四)效果评价

合作教学实施后,教学团队应该对学生的学习成绩以及合作教学的执行情况进行评价。其中,对于合作教学的评价需针对教学的过程、教学内容和各项工作的配合等进行检讨,可安排定期的教学讨论时间,除了共同进行合作教学的评价外,亦可在讨论中表达自己并了解别人对合作教学的反思,彼此提供意见和支持,进而促进教师专业知能的发展。[①]

第三节 合作学习

合作学习是小组学习的一种形式。一般指学生在异质小组中彼此互助,共同完成学习任务,并以小组总体表现为奖励依据的教学理论与策略体系。[②] 在每个小组中,学生们通常从事各种需要合作和互助的学习活动。特殊儿童通过与同伴的互动,可以学习从未接触过的知识、技能,交换彼此的生活经验,并以此增广知识、提升各项能力、发展人际与社会互动技巧等,因此,合作学习对特殊儿童有重要的帮助作用。课堂研究中的合作学习分为三种类型:同伴指导、小组合作学习、教学活动过程中全员性的合作学习。[③] 本节主要探讨同伴互助合作学习和小组合作学习。

一、同伴指导

同伴指导是指在教师监督指导下,训练能力较优秀的学生担任能力较弱学生的小老师,以一对一的教学方式,提供学生更多反复练习的机会,来协助教师进行补充教学,一般主要安排特殊学生的同桌或其好朋友来担任指导者。同伴指导不仅可以给特殊儿童提供有效的支持,还可以在很大程度上分担教师的工作压力,同时也可以引导普通学生去理解、接纳和自己不一样的群体,学会与人合作。

(一)同伴指导的形式

1. 同伴个别指导

同伴个别指导即由教师挑选、安排训练班上能力较优秀的学生担任小老师,为能力较低的学生提供各科所需要的个别指导,是同伴指导的主要模式。[④] 但要注意的是,在儿童时期,他们会逐渐对自己在这种指导配对中的地位引起的社会偏见变得敏感。年龄相同的学生如果被确定为固定的指导者和被指导者,被指导者往往会产生自卑、依赖、自主性差等不良心理,所以同伴指导的方式需要多样化。

2. 全班性同伴指导

全班性同伴指导是结合同伴指导的形式,以一对一的方式将学生两两配对,配对双方在"指导者"以及"被指导者"角色之间进行互换,并通过趣味性游戏竞赛的方式来进行教学活

---

① 黄志雄.特教教师与普教教师的合作与协同教学[J].特教论坛,2007(12):34-43.
② 陈云英,华国栋.合作学习与随班就读教学改革[J].特殊儿童与师资研究,1995(1):7-11.
③ 王鉴.合作学习的形式、实质与问题反思[J].课程•教材•教法,2004(8):30-36.
④ 陈芊如.浅谈转型中听障班内实施同侪指导教学的概况[J].屏师特殊教育,2007(22):54-61.

动。此模式常运用于教导功能性的基本领域,例如:阅读、数学、语文等。

在全班性同伴指导方法中,同伴指导双方要参与高度结构化的指导性课程。课程高度结构化可以使处于"教师角色"的学生在纠正和奖励处于"学员"角色的学生时有教案可依。这种高度结构化的课程可以使处于"教师"角色的学生省很多力气去解释说明,这是很多学生所欣赏并愿意主动支持和获得支持的主要原因。例如,在小学语文课堂中,由 A(一个具有平常阅读水平的学生)教 B(一个阅读能力有障碍的学生)时,利用结构化的教案。首先,A 念一遍材料,然后再由 B 复述一遍相同内容的材料。每当 B 念错一个词时,A 说:"停,你念错一个词,你能指出来吗?"要么自己在 4 秒钟之内指出念错的词,要么由 A 说出:"那个词是什么词呢?"随后说出这个词,最后 A 说:"好的,把这个句子再念一遍。"①

3. 同伴督导

许多特殊学生无法独立适应环境,平时需依赖他人的协助或教师的随时帮助,才能完成某项工作。同伴督导通过同伴协助特殊学生表现出更多的生活自理能力或独立完成某项工作。此模式适用于教学生适应环境、自我照顾、社交参与等部分。例如,上课时,老师要求学生把课本翻到指定的页数,而自闭症儿童由于注意力不集中,语言理解能力差,上课时往往没有听到或不能理解老师的要求,因此,可能会出现自闭症儿童整节课都游离于课堂之外的情况。如果有指定的同伴督导,则其可以轻声提醒自闭症儿童,让他集中注意力听老师的要求,并督促他完成相关要求。

同伴在课堂上对特殊学生的支持有多重形态,具体来说主要包括:

(1)引导特殊学生将注意力转移到老师身上或教学活动上;

(2)帮助特殊学生拿出或准备教材和用具;

(3)协助学生移动教材;

(4)当不当的行为发生时,提供正确的回馈;

(5)在特定的活动中,以脑力激荡的方式融合特殊学生到活动中,等等。②

4. 同伴楷模

同伴楷模是教师在教学活动中,安排同伴来示范适当的生活习惯、学习态度、行为表现,成为特殊需要学生的模仿对象,增加班级内学生互动的机会。此模式适用于培养特殊学生的常规和社会交往能力,例如:生活礼仪、人际互动或工作态度上的表现等。

5. 跨年龄指导

跨年龄指导指年龄较大的学生指导年龄较小的学生,或高年级的学生指导低年级的学生,这样可以为特殊儿童提供大量的指导者。跨年龄指导没有把同年龄的同班同学分成指导者和被指导者,也可以避免因角色地位问题引起学生自卑而产生的负面影响。

(二)同伴指导的过程

1. 诊断学生的能力及建立明确的教学目标

在实施同伴指导策略前,教师可先将单元教学目标列出,并逐一评析学生学习的能力水平,确定哪些部分是同伴指导来协助学习的,以此作为学生的主要学习目标,并在随后的同伴指导者训练时清楚明确地让同伴指导者了解。

---

① 郭军,牟映雪.融合环境中的同伴支持:一个未被利用的资源[J].外国教育研究,2011(10):6-10.
② 李淑玲.普通班融合重度及多重障碍学生[M].台北:心理出版社,2011:227.

2. 筛选同伴指导者

关于同伴指导者的选择,Ellery指出,同伴指导者应具备以下一些条件:(1)年龄稍长于被帮助的残障儿童。这种配对组合更容易激发指导者的责任感和耐心。(2)情绪稳定。在帮助和辅导某些方面落后于自己的同伴的过程中,指导者必然面临各种压力,因此要求指导者有成熟的情绪来面对和处理这些压力。(3)善于沟通。在实施同伴指导的过程中,需要指导者与教师、被指导者及其他同学间保持良好的沟通,从而能够准确地领会指导要求,总结和汇报训练进展,并为残障儿童争取较好的发展环境。(4)能力较强。通常情况下,在某些方面能力较强的学生才可以为他人提供该领域的有效指导和帮助。(5)志愿服务。同伴指导策略强调指导者自觉地履行指导职责,避免任何形式的强制。① 同时,教师也可以尊重特殊学生的个人意愿,让他自己选择愿意一起学习的伙伴。如案例5-4。

 案例 5-4

明确责任,合理评价,培养优秀的助学伙伴

北京市巩华中心小学　左鑫培

强强,一名10岁的轻度智障男生,言语表达较好。小小的个子,个人卫生情况较差,脸、脖子、手和衣服常常都是黑的。班主任曾经让班长等品学兼优的学生来做他的助学伙伴,但效果都不是很好,有些助学伙伴因为对这项工作没有兴趣,只坚持了一两周,工作就没有继续下去。有些时候强强不愿与他们交流,也不能很好地开展工作。在一次谈心中,老师问他愿意和谁一起学习。他说出了平时与他交往较多的鹏鹏。鹏鹏的学习成绩在班内不是很突出,但班主任尊重了强强的意见,让他们结成了助学伙伴。经过一段时间的观察,班主任发现强强的听课效果明显好转,参加学习活动的次数也增加了。课间也能看见他和鹏鹏一起玩闹。基于友情,他们的合作也非常快乐。

助学伙伴毕竟是学生,不可能像教师那样拥有娴熟的教学技艺和丰富的教学经验,但是一些基本的助学原则和助学方法还是应该让他们掌握,这样有助于提高助学效果。老师交给鹏鹏的任务是:课前帮助强强预习课上的新内容,协助他完成简单作业。两家住得很近,也可以利用双休日一起完成作业。简单易做,又不会有负担。慢慢地,鹏鹏养成了帮助强强完成作业的好习惯。老师又在座位安排上进行了调整,让鹏鹏和强强坐在一起,便于上课时提醒他、帮助他。

---

3. 设计适当的教材

教师在设计教材时,需要考虑同伴指导者的能力,教材难度不可超过同伴指导者本身的能力,否则将影响助学成效。另外教学的流程步骤应简单明确,并标注指导方式,以利于同伴指导者掌握整个教学的运作过程。

4. 同伴指导者的训练

通常情况下,选择一个同伴指导者之后,在正式实施具体指导之前需要对指导者进行一定的培训,使其明确自己的指导责任,同时学习一些指导方法和技巧。同伴指导者的训练课程可通过讲述教学、讨论、示范、角色扮演、脑力激荡、技能练习以及学生试教再予以修正等

---

① 石晓辉.融合教育中的同伴作用策略[J].中国特殊教育,2007(8):8-11.

方式进行。其目的在于使同伴指导者熟悉相关教学技巧,并能实际运用于同伴指导课程中,以利于特殊儿童习得目标行为。

针对肢体障碍的学生,同伴需要知道肢体障碍的学生可以做什么,什么是他可以独立完成的,何时需要给他提供协助,怎样协助,例如能安全地推轮椅,拉住轮椅的刹车等。针对听力、视力障碍的学生,同伴者需要知道如何与他们互动,例如运用声音的重要性来帮助视力障碍的学生参与活动,在和他们说话时,表达的内容要清晰明确,避免"到哪里去"等类似的模糊语言。对于有情绪行为的学生,教师应该帮助同伴者了解特殊学生攻击行为产生的原因及正确的处理方式。① 如案例5-5。

案例 5-5

> **随读生写字教育(节选)**
> 北京市巩华中心小学　杨光今
>
> 洋洋,男,1998年7月出生,智力发展正常,但是有视力障碍。每当洋洋遇到困难,采用前后、左右伙伴帮助能使他融进班集体。随着年龄的增长、年级的升高,学生之间慢慢滋生了一种不良情绪,往往在课堂上一个同学回答错了问题,会被其他同学当作笑话来讲,进行嘲笑,洋洋也被嘲笑过。在一次作业展示的时候,由于视力的影响,他把一个左右结构的字写得分了家。相对于他以前写的字,他的笔法能力已经有了很大进步,应予表扬的,但对于其他同学来说就很差了。还没等我点评,底下的同学就炸开了锅,有笑的,有说他眼睛真好玩的,给他心理造成了极大的阴影。这类身体有缺陷的学生自尊心很强,自我保护的意识也很强,所以洋洋的情绪马上低落下来。针对这种情况,我突然想起了历奇活动中的一个小游戏——在一个人的牵引下"蒙眼走路",于是我马上组织同学们做了这个游戏。经过了台阶、上坡、障碍,学生们充分地感受到了没有光明给自己带来的痛苦。通过讨论,学生们理解到生活中如果人与人之间多一份理解,多一份关爱,多一份帮助,不但自己会很快乐,也会给受帮助的人带来快乐。通过这次活动,帮助洋洋的同学逐渐多了起来,我从洋洋的眼睛中看到了越来越多的光芒,从他的脸上看到了越来越多的笑容。看到这些,我打心眼里为他高兴,为班集体的不断成熟、每个人的不断成长而高兴。

5. 设计学生教学进度表

教师在同伴指导实施的同时,需严密地监控教学进程并掌握同伴指导者的教学状况以及同伴受教者的学习情形,为此教师可设计学生学习进度表以备课程的调整修正。

6. 评估同伴指导执行的成效

教师可以一星期或一个月为周期,定期检查同伴指导的进展及效果;也可通过测验来掌握整个教学执行的状况。假如特殊儿童的学习达不到预期效果,教师也需积极介入并适时地针对课程予以调整,使整个课程能更加适合学习者的学习特质。每次的同伴指导课程结束后,老师可通过与同伴指导者简单地对话讨论来了解两者间互动的过程,或是在教学过程中是否有新的情况,并给予同伴指导者恰当的指导与建议,使其在教学的过程中能有据可

---

① 李淑玲.普通班融合教育及多重障碍学生[M].台北:心理出版社,2011:247-248.

依。若是发现教学进度出现明显落后的状况,教师也可适度地增加同伴指导的时间。

二、同伴互助学习

同伴互助学习是班级中所有的学生被两两配对,完成指定的学习任务,在任务中两个学生轮流充当教师和学生。这种模式被证明对于全体学生都有效,并被广为采用。[①] 艾伦(Allen)认为,当学生充当辅导者这个教师的角色的时候,学生开始形成教师角色的自我认知,他们会模仿教师的各种行为方式,例如回答问题的方式、积极地倾听被辅导者的回答、使用口头赞扬的方式强化被辅导者、独立自主的承担责任。艾伦的实验证明,当学生通过充当辅导者体验教师角色之后,会形成对学习积极的态度,会在课堂中有更好的表现,各个科目上的成绩都会有所提高。[②] 这一理论有力地解释了危机边缘学生在同伴辅导中充当辅导者之后发生的变化。

在开展合作学习中,需要避免的误区是只看到特殊儿童的缺陷和不足,从而处处要求普通学生给予特殊学生帮助和照顾,而忽略了特殊儿童的优势和潜能,也未给特殊儿童主动参与的机会。这容易形成特殊儿童属于"弱势群体"的观念,不利于特殊儿童建立起积极的自我认知,不利于建立平等的互助同伴关系。同伴学习让特殊儿童和普通儿童互换角色,轮流担任教师和学生,这有利于两类儿童的共同发展。

同伴互助学习的模式主要运用在课堂讨论和复习环节。在课堂讨论中开展互助学习的策略包括:教师向学生提出一个开放性的问题,要求配对成员相互讨论;每个学生面向自己的同伴,向他提出问题,如1号同学就教师的问题向2号同学发问,2号同学用一分钟时间作答,然后两人的角色互换,2号问1号答;教师随机抽取学生回答,请他们说出自己的看法及同伴在此问题上给自己的帮助。在复习环节,配对同伴轮流当小老师,相互抽查已经学过的知识,例如听写单词、计算数学题目等,在对方遇到困难时,同伴应及时给予帮助。[③]

三、小组合作

在我国,教师目前使用最多的合作学习方式就是在小组中开展合作学习,它一般是以前后两对同桌为一组,作为课堂教学中较稳定的合作对象。当教师提出问题需要讨论或提出任务需要完成时,给学生一定的时间,小组合作学习活动便发生了。合作学习的重要环节如下。

(一)设计合作学习的任务

确定合作学习的任务是课堂教学的重要环节。小组合作学习适用于多种学习任务。例如,当学习任务难度较大,需要培养学生的批判性思维时,当问题有待解决,要想培养发散性和创造性思维时,当学生的社会性发展成为主要的教学任务时,当教师希望学生牢记知识时,当老师要求学生完成课堂作业时,等等,都可以通过合作学习的方式很好地解决这些学习任务。当然,小组合作学习的任务最好是具有开放性的问题,这样可以促使小组成员相互讨论、交流彼此的见解,以培养学生多视角地看待问题的能力。[④]

[①] 刘洋.随班就读课堂教学中合作学习策略的研究[D].武汉:华中师范大学硕士论文,2010:31.
[②] 蒋邓鉴.同伴辅导策略的理论解释及其在融合教育中的应用[D].武汉:华中师范大学硕士论文,2011:25.
[③] 马兰.合作学习[M].北京:高等教育出版社,2005:107.
[④] 丁敏.小学小组合作学习个案研究[D].上海:华东师范大学硕士学位论文,2009:51.

(二)建立合作小组

小组的建立是合作学习的前提和基础。合作学习的分组原则是小组间水平接近,组内成员各有差异,却有互补作用。再考虑到性别、兴趣、原有水平、交往能力等情况合理搭配,进行编组,一般以四至五人为宜。[1] 每组学生最好包含有高、中上、中、中下及学习障碍(或低成就)学生,但为使特殊学生的学习成效提高,在特殊学生的小组成员安排上,应选定较热心且有耐心的学生,当特殊学生遇到困难时,其组员能热心及耐心地指导。小组划定后,要相对稳定,以利同学间合作。经过一段时间可重新分组,使每个学生都有和班上其他同学合作的机会。[2]

建立小组后,小组成员间如何顺利开展有效、有序的合作尤为重要。我国学者陈云英提出了以下五种有效的措施来促使组员间建立起积极的相互依赖关系。[3]

1. 交给小组的任务分成若干部分,每个成员必须完成其中一部分,这项任务才能完成。
2. 给每个成员安排不同角色,使之互补。如有的成员负责记录,有的成员帮助画图,有的准备发言,有的负责检查,以确保小组每个成员都对某个问题作出正确回答。以下案例中,台湾许美华、林坤灿在对普通班级的数学学习障碍儿童进行分组时,让小组的每个成员都有明确的职责,保证了学习障碍儿童充分参与小组学习的机会。

(1)小组长一人:负责掌控全组的学习,小组讨论时主持讨论并分配发言的机会。

(2)检查员一人:确定所有组员真正理解所学内容,检查组员是否完成工作,并批改作业单。

(3)服务员一人:负责收发各种资料。

(4)观察员一人:负责观察小组成员的社会技巧表现,提醒学生表现正向行为,并填写合作行为自评表。

(5)记录员一名:负责进步分数之计算及学习成绩之登记。

(6)奖励员一名:当小组合作行为表现良好时,负责在奖励卡上盖章。

为了促使每一角色任务适合不同能力的学生,使每一小组成员均能对小组有所贡献,分配高程度学生担任小组长与记录员,中程度学生担任观察员与检查员,低程度学生担任服务员与奖励员。

3. 教师考核小组成员时,是以小组的平均分作为每个人的成绩。
4. 当小组成员都达到某一标准时,才给每人以奖励。
5. 以小组为单位开展学习、竞赛或游戏。

(三)学生合作学习能力的培养

没有经过训练的合作小组是散乱的,常常会出现学生七嘴八舌讨论得很热闹,但不切主题的现象,或者小组里只有一个人唱独角戏,其他人没有参与的意识。甚至还会出现把小组讨论当成自由活动,完全从事与讨论主题无关的活动的现象。尤其是有特殊儿童的小组,如果老师不加以引导和对组员进行相应的辅助,特殊儿童往往会因为能力有限而受到同组成员的排斥或者没有能力参与到小组讨论中,从而被边缘化。

学生合作能力的培养是一个长期的逐步的过程,重点是在低年级就让学生养成良好的

---

[1] 陈云英,华国栋. 合作学习与随班就读教学改革[J]. 特殊儿童与师资研究,1995(1):7-11.
[2] 周德林,王耀,苏俊山. 运用合作学习策略全面提高合作[J]. 教育科学研究,2001(6):38-41.
[3] 陈云英,华国栋. 合作学习与随班就读教学改革[J]. 特殊儿童与师资研究,1995(1):7-11.

习惯,这样随着年级的增长,学生在小组活动中就能更好地合作。在低年级,对学生合作素质的培养较多的是依靠教师的教授,学生刚入学,合作观念淡薄,因此,教师要教给学生在小组中一起合作的技能、技巧。例如:①维护小组成员间相互信任的技能;②同学间有效沟通的技能。③解决组内冲突的技能。①

此外,为了保证特殊儿童充分地参与到小组学习中,第一,老师应该向普通学生讲清合作的意义和程序,鼓励普通学生积极接纳特殊儿童;第二,老师应该帮助普通学生认识到组内特殊儿童的特点和存在的困难,并交给学生辅助特殊儿童的相关技能;第三,辅导普通学生给残疾学生明确分工,让他在组内承担一定责任;第四,培养特殊儿童合作的意识和技能,鼓励特殊儿童遇到问题时主动询问小组成员;第五,对残疾学生的要求应合理,给他制定不同的评分标准,依据他的进步情况来评定成绩。

在低年级阶段,为了鼓励普通学生和特殊学生积极参与合作学习,老师可以采用代币制的方法提高学生的积极性。在小组学习过程中,若参与合作学习的学生能够达成预定目标与学习,即可获得1至3枚代币,事后再依照所得代币的数量,向教师换取相等值的增强物,例如:食物、文具、休闲用品。老师要设计好增强物兑换表,依学生所累积的代币,来兑换增强物。例如:对于不了解的地方能主动向同学提出问题时给1枚;组员遇到困难给予帮助时给1枚;耐心听组员发言给1枚;小考测验进步时给1枚……同样,如果违反以上规则则要扣去等值的代币。

(四)老师的指导和辅助

教师在合作学习中不是局外人,教师应是学习目标制定者、程序设计者、情境创设者、讨论参与者、协调者、鼓励者和评价者。在合作学习前,教师应制定小组学习的目标,精心设计合作学习过程,并提示有关的知识和方法,如需组织学生讨论,应创设讨论的情景。在小组合作活动时,教师要进一步做好特殊儿童的辅导工作,要根据为其设计的学习目标检查其自学和伙伴帮助的情况,了解存在的问题,必要时给予直接的指导。②

第四节 个别化教学

个别化教学是一种以适应并发展学生的差异性和个别性为主导的教学策略和设计。更具体地说,它是指在教学过程中老师根据学生的能力、兴趣、需要和身体状况等设计不同的具体计划和方案,采用不同的教学资源、不同的教学方法和不同的评价方法进行教学工作,从而使班级中每一个学生都得到合适的教育,取得尽可能大的进步。③

一、个别化教学的实施依据

特殊学生的个别化教育计划(IEP)在西方是指为某个特殊需要学生制订的旨在满足其独特教育需要,具有法律强制性的书面指导性教育文件,它清晰而详细地阐明了一个特殊学生所应接受教育的计划和相关服务,强调针对特殊儿童的特殊需要提供个别化的教育与服务。在美国,个别化教育计划不仅为个别化教学提供了法律依据,也为具体活动的开展起到规范指导作用。如何根据IEP的要求,把个别化教育计划中相关的教育目标与具体的教学

---

① 陈云英,华国栋.合作学习与随班就读教学改革[J].特殊儿童与师资研究,1995(1):7-11.
② 陈云英,华国栋.合作学习与随班就读教学改革[J].特殊儿童与师资研究,1995(1):7-10.
③ 肖非,王雁.智力落后教育通论[M].北京:华夏出版社,2000:190.

活动相联系,通过个别化的教学落到实处,这是个别化教学要解决的问题。

众多认知发展水平较低的特殊儿童在学习能力、学习偏好等方面与普通儿童存在较大的差距,他们往往难以适应传统的同内容、同进度、同要求的课程。例如,自闭症儿童由于语言接受和理解能力差,往往需要老师为其提供更多结构化的教学;智力障碍儿童思维发展水平低,导致他们在某些学科的学习上存在极大的困难,很难跟上班级的教学进度,因此需要老师为他们提供单独的辅导,或者要求在某些学科上实行走班制,即跟着低年级的学生学习。老师在实施教学的过程中,需要对特殊学生的学习特质、学习能力、学习偏好等进行详细全面的了解,并以此为依据对特殊学生提供有针对性的教学。

二、个别化教学的组织形式及策略

(一)个别辅导

个别辅导是个别化教学普遍采用的一种形式。特殊儿童在注意力、理解力、语言等方面存在困难,常导致他们在课堂学习过程中遇到多种困难,而教师在课堂中的教学,无论怎样全面,也不可能全面照顾到特殊学生的需要。因此,教师需要为特殊儿童提供一对一的辅导的时间。例如,二年级的一节数学课上,老师开始给学生讲解加减法的混合运算,而班上的一名智力障碍儿童目前的水平还停留在只会做加法算式上。对于该名学生,在集体教课环节,老师则可以将混合算式的加法部分让特殊学生来作答,以便让他能够参与到课堂中。在完成课后练习的时间,老师则可以为特殊儿童单独辅导减法算式,让他逐步跟上课堂上的教学内容。

个别辅导的形式主要有以下几种。

1. 抽离式的个别辅导,即用原班正课时间将学生自班级抽离1至2节到资源教室接受指导。当特殊儿童在某一学科的发展水平上严重落后于班级整体水平时,可以采取该种方法。

2. 外加式的个别辅导,即利用早自习、班会等不影响正课的时间进行指导,指导教师可以由资源教师承担,也可以是科任教师。

3. 资源教室主导式的个别辅导,即儿童的能力较差,大部分时间难以跟随普通班学习,所以大部分时间将儿童安置在资源班,实行逐渐融合进入普通班的形式。

4. 集体教学中的个别辅导,即在班级教学环境内,教师寻找机会对特殊儿童进行个别辅导,例如当学生在学习的时候,教师可以观察特殊学生的学习活动,当他们需要帮助的时候,教师可以为其提供个别指导。例如,对于中年级学生而言,语文学科课本中一些词句的理解,普通学生完全可以通过自学来完成。但是对于思维缺乏概括性和逻辑性的智障学生而言,自学字词却十分艰难,需要教师在教学实际中有层次地对随班学生进行个别化教育。例如,在执教课文词语"全神贯注"时,教师一方面布置普通学生自学词语,一方面,为了让班上几个特殊学生能理解,教师运用了"认认真真""一心一意""聚精会神"等词意来表述。同时利用午间休息,组织孩子们观看有趣的动画片,结合课堂教学内容,运用造句加深他们对这个单词的理解,例如通过"电视太好看了,我全神贯注地看着""小明全神贯注地盯着电视看,原来那儿有精彩的节目"等句子帮助学生理解词语"全神贯注"。①

---

① 加强个别化指导,提高随班就读学生学习能力[EB/OL]. [2014-11-2]. http://www.shuifeng.net/Teacher/

（二）集体教学中的个别化教学

1. 教学目标的个别化

学习目标是影响学生学习动机的重要因素，只有当学生清楚地意识到自己的学习目标时，学习才有可能是主动的。而对于学习主动性较差的特殊学生来说，清晰而适合其能力水平的学习目标尤为重要。对于智力正常的感官残疾学生，如听力障碍、视力障碍学生，他们的学习目标可能和班级其他学生并无太大的差异，而对于发育迟缓的学生，例如智力障碍、自闭症等学生，教师要为他们设计个别化的学习目标，让他们逐渐感知到只要自己努力就能达成目标，这对于学生学习信心和主动性的培养非常重要。否则，会因为长期达不到老师"不合理"的要求而产生无助感和自卑感。最初为学生制定目标时，要注意难度不要太大，学生稍加努力便可达到，这样可以让学生很快找到成就感。当学生完成目标后，则应该每过一段时间就指导他为自己制定新的学习目标，使他以自己的步伐和方式逐渐跟上班上的学习进度。图5-1中就是某位数学老师和班级上的多动症学生协商后为其拟定的教学目标，不仅包括教师为其设定的课程目标，也包括为其单独设定的行为管理方面的目标，并给予了其选择的空间。

```
学生姓名：源源
我本周的目标：
   每节课下座位不超过两次
   每节课找同伴讲话不超过三次
   每节课至少举手回答三个问题
```

图 5-1　多动症学生源源的学习目标

2. 教学内容的个别化

同样的教学内容，老师可以根据班上学生的学习特点、能力水平进行调整，例如扩充、缩减或者改变教学内容的呈现方式，这样可以保证班上的特殊学生最大程度地在教室里和同伴一起学习，而减少被抽离的机会。例如，低年级的语文课文内容简单有趣，同时还配有插图，因而直观形象。考虑到众多低年级的发育迟缓学生识字困难，教师可以给特殊学生主要呈现课文中的图画，将课文内容简化为图片中的内容，让学生运用看图说话的方式来学习课文内容。

3. 教学方法的个别化

大班教学课堂上，教师多采用传统的讲授法，局限于教师讲学生听，导致教师教学方法比较死板，学生缺乏学习兴趣和积极性。不同学生具有不同的学习特点，都有自己独特的学习方法，尤其是特殊学生由于身心发展的特殊性，在学习方法、学习方式上更有其特殊性。

（1）直观教学法

直观教学即利用教具作为感官传递物，通过一定的方式、方法向学生展示，达到提高学习的效率或效果的一种教学方式，包括实物直观、模具直观和语言直观。[①] 例如，视力障碍学生视觉通道缺失，他们在接受外界信息时主要依靠触觉、听觉通道，导致他们在理解数学有关的较抽象的概念时存在困难。要求数学老师除了传统教授法之外，要大量地运用直观教学法，同时要注重将课堂内容生活化，从而能够将课堂内容转化为视障学生的生活技能。例

---

① 教学方法与教学手段的探讨[EB/OL]. [2014-11-3]. kc.njnu.edu.cn/xxjs/topict6

如,当老师让学生理解"米"的概念时,普通学生通过观察很快可以知道"1米"大概的长度和概念,而视障学生因为看不见,很难建立对"米"的固定概念。因此,老师可以给视障学生一把米尺,让学生摸认米尺,大概了解米尺的长度,然后指导学生用米尺量度自己的身高和量度桌子、课室、讲台等,使视障学生借助自己的身高、桌子、楼梯、栏杆等,建立1米长度的概念。又如,在教学"大小"的概念时,教师可以用视障学生在日常生活中较容易接触到的用具,如大碗与小碗,大球与小球,大瓶与小瓶等进行配对比较,把它们放在视障学生的桌上,通过摸一摸、说一说,同桌互相讨论,从而在感觉上体会到"大小"的概念,使"大小"概念的教学过程变成视障生亲身体验的操作过程。

(2) 游戏教学法

所谓游戏教学法,指运用游戏的方式,将教学目的、内容融入其中,师生通过游戏活动,遵循游戏的规则,进行教学。[①] 在特殊教育教学中,游戏教学是广泛采用的方法。游戏作为儿童生活的一部分,是儿童最喜欢的活动,特殊儿童也不例外。教师可以通过游戏教学激发特殊儿童的学习兴趣,也可以为特殊儿童提供更多参与的机会。例如在教学生认识单词时,单一的认读单词法很难吸引特殊儿童的注意力,而且也不利于特殊儿童记忆。教师可以利用抢凳子的游戏,把需要认识的单词卡放在椅子上,抢到椅子的同学则要认读相应椅子上的单词。在竞争性的游戏中,学生便拥有了多次认读不同单词的机会。

(3) 情景教学法

情景教学法是指通过学生的日常生活、学习中的人、事、物来实施教育、教学。在情景中学习,学生能直接看到所学的结果和行为的结果,从而体会到学以致用。[②] 尤其对于处于形象思维阶段的特殊儿童来说,情景教学法更为重要,可以将课本中抽象的语言知识转化为直观的、可以体验的教学情景。在教学过程中,教师根据教学内容来创设合适的情景,使特殊学生可以在适宜的学习情景中自然投入,让他们在具体、有趣、和谐、宽松的课堂教学中领会和掌握教学内容。

老师可以根据教学目标安排或布置教学情景。例如在《礼貌做客》一课中,教师可先在教室一角简单创设一个"客厅",然后以主人身份邀请智障儿童,把他们引入"到外婆家做客""去同学家做客"等生活情景,在模拟演示中,训练他们怎样有礼貌地与人交往。又如教师在教学生掌握速度的公式时,便可以带领学生到操场上跑步,让学生记录自己跑步的时间,用跑的里程除以自己跑步的时间来测算自己的速度。学生便在亲身体验的过程中理解了速度的概念,并且能够学以致用、活学活用。再如,上数学课就组织大家一起包饺子。程度好的孩子,老师会教他核算成本;程度一般的孩子,老师会让他计算每个人能分到几个饺子;如果是特殊孩子,即使什么也不会算,但至少他学会了包饺子的方法。

学校的教学环境不能够处处为学生提供真实的情景化教学,教师可以调动家长的力量,发挥家庭教育真实自然的优势,让家长为特殊学生创造将课堂知识应用于实践的机会。家校结合,可以扩展特殊学生的学习空间,也可以为学生提供更真实的学习情境。在接下来引用的案例5-6中,北京市昌平区二毛学校的王秀丽老师在教学过程中为了帮助听障学生掌握面积单位,不仅在学校为学生创造在直观的环境中体验的机会,而且在学校条件受限的情况下,调动家长的力量共同帮助特殊学生学习。

---

① 朱慧娟. 小学英语游戏教学法探究[J]. 小学时代,2010(10):34-35.
② 张文京. 特殊儿童个别化教学设计与实施[M]. 重庆:重庆出版社,2008:90.

 案例 5-6

自然情景中的个别化教学

王秀丽　北京市昌平区二毛学校

静静是一个有先天听力障碍的小女孩。她的智力良好,凡是能理解的知识,笔答的效果还不错,与人差异明显的就是听和说两方面。为了照顾到静静的差异,在教学中,针对静静由于听力障碍造成的语言和思维发展迟滞的现象,我特别注重使用肢体语言和实际操作的方法对其进行个别化教学。

比如:在学习"公顷和平方千米"时,这两个面积单位不同于之前学过的平方厘米、平方分米和平方米,那三个面积单位可以做成纸模让她认识和理解。而公顷和平方千米表示的面积太大,不是人的目光所能及的。对于普通孩子来讲,进行有效的知识迁移,讲清1公顷指的是边长100米的正方形面积,1平方千米指的是边长1千米的正方形面积即可。但是对于静静来讲,她听不到老师和同学们交流的内容,又没有实际的物体(或模型)可以触摸和感受,怎样才能让她认识和理解公顷和平方千米这两个较大的面积单位呢?

上完新授课后,我找来她的学习帮手,我们一起带着静静到操场上,先让小帮手领着静静在操场上的直线跑道(50米)上走一次,手语告诉她这就是50米。问她:"长不长?"她很努力地说:"长。"接着我指导帮手领着她绕着操场(每边50米)走了整整一圈,指着围成的操场地面问她:"大不大?"她微笑着回答:"大。"我伸出4个手指,做出把4个操场平铺在一起的手势,告诉她这才是一公顷。她做出惊讶的表情,似乎明白了1公顷的实际意义。

1平方千米在学校有限的条件下不能让她亲自感受,需借助静静妈妈的力量,我在网络上和家长沟通,指导她确认1千米的方法,并把直线距离具体化(昌平政府街鼓楼南街十字路口向东到政法大学校门口大约是1千米)。让她带着孩子亲自走一走,并想办法告诉静静以这个长度为边长围一个正方形,面积就是1平方千米。事后了解,她们真的这样做了。

通过家校的通力合作,静静对于公顷和平方千米这两个大的面积单位有了进一步的认识,有效加强了她的空间观念,在解决单位换算问题时正确率有了很大提高,我相信,这对于今后学习体积单位也会有促进的。

4.教学评价的个别化

(1)个别化的课外作业

不少随班就读特殊儿童的家长反映,孩子作业量和难度太大,每天家长要陪同孩子做作业到深夜,家长和孩子的压力大,但效果并不理想,很多特殊孩子甚至因为不喜欢超负荷的作业而出现厌学情绪。这种一刀切的评价方式往往会给特殊孩子的发展带来很不利的影响。老师在给特殊学生布置课外作业时,应该根据特殊学生的发展状况"量身定做"。

就课外作业的调整而言,从时间来看,可以分为作业撰写前的调整、撰写中和撰写后的调整三个阶段。撰写前的调整策略主要为"指导作业的撰写",撰写中的调整策略主要包含"调整作业的内容""调整写作业的方式""调整作业的分量"等,撰写后的调整策略主要为"调整作业的评比和回馈"。本节引用我国学者钮文英撰写的"作业的调整内涵表"(见表5-6),

以供融合教育教师在为各类特殊学生提供课外作业的个别辅助时参考。①

表5-6 作业调整内涵表

作业调整的内涵	调整内涵的详细说明
回家前指导作业的撰写	1. 在学校先指导该生如何完成回家作业,提供额外完成作业的协助(例如,在哪里可以找到答案),并且让该生在课堂中叙述部分作业,以确认他已了解如何做。 2. 明确告知该生教师对作业的期待。
调整作业的评比和回馈	1. 调整作业的评鉴标准。 2. 立即提供该生作业表现的回馈,指导他修正作业(教师也可以安排同伴小老师来协助该生修正作业,安排该生在小组中一起研讨修正作业)。 3. 给予作业额外的加分机会(例如,修改正确可以额外加分)。
调整作业的缴交时间	1. 延长作业的缴交时间。 2. 分段交作业。
调整作业的形式	1. 以录音呈现作业内容给该生。 2. 以点字呈现作业内容给该生。 3. 放大作业单中的字体和图片。 4. 将作业单中题目的字距、行距拉大,或减少每页的题数。 5. 使用完整且简明易懂的句子,加注注音,或是使用图片/照片搭配简易的文字叙述作业单中的指导语或问题。 6. 提供作业的线索(例如:提示解题步骤、提示关键词语、针对作业中的计算符号给予提示、给予提取正确词汇的视觉线索)或额外的范例给该生。 7. 提供该生较大写字方格的作业簿。 8. 提供有提示(例如描点、描红、外框字等)或字体结构的写字方格给该生。 9. 将原来问答题完全空白的作答处,改成撰写大纲,以提示该生如何组织他的答案。 10. 调整作业内容的顺序(例如:由简单到困难)。
调整作业的分量	1. 减少相同题型作业的题数。 2. 减少相同数字作业的字数。 3. 将一份作业分解成较小的作业,分次给予。
调整学生写作业的方式	1. 让该生以录音的方式做作业。 2. 让该生以点字的方式做作业。 3. 让该生用电脑文档处理的方式做作业。 4. 让该生用作品(剪贴、画画、设计等)的方式做作业。 5. 让该生用大纲或图表的方式来回答问答题。 6. 让该生用替代的应答方式(例如:勾选、选择、画出、圈出等)回答文字填空的题目。 7. 让该生用计算器完成作业。 8. 该生写作业有困难时,可以求助同伴小老师。

---

① 钮文英. 拥抱个别差异的新典范——融合教育[M]. 台北:心理出版社,2012:443.

续表

作业调整的内涵	调整内涵的详细说明
调整作业的内容	1. 降低作业的难度(例如:计算题的数字改小一点;改写常用字)。 2. 删除部分不适合该生能力的作业。 3. 配合该生的兴趣和能力,给予他有兴趣、能够独立完成的作业内容(例如,要他到便利店购物)。 4. 提供给该生选择作业内容的机会。 5. 增加作业的难度、广度。

(2) 引入注重过程的评价方式

传统的评价方式以纸笔测试为主,认为评价就是确认学生的学习效果,确认学习结果与目标的吻合程度,评价的方式就是测量,根据教育目标设计各种测量的工具,对学生的学习进行客观的评价,是一种终结性的评价方式,它忽视了学习过程对学生发展的意义。而对于特殊学生而言,因为他们中的大多数往往在认知发展方面存在缺陷,因此,只注重结果、以知识考核为主的评价方式不仅不能反映他们的成长过程,往往还将他们置于不利的地位。过程性评价要求在学习的过程中反映学生的学习质量,即在学习的过程中评价,促进评价过程与学习过程的融合。它能对学生的学习质量水平做出判断,及时地反映学生学习中的情况,促使教育者和学生对学习过程进行积极的反思和总结,而不是要最终给学生下一个结论。对于个体差异较大的特殊学生,我们需要引入过程性评价,用特殊学生的自身状况作为参照系,把特殊学生的过去与现在进行比较,或者将其有关侧面相互进行比较,从而得到评价结论。在教学过程中,老师应当对特殊学生取得的每一点每一滴的进步给予及时的表扬,激发他们的学习兴趣和动机。

第五节 结构化教学

结构化教学法是指为儿童营造一个具体、清晰的学习环境,利用简单的程序表协助他们建立常规,又利用特意的视觉安排设立合适的工作系统,并以视觉作为教学的主导,使儿童对环境和事物有较好的掌握,减少他们对环境的混淆感,从而减低其行为问题的一种操作思想或方法。这种方法对自闭症、沟通障碍、中重度智力障碍儿童的教育非常有效且在世界上广泛使用。结构化教学在融合班级的运用可以给特殊儿童构建一个适宜的结构化环境,帮助他们理解教学内容,从而更好地进行学习和适应融合班级的环境。

一、结构化教学与特殊儿童的学习特质

特殊儿童有着不同于普通儿童的认知特点、学习方式和需求,融合教育的教师应该尊重与了解特殊儿童的特殊性,而不是只关注他们存在的障碍。在课堂教学时,教学环境、教学方法、教学内容等都应该将特殊儿童的特殊性融入其中,让特殊儿童以其擅长的学习方式来掌握课堂内容,而不是被动地适应普通儿童的学习方法。结构化教学以尊重特殊儿童的特殊性为其核心理念,它强调在教导特殊儿童适应新环境的同时,也要考虑特殊儿童的认知、需求和兴趣,来调整环境并改善他们的适应能力。

以自闭症儿童为例,自闭症儿童在认知、思维、学习等方面都有着异于常人的发展特点。①在思维方面:重细节而忽略整体概念;连结各种观念有困难,如因果关系;缺乏抽象思考能

力;组织与依序处理事情有困难。②学习方面:视觉能力优于口语理解能力;主动性差,过于依赖指示;缺乏"结束"概念。③感官发展方面:无法分割与调整知觉;对刺激容易过度反应(有时也会毫无反应);喜欢有秩序和可预测的环境。④其认知优势表现为视知觉能力佳,对有提示性教材的记忆强,对非语文教材的记忆强,以规则来学习抽象概念。而结构化教学的设计原则是根据自闭症者在视觉方面的优势能力,运用大量的视觉线索和提示,帮助他们搜集与注意环境中有关且具意义的信息。例如,让自闭症儿童依照环境的提示来完成自己的任务,减少教师的肢体与口头的协助;建立儿童独立工作的系统,利用图卡协助孩子有顺序地学习工作……可见,结构化教学充分尊重了特殊儿童的学习特质,建立适合特殊儿童学习的教学环境,协助特殊儿童完成学习任务,是融合教育班级有效的教学策略。

二、结构化教学的组成部分

(一)环境结构化

环境结构化就是用清晰的界限为儿童划定不同的活动和学习空间,以便儿童了解活动、学习与环境的关系,掌握环境对他们的要求。特殊儿童常因对环境中复杂的感官刺激产生选择的问题,造成注意力不集中从而影响学习。① 因此,教师可以通过教室的组织化,将教室空间隔成不同的学习区域,让特殊学生明白在每个特定的区域应该从事哪些活动,将注意力集中在最相关的活动上,让学习效果达到最佳。例如,将教室区分为团体学习区、游戏区、一对一学习区、独立工作区等。有效的空间结构可以减少特殊学生在视觉上的干扰,让活动和期待变明确,让特殊儿童觉得世界是有序的。此外,在安排特殊儿童的座位时,也要注意考虑空间位置对他们的影响。例如,对于注意力难以集中的自闭症儿童,教师可以让其座位接近教师或面对教师,或坐在两位模范生的中间,便于给予其视觉提示,减少分心的机会。对于注意力难以集中的多动症儿童,教师在初期阶段可以标明儿童的活动空间,在不影响其他同学学习的情况下,儿童可以在老师允许的空间里走动。

(二)视觉结构化

视觉提示就是把学习环境、学习材料、工作程序作适当的安排,使儿童无需语言,只用视觉的辨别,便可以明白和理解学习的要求。视觉提示又包括以下三个部分。

1. 视觉清晰显示:就是把学习中的重要资料以清楚而具体的材料及视觉的线索清晰显示出来,以便于儿童辨认。清楚而具体的视觉线索不但可引起学生的兴趣并能帮助他们集中注意力,更能帮助自闭症学生确定此工作最重要的部分及特点。例如使用颜色卡、名牌、文字符号等视觉线索标明活动场所,让自闭症学生知道何处该进行何种活动,所要做的工作内容为何,或者了解哪些物品是自己的。

2. 视觉组织:将原本大范围或较复杂的工作切割成有系统的小单位,帮助自闭症学生完成工作任务,避免因复杂的工作表象产生不必要的混乱与分心。例如教导自闭症学生擦黑板,可以利用彩色粉笔将黑板画出四块明显的方形区域,即把黑板分割成四小块,让学生一个区域一个区域地完成擦拭工作,那么就将之前较难的工作转化成简单的状态。

3. 视觉指示:就是利用文字、图片把要完成的工作安排成为一个模式,说明工作的内容及步骤,以便儿童按照指示去完成工作。② 特别是在教抽象的概念时,老师应配合图画的提示,以具体方式呈现,或以实物操作让孩子理解,避免使用模糊的语言描述。以视觉方式呈

---

① 伍小云. 如何构建结构化的教学环境[J]. 课堂内外,2013(3):61.
② 结构化教学[OB/EL].[2014-11-2]. http://blog.sina.com.cn/s/blog_61d43f280100mdyg.html

现工作指令有三方面的优点:可以减少注意力不集中,或忘记的问题;协助有接受性语言障碍的学生了解要做什么;增强对连续性事件的记忆能力及时间概念。[1]

（三）程序时间表

程序时间表就是对儿童的每日或某段时间中所进行的活动,以及这些活动的先后顺序进行安排,也可以说成课表或活动表。程序时间表利用视觉提示把整日的活动内容及顺序展示出来,有助于儿童预知并控制其所处的学习环境,降低焦虑。时间表的长度,需要依据特殊儿童的能力来设定,有可能一次呈现单个或多个活动,或半天的时间表,或整天的时间表。可以加上文字、图像、照片、实物或其他容易理解的媒介,以视觉线索清楚地显示。只有让特殊学生了解他们的时间表,他们才能善用清楚而连贯的时间表,才有助于整个班级的运作。表5-7是教师为某特殊儿童制定的上课程序表。

表 5-7　上课程序表

8:00—8:30	8:40—9:15	9:25—10:00	10:00—10:25	10:25—11:00	11:10—11:45
升国旗	语文	语文	课间操、休息	数学	数学
图片	图片	图片	图片	图片	图片

（四）个人工作系统

个人工作系统是基于学生的时间表发展而成,目的是为了告诉特殊学生某项活动或工作的实施顺序,并指导他们要完成什么任务。学生会被安置在教师的独立工作区域,他们会拥有自己的工作桌椅,以及用来摆放工作材料的层架,在有组织及不受干扰的学习环境下,专心地自行完成工作。在安排教学材料和用品时应注意让学生明白以下几点:首先,应该要让学生知道要做什么,包括要做的工作内容、工作数量、工作所放的地方、工作的先后次序。其次,让学生知道要怎么做,包括让学生知道工作的规则、工作的模式、工作的步骤以及工作完成的规则。再次,通过工作项目条的提示,让学生知道工作完成后要做什么。[2] 例如,将数张工作卡按序排放,如采取直排的方式放置好,学生每做完一个工作,就拿下一张工作卡,当最后没有工作卡时,表示所有工作已完成。

（五）常规

常规就是日常生活和学习的习惯及规律。帮助特殊儿童建立起有意义及有次序的行为习惯,无疑会给他们的学习和养成为人接受的良好行为带来好处。在一个极有秩序及安排得当的学习环境中,儿童就会按老师的要求做事。常规的建立主要从以下几个方面着手进行(见案例5-7):①建立做事的先后顺序。②建立完成工作的常规,建立完成工作的常规就是通过训练让儿童建立起学习任务是会完成的,完成工作后就会有奖励或报酬的概念,以此来促使儿童努力完成任务。其中,特别要注意为特殊儿童安排的任务要明确、清晰、可操作,例如要求儿童把给的材料全部用完或全部从工作筐中取出,即表示工作完成;或者写完规定的半篇或一篇字就表示工作完成。把字写整齐、有感情地朗读课文等模棱两可的指令往往给特殊儿童造成困扰。③学会看个人时间表,通过训练培养自闭症儿童在每天活动开始之前看时间表的习惯,使他能了解个人活动的内容、时间及先后顺序,把精力放在要做的事情之上。[3]

---

[1] 杨碧桃. 结构式教学环境在启智班的实施研究[J]. 屏东师院学报,2010(13):111-136.
[2] 伍小云. 如何构建结构化的教学环境[J]. 课堂内外,2013(3):61.
[3] 结构化教学[OB/EL].[2014-11-2]. http://blog.sina.com.cn/s/blog_61d43f280100mdyg.html

案例 5-7

在与这个班级挣扎了十二周,却不见明显的行为改善,也丝毫感觉不到我对这个班级的控制力后,我想必须采取一个更明确的方法。于是,我设计了一个方案,以整顿教室秩序。我用制图纸做了一个信号灯,并在上面写上班里学生的名字。接着利用索引卡做了一堆圈圈,每个圈圈上都着上红、黄、绿三种颜色中的一种。最后做了一个大表格,上面标上一周的日期。翌日早晨,我在教室里向学生解释着接下来要做的事。每个人的信号灯都从绿色开始,当我想要警告某人的不当行为时,我就拿掉绿色圈圈并粘上黄色圈圈。当我必须叫某人去坐"思过椅"或任何其他规范他们的行为的方式时,黄色圈圈便变成红色。我把表格挂在布告栏上,然后高举一包星星贴纸。我发给每个男孩一个独特的颜色,若有人能够在绿色的时间内完成指定功课,他就可以在表格上贴一个星星。如果一天中五个绿色星星全部贴上,他就可以得到一条巧克力棒。不论任何颜色,当我们贴满五十个星星时,我们就可以举行一个班级宴会。事情进行得并不完美,孩子们的行为并没有突然的改变。可是慢慢地、慢慢地,班上的几个十分调皮的男孩似乎有那么一点点注重他们的行为,也注意起班级整体行为了。①

三、结构化教学的实施案例

案例5-8改编自台湾屏东教育大学特殊教育系的赖欣怡的硕士论文,她利用结构化教学中的个人工作系统对台湾某小学普通班的一位自闭症学生进行辅助,以提高其独立完成学习活动的能力。具体内容如下。

 案例 5-8

(一)个案情况

小雨是一位足月剖腹产的孩子,五岁时确诊为自闭症。八岁时,接受魏氏儿童智力测验,语文理解得分为55分,知觉推理得分为48,工作记忆为57,处理速度为57,全量表得分为48。

小雨具备简单的口语沟通能力,如说出:××同学,请我喝一杯饮料。或者向老师投诉:×××,不要拿我的恐龙玩具。在认知方面,在语文科目的学习上,可认读和书写200多个汉字,会利用注音符号进行拼写,并有造词和造句的能力;在数学方面懂得100以内数的点数与序列关系,会用计算器做加法、减法的运算,会看电子表及时钟的整点与半点,知道基本的日期关系,认得钱币的种类。但是小雨在认知发展上与同伴有一定的差距,班级主要学科的学习活动对小雨来说存在较大的困难,因此小雨对于主要的学科的学习缺乏兴趣,需要老师在课堂上进行口语或肢体提示,小雨才愿意进行老师给予的学习活动,但是其注意力仍相当短暂,常常活动进行到一半就会出现发呆、做别的事情或离座、与他人交谈,或者模仿老师说话等干扰行为。因此,小雨急需个别化工作系统的介入,借由工作系统的组织,让小雨可以独立完成学习活动行为,降低对班级的干扰,增进与他人共同学习的能力。

---

① [美]桃莉·海顿.围墙上的孩子[M].陈诗达,译.杭州:浙江人民出版社,2005:100-101.

(二) 就读融合班级的情况

小雨就读六年级,他所在的班级有男 13 人,女 12 人,为男女人数平均的班级。六年级大部分同学因为经过三次分班,不少同学有跟小雨同班的经验,对小雨的特质比较了解,大多也相当包容其特立独行的行为。小雨的教师面对班级二十多个学生,对小雨无法面面俱到,常因为自闭症学生的干扰行为感到困扰。教师因为不知如何对自闭症学生做课程调整,以促进其学习而感到愧疚。

(三) 行为问题的成因

研究者对小雨的干扰行为做行为功能分析,发现是因为小雨在上课时跟不上教学进度,对教学活动缺乏兴趣,以至于产生前述的干扰行为。而教师对课程所做的简化也引不起小雨的兴趣,或者教师对课程的调整不适合小雨,小雨对课程缺乏主动与独立性这一点也让老师十分困扰。

(四) 强化物系统的建立

根据与小雨的交谈和小雨家长提供的信息,小雨最喜欢各式各样的车子和恐龙遗迹电玩游戏。教师以车子、恐龙、电玩画面设计图卡,列出来让小雨选择,以每收集五张车子、恐龙图卡兑换真实的车子、恐龙模型,每收集一张电玩图卡,可以在老师的电脑上打电玩 10 分钟,以此强化物系统来提高小雨的学习兴趣。

(五) 规划个别化工作系统

小雨个人的特质是,图像识别能力强,且懂得 200 多个汉字,又略懂得注音,因此决定采用图像加文字说明工作的序列,并依照工作系统的四个重要概念:要做什么工作、工作量有多少、怎样知道已经完成工作(包括做完后要放置在何处)、接下来要做什么,来教导小雨。同时也需要小雨熟悉工作系统的步骤,如:依照"从左到右"的顺序排列,从第一个步骤到最后一个步骤,完成后将作业夹放置到"已完成盒",从"未完成盒"中作业夹的份数知道是否完成所有工作。研究者需要协助训练小雨,使得以上步骤皆能达到自动化为原则。

老师在小雨桌上放置图像加上文字说明的工作系统流程表(表 5-8),在小雨桌子的左侧放置"未完成处",在小雨桌子的右侧放置"已完成处"。将小雨该堂课需要完成的学习作业装入 A4 资料夹内,学习单的内容配合小雨的 IEP 指标。语文资料夹以纸本书写、选词填写为主。数学资料夹以教导数概念、钱币计数为主。教导小雨依照"从左到右"的概念标示号码拿出作业夹并完成学习单,完成后将 A4 的资料夹依序放入"已完成处"内。小雨的个别化工作系统如表 5-8,小雨在完成工作系统中所有工作时会举手告知老师,并依据强化物系统取得奖励。

表 5-8 小雨的工作流程表

❶→ 开始	❷→ 拿出第一个作业夹	❸→ 做完后放到"已完成盒"	❹→ 取出第二个作业夹	❺→ 做完后放到"已完成盒"	❻→ 做完后举手告诉老师	选择喜欢的物品 集 5 张"车子卡"或"恐龙卡"得模型一个,1 张电玩卡打电玩 10 分钟

【本章小结】

融合教育发展的推动不能仅依靠理想与伦理的力量,课堂教学的质量也不能依靠修辞与激情来实现,而是需要探索并践行能够提高教学有效性的"最佳实践方式"。美国《不让一个孩子落后法案》和《残疾人教育法案》明确提出,教育者必须使用"以实证研究为基础的教学方法(Evidence-based Teaching Method)"进行教学活动。基于证据的实践也成为社会学、心理学和教育学等领域中干预和服务的"黄金标准",只有那些被科学证明的教学计划和教学实践才能付诸实践。在融合教育的实践中,差异教学、合作教学、个别化教学、合作学习等已经成为经过实证研究并证明有效的特殊教育方式,差异教学和合作教学甚至成为融合教育成功的重要支柱。对于本来就落后于普通儿童的特殊儿童,只有提供高品质的教育才能缩小差距。因此,融合教育教师应该采用以上已经经过实践证明的教学方法来实施课堂教学,为特殊儿童提供高质量的教育。

【思考题】

1. 请就你自感兴趣的学科内容,设计一份差异化教学教案。
2. 在融合班级,普通教师和资源教师如何实施合作教学?
3. 请阐述同伴指导的操作过程。
4. 莉莉明白她跟班上别的孩子不一样,在他人眼中自己是个"慢"学生。有位特殊教育的老师经常会来教室辅导她,有时也领她去资源教室学习。因为自己同时拥有两名老师而别人没有,她非常不喜欢这种与众不同。试分析如何解决莉莉遇到的问题。
5. 请结合自闭症儿童的特点,谈谈如何为融合课堂的自闭症儿童创设结构化的教学环境。

【推荐阅读】

[1] 华国栋. 差异教学论[M] 北京:教育科学出版社,2001.

[2] 华国栋. 差异教学策略[M]. 北京:北京师范大学出版社,2009.

[3] [美]Diane Heacox. 差异教学——帮助每个学生获得成功[M]. 杨希洁,译. 北京:中国轻工业出版社,2004.

[4] [美]Carol Ann Tomlinson. 多元能力课堂中的差异教学[M]. 刘颂,译. 北京:中国轻工业出版社,2003.

[5] [美]Thomas Armstrong. 课堂中的多元智能理论[M]. 张咏梅,王振强,等译. 中国轻工业出版社,2003.

[6] 钮文英. 拥抱个别差异的新典范——融合教育[M]. 台北:心理出版社,2012:443.

[7] 夏正江. 一个模子不适合所有的学生——差异教学的原理与实践[M]. 上海:华东师范大学出版社,2008.

[8] Cook L, Friend M. Co-teaching: guidelines for creating effective practice[J]. Focus-on-Exceptional, 1995(3):1-16.

[9] 王燕华. 幼儿园如何接纳特殊需要儿童——融合教育工作经验篇[M]. 北京:北京大学出版社,2011.

第六章 融合教育的合作和支持

【本章导言】

融合教育并不仅仅是安置方式的转变,更重要的是观念和文化的转变,形成合作的文化氛围,构建支持的教育环境,共同尊重和呈现多元化的世界。融合教育不是仅仅将残疾儿童置于普通教室即可,其成功的关键在于普通教师和特殊教育工作者在普通教室的紧密合作与协同教学,以及特殊儿童所需的相关支持与服务顺利地融入普通教室。本章重点探讨在融合教育背景中,教师与家长的合作路径,相关专业团队的合作方式,融合环境的调整以及辅助科技的支持等内容。

第一节 教师与家长的合作

苏联教育家苏霍姆林斯基说:"教育的效果取决于学校和家庭教育影响的一致性,如果没有这种一致性,那么学校的教学和教育过程就会像纸做的房子一样倒塌下来。"因此,在教育活动中,应该形成良好的家校合作,家庭和学校互相支持,共同努力,使学校能在教育学生方面得到更多的来自家庭方面的支持,使家长能在养育子女方面得到更多的来自学校的指导。家校合作的关键在于教师与家长之间的合作,这是家校之间建立良好关系的关键。本节主要从教师的角度分析教师与家长的具体合作方法和合作的主要途径。

一、教师与家长的合作方法

教师与家长合作能够为教师、学生和家长三方带来益处,但若教师不注意合作的方法,很可能就会阻碍与家长的合作,如教师采取地位不对等的方式与家长合作,导致家长的逃避心理等。因此,在教师和家长的合作过程中,遵循一定的原则和方法是非常有必要的。

(一)了解家庭系统

教师在与特殊学生及其家长进行合作之前,首先必须了解其家庭系统。Turnbull 等人提出家庭系统的概念架构图,可以帮助我们更好地了解家庭系统内的各项关系和内容,如图6-1所示。

教师可以依据此概念架构图,深入了解特殊学生家庭的特征、家庭互动历程和家庭功能表现,以及其家庭生活周期,并从中发现有用的信息和熟悉特殊学生家庭。具体包括,家庭成员数量、家庭成员的健康状况、家中出现特殊孩子后带来的挑战;家庭中的互动关系,如父母和祖辈、父母之间、父母和孩子之间以及兄弟姐妹之间等等;家庭在履行其功能的过程中是如何呈现效果的,如在经济、日常生活照顾、情感等方面的具体表现;最后是家庭生活周期的了解,如孩子目前所处的发展阶段,是否需要特殊学生的转衔服务来帮助度过家庭危机等等。特殊学生大部分时间生活在此家庭系统中,考虑到个体生活的环境将极大地影响其行为方式和心理发展,因此教师需要充分地了解这一背景,并在这一背景的基础上去理解和发现学生的需求。如果教师在了解家庭系统的过程中,发现亲子关系本身已经非常负面,那么在与家长的合作过程中,可能教师需要更谨慎地对待。

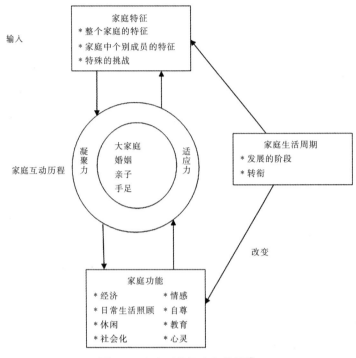

图 6-1 家庭系统概念架构图①

(二)了解家庭需求和困境

教师了解了家庭的整个生态之后,需要明确家庭的需求和现实困境。一方面,教师需要了解家长对于融合教育的期望,如希望融合教育为特殊学生带来哪些改变;另一方面,教师需要了解家长对于融合教育的担忧,如担心融合教育中,普通学生和家长会对自己的孩子形成排斥,甚至出现欺凌的行为,或者担心融合教育中,教师对自己的孩子不管不顾,挫伤了孩子的自尊心和自信心等。除了这些内容之外,教师还需要了解家庭的现实困境。如家长本身存在着压力,情绪比较低落,尚未能正视自己孩子的问题,那么教师可能需要为其提供一些帮助以缓解压力,必要时候还需寻求专业团队的合作。另外,如家长本身在养育孩子中存在着技能的不足,因此无法有效开展亲师合作,那么教师也需要为其提供一定的专业上的指导,以使得家庭氛围更加融洽和谐,增进家长参与融合教育的信心。

(三)表现真诚和尊重的态度

教师在与家长合作过程中,真诚和尊重的态度尤为重要。在与家长互动的过程中,要从倾听和理解出发,用家长能够理解的语言进行沟通和交流,避免使用过多的专业术语,多分享学生在学校的好的表现,建立家长的信任感。Wilson 认为教师与特殊学生家长有效沟通的原则有以下六项:第一是接纳;第二是积极聆听;第三是提问,借着问问题来探询家长的想法;第四是鼓励;第五是维持讨论的方向和焦点;第六是发展成合作的伙伴关系,也就是促使教师和父母形成协助孩子的共同目标。②

---

① 钮文英.身心障碍者的正向行为支持[M].台北:心理教育出版社,2009:519.
② 钮文英.身心障碍者的正向行为支持[M].台北:心理教育出版社,2009:522.

(四)共同商讨并执行融合方案

当教师对特殊学生家庭有了充分的了解,并且与家长发展起良好的合作关系,最后需要做的就是一起共同商讨并执行融合方案。在制定和执行融合方案中,家长可以为教师提供孩子的成长史以及家庭生态和生活作息相关的资讯,并帮助教师了解学生在非学校环境中的行为表现和兴趣特长。教师需要向家长介绍学校的融合政策,本班的基本情况,融合拟采取的方案,包括融合的项目、融合的时间、其他专业人员的参与等等,让家长充分了解教师和学校已经为孩子的融合发展做好了准备,消除家长的顾虑和担忧。在制定融合方案的过程中,教师需要重视来自于家长的意见和观点,结合特殊学生的家庭现实,设计可行的融合方案。在执行融合方案的过程中,家长有权利提出个人意见,同时与教师团队一起不断监督融合效果和修正融合方案。

二、教师与家长的合作途径

在融合教育中,教师与家长的合作途径很多,可以通过家庭访问实地了解特殊儿童家庭生态,也可以通过家长会了解家长的意见和看法,还可以通过家校联系册及时把握学生在家庭的各项表现,也可以通过网络平台实时与家长分享教育内容和教育经验,解决相关教育难题等。

(一)家庭访问

家庭访问是学校和家庭联系的一种有效方法。勤于家访、善于家访有助于加强教师和家长的联系,增进教师和家长之间的情感。在融合教育中,家访的主要工作包括:①了解学生家庭情况和学生在家庭中的表现;②了解家长对子女的教养态度和对融合教育的期望;③向家长介绍学生的融合教育方案,并介绍学生在融合班级的各项表现;④与家长共同研究孩子的融合教育方案,并听取家长的意见和建议;⑤了解家长在教养过程中的困难和问题,并积极帮助家长解决问题。

家庭访问这种形式最大的优点就是教师和家长可以面对面直接对话,教师也能够真实了解学生在学校外的行为表现,更有利于教师对家庭和学生的全方位了解。家庭访问不必过于频繁,可以在学期开始前或学期结束时,进行一次家访,也可以在孩子发展遇到瓶颈的时候,及时进行家访,了解具体的原因,找出解决对策。教师在家庭访问的过程中,应该注意方式方法,尽量避免只报忧不报喜,而应尽可能多地报喜,放大学生的进步以回馈给家长。家访后教师也需要认真记录,及时总结,以作为后续调整教育方案的重要依据。

(二)家长会

家长会是教师对学生家长集体工作的基本形式,一般家长会安排在学期初或学期末进行。学期初的家长会,教师一般会向家长介绍本学期的教育任务、工作计划,希望家长予以配合。而学期末的家长会,教师一般会总结本学期工作,介绍学生的在校表现和学习成绩等。在家长会上,教师也需要注意语言表达的方式方法,应先告诉家长孩子们的一些进步表现,再提出一些期望,而不是简单粗暴地批评家长和学生没有达到要求。

在融合教育中,家长会无外乎也是如此。但考虑到特殊学生的融合教育需要全班学生,乃至全班家长的积极支持,在家长会中,教师也可以适时设计特殊学生家长与普通学生家长之间的互动,以获取融合的支持。如邀请即将进入融合班的特殊学生家长在家长会上向其他家长讲述自己的养育历程,讲述特殊孩子的喜怒哀乐,让普通家长能够了解特殊学生,并且摆脱对特殊孩子的刻板印象,更有利于班级里融合氛围的营造,也容易形成互帮互助的融合关系,如案例6-1。① 特殊学生家长也应该积极主动参与到家长会中,利用家长会的契机让其他家长能够正确认识特殊学生,进而消除顾虑。教师也可以利用家长会请优秀的家长代表介绍自己的教养经验,提升其他家长的教养能力。

案例6-1

> 亮亮是一名自闭症儿童。由于是家里的几代单传,奶奶对他极为溺爱,他的任何举动、任何行为在奶奶看来都是可爱的,从不加以任何约束。当爸爸、妈妈对其进行管束时,奶奶就会大发脾气,进行阻拦。在学校中,老师对他的教育措施根本无法贯穿到他的家庭中去,形成了学校、家庭两重天,无法达到教育效果。为了孩子的教育,奶奶和亮爸、亮妈之间的感情也出现了裂痕。老师多次进行家访,但每次都碰一鼻子灰。在学校举办的"家长教育沙龙"活动中,老师将其作为一个实例向参与活动的家长进行描述后,没想到其中一位学生的奶奶主动请缨,帮助学校老师去做亮亮奶奶的工作。这位奶奶主动上门,与亮亮奶奶进行沟通,现身说法,经过多次的说服工作,收到了明显的效果。亮亮奶奶开始支持学校教师对亮亮所采取的教育措施,并配合学校在家中继续实施。

(三)家校联系册

家庭访问和家长会受到教师和家长时间的限制,不可能常开常有,因此家校联系册在增进教师和家长的关系上就显得尤为重要。它可以不受时间和其他因素的限制,及时帮助教师和家长交流信息、沟通情况,减轻教师的工作量。家校联系册可以包括学生在学校的表现、在家庭表现,教师和家长的意见和建议等。这种立即的、持续的教师与家长的沟通渠道,不仅可以传递孩子学习和行为的讯息,也能够很好地帮助家长了解孩子在学校的进步和表现,让家长建立对孩子的信心,并及时给予鼓励。同时,一旦孩子在学校有反常行为或问题行为时,教师的记载也能够帮助家长了解,家长可以在家配合学校,做适当的处理和跟进。

(四)网络平台

随着网络的普及和发展,越来越多的沟通可以借助于网络平台来实现。教师和家长的联系也可以通过网络平台来实现,并且凸显出快速、便捷的特点。例如建立班级家长群,教师可以在班级群里面介绍一些班级新鲜事,发布一些学生在校生活照片,推荐一些家长阅读材料等等,帮助家长了解学生的在校表现。针对特殊学生,教师则可以在家长群里面图文并茂地展示其在校生活的状况,凸显优点,展示出班集体合作共融的文化,让家长们意识到特殊孩子的存在并没有破坏班级学习,反而更促进了班级的团结。教师还可以创建班级博客,刊载一些个人的教学反思或教学困惑,一方面和家长进行探讨,另一方面解决家长的困惑。另外,通过网络平台,教师可以有针对性地了解家长的想法和意见,相比传统方式更加的快捷和便利。如通过聊天软件,与特殊学生家长进行实时对话,了解困难,传授经验,解决问题等。

除以上方法外,教师还可以通过电话及家长接送孩子的空档时间,反映教育教学问题和探讨孩子的成长与发展,并及时获取家长的支持和合作,共同促进孩子的进步。

---

① 梁松梅,等.小学融合教育新模式——北京市朝阳区新源西里小学的探索[M].北京:人民日报出版社,2010:41-45.

第二节 相关专业人员的合作

教师是融合教育成功与否的关键角色,教师需要适当的协助与支持。融合教育成效能否达成,则并非单靠教师之力,而是取决于专业团队之间的合作。专业团队通过分工合作,提供自己关于问题解决的方案和讯息,在专业知识上共同分享,为特殊学生提供整合性的服务。

一、融合教育执行团队的组成

根据不同学生的不同特殊需求,融合团队中专业人员的组成是各不相同的,但是整体来说整个融合教育执行团队可以包括核心团队成员和扩展团队成员,如图 6-2 所示。

图 6-2 融合教育执行团队的组成

（一）核心团队成员

根据特殊学生不同阶段的发展需求,核心团队和扩展团队成员会不断地发生变化。但一般情况下,核心团队成员包括了普通班教师、资源班教师、家长、特殊需求学生以及其他相关人员,不同的成员在团队中发挥不同的职责。

1. 普通班教师

融合教育团队中,普通班教师是最重要的成员之一,他们与特殊学生有较多的亲密接触,了解更多特殊学生的信息。因此,普通班教师在团队中的主要职责就是,提供学生在普通班的各项表现或行为描述,与团队其他成员一起协商其教学方案或教学实施问题。

2. 资源班教师

融合教育团队中,资源班教师是普通教师的重要支持。资源班教师具有较强的融合经验和处理特殊学生问题的经验,因此是核心团队的重要组成之一。资源班教师需要承担学生评估、行为问题介入以及教学内容的设计与指导等职责,为普通班教师提供咨询,并协助普通班教师处理特殊学生的问题。

3. 家长

家长有参与特殊学生融合教育的权利和义务,因此家长作为融合教育团队中的一员,主要提供有关子女成长发展的历程、在家的行为表现以及有关学习行为的相关内容。除此之外,家长还需要和其他团队成员一起商讨个别化教育计划的内容和实施。

4. 特殊需求学生

特殊需求学生既是融合教育团队服务的对象,也是融合教育团队的主要参与者。在融合教育执行过程中,特殊需求学生应该被告知其接受的教育和服务,并在知情同意的基础上执行该融合方案。另外,融合团队需要考虑到特殊需求学生自身的感受和诉求,以不断调整融合方案。

5. 其他相关人员

在核心团队成员中,其他相关人员可以是普通班学生或者教师助理等。普通班学生有可能承担教师助理的工作,协助特殊学生完成学习任务等。教师助理当然也有可能来自于其他志愿者。他们都直接参与特殊学生融合教育的执行过程,呈现融合问题,并及时反馈融合效果等。

(二) 扩展团队成员

扩展团队成员并不是说这些成员可有可无,只是不同的融合学校、不同的融合学生,其组成会有所不同而已。具体来说,扩展团队成员包括特殊教育相关专业人员、校内专业人员、方案的协调或行政人员以及社区服务人员。

1. 特殊教育相关专业人员

在不同的融合阶段,根据特殊学生的不同需求,融合团队需要特殊教育相关专业人员的介入,共同参与个别化教育计划的拟订和执行。如特殊学生存在着语言发展的问题,那么可能需要言语治疗师的介入,在教育计划中纳入言语治疗的内容;若特殊学生存在着肢体障碍的问题,则可能需要物理治疗师的介入,设计物理康复的内容,促进学生功能的改善;若特殊学生存在着感觉统合、书写能力以及专注力等方面的困难,则可能需要职业治疗师的介入。图 6-3 显示了职业治疗师是如何参与融合教育的实施的。①

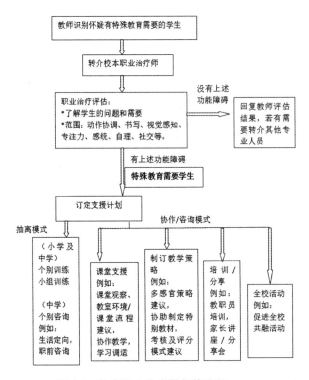

图 6-3 校本职业治疗服务的流程

① 校本职业治疗服务流程[EB/OL]. [2015-01-15]. http://www.otns.com.bk/otns_mode_3_1_cn.html

2. 校内专业人员

校内专业人员包括校医和护士、学校心理学家和其他科任教师。校医和护士需要为融合团队提供有关学生行为与药物疗效之间的咨询,以及紧急处理学生的意外突发情况。学校心理学家在融合团队中不仅直接处理学生个案,还为教师和家长提供咨商服务和专业支援,并就学校融合教育政策和措施提供专业意见。其他科任教师,如艺术、音乐、体育等科任教师,在融合团队中提供学生在这些科目上的行为表现,发现学生的特长或优势,并与团队成员进一步协商如何在这些科目中促进学生的融合。

3. 方案的协调/行政人员

方案的协调或行政人员主要包括融合教育的督导者以及融合学校的校长。在融合团队中,融合教育的督导者主要负责协助教师进行学生的鉴定和安置工作,安排教师参加特殊教育相关的培训和学习,帮助教师进行教学时间的调整,邀请心理医生进校进行指导等等。融合教育的督导者一方面要做好普通教师的支持工作,一方面还需要评估融合教育的效果。校长在融合团队中的主要职责即负责宏观的调配工作,包括相关融合文件的签署,人员与资源的调配等,主要为融合团队做好后勤支援工作。

4. 社区服务人员

社区服务人员包括心理健康工作人员、社会工作人员和个案管理者。心理健康工作人员不仅针对个案提供心理咨询和康复服务,更多的是针对特殊学生家庭提供心理健康服务,帮助家庭更理性地面对特殊学生的问题,积极认识特殊学生的优势和长处,主动参与到融合教育团队中。社会工作人员在融合团队中负责为个案争取各方的资源,如协助学校为特殊学生申请相关的经济资助,帮助特殊学生家庭获取一定的福利保障,等等。个案管理者主要是在社区内进行特殊学生情况的记载和记录,以便及时提供新的政策和各项支持服务。

二、融合教育中团队成员的合作

不管是核心团队还是扩展团队,其最终目的都是为推动特殊学生的融合教育而努力。由于团队成员来自于不同的领域和专业,如果仅仅只限制于自己擅长的方案,缺乏有效的与他人的合作,那么拼凑起来的融合方案势必很难有效贯彻。如物理治疗师仅关注个体的体能、骨骼肌腱的发展问题,而职业治疗师只关注其手部功能、生活自理和感知障碍等等,普通班教师只强调学会加减运算等,仅仅都只在自己的专业领域中提供训练和支援,那么很难达成一定的共识。相反,若融合团队采取统整性的运作模式,即团队成员不以专业界限分工,而是开放自己的专业角色,要求各专业人员担当其他专业的角色,以一致的期望、态度和方法全面照顾学生的需要,则能进一步促进各专业人员了解儿童在各领域的需要、能力和支持方法,并能形成一致和全面的意见。

(一) 形成团队共识

首先,团队成员需明确共同的目标,也就是团队所有成员都必须了解最终要实现的目标是什么,各自的任务是什么,以及为什么要执行这样的任务。团队成员只有在认同和接纳融合教育价值观的基础上才有可能做出恰当的行为和决策。其次,团队成员需要有共同遵守的原则,它能够提高团队的效能,减少意见分歧和团队冲突。如,团队的工作方式应该建立在尊重特殊学生及其家庭的基础上,而不能忽视家庭参与和意见;另外,团队成员应该以积极的、建设性的方式进行互动和沟通,而不要"唯我独尊"。最后,团队成员需要有既定的制度管理。如团体协商一般在什么时间进行,多久进行一次,以及在哪里进行等,这些都需要有明确的说明。虽然它不一定是一个肯定的答案,因为会涉及不同阶段和不同问题,但是起码要有一个大致的阶段规划。

(二)合作解决问题

一旦团队开始了具体的任务,就会遇到各种各样需要处理的问题,这时候团队合作解决问题能够更有效率地处理问题。团队在遇到问题时可以采用问题解决策略,具体参考以下几个步骤进行。步骤一:定义问题,在解决任何问题之前,必须先认清问题本身。特别是在团队中,如果每个成员对于该问题的表述都不一样,就无法同心协力共同解决问题。那么在与团队协商时,就可以通过以下提问来厘清问题:需要解决的问题是什么?是哪一方面不能正常运作造成了问题?这个问题包含哪些方面?哪些人参与了这个问题?这个问题影响了哪些人?步骤二:找出原因。认清问题之后,就必须分析其背后的原因。如,特殊学生的行为问题有些可能是由"外部干扰"引起的,例如刺眼的光线、教室外的噪音等,而有的行为问题是由"内部因素"引起的,例如不清楚课堂纪律等。步骤三:确认想要的结果。团队成员需要通过协商给出一个合理的期望,可以通过讨论,如"我们想让情况变成怎样?"来明确结果。步骤四:列出所有可能采取的行动。可以在团队内进行头脑风暴,并记录大家所想到的一切可能的办法。步骤五:选择最符合需要的行动。最符合需要的行动可以有以下几个特点:可行、省时、与环境匹配、符合收集来的个案情况、符合融合教育的价值观和程序、具有团队共识、尊重学生及其家庭的文化背景等。步骤六:制定具体行动方案。在这个过程中,团队成员需要明确自己的分工和责任。步骤七:实施方案。步骤八:反思、评价问题解决的成效。如:取得了哪些成果?有哪些意外后果?是否需要调整方案以应对意外的后果?下一次问题解决应该改善哪些步骤等?

(三)创造和谐氛围

一个高效的团队必定是有着和谐友爱的团队氛围,团队成员能够各抒己见,而不会担心被别人批评或嘲笑。要创造和谐的氛围,团队领导者可以采取下列的做法:①鼓励团队成员遵循团队的基本原则;②引导团队成员倾听他人说话,鼓励他们设身处地了解他人的观点;③协助团队成员看到他人表达内容的价值,即使他们和自己的想法不同;④在冲突发生时,协助团队成员使用问题解决策略解决问题,而不是责骂他人;⑤示范和鼓励有效的沟通技巧。[①] 有效和无效团队的特征,如表6-1。

表6-1 有效和无效团队的特征[②]

有效团队的特征	无效团队的特征
1.有向心力的团队成员,为达到目标,共同解决问题。	1.团队成员向心力不足,对工作的认同感不够,因而无法共同解决问题。
2.所有团队成员皆有参与和领导权。	2.团队成员的参与是不平等的。
3.目标在团队共识下形成。	3.目标并非在团队共识下形成的。
4.能力和资讯决定影响力和权力。	4.地位决定影响力,强调顺从权威。
5.双向的沟通。	5.单向沟通,忽视团队成员的感受。
6.团队成员共同作决策。	6.团队领导者作决策,其他团队成员极少参与。
7.正视和解决冲突。	7.忽视、避免和否定冲突。

---

① 钮文英.身心障碍者的正向行为支持[M].台北:心理教育出版社,2009:507.
② 钮文英.身心障碍者的正向行为支持[M].台北:心理教育出版社,2009:507.

（四）提供团队支持

融合团队支持学校融合教育的发展，但团队内部还需要各成员之间的支持和协作。团队各成员对他人的工作应该有基本的理解和共识，知道在遇到何种问题时需要寻求谁的协助，并尽可能互相学习，了解不同专业领域的方法如何综合作用于融合教育的发展。另外，需要创造机会以便于团队之间的沟通，例如创建网络沟通群组、公共论坛等，以便团队成员在遇到个人不能解决的问题时及时获得其他成员的意见和建议。最后，团队工作需要得到及时的鼓励和积极评价，让他们感受到自己的重要性和贡献，形成更强大的团队凝聚力。

第三节 融合学校的环境支持

融合教育强调要尊重学生的个别差异，提供适合的学习机会，给予学生最大的潜能发展空间。因此学校需要考虑不同学生的不同需求，秉承"以每位学生最大利益为考量"，来打造优质的学习环境。学习环境不仅包括物理的环境，也包括心理环境。本节重点讨论融合学校中物理环境的调整和融合共享的心理环境的营造，以分析融合学校如何实现"有爱无碍"。

一、物理环境的调整

物理环境的调整是指学校根据特殊学生的需求，建立或改善整体性的设施设备，营造无障碍校园环境，使特殊学生对校园设施和设备均能达到可到达、可进入、可使用的程度。特殊学生进入融合班后，最终目标就是希望他们能"融合于班级中"，O'Hanlon 曾表示：融合教育的实施应该让学生在其班级中，达到物理、社会和功能的融合。[1] 物理的融合是指学生能够顺利地进入班级上课，这是融合教育的最低标准也是首要条件。例如，肢体障碍或视觉障碍的学生借由辅助性科技、校园无障碍环境设施的规划，以及相关工具的提供，可以相对自由进入普通班接受教育。社会的融合是指特殊学生能够被班级中其他同学所接纳，并能与他们产生正向的沟通和互动。功能的融合是指特殊学生在班级中能够学习，其功能表现能够得到最大的发挥。

特殊学生的障碍本身即并非全有或全无的状态，它是相对于环境而言的，如果环境没有任何障碍，并且提供协助，即使个体有身心障碍，也不会变成"残障"，他仍然可以行动自如，便捷地运用空间。因此，校园的无障碍物理环境是特殊学生能够参与各项教学活动的重要条件，也是融合教育能够成功实施的基本要素。

根据 Peterson 和 Hittie 的说法，物理环境的调整包括了两个方面，一个是学校建筑和设施的无障碍，一个是教室空间与设施的无障碍。具体如下表 6-2 所示。[2]

---

[1] O'Hanlon, C. Special education integration in Europe[M]. London: David Fulton, 1993: 56.
[2] 钮文英. 拥抱个别差异的新典范——融合教育[M]. 台北: 心理出版社, 2008: 305.

表 6-2　无障碍的学校和教室环境设计的层面和内涵

层面	内涵
一、建立无障碍的学校建筑与设施	1. 提供无障碍的学校设施。 2. 学校各地点的出入口容易进出。 3. 便于学生在校园中行动的设计。
二、建立无障碍的教室空间与设施 A. 教室外观和空间运用	1. 教室的位置安排在一楼。 2. 降低教室环境的复杂度，使学生容易取得和使用（例如：书柜的高度须考虑学生的身高和肢体状况）。 3. 增加教室物理环境、设备和器具的安全性，以避免危险与伤害（例如：铺上防滑垫、避免有尖角的器具、餐桌尖角处加上护套）。 4. 教室出入口方便进出。 5. 让学生拥有适当大小的空间，以方便使用辅助性科技和进行活动。 6. 增加学生对教室布置、设备和器具的熟悉度（例如：告诉学生教室的布置情形，若有调整或新的设备加入，也要及时告诉学生）。 7. 考虑学生的需求设计书桌（例如：对于上肢有困难的学生，考虑提供可以调整/旋转的桌子；对于弱视的学生，提供稍微有倾斜的桌子，或是提供书架，使他们不用靠近和弯腰就能看见；还可以在座位上加装台灯，提供额外的光源）。
B. 座位安排	1. 座位安排在教师容易监控与协助的位置。 2. 座位安排在同伴容易协助的位置。 3. 座位安排在不易分心或受干扰的位置。 4. 座位安排在靠近黑板的位置。 5. 考虑该生的视野，将座位安排在中间的位置。 6. 座位安排在容易看到教师说话的位置。 7. 座位安排在容易看到教师脸部的位置。 8. 配合学生的身高安排桌椅。 9. 允许该生移动位置，以便认读教师或同学的唇语，或看清楚视觉材料。
C. 环境布置	1. 注意物理环境因素的安排（例如：采光、温度、通风、色彩等因素），以增进学生信息的接收和学习。 2. 减少会让学生产生焦虑不安或其他情绪行为问题的物理环境因素。 3. 减少环境中噪音或诱发分心的刺激，以增进学生的专注力。 4. 提供结构化且多样化的教室环境。 5. 提供回馈的教室环境。 6. 让学生一起参与布置一个整齐、清洁和温馨的环境，并且注入幽默于教室布置中。 7. 教室布置与教学内容、学生需求和兴趣相配合，并且能做弹性调整。 8. 提供能让学生操作和使用、弥补其限制的学习环境。 9. 安排能引起学生兴趣的器材，以供他们在课余时间使用或娱乐。

（一）建立无障碍的学校建筑与设施

美国 1973 年颁布的《康复法案》第 504 条款中明确主张所有残障者，应该在"最少受限制的环境"中接受教育，且得到合理的调整，这些调整包括了物理环境和教学的调整，直至 1990 年的《美国残障者法案》中亦同样规定所有残障者享有参与就业、公众设施、交通、政府机构和大众系统等无障碍环境的权利。因此,建立无障碍的学校建筑与设施是满足残障者教育需求的基本条件。

当普通学校的环境未能及时调整时,当支持性环境建设未能融入普通学校时,特殊学生就会像是"主流中的孤岛"而四面受挫。融合教育强调在单一的教育系统中传递教育服务,提供每位学生在自然融合的环境中与同伴一起学习、生活、工作和游戏的机会,这样才能有助于其适应未来融合的环境。

这种自然融合的环境就包括无障碍的学校建筑与设施,例如,为肢体残障的学生改装厕所、游乐场的设施、学校的进出口等;为视觉障碍的学生铺设盲道等;为听觉障碍的学生设置可视化铃声等。

(二)建立无障碍的教室空间与设施

建立无障碍的教室空间与设施包括了教室外观和空间运用、座位安排以及环境布置等方面的调整。

1. 教室外观和空间运用

教室、楼梯、游戏室等场所,均应考虑无障碍的原则,如教室的出入口均有无障碍通路相连,教室外围或内墙均设有扶手,楼层之间均有坡道可以供特殊学生自由进出等。

教学空间及活动场所规划需符合教学的需要,并做出合理的规划。无论是各楼层的无障碍通道还是各教室与专业教室间的转换都有合理的布置。教室空间的运用上可以借助于结构化环境的安排,将不同内容或功能的教学活动进行清晰明了的功能分区,如小组讨论区、游戏区、个人学习区等,让学生能够准确理解环境和活动之间的关系,更好地融入教学活动。

2. 座位安排

根据不同类型特殊学生的不同需求,座位的安排也有不同。如听觉障碍的学生可能需要特殊的座位安排,若教师采用讲授的方式,他们可能需要坐在教师附近,并且少受杂音干扰的座位;或者教师应不时转换在教室讲课的位置,走入学生群中,确保学生即使坐在较远的位置,也有接近教师的机会。对于视觉障碍的学生,也应该以能够清楚接听教师的口头指引为安排原则,并尽量使其座位能够接近写字白板和其他提供学习指导的器材,以减轻视力负荷。同时,座位要有足够大的空间,以便放置所需的学习辅助器,如大字体课本、录音机、立体图表、扩视机或电脑等。对于有注意力障碍的学生,座位的安排应该尽可能避免学生被周围环境事物影响,远离门口以及窗户等,降低环境中可能产生的视觉及听觉刺激。

3. 环境布置

特殊学生首先需要一个相对安全的环境,然后才能接受针对性的教育。所以在环境的设计布置上要充分考虑其安全性。如门窗高度、宽度、开启设计,地面的铺设材料,家具的选择等,都应该充分考虑是否存在潜在的危险,应该如何杜绝。

特殊学生需要感受到身心双重安全,舒服的环境、丰富的感官刺激可以帮助他们处于一个良好的心理状态,从而减少问题行为的发生,同时帮助他们从多渠道获取信息,得到经验。例如可以利用家具、地面质地、高低、色彩等不同的材料对活动区域进行有效划分,既可以提供不同的感官刺激,也有利于对不同区域的认知。

另外井然有序的环境,对学生和教师均有好处。教师可以把书本、作业、教具、玩具等日常学习用具放在一个特定位置,向学生示范怎样正确使用桌椅及储物柜,建立清晰的教室指示和教室秩序,帮助学生轻松掌握,轻松接近。

二、心理环境的营造

Bricker 表示如果特殊学生只是身在普通班中,随班陪别人上课,并没有真正融入群体中,也未得到引导和介入,他们虽然身体没有被隔离,但实质上已经被隔离了,那就违背了融合的真意。[①] Janney 和 Snell 指出:经营融合班级最重要的在于在学校和班级中形成"融合的文化"。[②] 融合的文化即 Bauer 和 Brown 所提出的需要营造一种有"社群感"的班级气氛,是一种对所有学生接纳和关照的社群。[③]

融合教育要营造一个赞扬和欣赏个别差异的环境,而不只是接纳和容忍个别差异。例如重度和多重障碍学生在学习时,可能会做出一些特别或有点可怕的行为,比如发怪声、前后摇晃他们的头等,这些行为一开始都很难被一般学生所理解,而且可能影响彼此间的人际互动。因此,协助一般学生了解他们从事这些行为的原因,可以大大地减少一般学生的恐惧和排斥感。一旦这些行为的原因比较能被理解之后,我们可以教导一般学生协助障碍同伴,以一个较为社会所接受的行为来取代原来的行为。

积极行为支持理论强调,个体的问题行为与其所处的环境存在密切的关系,因此改善个体存在的生态环境将有利于个体良性发展,而这种生态环境则包括了周围环境对特殊学生抱持积极而支持的态度和行为,与特殊学生建立良好的社会关系,提供一个温暖与鼓励的环境,能够敏感地觉察并满足他们的特殊需要,给予选择与控制的机会,增进人际交往与社会关系,同时提供适合其能力和需要的学习与训练机会,促使他们生活形态的正常化,并让他们的潜能发挥到最高的程度。

因此,融合班级中心理环境的营造,即前面所说社会的融合,是指特殊学生能够被班级中其他同学认同和接纳,并产生正向的沟通和互动,体验到群体的归属。

(一)营造认同与接纳的环境

营造认同与接纳的环境需要普通教师引导普通学生与特殊学生建立友谊,进而支持和协助特殊学生。教师需要引导普通学生了解特殊学生的各项特质、行为方式、优势以及弱项等各方面的情况。

为了达成普通学生对特殊学生的了解的目的,教师可以通过综合实践活动或班会活动等,安排相应的课程讨论主题,或观看视频媒体等,进行知识的传授和分享。另外,教师也可以通过邀请特殊人士或相关照顾者现身说法来进行经验的分享与交流。最后,教师亦可以适当安排"模拟和体验障碍"活动(如表 6-3),帮助普通学生设身处地地理解特殊学生,学会欣赏他们,接纳他们,并通过这些活动掌握应如何与特殊学生进行良好互动,如何提供协助等。

---

① Bricker D. The challenge of inclusion[J]. Journal of Early Intervention, 1995, 19(3):179-194.

② Janney R E, Snell M E. How teachers use peer interactions to include students with moderate and severe disabilities in elementary general education classes[J]. Journal of the Association for Persons with Severe Handicaps, 1996, 21(2):72-80.

③ Bauer A M, Brown G M. Community in inclusive high school. In A. M. Bauer, G. M. Brown (Eds.), Adolescents and inclusion: Transforming secondary schools[M]. Baltimore: Paul H. Brookes, 2001:73-84.

表 6-3 体验障碍活动举例[①]

障碍类型	体验活动
体验和了解视障	1. 要学生闭上眼睛翻书至第 20 页。 2. 要学生戴上眼罩走路。
体验和了解听障	要学生戴上耳机借着读唇传话,而读唇时,教师或同学的头如果不停地转动,他们会有什么感受。
体验和了解阅读障碍	给学生很难的文章要其阅读。
体验和了解数学障碍。	给学生很难的数学题目要其计算。
体验和了解书写障碍	1. 给学生西藏文或阿拉伯文要其抄写。 2. 要学生戴着大手套,使用非惯用手,或是在镜中写字。 3. 把卡片放在额头,在上面写自己的名字。
体验和了解智障	1. 读一段很难的指令,要学生做出指令中要求的动作。 2. 讲一段指令,要学生做出与听到者相反的动作。
体验和了解自闭症	1. 让学生戴着耳机,耳机中一直反复说着:要走某一条线路,却被教师和同学要求不能走这条线路。 2. 让学生说出"喜欢别人用什么方式对待自己,不喜欢别人用什么方式对待自己",进而协助他们了解班上的自闭症同学也有其喜欢和不喜欢之处,例如他不喜欢别人的触碰,只是大家的喜恶有些不同。

(二)营造安全与归属的环境

马斯洛在 1970 年提出了五种层次的需要,分别为生理需求、安全需求、爱和归属感、尊重和自我实现五类,依次由较低层次到较高层次排列。而安全包括了身体和心理的安全,它是形成爱和归属感、尊重和自我实现的基础。身体的安全感我们在前面谈到由物理环境的无障碍来实现,那么心理的安全感则需要教师和同伴有意识地营造和谐接纳互助的心理环境。学生在感到被需要和欣赏的情况下,才可能表现出正确的行为。

1. 教师的引领

教师在这个过程中扮演着至关重要的作用。教师对班上的特殊学生抱持着积极与接纳的态度,增加学生间互助的学习情境,帮助学生彼此间产生正向的回馈,能够较好地避免敌意和冲突的产生,建立一个心胸开放、互相尊重以及资源共享的环境。若教师对融合不支持,将会影响其他学生对于特殊学生的看法,以及特殊学生对自己的看法。

学生如果觉得自己受忽视,永远被排斥为圈外人,这种遭忽视和排斥的感觉会使他们陷入混乱困惑、焦虑无助,生活了无意义。青少年的烦恼有一大部分源自对于受排斥的恐惧。[②] 融合意味着我们每一个人都隶属于这个群体中。[③] 要实现这种融合,则需要为学生提供参与所有班级活动的机会,使他们感受到自己是这一群体中不可或缺的一部分,即使由于学生存在的残障局限,无法独立参与活动,也能够在别人的帮助下,部分参与到集体活动中。当然也可以借由合作学习的模式,让学生为共同目标一起工作。教师应积极提供和巧妙设计特

[①] 钮文英. 拥抱个别差异的新典范——融合教育[M]. 台北:心理出版社,2008:275.
[②] Goleman D. Social intelligence: The new science of human relationships[M]. Chicago: Hutchinson,2006:38.
[③] Sapon-Shevin M. Because we can change world: A practical guide to building cooperative, inclusive classroom communities[M]. Needham Heights, MA: Allyn and Bacon,1999:4.

殊学生与普通学生一起合作互动的机会,支持与赞许他们之间建立和谐温馨的人际关系,开展形式多样的交流活动,而不要频繁地因其障碍而给予特权,或剥夺特殊学生与其他学生一起相处和学习的机会。在融合班级中,教师必须掌握对每位学生教育的公平性,关注所有学生,并且提供他们适合的教学,不能忽略能力强的学生,或造成特殊学生被优待隔离的处境。①

2. 同伴的支持

要达到物理、社会和功能的融合,除了教师外,普通学生也扮演关键性的角色。在普通班级中,为特殊学生建立"自然支持"是融合教育成功的要素之一。② 这种自然支持来源于融合教育中普通学生这个群体。当教师引导普通学生和特殊学生建立了和谐有效的同伴关系后,在教学活动、生活休闲中均能够发挥同伴支持的作用,帮助特殊学生更好地实现团体的融合,如案例 6-2 中胡老师的引导帮助了东东在融合学校中迅速建立了社交圈,促进了其各项能力的发展。③ 在具体的支持过程中,同伴可以率先掌握特殊学生的独特沟通方式,如图片、手势、动作等,达到较好地沟通互动的目的,而同伴亦可以通过榜样示范、口语提示、身体提示等方式引导特殊学生正确地参与到学习和生活情境中,避免特殊学生在寻求互动的过程中处处碰壁,无人引导,甚至对融合环境产生恐慌。

案例 6-2

> 东东是我们班上一个特别的学生,经常在学校乱跑乱叫,和老师说话不看着老师的眼睛,从不主动和别人打招呼,情绪也不稳定。为了帮助东东更好地融入学校环境,我积极调动各方资源和环境支持来创设融合氛围。其中我认为同学才是东东的最佳沟通者,积极创设机会让他融入同学中间才是适应学校生活的根本。所以,我利用一些契机,引导全班同学热情帮助东东融入其中。比如,下课,鼓励孩子们和他一起玩。看谁最先成为他的好朋友,他最先叫出谁的名字,谁就能得到一枚阳光贴。现在他能认识大多数同学了。再如,我给他建立了互助小组,课上课下经常帮助他,一起学习,一起玩耍,操场上他再不是孤孤单单一个人的身影了。我经常看到课间同学和他一起玩,他有困难总有人能及时帮助他。每每这时,我心里都很欣慰。这种欣慰不仅仅是为东东,而是为着班上这些懂事的孩子们。

这种自然支持来源的建立,不仅能够提升特殊学生在融合环境中的安全感和归属感,给予特殊学生足够的心理支持,也能够增加特殊学生与普通学生的互动交流机会,使双方都有机会得到能力的锻炼。为了实现融合的环境,虽然一开始我们是为了某些特殊需求的学生做调整和改变,但后来会发现很多普通学生也都因此而受益,实现了所有学生共存于双赢的教育理想。

(三) 营造尊重与自我实现的环境

尊重与自我实现的需求在马斯洛需求层次理论里属于最高的两个层次的需求。尊重需求既包括对成就或自我价值的个人感觉,也包括他人对自己的认可与尊重。自我实现的需求则是在前四项需求得到满足后衍生出来的新的需求,如,实现自我、发挥潜能等。在满足

---

① Mock D R, Kauffman J M. Preparing teachers for full inclusion: Is it possible? [J]. The Teacher Educator, 2002, 37(3): 202-214.
② 钮文英. 拥抱个别差异的新典范——融合教育[M]. 台北:心理出版社,2008:132.
③ 案例来自北京市朝阳区团结湖第二小学胡丽斌老师《采取多元的支持 提供适合的教育 促进学生的成长》。

融合环境中特殊学生的高层次需求过程中,教师需要引导学生进行两个方面的转变:一是从缺陷模式到赋权模式的转变,再就是从被决定到自我决定的转变。

1. 从缺陷模式到赋权模式的转变

融合教育更多的是提供一个机会,让学生认识到每一个人都是有价值的。同时教师应积极努力让学生发掘和欣赏其他人(包括特殊学生)的价值。那么教师首先应该具有正确的信念,应该珍视每个孩子的独特性而不仅仅局限于关注孩子的障碍。另外,教师应该切实采取行动来提升学生的自我认同。特殊学生由于生理和心理的限制,可能自我概念较低、自我预期不佳,例如有情绪障碍的学生在各方面,尤其在学业上的自尊心及自信心较低,那么教师可以多在课堂上给予正面的鼓励和赞许,这种鼓励和赞许可以是口头赞赏,可以是实物奖励,也可以是减免任务等。但是在这个过程中,教师必须留意只赞许良好的行为表现,而切忌滥用赞赏。为了让学生获得更多成功和发展的机会,教师必须关注学生的需求,将教学内容和学生的生活紧密结合在一起,从学生有兴趣的事物切入教学内容、设计教学活动等,以增加学生成功的经验,进一步提升其自我认同。

让学生认识到自我的价值,需要学生参与到班级活动中,并且得到成功的经验,来提升其自我价值感。教师可以让特殊学生作为班级活动的服务者,满足被服务者的需求,同时也促进服务者的自我成长。这是特殊教育从过去缺陷模式到赋权模式的最有效转变。在缺陷模式下,特殊学生被描述为被动的受助者,而非积极的行动者,忽视了特殊学生积极向上的一面;赋权理论认为,任何个体或群体都有能力改善自己的生活,制定自己的生活议程,获得相应的技能,建立自信,能够参与有关自己的问题解决的决策,而不是被动地接受各种安排。

赋权理论认为特殊学生完全有能力实现为他人服务的任务,成为服务的提供者。相关研究表明:服务学习不仅能让特殊学生学习到一些功能性技能、服务的态度和技巧,还可以发挥其优势能力,并且能够让他们产生团体的归属感,提升其自尊与独立感,实现更有效的融合。[①] 因此,教师在日常教学和活动中,应该鼓励特殊学生参与到教学和管理中,如让特殊学生担任班干部、教师助手等,促进其自我价值的发展。

2. 从被决定到自我决定的转变

Jakupeak 表示,过去的融合教育是以学生的优势和需求作为设计课程的起点,新的思维则增加了解学生对未来的愿景,提供他们选择和决定课程内容的机会,因此我们要教导他们选择和决定的能力。[②] 这也是赋权理论的另一个方面,让特殊学生有机会自己做抉择与决定,也让学生有自由和受尊重的感觉。教师可以在条件允许的情况下,衡量学生能够承担的责任范围,让他们学习做选择与决定,以更好地提升融洽的班级气氛,也更好地达成学习效果。

Field 和 Hoffman 提出了在融合情境中发展特殊学生自我决定的个体模型,强调个体的信念、知识和技能在自我决定发展中的重要性,并建立了自我决定的理论模型。[③] 模型包括发展个体信念、知识和技能的五个基本要素,包括了解自己、评价自己、计划、行动以及经验的结果和学习。前两个主要强调个体内部机制,是自我决定的基础;计划和行动是在这一基

---

① Groves S V. Incorporating service learning into your special education classroom[J]. Intervention in School and Clinic,2005,42(1):25-29.

② Jakupeak A J. School programs for successful inclusion for all students. In J. W. Putnam (Ed.), Cooperative learning and strategies for inclusion: Celebrating diversity in the classroom[M]. 2nd ed. Baltimore: Paul H. Brookes, 1998:203-228.

③ 暴占光,张向葵. 促进残疾学生自我决定能力发展的教育策略[J]. 中国特殊教育,2005(2):82.

础上采取行动所需的技能;而经验的结果和学习可以强化自我决定所需要的技能。因此,整个教学或学习过程,更应该是以学生为主,以学生为导向的学习,根据学生的切实需求和实际选择,来开展教学活动。

第四节 辅助科技的支持

科技的进步带给人类更便利的生活。在人类的能力范围内,通过科技的协助,人类能简单、有效率地解决困难,完成任务;在人类的能力范围之外,科技将不可能化为可能,实现人类的梦想。科技的运用与辅助,可以扩大特殊学生的生存能力,增强他们日常生活活动的独立性,减少他们在融合班级内进行学习和生活的困难度,建立人性化的支持环境。

一、辅助科技的概述

辅助科技包括辅助科技设备和辅助科技服务这两部分内容。美国1998年的《辅助科技法案》(Assistive Technology Act),辅助科技设备所下的定义是:任何用来增加、维持和改善残疾人个体功能的任何一种设施或产品系统,而不管其是商业的、改进的或定制的。"辅助科技服务"指的是任何直接帮助残疾人在选择、获取或使用辅助技术设施方面提供的服务过程,包括以下方面:①残疾人个体辅助技术需求的评估;②购买、租借或是以其他方式帮助残疾人获得辅助技术设施;③选择、设计、安装、定制、改造、修理或替换辅助技术设施;④利用辅助技术进行的康复、治疗和服务;⑤对残疾人个体或其家人、监护人或其他介入残疾人生活的人进行培训或提供技术帮助。[1]

美国于1988年通过了《科技辅助障碍者法案》(Technology-Related Assistance for Individuals with Disabilities Act,PL100-407),并于1998年改名为《辅助科技法案》(Assistive Technology Act),强调政府应提供残障者必要的辅助性科技设备与服务。1990年,《美国身心障碍者法案》(Americans with Disabilities Act,PL101-336)强调在就业、公共场所、交通设施、电信等各方面,必须平等地考量普通人和残疾人的各种需求。美国的《身心障碍者教育法案》(Individuals with Disabilities Education Act,PL101-476)中,规定必须将特殊儿童的辅助性科技纳入个别化教育计划中,学校应提供特殊教育儿童必要的辅助性科技设备与服务。学校有责任帮助有辅助科技需求的学生寻求资金来源,选择并购买合适的设备,根据需要维修或是替换辅助设备,并且教导学生和家长具体使用的方法。[2]

二、融合教育中辅助科技的类型

辅助科技可以控制和修正所处的环境,因而可以帮助特殊儿童形成积极的态度,在情绪管理、学业动机、人机互动和学习成就上,能有更广阔的发挥空间。[3] 融合教育中,辅助科技的运用可以帮助解决特殊学生在融合环境中的生活和学习困难。融合教育中常用的辅助科技包括移动类辅助科技、沟通类辅助科技、学习类辅助科技和生活类辅助科技这四种类型。

---

[1] 刘志丽,许家成. 辅助技术——特殊教育发展值得关注的新趋势[J]. 中国康复理论与实践,2007(4):334.
[2] Morse T E. Addressing special-education students' assistive technology needs[J]. School Business Affairs,2001,67(2):18-20.
[3] Sullivan M, Lewis M. Assistive technology for the very young: Creating responsive environments[J]. Infants and Young Children,2000,12(4):34-52.

(一)移动类辅助科技的运用

人类是有活动性和行动性的,这让我们可以做任何事,小到拿起筷子,大到乘坐飞机。因此,移动类辅助科技是用来增进个体的行动力的,帮助人们在各种环境中走动。进入融合班级中的特殊学生,教师需要考虑他们在移动上是否需要特殊的设备,如轮椅、助行器、代步车、盲杖、电子方向指示器等等,让学生能够借助辅助性科技,在无障碍的空间中,进行学习活动或学习场所的顺利转换。

例如,患有脑伤或脑性麻痹的学生可能姿势不稳定,影响其行走能力,甚至需要借助助行器和拐杖的协助。有些时候虽然他们下肢功能仍然存在,但行动力受损,所以行动需要轮椅或其他装置。而在选择或制作符合他们需求的辅具时,需要考虑到个体的需求,根据使用者的个别肢体特质去进行设计和制作。

(二)沟通类辅助科技的运用

沟通类辅助科技旨在帮助人们开展沟通,即使说话能力有困难者也可以。帮助学生进行良好沟通,或使用沟通辅具是让特殊学生能够融入普通班级的重要环节。特殊学生可以借由替代性的沟通辅具,如沟通图卡、微型计算机沟通板、计算机辅助沟通系统等表达需求或希望,进行信息传递,建立社交亲密感。美国辅助沟通系统专家 C. L. Janice 表示,沟通类辅助科技并非为沟通障碍者找到科技的解决方法,而是要使沟通障碍者更有效地从事多样化的沟通互动,提升生活质量。[①] Musselwhite 等人认为扩大性和替代性沟通系统(AAC)具有三项功能:①替代性沟通系统代替了某些语音模式的延伸。对于正在学习口语沟通的人来说,这或许只是暂时性的使用,其目的是通过非口语的方式交换讯息。②对于比较公式化或智力上有困难但还有些口语能力的人来说,是一种口语沟通的增强;"扩大性"这个字通常就是在讲这个功能。③加强沟通的工具,特别注重说的能力,语言的输出和组织,以及沟通技巧。[②]

(三)学习类辅助科技的运用

学习类辅助科技包括使用电脑和教学辅具。使用电脑帮助我们获得丰富的社会资讯,增长知识和提升能力。对于特殊学生来说,标准的电脑输入和输出工具无法实现无障碍,需要根据使用者的个别需求或目的,进行个别化的配置。例如有手指功能障碍的学生,可以不用传统键盘输入方式,可以改用麦克风告诉电脑要使用某种功能;有精细动作困难的学生或有困难选择按键的人,可以使用键盘保护器得到帮助,避免不小心按错键。视觉障碍学生在使用电脑时可以选择语音输出,通过荧幕阅读软件将所需信息读出。另外,视觉障碍学生还可以通过一些放大辅具来获取信息和资源,如笔记本电脑助视器,通过手持式镜头连接到电脑上,在屏幕上同时呈现助视器放大的画面和电脑界面。

教学辅具涵盖的范围较广,例如电脑学习软件、多媒体平台等都可以作为学习类辅助科技。电脑游戏能为特殊学生提供互动模式的独立练习机会,教师可以通过电脑鼓励学生参与到教学活动中,通过创设丰富多变的场景让学生在游戏中掌握知识、发展社交等。例如,针对注意力缺陷的学生,教师在课堂中可以善用电脑,既可以将电脑作为一种奖赏,也可以借助学习软件或游戏软件,检查学生的能力或进行反复练习,起到巩固新知的作用。

多媒体平台可以较好地呈现多种材料,让沉闷的教室变得有趣,提高学生的学习兴趣,

---

① 陈强,等. 辅助沟通系统及实用技术[M]. 北京:科学出版社,2011:21.
② Musselwhite C R, St. Louis K W. Communication programming for persons with sever handicaps[M]. Austin. TX:Pro-Ed, 1988:105.

激发潜能。当然在这些辅助科技的使用过程中,教师需要结合教学内容合理安排,避免学生因为只顾有趣而忘记学习其中一些特定的内容和能力。

学习辅具还包括用于手指抓握能力较差学生的异形书写器,用于学习障碍学生阅读训练的录音机以及各类学习软件等等。

（四）生活类辅助科技的运用

生活类辅助科技旨在提升特殊学生独立自主的能力,提高特殊学生的生活质量。独立自主的生活包含了日常生活相关的技能和活动,通常肢体障碍、感觉障碍和认知有困难的人觉得这些相关技能很难,而大部分生活类辅助科技会让一些必须使用双手的动作变成单手,并且增加单手的能力。如,为了控制进食,在汤匙上追加设计把手,或把手的部分设计成某种角度以利于抓握或控制,有吸盘的装置可以安装在盘子的底部以防止盘子滑动等等。独立自主的生活还包括居家安全,如使用会闪的灯或震动当成电铃或火警警报器服务于听觉障碍患者。在学校中,有手部功能障碍的学生可以借助翻书辅助器来提高独立自主性,可以根据自己的速度阅读,而不用依赖他人来翻书。在娱乐休闲时间里,盲人或弱视者可以与大家一起玩会发出声音的排球,来增进彼此的沟通和情感。

上述四种融合教育中常用的辅助科技会有交叉重叠的部分,并且这种分类也仅仅是为了便于讨论而采取的,在实际选择辅助科技时,不需要局限在类别之中,而应该更多地从个体的需要的角度去进行选择,保持开放的态度去提供辅助服务。

三、辅助科技的选择

融合团队需要考虑用科技辅具来帮助学生克服障碍,并达到学校环境的要求和期待。科技辅具的选择需要考虑到个案所生活的环境、个体的需求以及辅具的特色,并且需要考虑辅具是否合理而有效。在选择辅具时,融合教育团队需要考虑以下几个方面,见表6-4。

表6-4 选择辅具的考量[①]

1. 选择辅具的目的
选择辅具的目的是什么？
有没有特定人群在使用这些辅具？
该辅具可以用于什么工作任务（例如,阅读、沟通）？
2. 使用辅具的需求
使用者/学生必须具备什么能力才能成功地使用辅具？
3. 无障碍环境
该辅具是否能从这个环境拿到另一个环境使用？
辅具是否能很容易地移到另一个地方？
在不同的环境里使用辅具的需求是什么（例如,电力、家具）？
4. 科技要件
辅具是否需要用电？
是否有语音输出或输入的功能？
使用者或学生是否需要利用键盘去使用辅具？
辅具是否和其他的科技组件相容？

---

① ［美］Diane P B, Brian R B. 身心障碍者的辅助科技［M］. 柯惠菁,译. 台北:心理出版社,2009:35.

续表

5.使用容易度

使用辅具的学习有多简单?

有什么科技组件是需要时间去学习的(例如,程式编码)?

辅具是否能提高使用者的独立自主性?

6.训练需求

使用者、家庭成员、老师和照顾者需要多少训练?

哪种后续的训练是必需的?

当技术问题发生时,是否有技术支援?

7.维修需求

辅具有多耐用?

辅具有多值得信赖?

为了确保辅具的持续使用,哪些维修是必需的?

谁能做维修?

需要多少时间维修以纠正问题?

适当的辅助科技可以促进教学的效果,保障融合的效果,为特殊学生的有效融合提供支持,如案例 6-3。① 但由于在融合班级中,辅助科技的使用者仅仅是少数的一两个学生,因此还需要考虑到班级中其他教学者和普通学生的感受和需求,更好地平衡各方面的关系,让辅助科技在融合环境中发挥适当的作用。

 案例 6-3

天天是一名低视力儿童,男,普通小学二年级就读,我们在听课时发现这样一些现象。

现象一:(课间休息)教师提示班里同学拿出数学书、数学练习本、小试卷。普通同学迅速做好课前准备,然后有的喝水,有的上厕所。天天一直在翻找材料,未找出。临上课前,同桌小伙伴从教室外回来,看到天天还未准备好课本,迅速帮其取出并摆放在桌角。——不能迅速从书包里拿取材料。

现象二:(课初)语文教师让学生打开语文书第 47 页,迅速浏览课文,回忆讲了一件什么事。同学们马上打开书开始默读,天天不停地翻语文书,当其打开指定页开始阅读时,部分普通同学已经举起了手。——不能迅速找到指定页。

现象三:(课初)教师让学生迅速浏览课文,画出中心句。三分钟过去,普通同学都举起了手,只有天天的头还埋在课本里,虽然是放大的课本。这时老师提问:"天天,不读了,你说中心句是哪一句?"天天没有说出答案。——阅读速度较慢。

现象四:(课中)教师完成了生字教学,让学生尝试在本上写一写。天天打开放大的字词本开始书写。由于学生手部小肌肉控制力度不够,铅笔头很粗,再加上天天的视力问题,写出的字成了一个大黑疙瘩。老师很着急。——书写有一定困难。

---

① 案例提供者为北京市朝阳区特殊教育中心李汀老师。

现象五：学生观察教材（尽管是放大的）上的一些细小图形或复杂画面时很困难。——视图存在困难。

低视力学生由于视觉缺陷，在学习中存在"找不着书""翻不到页""看不清字""直观材料积累少导致理解慢"的困难，克服这些困难是顺利学习的关键。我们采取以下辅助支持技术。

一、改善学习环境。1.教师通过测试，发现天天阅读需要比较明亮的光线，于是将其座位调整至靠窗处，同时与家长合作为其配置护眼台灯。2.教师调整天天所在的学习小组，在组内配置两个助学伙伴，一个伙伴学习成绩一般但为人热情且与天天关系密切，重点帮助天天生活以及学习用具准备等事宜；另一个同学学习成绩优秀，表达能力较强，对天天和组内其他同学在学习上进行帮助。

二、改良学习用具。1.放大教材。教师指导家长为天天制作大字教材，采取"整体放大"和"局部放大"的做法。"整体放大"只是将整册教材进行彩色扩印，用于天天整体浏览和学习；"局部扩印"就是教师根据教学的重点、难点和考点将教材中部分学习内容进行"再放大"，独立成册，例如重点的图、公式、习题等，用于天天学习重难点的突破。2.改装课本。小学生课本较多，课前迅速从书包中取出课本对一些刚入学的孩子都有一定困难，对于天天难度较大。为提高拿取课本的速度，教师带领天天对课本进行改装，通过"穿新衣"和"配装饰"的方式："穿新衣"就是给不同学科的书本包上不同颜色的书本皮，例如天天不喜欢色彩丰富的图案而是喜欢单色，分别把语文、数学、英语等学科的书和本子穿上绿色、蓝色和橘色的外衣，这样天天根据颜色就能判断各个学科的书本。"配装饰"是天天自己想出的好办法，他把喜欢的不同样式的小图贴粘贴在书本封面上，根据触摸和观察图贴，他也能迅速判断书本。3.改良书包。学生每天上学除了要携带课本，还要携带一些必要的杂物，比如水彩笔、小手帕、小抹布、水杯、餐具、跳绳等，而儿童书包内部区分不是很清晰，教师指导家长将废弃牛仔裤的兜子缝制在包里，让各种小杂物各就各位，便于迅速拿取。4.阅读标记。为了帮助天天迅速找到指定学习内容，教师采取"分段标记"和"定点标记"的做法："分段标记"是指在开学初领到教材时，教师引领孩子一起浏览目录，了解本学期学习内容大致有哪些，共包括几个单元，在各单元首页贴上口曲纸，并在口曲纸上标上序号。这样既可以引导孩子统观全册，了解内容，激发兴趣，同时能够掌握各个单元大致位置，便于查找。"定点标记"是在每节课学习之前，教师指导孩子预习，清楚地了解即将学习哪一页上的内容，并插入书签做好标记，以便在第二天学习时迅速翻阅到相关页面。

三、改变教学策略。1.大小黑板共用，即上课时教师为天天专门配备一块小黑板，有些板书内容天天可以在小黑板上完成。2.大小课件共用，即教师课前将课件内容发给天天，拷贝在Ipad上供天天课前预习使用。3.分层学习单共用，即根据学生程度，课上使用不同难度的学习单，帮助各个层次的孩子都能参与学习，有所收获。4.三变策略，即变静为动，变繁为简，变远为近。即让静止的、离学生生活实际远的和繁杂的知识活起来、简明一些和离孩子生活实际贴近一些，便于天天多感官参与、深度参与和有效参与。

总之，通过一系列辅助支持技术的使用，在融合教育过程中有效帮助了低视力儿童发挥剩余视力功能，提高了其感知的速度，扩大了其感知范围及多样性，增进了信息获得量，提升了不断完善的适应力、潜在的学习能力和学习成绩。

【本章小结】

本章探讨融合教育的合作和支持,首先陈述了融合教育中教师和家长的合作,教师需要了解家庭系统,了解家庭需求和困境,表现真诚和尊重的态度以及共同商讨并执行融合教育方案。在家长合作过程中,可以借助家庭访问、家长会、家庭联系册以及网络平台来实现教师和家长的合作。之后分析了融合教育团队中相关专业人员的合作,其中分析了核心团队成员和扩展团队成员的人员组成,以及团队合作中的重要原则,形成团队共识、合作解决问题、创造和谐氛围以及提供团队支持。第三部分讨论了融合学校的环境支持,从融合学校的物理环境的调整到心理环境的营造,分析了融合学校物理和心理无障碍的建设要求。最后介绍了融合教育中的辅助科技的支持,对移动类辅助科技、沟通类辅助科技、学习类辅助科技和生活类辅助科技分别进行了介绍,并说明了科技辅助选择的方法。

【思考题】

1. 选择几名融合教师作为访谈对象,了解他们在与特殊学生家长合作过程中的方法和困境。
2. 寻找一个融合教育个案,替你的个案研究选择一个科技辅具,并陈述你的理由。

【推荐阅读】

[1] [美]富勒. 家庭与学校的联系:如何成功地与家长合作[M]. 谭军华,译. 北京:中国轻工业出版社,2003.
[2] Lorna Idol. 咨询合作与融合教育[M]. 周天赐,译. 台北:心理出版社,2008.
[3] 钮文英. 拥抱个别差异的新典范——融合教育[M]. 台北:心理出版社,2008.
[4] [美]Diane P B, Brian R B. 身心障碍者的辅助科技[M]. 柯惠菁,译. 台北:心理出版社,2009.

第七章 资源教室的运作

【本章导言】

资源教室这种安置形式是满足特殊儿童教育需要的重要举措,是普通教育与特殊教育的桥梁,资源教室的成功运作可以促进融合教育发展,实现融合理想。融合教育教师需要了解资源教室的由来与历史发展,明晰资源教室的规划与配置,掌握资源教室的运作与管理、运用方法与策略,恰当地安排资源教室课程,以及处理好与特教教师的关系等等。通过本章的学习将一一解决如上问题。

第一节 资源教室的产生与发展

一、资源教室的由来

资源教室方案(Resource Room Program,简称 RRP)随着回归主流运动(mainstream movement)和融合教育(inclusion education)的思潮应运而生,它代表着特殊教育与普通教育由先前的独立到融合,从几乎毫不相关到密不可分。1962 年 Reynolds 等人提出安置特殊儿童的组织架构模式(organization framework),他们认为应该将特殊儿童安置在一般的教育环境里,意即回归到主流教育的普通班级中。[①] 随后几经修改,1970 年 Deno 提出了结构严密的特殊教育安置模式。[②] 此模式依据学生的残疾程度将安置环境分为 7 个层次,上下贯通,又称为"瀑布式特殊教育服务体系"。1973 年 Dunn 将 Deno 的组织架构模式加以修改,提供了 8 到 11 种不同的安置方式,其图形犹如倒置的金字塔,因此又称为"倒三角体系"或"倒金字塔体系"。[③] 无论哪一种安置方式的提倡,都离不开回归主流教育的大趋势,最终均希望特殊儿童能在普通教育环境中与一般儿童共同学习。

资源教师是实施资源教室方案的核心人物,必须具有特殊教育基本素养和专业能力,在普通学校或特殊教育学校中,担任资源教室管理与实施教育活动者,对有特殊需要儿童及普教教师提供直接或间接的教育服务,对家长以及其他人员提供专业咨询。部分资源教师不仅需要服务自己的学校,还需对其他学校进行指导。

如上所述,资源教室设置的理念不仅针对残疾儿童,还包括在学业、情绪、行为上需要特殊协助的学生,但本章将着墨于特殊教育领域,教师们可自行灵活运用于教学中。

---

① Reynalds M C. A Framework for Considering some issues in Special Education[J]. Exceptional Children. 1962 (22):367-370.

② Wyne M, O'Connor P D. Exceptional children: A developmental view[J]. Lexington, Mass.: Heath, 1979: 181.

③ 邓猛.双流向多层次教育安置模式——全纳教育以及我国特殊教育发展格局的探讨[J]. 中国特殊教育,2004 (6):1-6.

二、资源教室的发展

1913年Robert Irwin将视觉障碍学生部分时间安置在特殊班级中,按个别需要设计一套教学方法给予个别指导,他被视为提出资源教室方案之第一人,这种教育方式后来也被应用于安置听障学生,主要目的是反对当时对感官障碍者的隔离。[1] 之后,一些普通学校也开始设计不同的教学方法来协助对语文、说话及数学等课业上有困难的儿童,让他们在规定的时间到一定的地点去接受个别辅导,这就是资源教室的雏形。然而回归主流运动真正蓬勃发展是1968年Dunn博士提出《轻度智障生在自足式特殊班真如此合理吗?》[2]一文后,颠覆了残疾学生只能安置在特殊学校或特殊班的观念。

20世纪70至80年代是资源教室盛行的时代,后来许多调查研究证明,资源教室确实可以有效协助残疾儿童在普通班的学科学习与问题行为的改善。[3] 1990年之后,融合教育的思潮被推向了最高峰,"完全融合"(full inclusion)概念随之而出,倡导将所有残疾学生都安置在普通学校之中。但在实施上有一定的困难,特别是针对中、重度残障者,他们所需要的协助与资源相对要多,资金与人员的投入并不是所有学校都能负担,因而造成发展的多方限制。实际上融合教育要强调的是以学生为本,注重残疾学生能完全参与并从中获益,通过适当的评估以保障教育绩效,从而达到真正融合的理想。[4]

综观资源教室发展的历史,从1968年Dunn提出残疾学生不只是安置在特殊学校或特殊班的观念之后,百家争鸣,历经20世纪60年代各家理论出炉的蓬勃发展期,70年代重点研究资源教室的建立、管理、培训、课程等,80年代探讨多类型残疾儿童学习效果、资源教师素质、专业技能,至90年代更多探讨学习方法、学习效果及资源教室、特殊班与特殊学校之间的关系,逐渐走向稳定的成熟期。[5]

三、资源教室的内涵

资源(resource)一词有"支持"或"补救"的意义,它还包括学校各种环境设施,可为学生、家长、教师提供服务。Mitchell指出,资源的概念早期被运用在阅读、数学的补救教育方案中,其原始对象并非残疾学生。Hammill & Wiederholt认为资源教室是"一种教育措施,学生于特殊时间到此接受特殊教育。资源教室与特殊班最主要的不同在于学生仅部分时间到资源教室上课,大部分时间仍在普通班级中"[6]。如上所述,资源教室并非资源教师执行教学任务的唯一场所,Adelman为此强调"资源功能"(Resource functions),并提出资源概念应该"大于一间教室"(bigger than a room),意即凡是能够帮助我们满足所有学生(特别是有各种特殊需求的学生)的教育需要之功能者,皆可涵盖于此概念中。因此,资源教室是整个资源教室方案的重要组成部分,但并非唯一的场所,为避免过于狭隘的解释,经营资源教室(run-

---

[1] Hammill D D, Wiederholt J L. The Resource Room:Rational and Implementation[J]. Ft. Washington, Pa.:Journal of Special Education Press. 1972:14.

[2] Dunn L M. Special Educational for the Mildly retarded:is much of it justifiable? [J]. Exceptional Children,1968(35):5-21.

[3] 林素贞.资源教室方案与经营[M].台北:五南图书出版公司,2009:14.

[4] 吴武典.融合教育的回想与检讨[J].教育研究月刊.2005(136):28-42.

[5] 徐美贞,杨希洁.资源教室在随班就读中的作用[J].中国特殊教育,2003(8):14-15.

[6] Hammill D D, Wiederholt J L. The Resource Room:Rational and Implementation[M]. Ft. Washington, Pa.:Journal of Special Education Press. 1972:165.

ning resource room)应该将"教室"(room)一词视为资源的一部分,本章所指"资源教室"则包含特殊教育资源在资源教室实施方案中的所有资源。资源教室有以下几层涵义。

1. 资源即教学资源

教学资源是配合教学活动以增进教学效果的,包括传统的教具、视听媒体、计算机、辅具、社区资源、人力资源等。教学资源可协助教育人员满足学生的教育需要,以达到教育目标,故应充分运用,发挥支持的效果。

2. 资源教室即教学资源中心

由于特殊儿童在学习及生活上有诸多设备、辅具、弹性课程和教法等的特殊需求,资源教室的设置除对于有特殊需要的学生提供支持性的协助外,还在各种设备上提供全校师生资源共享,成为学校的教学资源中心。

3. 资源教师是资源人士

资源教师必须是受过特殊教育专业训练的老师,负责资源的营运与管理,适时提供教师、学生及家长咨询服务、培训或示范特殊教材、教具、教法。对普教教师应主动提供支持性服务,充分发挥资源教师的支持性功能。

综上所述,资源教室设置的价值在于能够成功地帮助特殊学生留在主流教育中,它是一种极具弹性的教育安置形态,其服务对象是就读于普通班级的残疾学生或在学业、情绪、行为上需要特殊协助的学生,利用一部分时间进行特殊指导。其服务内容包括评估、教学及咨询,因此其目的在于为学生及教师提供教学支持,为家长提供教育咨询服务。

四、资源教室与普通教育的关系

特殊教育早期被拒绝于普通教育之外,在隔离的环境中独立生存,与普通教育形成壁垒分明的二元化体系。[①] 直到二战之后,从人权运动的兴起到回归主流运动和融合教育的提出,才逐渐改变人们对特殊教育的观念与态度。资源教室的教育安置形态是将残疾学生或在学业、情绪、行为上需要特殊协助的学生安置于普通学校的普通班级中,极大地促进了特殊需要学生融入主流社会,也使得绝大多数的普通学生对特殊需要学生的了解增加,有效减低隔阂。而资源教室的专业教师及教学设备能与普教资源共享,教学教育资源恰恰补充了普通教育环境的不足。

(一)资源教室与普教资源共享

首先是人力资源的共享。资源教室设置于普校,掌管资源教室的资源教师或巡回指导教师的编制通常也属于该校,他们具有特殊教育的专业职能,除了能对特殊儿童实施直接教学外,也具有为普教教师及家长提供专业咨询的功能。

其次是设备资源的共享。资源教室并非是整个资源教室方案的唯一场所,其教学环境"大于一间教室",因此实施教学的空间不仅在教室内,还包括教室外如操场、体育馆等,甚至可以包含社区资源。设备繁多,教具多元。这些设备、教具除了供特殊需要学生使用之外,还能与普教共享,教师可依据学生的个别需求按规定申请使用。

最后是财政资源的共享。学校在编列年度经费预算时,必定有全面考量,以最少花费达到最大经济效益。资源教室的设置虽属于特殊教育范畴,但从行政管理、人员编制、教学实

---

① 邓猛.双流向多层次教育安置模式、全纳教育以及我国特殊教育发展格局的探讨[J].中国特殊教育,2004(6):1-6.

施、设备应用上,都与普教密不可分,因此在经费上也属资源共享。

(二)资源教室与普教教学协作

负责资源教室的资源教师角色功能多元,既是普教教师的同事,也是普教教师在特教专业的咨询师;是特殊学生的老师,也是家长咨询的专业人士,与普教直接相关的便是教学活动。资源教室的设置是回归主流理念下的产物,普教教师工作繁忙、压力大,对特殊教育了解不够深入,对班上特殊儿童的教育常感到心有余而力不足。[1] Reger 明确指出资源教师必须与普教教师一起协作来帮助学生,除了教学任务,应注重生活的融入,与普教教师和谐相处、密切沟通,给普教教师必要的支持与协助。资源教师在教学技术上使用不同方式、变化更多的教学法,使普教教师也获益。因此,资源教师是改变普教与特教关系的催化者,他与其他教师间的共同合作能促进教师间交流互动,并获得积极正面的效果,从而改变学校的教学结构。[2]

(三)资源教室是普特沟通桥梁

在融合学校里,普教教师负有普教绝大多数儿童教学的压力与责任,而特殊儿童常需要特殊教具、教法来增进教学效果。课程的调整也是资源教室设置的功能之一,通过资源教师与普师的协商,进行抽离式补救性、加强性教学,以满足特殊儿童需要及家长的期待,能提高家长对学校特殊教育专业的满意度和信任度,使得资源教室成为特殊教育与普通教育的沟通桥梁。[3]

第二节 资源教室的规划与配置

一、资源教室的规划

资源教室的规划在不同时代、不同阶段、不同教育政策、财政等因素的影响下,有不同的类型、不同的管理风貌。各校必须依各地区政策,视各地实际需要,配合财政预算,选择最适合自己的资源教室来规划。以下从资源教室的特征、模式做介绍,佐以设置原则供参考。

(一)资源教室的特征

西方学者 Jenkins & Mayhall[4]、Reger、Wiederholt[5]、Davis[6] 及我国两岸教育专家王振德[7]、张蓓莉[8]等从多方面对资源教室的特征提出了各自的看法,下面从设置目的、教学及行政三个向度进行整理。

1. 资源教室的目的性特征

(1)教学计划需聚焦:教学目标聚焦在学生的学习或特定的行为上,由普教教师与资源

---

[1] 刘慧丽. 融合教育理念下资源教师角色的指导模式研究[D]. 武汉:华中师范大学博士论文,2013:52-58
[2] Reger. What is a Resource Room Program? [J]. Journal of Learning Disabilities. 1973,(6):609-614
[3] 李秀. 浅析随班就读家校合作中资源教师的角色[J]. 科教导刊,2013(7):48
[4] Jenkins J R, Mayhall W F. Describing Resource Teacher Programs[J]. Exceptional Children. 1973,(40):35-36.
[5] Wiederholt J L. Planning Resource Rooms for the Mildly Handicapped[J]. Focus on Exceptional Children. 1974(8):1-10.
[6] Davis W E. Special Education Resource Programs in Maine[C]. Special Education Dept. of University of Maine. 1977:5.
[7] 王振德. 资源教室的理念与实施[J]. 中国特殊教育,1997(3):26-27.
[8] 张蓓莉. 资源教室方案应提供的资源[J]. 特殊教育季刊,1998(67):1-5.

教师共同拟定并实施。

（2）避免标签化：特殊学生留在教育主流中，避免了被隔离及烙印作用（stigma）。

（3）有预防性效果：及早的补救及干预辅导，可以避免学生问题愈发严重。

（4）具有融合功能：普教与特教的充分沟通、交流，营造接纳的气氛，避免特殊学生被孤立，也有助于普通教育与特殊教育的融合。

2. 资源教室的教学特征

（1）评估学生能力：评估学生的学业及其他能力，并修正评估标准，以确保特殊需要学生达到应有的表现。

（2）个别化教学：尽可能安排一对一的教学辅导以达到最佳效果，亦可适当安排训练小老师来协助，试图打破年级限制，或以小组形式进行。

（3）弹性的教学：在教学技术上使用不同策略与方法，有较大的弹性，变化更多，有助于教学的创新，普教教师也可从中获益。

（4）弹性的课表：依环境的改变及学生的需要适时调整课表，可在资源教室实施或在普通班级里进行，弹性的安排更能照顾到特殊学生的个别需要。

（5）实施补救教学：普教教师与资源教师针对学生学习特点，共同合作制定补救教学方案，以抢救落后的课业。

（6）教学记录能适时反馈：教师每日的教学记录与评量能适时从学生的反应与学习成果中提供客观的回馈与调整，改进其不适应行为与学业的缺陷。

（7）促进教师交流：资源教室方案能促进教师互动、合作，起到积极正面的效果。

3. 资源教室的行政特征

（1）较高经济效益：以相同的教育经费及教师编制，与特殊班相比，资源教师能服务更多的学生。

（2）改变教学结构：普教教师与特教资源教师间的协作关系，可改变壁垒分明的教学结构。

（3）了解校内情况：资源教师大多属校内编制（不像巡回辅导教师），对校内的情况和人员更加了解。

（4）提供特教服务：若学校有充足的空间与人力，可以为邻近学校的特殊学生提供服务。

（5）注重教学资源的管理与运用：资源教室的核心概念是充分发挥"资源"的功能，以达到最佳的教育效果。

综合以上学者的观点，资源教室的特征是一种特殊教育安置措施，设立于普通学校，由普教教师及特教教师共同营造接纳氛围，部分时间实施特殊教育，属支持性服务形态，有助于学生学习、情感的发展，能有效地实现融合教育的理想。

（二）资源教室的模式

资源教室的设置功能是为特殊学生和普教教师提供教学介入与咨询，是一种特殊教育安置及教学服务形态。由于它具有调适性（adaptability）的特点，因此也增加了它的复杂度，故在运作过程中表现出丰富多变的态势。各个学者有各家不同的分类方式，有从多维度划分的，有按教学形态划分的，也有以服务环境、服务方式划分的。

1. 按多维度划分的资源教室模式①

(1) 直接与间接的服务：直接的服务是资源教师对学生提供直接教学；间接的服务是资源教师通过协商与指导，协助普教教师对学生进行教学。此向度着眼于资源教师服务的方式。

(2) 学科技能与基本能力导向：学科技能导向强调学生的学科技能，对未能达标的学生进行补救教学；基本能力导向则是"中枢处理机能"(central processing mechanisms)的训练，主要针对知觉、动作、语言等治疗。

(3) 固定与巡回的：资源教师通常固定于一所学校，属正式编制教师；而在人口较少的学区，可以联合几所学校，其中一所学校的资源教师采用巡回服务方式进行辅导。

2. 按教学形态划分的资源教室模式②

(1) 巡回的资源教室(traveling resource room)：资源教师主动到各普通班级巡回指导。

(2) 教材教法的形态(materials and method type)：资源教师为普教教师提供教材教法上的协助，属间接服务方式。

(3) 全时段资源教室方案(full-time resource room program)：这是典型的资源教室方案，又因实施方式不同分为：①单类的资源教室(resource room for one-type handicap)；②多类的资源教室(resource room for variety handicapped children)；③单科重点方式(limited focus resource room)；④多科重点方式(multi-focus resource room)；⑤个别教学方式(one-to-one approach)；⑥团体教学方式(group instruction approach)；⑦学习中心方式(learning center approach)：学生依照老师设计好的课程自学，此时教师可以进行其他小组的教学，一段时间后师生共同评鉴学习结果，这种形态在时间及课程内容的安排上具有非常大的弹性；⑧双轨制资源教室(dual track resource room)：意即兼收残疾与超常学生，并可采取上述任何一种方式教学，这是非常挑战资源教师课程设计能力的一种模式。

3. 按学生需求划分的资源教室模式③

(1) 单类的资源方案(the categorical resource program)：单一残疾类别的学生同时集中于资源教室施教。

(2) 跨类的资源方案(the cross categorical resource program)：两种以上类别特殊学生一起在资源教室上课，必须视经费、学生需要及教师的专长而定。

(3) 综合的资源方案(the non-categorical resource program)：除残疾学生外，还包括学习障碍、情绪及行为障碍学生，教师必定需要受过专业训练才能胜任。

(4) 巡回的资源方案(the itinerant resource program)：通常由一位资源教师带着教材教具往返巡回于各校之间，对特殊学生进行辅导，不仅费时不便，又因接触不多，无法与学校的人员充分交流、密切配合，彼此的信任度较弱。

(5) 特定技能的资源方案(the specific skill resource program)：以基本学科为教学重点，如阅读、数学和语文，偏重普教，容易忽略特殊儿童的需要及能力。

4. 直接教学的资源教室模式

(1) 资源教室模式(resource room model)：这是最普遍的一种模式，在学校设立一间资

---

① Jenkins J R, Mayhall W F. Describing Resource Teacher Programs[J]. Exceptional Children. 1973,(40)：35-36.

② Elman N M. The Resource Room Primer[M]. New Jersey. Persey：Prentice-Hall,Inc. 1981：4-8.

③ Wiederholt J L, et. al. The Resource Teacher[M]. 2nd ed. Boston：Allyn & Bacon. 1993：35.

源教室,并有专任的资源教师施教。

(2) 个别指导模式(tutoring model):根据 Post 的描述,他在明尼苏达州圣保罗市(St. Paul)所评鉴的 3 种个别指导模式为:①一对一个别指导(one-to-one tutoring)——可由资源教师、小老师或义工人员实施,场所可以在资源教室或普通班教室;②轮替式学习站(rotating learning stations)——由两人以上资源教师配合的小组教学方式,每组 2～3 名学生,在一节课中依序轮流替换不同的学习站;③技能活动表模式(open skills scheduling model)——学生进入资源教室拿取自己的文件夹,并依资源教师事先设计好的活动表进行半独立的学习活动,期间安排有固定时间的个别辅导。①

(3) 资源专家模式(resource specialist model):资源专家的聘请要视学校经费预算的多寡而定,专家模式依循普通教育课程及其评估标准的要求,视学生能力及需要,建议调整普通班课程,其步骤有五:①描述学生的实际能力;②测量学习成果的差距;③计划并实施补救教学;④当学习成果差距减小时,修正补救方案;⑤间歇地咨询以确保学生的进步。②

(4) 救援教师模式(helping teacher model):资源教师在此模式扮演机动救援的角色,随时为学业上或行为上有困难的学生提供直接、立即的协助。Morse 认为特殊学生并非随时随地都在制造问题,应考虑:学习虽然是个别行为,却是在一个自然的社会情境下进行的,特殊学生往往学自其他同学。资源教师要为特殊儿童安排学习进度,并随时接受普教教师的咨询,提供协助。③

(5) 密集的资源教室干预模式(intensive resource room intervention model):O'Connor 等人试验一种密集的补救教学方案,证实密集的、结构化的短期补救措施的效果,并显示在学习所花的时间与学习成果之间有重要的相关。④

(6) 巡回教师模式(itinerant teacher model):被称为是"一种在轮子上的资源方案"(a resource program on wheels),在资源不足或者特殊学生不多的学区,可以联合两所以上学校设置一名资源教师进行巡回教学及指导。

5. 按服务环境划分的资源教室模式

(1) 部分时间资源教室:又称为"部分时间的特殊教育班级",这种资源教室设立在普通学校,只是部分时间为有特殊需要儿童开放,儿童在此得到补救教学、康复训练和心理咨询辅导。

(2) 专门类型资源教室:主要建立在特殊教育学校,指专为某一类特殊儿童开设的资源教室,有特殊儿童专用的设备设施。

(3) 支持性资源教室:与第一种类似,但面向的是所有具特殊教育需要的儿童,不仅实施特殊教育,也包括康复训练和支持服务等。服务对象也较广,包括对普教教师提供特殊教育的专业支持和资源,同时还为家长和小区服务。⑤

---

① Post C K. The School Reaource Program: Alternative tutoring models for delivering supportive services to L. D. children in mainstreaming education[C]. Paper presented at the International Federation of Learning Disabilities. Brussles, Belgium. 1976.

② Jenkins J R, Mayhall W F. Development and Evaluation of a Resource Teacher Program[J]. Exceptional Children, 1976 (43): 21-24.

③ Morse W C. The Helping Teacher/ Crisis Teacher Concept[J]. Focus on Exceptional Children, 1976 (4): 1-11.

④ O'Connor P, et. al. Effects of a short-term Intervention Resource-Room Program on Task Orientation and Achievement[J]. Journal of Special Education, 1979 (4): 375-385.

⑤ 许家成,周月霞. 资源教室的建设与运作[M]. 北京:华夏出版社,2006:4-5.

6. 按服务方式划分的资源教室模式

(1) 直接服务模式

Mitchell 提出 3 个值得考虑的向度：①分组(grouping)——可依年龄、技能、行为的需要或缺陷进行分组，人数少则 2~3 人，最多不超过 10~15 人，也可以是 1 对 1 的指导；②课程(curriculum)——运用在发展或补充(developmental or supplemental)课程，作为儿童额外的练习或增强普通班的技能；③教学的形态(mode of teaching)——有多种，如补救性质偏重在基本能力的训练或工作分析；或个别指导、学习站的教学(a learning stations approach)、编序教学、直接教学(direct teaching)、每日评量(daily measurement)等。①

(2) 间接服务模式

主要是各种咨询工作，不同于直接服务的是在为普教教师提供咨询服务，以协助他们处理班上的特殊学生。

① 咨询教师模式(consulting teacher model)：咨询教师主要协助普教教师进行个别化教学及提供额外的技能，并不负直接教学责任，故 Newcomer 认为咨询教师应具备以下基本能力：专精于各学科教学；能运用工作分析修正教学活动；熟悉各种补救教学方案、学业评量能力；示范良好的教学策略。② Little 指出咨询教师的角色是普教教师的合作者及问题解决的协助者，以处理学生的学习及问题行为，其运作步骤为：计划—观察(普通班情境)—分析—策略—会议—实施(补救教学)。③

② 零拒绝模式(zero reject model)：这是 Lilly 所提出的一种以训练为主的模式，主要功能在通过特殊教育专家为普教教师提供训练。所谓"零拒绝"是儿童就读普通班之后，教师可以以任何方式寻求资源咨询或协助，但不能以任何理由将该生移开。此模式目标有二：学习失败的责任在教师而非学生；预防教师责备、标记学生的失败。④ 由于强调教师的责任，此模式目标在增强普教教师的技能，使其能独当一面，处理班上特殊学生的问题。

③ 失败-救援模式(fail-save model)：由 Adamson & Van Etten 于 1972 年提出，所谓"失败"代表教育系统无法满足学生的需要，"救援"则指调整教育系统以满足个别学生的需求。其核心人物是教材教法的咨询教师(methods and materials consultant/teacher)，主要功能在：协助诊断学生的学习或行为问题、开发教学计划、训练教师及家长有效处理儿童问题、查核学生进步的情形。⑤ 所以此模式是一种连续性的服务，协助对象有学生、教师及父母。在连续性的服务阶段，首先咨询(consultation phase)，学生经过评估诊断的程序之后，由咨询教师指导普教教师或家长如何应用精准教学法(precision teaching techniques)，若是学生仍无法有效学习，则进入第二阶段，将学生移到资源教室/普通班，再不行则移向第三阶段特殊班/资源教室，每一阶段就读一至两个学期即予评估，以决定教育设施的调整。

④ 诊断/处方教师模式(diagnostic/prescriptive teacher model)：此模式将特殊教师视

---

① Mitchell J P. An Investigation of Resource Programs for the Handicapped: Characteristics of Models for Mainstreaming[D]. Doctoral Desertation, University of Utah, 1981: 22-24.

② Newcomer, P. L. Special Education Services for the Mildly Handicapped: Beyond a Diagnostic and remedial Model[J]. Journal of Special Education. 1977 (2): 153-165.

③ Little, T. L. The Teacher-Consultant Model—A Different Perspective[J]. Journal of Special Education. 1978 (12): 343-355.

④ Lilly, M. S. Training-Based Model for Special Education[J]. Exceptional Children. 1971 (37): 747-749.

⑤ Adamson, G. & Van Etten. Zero Reject Model Revised: A Workable Alternative[J]. Exceptional Children. 1972 (9): 735-738.

为诊断咨询人员,协助普教教师为有困难的学生发展学习及社会化的经验。此模式倡导轻度残疾学生应留在普通班,但其目标不仅为特殊儿童提供服务,还扩大服务面至所有有学习障碍或行为障碍的学生。此模式的步骤包括:a. 转介学生;b. 在普通班观察学生;c. 转介会议;d. 诊断教学,以决定学生需要的教材教法;e. 书面报告形式的教育处方;f. 与普教教师进行处方会议;g. 在普通班进行示范教学;h. 短期追踪;i. 评估学生的进步情形;j. 长期追踪。诊断处方教师必须在执行过程中做有系统的记录,补救教学的责任在普教教师,学生不能离开普通班。[①]

资源教室实施初期是一种将学生抽离原教室,利用部分时间在资源教室进行特殊教育,实施补救或充实的教学。然而融合教育的理念并非强调抽离,特殊儿童大部分时间仍应留在原普通班,而且最终的理想是资源教师只需待在原班级进行观察,与普教教师交流、沟通,提供建议、策略,资源教室的功能将更进一步扩展到全校或社区,真正实现去标签化的融合教育理想。

(三)资源教室规划的原则

规划资源教室之初,首先必须明确其定位。从资源教室的特征中确认了资源教室属支持性服务形态,所扮演的是整合普教与特教的角色;其教学实施方式具极大弹性,教师可依据学生实际情况调整课程和教学。这里必须再次提醒,资源教室设置的理念不仅针对特教领域的各类残疾儿童,还能包括在学业、情绪、行为上需要特殊协助的学生,甚至可将心理咨询室与辅导室纳入其中,扩大对学生的服务面,避免学生的标签化。特殊教育领域的资源教室规划,各校应视实际需要,宜以较高的视野、较大的角度、较多的功能去思考、去设计。

教育应以学生为本位,因此资源教室规划首先考虑的是特殊需要学生的需求,其次为教师教学,再次为行政管理需要。按上述思路,资源教室规划原则归纳如下:

1. 以学生需求为本位:除了少数地方政府有明确要求基本设置外,各校必须事先做调研,了解学区内特殊儿童的障碍类别、障碍程度、人数、性别、年龄层等基本信息,并从文献资料中去了解特殊教育发展趋势,有了数据做基础,才能明确规划方向。一般以学生的障碍类别来设置,有单一类别、跨类别(或多类别)和不分类。[②] 为提高资源教室的使用率及节约经济成本,不建议以单一类别来规划。

2. 以教师教学为中心:教师是执行教学任务的核心人物,因此教师的素质是实施资源教室成败的关键。资源教师工作包含沟通、协调、咨询及最重要的教学任务。由于资源教室无论在课程安排、时间运用、技术教法等方面有丰富多变、弹性极大的特色,对资源教师教学能力的要求较高。为了满足特殊儿童的个别需要,资源教室教学环境及教材、教具、器具、辅具等教学设备要求相对要高、要多,应尽可能充实,以利教学。

3. 以行政管理为准则:遵循法律、法规、指导纲要等文件,在落实资源教室工作的同时,也为了行政管理制度化有所依据。此行政管理最主要的目的在于对资源教室的执行过程和结果起到管理、监督、评鉴、奖励的作用。

许家成、周月霞从北京资源教室建设实践中总结了"五个固定"的基本要求:固定的人

---

① Prouty R W, McGarry F M. The Diagnostic/Prescriptive Teacher. In Deno, E., (ed.) Instructional Alternatives for Exceptional Children[J]. Arlington, va.: Council for Exceptional Children, 1973.

② 林素贞. 资源教室方案与经营[M]. 台北:五南图书出版公司,2009:49.

员、固定的专用场地、固定的设施、固定的资源及固定的任务。[①] 这为资源教室的成功启动提供了保障。

（四）资源教室服务的对象

资源教室的服务对象有学生、教师、家长及其他对特殊教育有兴趣或疑惑的校内外人士，说明如下。

1. 有特殊需要的学生：包含普教学生及特教学生。普教学生在遭遇心理问题、课业问题、情绪困扰及行为问题时，资源教室的各项设备及功能区能对学生问题的减缓有所帮助。当然，资源教室主要还是满足有特殊需要学生的需求。资源教室一般设有感统活动室、游戏治疗室、沙盘游戏室、学业指导室、心理咨询室、教学区、图书区[②]等各种功能室，能满足学生动态及静态的训练、学业及体能的提升要求，教师可视学生需要安排课程。学生在此能得到教育、感统训练、粗大及精细动作训练、评估、转介等服务。[③]

2. 普教教师：包括融合教师及一般教师。融合教师指有特殊儿童就读班级的班主任。面对特殊儿童的特殊情况，未受过特殊教育培训的融合教师常手足无措，困扰万分。负责资源教室的资源教师就必须协助普教教师解决这样的问题，包括协助普教教师了解学生的特性、撰写各种记录表、提供教学策略、调整课程、接受咨询等来减缓或消除特殊学生的问题，帮助普教教师减缓压力，与普教教师共同营造融合氛围，使得特殊儿童尽早融入班级。一般教师在教学上也一定会遇到有学习障碍、情绪困扰或行为异常的儿童，资源教师可以帮助学生和老师改善问题。因此，教师在此能得到特殊教育专业的协助、交流信息，甚至可以改善与家长间的紧张关系。

3. 家长：分为特殊儿童家长及一般儿童家长。资源教室可以成为这两类家长的咨询室，有关特殊教育的专业问题、教学问题都可以向资源教师咨询。资源教室的功能是多面向的，普通儿童家长也是被服务的对象之一，他们可以在此获得必要的协助、交换资讯、沟通意见。

4. 其他：其余非学生、教师、家长的群众，只要是对特殊教育有兴趣、有疑惑，均可在资源教室得到咨询服务，这些人可以是学校领导，可以是社区百姓，也可以是其他群众。

二、资源教室的配置

资源教室的配置可分为空间和设备配置，一般均将设备设置在室内或户外两类空间。基于资源共享的理念，第三部分从资源利用的角度来谈人员、物资及公共关系等配置。

（一）资源教室的室内配置

由于各校所能使用的空间不一，所服务的对象障碍类别不同、数量各异，因此资源教室的室内空间配置应按其功能与实际需要来决定。

1. 空间规划。资源教室的服务内容广泛且富弹性，因此在室内空间的规划上需注意以下几个原则。[④]

（1）教室位置适中——最好融入普通班级中，通风、采光良好；考虑行动不便者，建议设

---

① 许家成，周月霞. 资源教室的建设与运作[M]. 北京：华夏出版社，2006：14-16.
② 刘慧丽. 融合教育理念下资源教师角色的指导模式研究[D]. 武汉：华中师范大学博士论文，2013：69-73.
③ 北京市随班就读资源教室建设与管理的基本要求（试行）[EB/OL]. （2013-5-29）[2014-11-5]. http://moral.bjedu/77690392107024384/20050926/12447.shteml.
④ 孟瑛如. 资源教室方案——班级经营及补救教学[M]. 第2版. 台北：五南图书出版公司，2011：29-30.

于一楼;有无障碍空间、通道或电梯;必须出入方便、安全;尽量避免有视觉、听觉干扰的地方,如音乐教室、超市、餐厅等。

(2)动线流畅——各种设备器材均有其使用空间与活动半径,摆设位置应考虑进出动线的流畅性、安全性,避免干扰及危及安全。

(3)避免标签化——资源教室需融合在普通班级中;特殊学生座位安排与环境布置避免产生标记作用。

(4)空间运用有弹性——大型器材不能移动者应尽量靠边,但仍需顾及其活动半径要在安全范围内。内部空间尽量弹性运用,尽可能多用途,发挥最大效能。

(5)环境布置单纯化——教室宜粉刷明亮、清爽的颜色,保持清洁、卫生;为集中学生注意力,除必要的器材使用说明、提示之类注意事项外,环境布置不宜过度花哨,造成学生分心。

以北京为例,资源教室的内部空间按面积规划成三类。[①]

一类资源教室——面积100～120平方米,2～4间。这类资源教室功能较为完整,分区较多,主要有:①办公区;②接待区;③诊断/咨询区;④观察/活动区;⑤康复训练区;⑥教学资源区;⑦阅读/会议区;⑧信息编辑区(有专用设备进行信息采集、整理、制作、储存等工作)。

二类资源教室——面积60～100平方米,1～2间。这类资源教室具基本功能,部分空间做弹性的整合利用。主要有:①办公区;②会议/接待区;③诊断/咨询区;④观察/活动区;⑤康复训练区;⑥教学资源区。

三类资源教室——面积60平方米以下,1间。这类资源教室仅具核心功能,在既有的空间中弹性利用。主要有:①办公/接待区;②学习训练区;③教学资源区。

空间宽阔固然可喜,不足的应充分利用资源,因陋就简,发挥创思,以最小、最少发挥最大、最高效益。(如图7-1至7-13)

图7-1 感觉统合活动室1　　　图7-2 感觉统合活动室2

感觉统合活动室1～3:感觉统合一词是由Shrttinhyot, C. S. 和Lashley, K. S. 于1960年提出的,并广泛地应用于行为和脑神经科学的研究。Ayres, A. J. 根据对脑功能的研究,1972年首先系统地提出了感觉统合理论(Sensory Integration Theory)。她认为感觉统合是指将人体器官各部分感觉信息输入,经大脑统合作用,完成对身体内外知觉做出反应。只有经过感觉统合,神经系统的不同部分才能协调整体工作,使个体与环境顺利接轨。

---

① 北京市随班就读资源教室建设与管理的基本要求(试行)[EB/OL]. (2013-5-29)[2014-11-5]. http://moral.bjedu/77690392107024384/20050926/12447.shteml

感觉统合训练是通过运动,训练儿童的平衡感、反应力、肌力以及动作的协调能力,整合儿童的神经系统,增强儿童对自身行为的控制,对于过动的儿童还可以适度发泄其体力。

图 7-3　感觉统合活动室 3

图 7-4　游戏治疗室 1　　　　　　　图 7-5　游戏治疗室 2

游戏治疗室 1、2:游戏是儿童主要的学习方式,能迅速引起儿童的学习兴趣,通过游戏提升儿童的社会性,满足儿童的社交需求,促进儿童的心智发展及训练精细动作能力。柜子及抽屉里有各种各样的玩具,儿童可根据个人的需要选择,或由资源教师指定开放几种玩具供儿童选用。玩具有个人玩的,也有双人或两人以上的合作性玩具。如打珠台是双人游戏,除训练手眼协调能力及反应力,还能刺激竞争性及提供儿童社会性交往的机会。玩具可以在所设置的桌椅上操作,如部分蒙氏教具,有的可以在地板上、软垫上玩。

图 7-6　沙盘游戏室 1　　　　　　　图 7-7　沙盘游戏室 2

沙盘游戏室 1、2:沙盘游戏(Sand-play)由瑞士荣格分析心理学家 Dora Kalff 于 1957 年正式创立,主要用于解决儿童的心理问题。通过沙盘游戏的引导,儿童可以发挥移情作用,释放潜意识中的心理障碍,经过适当发泄及引导,能够减少儿童的问题行为。图 7-6 中间即为沙盘桌,右边角落是沙盒,左边三格柜里的玩具多为人物、动物、蔬果等模拟玩具,孩子可以任意取用玩耍,教师并不干涉孩子的所有游戏行为,只在旁观察、记录,必要时才发问或回答游戏中儿童的问题。

图 7-8　图书区　　　　　　　　图 7-9　图书角

图书区、图书角：图书能拓展儿童学习视野，丰富儿童的知识和想象力。儿童课余时间可以到图书区或图书角选择自己喜欢的图书，因此应该摆放多类型的图书，供儿童借阅。优秀的绘本对特殊儿童和普通儿童都有促进情感的作用，对融合教育观念的提升非常有帮助。

图 7-10　学业辅导室　　　　　　图 7-11　教学室

学业辅导室：对于有学习障碍或学习落后的儿童，资源教师可以利用课间或课后组织儿童进行辅导，以一对一或小组方式进行，提升儿童的学习成果。

教学室：有两种功能，一是等同于学业辅导室，各校命名不同而已。二是提供教师之间的交流和沟通，以及教师备课查找资料之用。教学室是为满足教师的教学需要，为提高教学效率而设。

图 7-12　心理咨询室　　　　　　图 7-13　心理咨询区

心理咨询室：教师针对个别儿童的心理需求，以游戏、聊天等轻松方式提供心理咨询服务，满足儿童的心理发展需求，另设有治疗椅及各种心理测评软件供使用。

心理咨询区：心理咨询区可设在小阁楼或一个温馨的小空间，家具设备都是专供儿童使用，儿童可以在里面玩扮演游戏、聊天，小小对话中经常隐含他们心中的秘密或心理状态，资源教师可有技巧地借此了解儿童的心理问题。

基本设备：如各类桌椅、各式橱柜、各种置物架、展示架、办公用品、学习文具、视听设备、学生图书、专业书籍和期刊等。

专业设备:诊断工具、感觉统合器材、游戏玩具、教材教具、教学软件、辅具、多媒体设备等。

(二)资源教室的户外资源

资源教室的资产、设备是共享的资源,特教与普教在融合的理念下不应分彼此,基于这样的概念,普教户外的所有空间、器材、设施也都能被特教充分利用,如操场、游乐场的体育运动用品及游戏器材,以期发挥最大的效益。(如图 7-14 至 7-16)

除了校内资源,别忽略学校所在的社区资源,如公园、游泳池、超市等,都可以是教学的场所,均有教育功能。

图 7-14 操场-游戏

图 7-15 操场-跑步

图 7-16 游乐场

(三)资源教室的资源利用

1. 人力资源——校内人力资源如学生家长、小老师、高年级同学等,都是就近可得的资源人士。特殊教育需要很多专业领域共同参与,诸如医学领域的医师、护士、各类治疗师(语言治疗师、物理治疗师、职能治疗师等)、社会学领域的社会工作者(社工人员),心理学领域的心理治疗师、心理咨询师,其他如艺术治疗师、音乐治疗师、游戏治疗师、义工(社区义工、大学生、退休人员)等,学校不一定有足够的人手,也不一定有充足的经费将专业人员纳入编制,却能运用这些人力资源协助教师教学、帮助学校发展特殊教育,例如邀请专家进行短期培训或示范教学,加强教师专业能力及沟通技巧以提升专业素养。

2. 物质资源——如前所述,充分利用社区设备资源(公园、游泳池、超市、图书馆、动物园等)、机构机关(教育行政单位、社会福利机构、医疗机构、文化中心等),除了节约成本,还能协助特殊儿童了解那些与生活密切相关的场所并学会使用公共资源。孩子离开学校之后,仍要回归社会,学会利用公共资源也是他们应该具备的基本能力之一。其他相关的活动资源,如各式营队主题活动、展览会,应积极参与,除提供学生与社会接触的机会,也是一般群众了解特殊儿童的最佳时机。最后是经费的资源,如社会福利单位、行政单位、基金会、家长及社会热心人士的捐助款项等,①让这些回馈社会的爱心款用在刀尖上。

3. 公共关系资源——公共关系(public relation)有许多不同定义,其领域涉及层面甚广,简单地说,公共关系"是一种刻意、事先计划而且用心维持的行为,旨在建立与维系一个组织与大众之间的相互理解"。② 接受特殊教育的儿童属于少数人群,他们必须走出自我、走向社会,实现彼此之间的了解,从而相互接纳,必要时还可利用传播媒体教育群众,增长知识,增进理解。基于公共关系的定义,可以得知特殊儿童及他们的家长应与社会有直接的联系,就像一般儿童一样就学、娱乐、参与活动,并主动和群众建立良好的关系。资源教师应主动协助学生、家长,提供他们可以获得的无论是心理的、物质的或资金上的援助来源,陪伴他们、支持他们。

第三节 资源教室的运作与管理

资源教室功能的发挥要通过为特殊需要学生提供特殊教育服务、为融合教师提供支持性服务和为学生家长提供指导咨询服务三方面来实现。因此,如何将这三方面无缝接轨、有效串联,便是资源教室运作成败的关键。班级经营在异质性高的融合班里,考验着普教教师和资源教师的管理智慧,"多层次班级经营"的概念或许能给教师们一点指引的方向。资源教室实施过程则仰赖健全的管理制度和行政单位的有效监督。

一、资源教室的运作

资源教室是特殊教育工作中的一环,它的运作流程自学生的评估鉴定开始,肩负最为重要的教育环节,目的在提升学生能力及改善问题行为,并在班级营造接纳氛围,促进融合教育的发展。资源教室运作共5个环节③,环环相扣,但因各校资源教室条件和学生个别化的学习需求不同,操作时可弹性调整,不必拘泥于形式。

(一) 教育诊断与评估

这一环节需要填写学生基本资料,了解学生家庭背景、学习过程,观察学生,使用适当的评估工具进行测评、个案管理。这一环节的工作实施要点如下。

1. 由家长填写学生基本信息表格,越详细越好,有助于老师了解学生状况。

2. 从对家长的访谈中去了解学生家庭背景,如果是转介过来的学生则需了解转介原因及其过去的学习历程,最好能请家长提供文书资料。

3. 一定要家长将学生带来,面对面观察学生,教师才能实际地记录所见所闻,避免家长语言表述的误解及彼此认知上的差距所带来的困扰。

4. 使用适当的评估工具进行测评时,工具及测评人员(资源教师)均需经教育单位或权威专业机构认可。测评应尽量在自然的情境下施行,事先可预留20~30分钟时间由测评员与学生建立熟悉感,以降低儿童的不安,提高评估的准确度。

5. 诊断工具包含各种智力量表、行为量表、学习能力测查、社会适应能力测查,视特殊儿童的需要来选择。残疾类别和残疾等级则参照国家制定的标准判定。

---

① 王振德. 资源教室方案[M]. 台北:心理出版社,1999:156.
② 王振德. 资源教室方案[M]. 台北:心理出版社,1999:163.
③ 于文,李莹. 资源教师专业成长的理论与实践[M]. 北京:北京邮电大学出版社,2009:19-24.

6. 一旦确认个案,应立即建立个案管理电子档(包含转衔资料),由资源教师负责。资源教师对档案负有保密的义务,为保护当事人的隐私,任何情况下均不能外流、泄密。档案的转介、取用均须有明确而严格的规定。

(二)安置

这一环节需要撰写教育安置建议、召开安置会议、与家长沟通测评结果、决定安置方式。这一环节的工作实施要点如下。

1. 撰写"教育安置建议"向学校领导汇报,形成共识后召开安置会议。
2. 安置会议出席人员包括资源教师、学校相关领导、融合班班主任、其他任课教师及家长。与家长沟通测评结果,并从专业角度说明学生的情况,进而提出教育对策,决定安置方式。尽可能安置在融合班级,情况严重而不适合者才安置于特殊教育学校或其他机构。此项安置标准必须有明确的规定或量化标准,避免争议。
3. 安置方式有融合班(随班就读)、特殊教育学校、特殊教育机构。
4. 事先分析上学期间可能发生的各种状况,家长有安置的最终决定权,必须尊重。
5. 班额在 40 人左右的班级以安排 1~2 名特殊学生为宜。[①]

(三)制订个别化教育计划

这一环节需要制定教育/训练目标、选择教学模式、设计教学方法及训练活动,拟定具体的评估标准,发展学生优势,开发潜能。这一环节的工作实施要点如下。

1. 根据学生的测评结果制定该生的教育及训练目标,目标达成宜设定短期、中期和学期、学年的长期目标。家长对孩子的期望值也不能忽略,太高或太低都要沟通,达成共识,双方做适当的调整。
2. 资源教室的教学模式于本章第二节已有介绍,在"多层次班级经营的方法"中也有涉猎,参考选择最适合的加以运用。
3. 确定以上两项就能开始设计教学方法及训练活动计划,这部分还需视特殊儿童的残疾程度及学习特点来制定。
4. 学习成果的评定应先拟定具体的评估标准,不仅特殊训练如此,还包含普通教育课业的评估。
5. 发展特殊儿童的优势和待开发的潜能。

(四)普教特教协同教学

这一环节需要与普教教师协商入班观察时间、调整课程、制定资源教室课表;分工合作,维系彼此间的和谐关系。这一环节的工作实施要点如下。

1. 与普教教师协商入班观察时间、如何调整课程,作为制定资源教室课表的依据。
2. 特殊儿童被安置在资源教室上课是一种补救性的教学方式,所以仍应以普通教育为主,特殊教育为辅,主客分明,相互尊重。虽在工作上各司其职,教学部分却多有重叠,责任需共同承担,因此普教教师和特教教师间和谐的关系十分重要,既要分工也要合作。
3. 特殊儿童的个案信息由资源教师负责管理,其学习记录也由资源教师撰写,他与同学的相处情形、融合的状况均需普教教师提供信息。

(五)教学评估

这一环节需要按个别化教育计划之短期、中期和学期、学年的长期目标,分阶段实施教

---

① 许家成,周月霞. 资源教室的建设与运作[M]. 北京:华夏出版社,2006:29.

学评估。汇总团队报表,进行总结。① 这一环节的工作实施要点如下。

1. 按个别化教育计划之短期、中期和学期、学年的长期目标,分阶段实施教学评估。

2. 建议学期初使用较密集的短期目标,尽早修正错误或偏差,利于往后中长期目标的达成。

3. 填写教学评估表,短期、中期每一阶段评估后,审视是否达到预期目标,完成目标即进入下一阶段,反思并修正之前的缺点。若未达标,必须找出原因,与普教教师共同商讨对策,重新制定教学策略,双管齐下。

4. 参与资源教室教学的还有其他特殊教育团队的成员及普通教育的科任教师,他们的教学评估个别填写,由资源教师期末汇总。学期末、学年末或转衔时,评估报告做整体、全面的总结。

5. 过程性评估对特殊学生而言比总结性评估来得重要,原因在于这些学生的学习进步较少、较慢,教师在教学过程中必须具备高敏感度,去感知学生们些微的改变及进步、去发现学生们的学习特点及发展潜质。

学生在资源教室学习训练的时间应控制在学习总时数的40%以下,② 才符合融合教育的精神,不要本末倒置而失去资源教室设置的意义。

二、资源教室方案的融合班经营

班级经营的目的是为了课堂教学进行得更流畅,好的班级经营以不打断上课为原则,维持授课流畅的班级经营可兼顾其他守秩序同学的上课权利,同时避免课程中断而造成种种后遗症。"资源教室"不是一个班级,但它所服务的对象包括普通教育的融合班,普教教师与特教教师具备好的班级经营策略,能更圆融地处理特殊儿童在班上所带来的困扰。

(一)多层次班级经营的方法

融合班级成员因特殊儿童加入,导致异质性高,部分特殊儿童又常伴随有不自主或无法自控的行为表现,普教教师遇到这类问题最为无奈,既要顾虑特殊儿童的感受,还得照顾班上大多数同学学习的权益。"多层次班级经营"是在班级管理的层次上按预防、非语言、语言及行为改变技术的顺序来运用,以维持班级授课过程的流畅性。③

1. 预防层次

(1)教师专业:教师是教室的灵魂,一位优秀的教师只要一进教室便能让教室形成磁场效应,吸引学生的目光并维持学习动机。除了教师本身的人格特质外,教育专业及恩威并施与赏罚分明的班级管理策略是教师应具备的基本法宝。

(2)行政支持:学校行政单位一些细心的小措施即能使辛苦的教师们倍感温馨,如:安排班主任按特殊学生学习特性及教师的人格特质来安置;提早提供新生联络名单,便于老师联系家长;教务处排课时先排融合班,再排科任教师的课;建立适当的无障碍评估制度(学生可单独应考、书写障碍学生可口试、允许电脑作答、延长考试时间等);营造无障碍接纳环境。行政支持虽花时间精力在事前的准备与接纳上,却能避免很多事后的弥补与协调。

(3)教室布置:以整洁、通风、明亮、单纯化为原则,橱柜摆设应方便学生进出、拿取用

---

① 许家成,周月霞. 资源教室的建设与运作[M]. 北京:华夏出版社,2006:25-26.
② 于文,李莹. 资源教师专业成长的理论与实践[M]. 北京:北京邮电大学出版社,2009:20.
③ 孟瑛如. 资源教室方案——班级经营及补救教学[M]. 第2版. 台北:五南图书出版公司,2011:161-175.

品,其他重点在"资源教室的室内配置"已经说明,不再赘述。

(4) 班级干部:善用班级干部可培养学生的荣誉感,也能使老师于教学过程中得到事半功倍的效果,同伴之间的协助让特殊学生比较不会感到压力,应巧妙运用。

(5) 建立班规:与学生共同订定班规更能增进学习效果,学生也乐意遵守。但特教学生的注意时效短,尽可能以正向直述句呈现,以简单、明确、可做到为原则,必要时也可以使用图示表述。

2. 非语言层次

(1) 座位靠前:有注意力缺陷的学生通常被安排在前方靠近讲台处,便于教师就近指导及提示。

(2) 行为楷模:责备学生负面行为容易引起紧张的师生关系,拿表现好的同学作为榜样来称赞,引导大家仿效则较可取。

(3) 幽默提示:实施机会教育及改善学生行为,只要发挥一点创意及幽默感就能做到,同时提示了上课不专心的同学。例如很自然地将某位不专心的同学名字融入正在教的课文中,既不打断上课流程,又能幽默地、不伤自尊地提醒该名学生,达到良好的班级管理目的。

3. 语言层次

教师说话应多采用正向语句,称赞和责备都要具体,学生犯错时若能提供改进的建议,他们才有明确的遵循方向。在他们有改善和进步时,及时给予回馈、鼓励,学生的正向行为将会有效地持续。如以"老师希望你上课保持安静"来取代"不要讲话",以"你做得很好,能挪开椅子打扫得这么干净"来取代"你好棒";或是以"你要想清楚再回答"取代"你答错了"。

4. 行为改变技术

(1) 代币制。这是最常用的行为改变技术之一,通常由教师建立一个交换系统,学生在表现适当行为之后可以获得一种小奖励,累积一定数量的小奖励可以再换取其他报酬。这些小奖励和报酬的兑换十分多元,由于奖励及时,所以通常非常奏效。实施过程要注意几点:①约定事项必须目标明确;②使用适当的增强物;③弹性调整评量目标与增强物;④削弱代币制。对特殊学生实施时还应注意四项原则:①公平;②有意匮乏(增强物应选择只能在此代币系统中获得的);③特殊(如对富裕家庭中的学生可改以精神上的增强物);④集中(基于特殊学生的特性,每次的目标行为最好不超过三项,根据其改善情形逐步调整)。

(2) 忽略法。又称漠视法,是采取不理会的态度以减低负面行为出现的频率。使用此法还需善用几个要诀:①转移学生的注意力;②决定要忽略到什么程度;③制定合理的行为目标;④使用适当替代行为。意即要改善学生的负面行为,就给他任务去完成或让他有事可做。

多层次的班级经营虽有适性化的个别管理,仍应异中求同,接受孩子按自己的方式达到统一要求。行为改变技术有很多,这里只介绍最常用且效果好的两种,有兴趣的老师可以参考相关书籍、期刊进一步研究。

(二)资源教室班级管理的原则

1. 维持授课流畅原则

良好的班级经营是不打断授课的流程,这就要求教师需具备一定的智慧与能力对妨碍上课、破坏公物、危及个人和他人安全的学生做必要的"经营",方法已在"多层次班级经营"中详述。

2. 提升学生解决问题的能力

强调学生认知应内化成自我决策的能力,意即"解决问题的能力"。教育界大力提倡、鼓励学生有自信,相信"我能行",激发自我意识,主动参与。自我决策能力是一种长期发展的过程,若能于班级经营策略中善用,学生必能学习到自我控制与自我负责的精神。

3. 多层次策略运用原则

适合运用于异质性高的班级,教师"温和的坚持"是最好的态度,家长管教应与教师一致,避免相互指责或情绪失控;彼此互为助力,而非阻力。

4. 及时反馈原则

正向反馈效果优于负向反馈,反馈的时机要及时,表述要具体,身体动作、手势、表情也可以运用。

5. 示范与操作原则

遇到理解力较差的学生,示范与操作练习能帮助其较好地达到学习目标。在学习步骤上应尽量简化,以学生的实际能力为基准来指导。

6. 提示及缓冲原则

特殊学生常因自控能力有缺陷,学习过程中容易产生预期落差,事先予以提示要比事后去责备效果要好。同时在提示后给予一定时间和空间的缓冲。例如针对容易发生冲突的学生,事先提示友好的行为,座位安排上适当给予缓冲的空间以减少冲突。[①]

班级经营策略无好坏之分,只有教师是否能在临场做出最适当的专业化的思考与行动。方法、过程越具体可行,学习越有趣味性,就越能提升学习动机。

三、资源教室的管理

资源教室管理工作是保障资源教室正常运作的关键,包括资源教室的使用管理及行政管理。资源教室的使用管理有设备资源管理、规章制度管理、档案管理、教学管理、学生管理、业务工作管理等,资源教室的行政管理有各层负责人各司其职。

(一)资源教室的使用管理

1. 建立资源教室管理系统:明确资源教室管理责任人,详细制定主要职责,严格管理,包括设备管理、资源管理、规章制度管理、档案管理、教学管理、学生管理、业务工作管理等。

2. 制定资源教室规章制度:包括工作流程、使用或借用各种设备与图书之规则、资源教师工作职责等,张贴于公告栏,务请大家遵守。如图7-17。

---

① 孟瑛如.资源教室方案——班级经营及补救教学[M].第2版.台北:五南图书出版公司,2011:159-163.

图 7-17　资源教室制度

3. 撰写资源教室活动日志：包括资源教师工作日志、教学活动日志、康复训练日志及其他日志。

4. 确保资源教室活动安全：保障安全是一切活动的基本也是最重要的要求。设备、资源的保管、维修、报废、添置都需定期检查、提报，杜绝一切校园安全事故发生。使用频率越高的设备，维修频率也要相对越高。加强监控人员进出，拒绝外人在未得到允许前进入资源教室，学生在资源教室上课、做康复训练时，亦不得随意外出。

5. 扩展资源教室对外服务：资源教室承担着为学校以外的社区群众服务的责任，包括家长、社区的残疾人及有特殊教育需求的人士。[1]

(二) 资源教室的行政管理

1. 资源教室的行政组织系统：原则上由学校各级领导或各处室主管所组成（如图 7-18），明确资源教室管理系统的责任人，详细制定主要职责，严格管理监督。

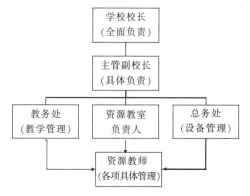

图 7-18　资源教室管理系统图[2]

2. 资源教室行政组织的职责：校长是学校资源教室最高负责人，负责资源教室全面工作；副校长负责具体行政工作，下有教务处与总务处负责资源教室的教学行政和设备管理。部分设特殊教育资源中心的地区或学校，其行政地位与教务、总务平行，直接指导资源教室的工作。资源教室通常设有专任的资源教师 1 人或更多，视资源教室服务规模而定，负责资

---

[1] 许家成，周月霞. 资源教室的建设与运作[M]. 北京：华夏出版社，2006：20-21.
[2] 许家成，周月霞. 资源教室的建设与运作[M]. 北京：华夏出版社，2006：20.

源教室特殊学生的教学、设备管理,为普教教师、家长提供咨询服务等。

3. 资源教室的考核与评估:

(1) 资源教室考评的意义——资源教室的考核与评估是对资源教室运作的绩效进行了解,以作为改善、奖励的依据。科学的资源教室考核与评估必须在理论的指导下经由实践来完成,无法一蹴可及,只有累积实践经验,边做边修正,使其逐渐完善。

(2) 资源教室评估的指标——可分领导与管理、教学(资源教室运作、资源教室效益、文件材料)及设备(设备维修管理、资源教室建设)等两大类,其评估指标体系的具体细项应由各地教育主管机关制定。自评表的内容与资源教室运作有直接关联,如资源教室的管理(学生资料的管理、资源教室使用的管理、器材设备维护和借用的管理)、教学(个别指导、课程设置、教材教法、策略运用、学生学习成效、多元化的诊断测验)、环境布置(安全、动线流畅、适合个别化教学、符合充分利用原则)、其他服务(接受咨询、与普教教师关系和谐)等。

(3) 资源教室考评的方法——着重过程性评量,通过自评陈述、审阅材料、访谈、观察、个案分析等方式,大略可分为自评与他评两种。自评表是由资源教师自行填写,择期自我陈述工作绩效;他评是由实施考评的团队进行,人员应涵盖普教教师、特教教师、家长、学校领导、专家学者、教育主管机关领导等,建立量化的考评标准,用数字来说话,文字说明为辅。考评团队根据自评与他评得出的平均分即为该资源教室的评鉴结果。优良者公开表扬,不良者限期改善,其标准应由各地教育主管机关制定。

资源教室是目前在融合教育中设置于普通学校的特殊教育服务形式。由于其工作内容与普教息息相关,所以学校各级行政领导是否了解并支持,直接影响资源教室运作的成效。普通教育与特殊教育的协作、各平行单位间的相互支援则间接影响资源教室的管理。案例7-1系统地描述了北京市东城区西总布小学资源教室中运用"痕迹管理"的做法。

案例 7-1

> **痕迹管理的成果**①
>
> 一、痕迹管理个案研究的方法
>
> 北京市东城区西总布小学在资源教室个案研究中运用"痕迹管理"的方法效果显著。"痕迹管理"是对随班就读特殊儿童的资料进行收集、整理,对学生进行训练效果的分析、比对,发现学生的变化,依据变化调整策略,总结出有指导意义的经验或对策,使教学更具有效性。
>
> (一)痕迹管理的启动——收集相关资料
>
> 需要收集的印迹有:
>
> 1. 学生的基本情况、能证明基本情况的有关材料(残疾证明、学前教育的有关材料、家庭情况等)
>
> 2. 学生的个别教育计划、训练计划
>
> 3. 学生的测试试卷(前测、单元测验、期中、期末测验等)
>
> 4. 每次个别训练的内容及学生在训练时所完成的训练任务所留下的文字、图片等。
>
> 5. 教师和家长沟通的联系本、问卷等。
>
> (二)痕迹的分析——制定针对性的个案研究方案

---

① 案例来源:北京市东城区西总布小学孙全红老师。

对以上资料深入分析后,可以给学生制订出切实可行的教育教学计划,也可以验证训练方法是否可行、有效,让学生和家长看到进步与希望,更能累积学校对个案研究的经验及策略成功的佐证。这个环节主要采取的方法如下。

1. 文字分析法:文字分析法是指对所收集的文字材料进行整理分析,如学生的残疾状况、学习情况、家庭情况及学前教育情况,并通过其试卷、作文、日记、和他对话(实录的、书面的)的记录及对家长和教师的问卷等,按照他的教育需求制订个别化教育计划,也由此了解家长和教师的需求。

2. 图表分析法:图表分析是指将学生的资料绘制成表格,在分析表格的过程中寻求规律、寻找方法,看学生的进步情况及预测发展趋势。学年成绩的图表分析是将每个单元测试绘制在一个坐标图上。一个单元一个点,在每个点绘制后都要和前一个点进行比较,之后调整工作;学期结束时将点连成线,看走势、发展及制定下学期的目标,为学科教师提供学生学习的发展趋势和教学建议。可以手绘,也可以利用电脑Excel输入数据,使其自动绘制曲线图。如图7-19、7-20是学生学业成绩的手绘图表。

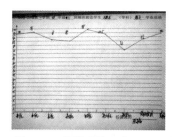
图7-19　数学成绩图表

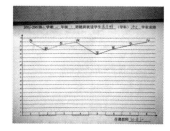
图7-20　语文成绩图表

3. 对比分析法:对比分析是指在特殊儿童入学后,通过文字或影像对他的初始状态进行记录,经过一段有计划的训练之后,再对同样的材料进行比对、分析,检验训练目标的准确性、训练内容的科学性、训练方法的有效性。

二、痕迹管理的案例

脑瘫学生:小然,小学3年级(10岁)。

症状:眼睛斜视,右手肌肉张力过大,写字费劲,无法写在格子里。

干预前:小学一年级入学时各科教师对他施以小肌肉训练,如串珠、拣豆子等。随着年级的增高,教师思考将小肌肉的训练与学科的学习结合。

目标:能拿起笔写字,并写在格子里。

策略:数学教师以画线为训练点;语文教师以写字为训练点,并对小然的训练从初始阶段开始留下影像记录。

训练过程如下。

(一)数学科资源教师的训练印迹

准备:准备一张纸、铅笔、尺。

任务:请你用尺在纸上画一条线段。

干预前:右手拿笔,左手拿尺。由于左手长期不用,使不上力,左手根本扶不住尺。右手的笔尖找不到尺(受视力及手眼协调能力影响),不能任意停住。如图7-21。

图 7-21 干预前

策略:资源教师决定采用分解动作,由教师辅助进行干预性训练。

经过一段时间的训练,资源教师将训练前后的记录进行比对分析。训练后的结果如图 7-22。

图 7-22 干预后

(二)语文科资源教师的训练印迹

准备:铅笔、橡皮擦、方格本。

任务:能将字写在方格里。

干预前:语文科资源教师先让他能拿笔,开始时他写很大的字,基本上不能进入田字格,如图 7-23,之后要求他尽量地入格。

图 7-23 干预前

策略:在开始写字时暂不要求速度,空一行写一行(如图 7-24、7-25),假期中请家长协助进行强化训练。

图 7-24 干预中 1   图 7-25 干预中 2

经过近三个月的努力,效果如图7-26、7-27:

图 7-26　干预后 1

图 7-27　干预后 2

三、痕迹管理的成效

（一）教师能制定有针对性的个别化教育计划
（二）教师通过对教育训练内容的积累编制校本教材
（三）为个案研究提供了详实的资料
（四）为融合教育学生的教育评估提供依据

四、结论

本个案主人翁小然在经过资源教师以"痕迹管理"的方式干预后,对手部精细动作的控制能力有了长足的进步。依据本案例,可以从两个方面来看资源教室的运作情况。一是资源教师的行政管理。从初始阶段详实的印迹资料的收集,干预过程如实记录,信息整理、分析、比对,再通过观察、思考,将印迹生成新的思想、经验、方法来促进工作,提升管理的水平及实效性,进一步丰富和发展管理的艺术,让管理更合理,更具人性化。通过经验不断积累、再使用,以此推动管理的科学化、规范化。二是对脑瘫学生的教育教学。对小然进行小肌肉训练与学科教育结合,在客观上不能高估他的发展,但在主观上也不能低估他的能力。在实际教学工作中,教师要善于看到特殊儿童的发展潜能,不能经常停留在缓慢的教学速度上,而应寻找他们的最佳"最近发展区",因材施教。有些特殊儿童的心理发展水平较低,训练过程又极易疲劳,往往有意注意能力较差,学习动机不强,因此要引导他们主动地发展。教师应注意学习方法的指导及学习效果的迁移,采用适当的教学策略。另一方面,应让家长、教师由特殊儿童的教育训练成果看到学生发展的潜能,树立信心,同时思考新的训练目标,以本个案为例——"写好标点符号"将是小然的下一个学习目标。

第四节　资源教室的课程安排

课程(curriculum)即学习者的学习历程、经验;教学(instruction)是展示(show)、告诉(tell)、指出(point out)某事给某人。换言之,课程就是要教导给学生的内容(what to teach?),教学就是将这些内容传授给学生的过程(how to teach?)。[1] 资源教室是为尚能学习的轻中度残疾学生而规划的学习环境,由于他们在感官上、生理上、认知或情绪、行为上出

---

[1] 林素贞.资源教室方案与经营[M].台北:五南图书出版公司,2009:287.

现问题,无法与正常学生以相同的方法学习相同的内容,因此课程调整(curriculum adaptation)及改变课程内容便成为协助特殊需要学生学习的一项必要工作。

一、资源教室课程安排的步骤

(一)能力评估:除一般性的基本评估外,特殊学生还需作学科程度评估及能力需求评估。前者针对各个学科的程度测试,后者是学科外的其他能力评估,如语言能力、社会沟通能力、感觉统合能力等。

(二)分配群组:以能力或学科别做分组,至于应采用何种分组方式,要视特殊学生人数多寡、残疾类别、课程安排等因素再做决定,一般是将同质性高的学生组成一个小群体,同学科在融合班4~10人较佳。[①] 若是在资源教室个别化的小组教学,约3~5人一组较合适。

(三)决定抽离或外加课程:按学生的需求、课表的安排决定是要采抽离式课程还是外加式课程,抑或两种混合。无论哪一种,学生都需走班,要考虑学生往返教室间的安全问题,走班卡(如图7-28)[②]的使用或许可以避免一些困扰。抽离式课程是依特殊学生需要补救教学的学科于普通班上课时抽离至资源教室上课,分部分抽离、全部抽离和增加抽离三种。外加式课程则是利用课余时间、早自习、晚自习、周会、班会、课外活动、社团活动等时段做灵活运用,安排到资源教室接受教学。

走班卡					
日期	201( )年( )月( )日		第( )周	星期( )	
姓名			班级( )		
( )点( )分离开( )教室到( )教室学习					
			负责教师签名:( )		
( )点( )分离开( )教室应返回( )教室					
			负责教师签名:( )		
学生交卡时间:( )点( )分			班主任签名:( )		

图7-28 走班卡

(四)安排课表:共分三种课表,融合班级的整体课表、学生个人的课表及老师个人课表。以教务处编排的班级整体课表为主,再依学生个别需求配合任课教师的时间安排小组(同质性)或个别课表,按表上课。

(五)执行个别化教育计划:个别化教育计划有详细的记录和计划方案,制定的是个性化的课程设计、教学方法以及教学目标,配合进度,贯彻执行。

(六)阶段性评量:普教教师和特教教师要共同给学生进行阶段性评估,按照个别化教育计划中的时程,看学生是否达标、是否进步、是否需要再次调整课程、教学方法或目标水平,此时也给教师一个检讨反思的机会。[③]

---

① Brown V L. Direct Instruction Mathematics: A frame work for instruction accountability[J]. Remedial and Special Education. 1985,6(1):53-58.
② 许家成,周月霞. 资源教室的建设与运作[M]. 北京:华夏出版社,2006:30.
③ 林素贞. 资源教室方案与经营[M]. 台北:五南图书出版公司,2009:295-299.

二、资源教室课程调整的策略

课程调整策略另详见本书第四章。

1. **课程的精简**:课程的精简有两种概念,一是依据学生程度降低课程难度,例如学不了两位数进位加法,就先学习个位数加法;笔画太多的字写不了就改成笔画简单的字来练习,或拆字分开学习;二是改以简单、容易明了的教学方法,如简化步骤、分解步骤。一般课程的量和进度,特殊学生很难跟上,适当减少课程内容的量来减轻学生的负担及避免过多的挫折、降低学习兴趣和动机。详见本书第四章。

2. **课程的充实**:在课程精简之后,依据学生实际需要佐以其他内容或训练来充实课程内容,不拘泥于教材,详见本书第四章。

3. **课程的分解**:课程的分解有两层意义,一是分解教材内容成几个小阶段,逐步学习;二是分解学习方法,在课程精简时,以几个步骤慢慢学习,促进学生的理解。

4. **课程的替代**:指换教材或使用替代教材,以抽离或外加的方式学习,详见本书第四章。

5. **课程的扩展**:由于特殊儿童的个别差异大,其个别需求每每不同,因此除了以教材为主的学科课程外,经常还需要肢体方面的康复训练、生活自理能力方面的技能训练、言语表达方面的人际沟通技巧训练、记忆力及专注力等发展性课程的训练,这些作为课程的扩展,对满足特殊儿童的需求、促进特殊儿童的发展,具有重要意义。

三、资源教室课程安排的方式

（一）依授课方式分

1. **小组教学**:3~5人程度相近或学习特点较为一致的编为一小组,分组学习。
2. **协同教学**:普教教师与特教教师或两位特教教师的协同教学,一位主教,另一位辅助。前者一般常见于融合班级,此时以普教教师为主,特教教师为辅,依据学生的需要进行个别化教学。
3. **个别教学**:一对一的个别指导。

（二）依排课方式分

1. **原班排课**:教务处先排原普通班课表,资源教室课表随后配合。
2. **个别排课**:采用抽离、外加、抽离兼外加三种方式。依特殊需要学生的需求在普通班上课时抽离或利用课余时间外加课程,或两者兼而有之。
3. **群组排课**:将同年龄、同学科或相近程度的数个班学生集中到资源教室一起上课,学生多时,还可按能力分组。

（三）依课程形态分

1. **补救性课程**:残疾程度较轻或学业成绩低的学生适合补救教学,可采用精简的教学策略进行复习与补救。
2. **功能性课程**:较严重的特殊学生建议提供实用的、符合学生发展程度的课程,如各种感统训练、技能训练、语言沟通训练等,学习内容与生活所需具备的各项能力相结合。

（四）依课程类别分

1. **残疾类别**:以各种残疾类别的补偿去加强,如视听觉辨识、注意、记忆、理解、阅读、书写、口语表达等。
2. **学科类别**:按学校所设各学科予以补救,如语文、数学、理化等。

3. 生活技能:如生活自理能力、学习方法(技巧)、职业训练、专业的构音矫正、感觉统合训练等。

(五)依教材编选分

1. 自编或改编教材:可自行编写教材,或从现有教科书改编、精简,以符合学生的需要。

2. 采用特教教科书:市面上有许多特殊教育教材、图书、软件,或特殊教育学校自编的校本教材,可多搜集比较,选择最适合的来使用。[1]

【本章小结】

资源教室是因应回归主流的教育趋势而设置,属于特殊教育的一种安置方式。学生在普通教育体系就学所遇到的困难,由资源教室提供必要的补救、服务措施,让特殊儿童能尽快适应学校生活,愉快地学习。然而,为避免标签化,让资源教室的资源得到充分利用,学校应适度扩大资源教室服务范围至普教,也就是一般儿童也能在空堂时间使用资源教室。资源教室的设置能让普通大众对这些残疾儿童或有特殊需要儿童有更多的了解,从而学习如何真正接纳特殊儿童,能正确合宜反应并给予协助,建立爱与尊重的相处方式,这才是融合教育的本质和初衷。

【思考题】

1. 一位有特殊需要儿童安置到普通班,教师如何针对其特殊需求调整课程?将采取什么样的教学策略?怎样进行有效的教室管理?以何种措施让特殊儿童尽快融入班级?

2. 如何让资源教室的资源充分发挥作用并避免标签化?

【推荐阅读】

[1] 林素贞.资源教室方案与经营[M].台北:五南图书出版公司,2009.

[2] 孟瑛如.资源教室方案——班级经营及补救教学[M].第2版.台北:五南图书出版公司,2011.

[3] 王振德.资源教室方案[M].台北:心理出版社,1999.

[4] 许家成,周月霞.资源教室的建设与运作[M].北京:华夏出版社,2006.

[5] 于文,李莹主编.资源教师专业成长的理论与实践[M].北京:北京邮电大学出版社,2009.

[6] 刘慧丽.融合教育理念下资源教师角色的指导模式研究[D].武汉:华中师范大学博士论文,2013.

[7] 看见温柔的坚持. http://video.sina.com.cn/v/b/100768259-1282043821.html

[8] 全国特殊教育资讯网. http://www.spc.ntnu.edu.tw/

[9] 台湾师范大学特殊教育中心. http://www.ntnu.edu.tw/spc/

---

[1] 孟瑛如.资源教室方案——班级经营及补救教学[M].第2版.台北:五南图书出版公司,2011:19-29.

第八章　个别化教育计划的制订与实施

【本章导言】

芳芳,10岁,是个有注意力缺陷的学生。她的语言理解力与口语表达程度较同龄儿童无太大差异,有一定的生活自理能力。芳芳入学前曾在某普小的一年级就读。因为上课多动、注意力不集中,所以普小一年级的知识对于有注意力缺陷的芳芳来说,其难度超出了学习能力范围,但老师又不能因为一个人的缺陷而降低普小班级整体的知识水平。基于这几点原因,随着知识难度的提高,芳芳在上课的时候时常听不懂老师所传授的知识,久而久之注意力分散的问题越来越严重,课堂上经常会长时间发呆或有一些小动作,学习成绩是全班最后一名。她的班主任因为工作繁忙,又没有教育特殊学生的经验,对于芳芳注意力分散的问题行为也束手无策,老师建议芳芳转学并接受适当的康复训练,提高学习能力后再参与普教学习。[①]

芳芳的班主任所遇到的问题,也是大多数教师所关心的问题。对一个从未接触过或很少接触特殊儿童的普通学校教师来说,当班级里来了这么一个学生,教师往往会有些不知所措。那么,遇到这种状况教师该如何处理呢?如何做才能确保对特殊儿童有利呢?

第一节　个别化教育计划的制订

融合教育增加了普通教室中学生的多样性,个别化教育是满足学生多样性需求的核心方式。2014年1月,国务院办公厅印发《特殊教育提升计划(2014—2016)》,提出"加强个别化教育,增强教育的针对性与有效性""为特殊儿童提供个别化教育"等,进一步明确了个别化教育对特殊儿童的意义和价值。个别化教育计划(Individualized Education Program,以下简称IEP)被认为是落实个别化教育,确保特殊儿童教育质量的重要保障。

IEP是由施测人员(以及按规定其他应该参加的人员)在对3至21岁的残障儿童进行评估的基础上制订的书面文件,并且要求考虑儿童发展的结果,它保证儿童将从特殊教育中获益,而且真正享有平等的教育机会,使他们做到生活独立,经济自主,并能充分参与社会生活。[②] IEP一经提出,便成为特殊教育的重要课题,它对特殊儿童的教育进行总体规划,能有效指导普通学校里教师的教学。

一、个别化教育计划的参与人员

IEP的制订是IEP小组成员共同合作的结果,为了特殊儿童的教育需要,每个成员都需

[①] 梁松梅,贺春兰,朱振云.小学融合教育新模式:北京市朝阳区新源西里小学的探索[M].北京:人民日报出版社,2010:99-100.

[②] 安·特恩布尔,宋·史密斯,路得·特恩布尔,等.今日学校中的特殊教育[M].汪海萍,译.上海:华东师范大学出版社,2004:78.

要发挥各自的作用,IEP小组的成员及其职责主要包括以下内容。

特殊儿童的家长或监护人:在IEP的制订过程中,家长或监护人的作用是不可替代的,他们必须参与IEP的制订和决策。其职责包括提供孩子在家庭和社区的表现情况,协助IEP的评估工作;配合学校的教学活动及相关训练;表达对孩子发展的期望。

普通教育教师:主要提供学生在学校的表现情况;负责课程教学;根据特殊儿童的需要调整课程,并能改进学业的评价方式;配合其他课程教学及相关训练。

特殊教育教师或特殊教育服务的提供者:主要提供学生在学校的表现情况;参与学生的诊断评估,分析学生发展的优势和弱势;协助课程教学及相关训练;提供家庭咨询指导。

地方教育机构代表:监督IEP的制订和实施,确保IEP的质量;了解普通课程,并能指导普通课程对特殊儿童的实施;提供学生需要的资源。

学校行政人员:管理学生的基本资料;协助IEP小组各成员间的活动;监督管理IEP的制订和实施;提供学生需要的资源。

相关专业人员:包括学校心理咨询师、语言治疗师、物理治疗师、作业治疗师等各领域的专业人员,其职责在于参与相关领域的评估工作并能解释评估结果,根据学生需要提供专业的服务与训练。

能解释评估结果的人:这个人可以来自以上IEP小组成员,也可以另作安排,其主要职责在于解释评估结果,并能根据结果提供教学建议。

特殊儿童:表达自己在学习、生活、职业发展、休闲娱乐等领域的需求,确保IEP的最后决策内容是自己需要的,并且教学活动的设计符合自身发展兴趣。

其他人员:包括家长的朋友或是其他了解学生发展的人,其职责在于为家长提供情感支持,补充有关学生发展的资料等。

二、个别化教育计划的操作流程

IEP的操作流程(见图8-1)按顺序可分为五个阶段:准备阶段、拟订IEP初稿、召开IEP会议、实施IEP及总结与拟订新的IEP。每一个IEP周期的最后一个阶段是总结IEP,评估学生的进步情况,评估的结果同时也是下一个IEP里学生发展的起点,因此IEP是一个循环操作的过程。本节主题是IEP的制订,将主要介绍前三个发展阶段,后面两个阶段将在第三节详尽说明。

(一) 准备阶段

1. 收集学生基本资料

为更好地了解学生,尽可能完整、全面地收集学生的资料是非常有必要的,这也是制订IEP的第一步。学生的基本资料主要是由家人、教师、同伴、专业人员(如语言治疗师、物理治疗师、心理咨询师、医生、志愿者)等提供的信息,涉及的内容如下。

(1) 学生的基本资料:包括性别、年龄、入学时间、残疾类别、残疾程度、联系方式等信息。

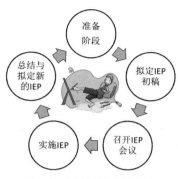

图 8-1　IEP 的操作流程图

（2）家庭情况：了解学生的家庭成员、主要照顾者、家庭教养方式、家庭收入、家长对孩子发展的期望等。

（3）生长史：学生发展过程中一些重要的成长记录，如母亲妊娠期、生产过程及有关学生语言、认知、行为、社交等方面的发展。

（4）医疗史：对学生有影响的疾病史或用药，如过敏情况、致残原因、用药情况等。

（5）教育史：简单介绍学生过去的教育状况。①

撰写学生基本资料时，信息一定要完整，越详尽的信息越有利于后面决策，其中学生的生长史、医疗史、教育史等要说明其对学生学习的影响。学生基本资料的撰写范例见表 8-1。

表 8-1　小奇的基本资料②

基本资料（入班时间：××××）							
姓名	小奇	性别	男	出生日期	×/×/×		
入班时间	×/×/×	残疾类型	肢体残疾	残疾等级	中度		
年级班别		家庭住址					
父亲	黄××	教育程度	高中	职业	从商	年龄	××
母亲	张××		专科		公务员		××
电话	（家）： （手机）：		（公）：	邮箱			
会议日期		开始日期		检查日期			

简易家庭状况、发展史、医疗史、教育史
1. 家庭史：家有两个儿子，小奇排行老小，与父母同住。父母与保姆是小奇的主要照顾者，目前由保姆到校陪读与接送。家中成员主要使用中文沟通，经济状况尚可。小奇的家庭作业通常是在父母公司由父亲与保姆陪伴完成，或是母亲在家中指导完成。父母在教养态度上有一些差异，母亲比较看重发展孩子的自理能力，而父亲则较为宠爱小奇，但两人都愿意与学校配合，期望资源班能提升小奇生活自理、行动的能力以及拥有良好的人际互动。

---

① 黄瑞珍，杨孟珠，徐淑芬等. 优质 IEP：以特教学生需求为本位的设计与目标管理[M]. 台北：心理出版社，2007：26.

② 黄瑞珍，杨孟珠，徐淑芬等. 优质 IEP：以特教学生需求为本位的设计与目标管理[M]. 台北：心理出版社，2007：131.

续表

2. 发展史：出生时父亲43岁，母亲39岁，家中无特殊病史。母亲怀孕时为足月剖腹产，出生后因脊柱裂导致下肢行动困难及排尿困难。婴幼儿时期的动作反应迟缓、协调不好、注意力较差，目前需倚靠助行器行走，无法自己入厕（大号）。 3. 医疗史：视、听力皆正常，因脊髓损伤需倚靠助行器活动。幼时双脚膝盖开过刀，放筋，三岁后才开始有能力学习走路。目前身高130厘米，体重49千克，体重过重、体力较差。头部因幼年时开刀装入一条金属导管，先前偶尔会有剧烈头痛的情形出现。小一开学后，学期中有一段时间（一至二周），连续两三天都在拉肚子。 4. 教育史：三岁之前曾于××医院接受特殊治疗服务、于康复机构接受作业治疗。就读××附幼普通班，申请缓读一年后进入××小学普通班就读。小一开始在××医院接受物理、职能治疗服务，小二开始暂停医院治疗课程，但仍有定期回诊。小一开始在资源班接受特教服务、学校专业团队的作业治疗与物理治疗咨询服务。

2. 教育评估

IEP应该建立在准确无歧视的教育评估的基础之上。教育评估主要是对学生身心发展的各个领域进行综合、全面的了解，以确定学生现有的发展水平及个别化的需求。评估过程中要求全面考虑儿童各方面的能力，包括感知觉、认知、沟通、行动、情绪情感、社会交往、生活自理、学业发展等，获得详尽的资料，这样才能指导后面的决策过程，并能将其转化为课程与教学活动设计，提高教学的有效性和科学性。

学生各方面能力的评估可以通过生理检查、标准化测验和非标准化测验等方式完成。

（1）生理检查

生理检查主要是由医生所做的各种健康检查，包括学生的视力、听力、重大疾病、动作发展等。

（2）标准化测验

标准化测验一般用于了解学生的生理、心理发展水平和学科成就。为了确定学生是否需要特殊教育及相关服务，以及所需教育与服务的性质和程度，教师和家长必须了解其学科或各领域的发展状况。根据测验分数解释方式的不同，标准化测验可分为常模参照评估与标准参照评估。常见的常模参照评估工具包括以下四种类型：其一，智力测验，如韦克斯勒儿童智力量表（WISC-R）、斯坦福-比纳智力量表、考夫曼儿童评估量表、希-内学习能力倾向测验等；其二，成就测验，如斯坦福诊断性数学测验第四版（SDMT-4）、韦克斯勒个人成就测验（WIAT-Ⅱ）、伍德科克阅读掌握测验（Woodcock Reading Mastery Tests）等；其三，认知能力测验，如工作记忆测验、注意力测验、威廉斯创造力测验等；其四，情绪与行为测验，如阿肯巴克儿童行为量表、儿童行为评估系统、儿童孤独症筛查量表等。标准参照评估确定了判断掌握/未掌握、合格/不合格的标准，以此来解释测验结果。标准参照评估的分数呈现方式通常是学生在每个目标上做对的题目数，并根据确定的标准来解释学生的成绩，比如是否合格或通过。标准参照评估的主要用途在于了解儿童的能力或知识的掌握水平，并为教师的教学提供参考。[①]

（3）非标准化测验

非标准化测验包括课程本位评估、动态评估、功能性评估、环境生态评估、档案袋评估等方法。

---

① 雷江华，方俊明. 特殊教育学[M]. 北京：北京大学出版社，2011：175.

评估的方法有很多,为准确把握每个特殊儿童个别化的需求,我们要由合适的工作人员采取适当的评估方法和工具。一般说来,标准化测验由专业的评估人员完成,如医院专业的医生、高等院校特殊教育或其他相关专业的专业人员,而非标准化测验可以由家长和教师完成。

关于教育评估的详细介绍,可参考本书第四章。

> **小提示**
> IEP里的评估不只有一次,而是应该在 IEP 的实施周期内经常进行,以便追踪学生的发展情况,并能根据需要随时调整项目。

3. 分析优势和劣势

根据评估结果,我们要综合学生各项能力,分析其发展的优势和劣势。优势和劣势分析的意义在于,一般我们在进行评估时可能会更多地看到学生的不足,重点关注劣势并据此来进行课程教学设计,但发掘并善用学生优势来引导与提升其劣势能力也是值得我们思考的,同时也利于后面目标的拟定。在分析优势、劣势时,除要进行个体间的比较,发现特殊儿童与正常儿童的发展差距,还要进行个体内的比较,分析个体内各项能力的发展差异。学生优势和劣势的撰写范例见表 8-2。

表 8-2 小明 IEP 的优劣势分析[①]

优势	劣势
◇ 小明是一个乖巧的小孩 ◇ 沟通:能听从老师指令,愿意使用口语沟通 ◇ 情绪:情绪稳定,和同伴相处和谐,并乐于帮助其他同学,热心服务 ◇ 生活自理:爱干净,能用筷子与汤匙吃午餐,餐后会自行清理桌面 ◇ 行动:能独立在校园行走	◇ 沟通:注音符号结合韵发音含糊,二声与四声发声不易让听者辨别 ◇ 感官:听力损失,常常忘记配戴助听器

4. 分析学生的需求

学生的需求可分为特殊教育需求、相关服务需求、行为问题处理需求及转衔服务需求。[②]

(1) 特殊教育需求

在普通班级里,特殊儿童要学习和正常儿童一样的学业课程,但受学习能力的限制,必须对传统的学业课程进行相应的调整。表 8-3 列举了融合教育项目设计调整的检核表,检核的项目分为输入与输出调整。输入部分包括教师的讲课方式、教科书(讲义)与测验等,输出部分包括测验、作业、辅具与评分方式等。检核表里不可能涵盖所有特殊儿童所需的调整内容,因此实践中教师可根据学生发展情况自行设计检核表的内容。

---

① 李翠玲. 个别化教育计划理念与实施[M]. 台北:心理出版社,2007:62.
② 林宝贵,林宏焕,沈庆盈等. 特殊教育理论与实务[M]. 台北:心理出版社,2009:282.

表 8-3 融合教育调整检核表①

学生姓名：		检核者：	日期：
调整项目：输入——课文与讲义			
检核		内容	备注
是□ 否□		针对学生程度给予不同难度的内容	简化课文
是□ 否□		提供有重点提示的内容	老师先将课文划重点
是□ 否□		提供两份同样的内容，其中一份让学生回家练习	提供副本
是□ 否□		放大字体课文	低视力者需要
是□ 否□		提供读报服务	全盲者需要
是□ 否□		提供课程录音	视障者
是□ 否□		提供网上教学课程（学生可以上网复习上课内容）	
是□ 否□		其他：	
调整项目：输出——评分			
是□ 否□		使用通过与不通过取代普通班的1～100分评分	替代评量
是□ 否□		资源班、特教班另出考题评分	
是□ 否□		题目减少但评分标准与普通班的要求一样	
是□ 否□		普通班成绩与特教班成绩依比例加权计分	
是□ 否□		其他：	

除普通教育外，特殊儿童也有特殊教育的需求。当然并不是所有的特殊儿童都需要特殊教育的介入，如对肢体残疾学生来说，他们可能只需要辅具的支持就可以了，没有额外的教育需求。对于那些需要特殊教育服务的学生来说，他们所需要特殊教育的内容范围、多少、时间的长短也是不一样的。特殊教育所提供的课程内容包括：学业辅导、就业指导、行为管理、社会技能训练、职后培训、基于社区的教学等方面。这些内容可渗透于学校日常的教学活动，也可以在资源教室进行教学。

（2）相关服务需求

IEP里给学生提供服务除了来自教育方面的外，还需要非教育系统的配合。相关服务的内容可包括言语/语言治疗、心理治疗、物理治疗、作业治疗、休闲娱乐活动、早期干预、咨询服务、定向行走训练、与诊断评估有关的医学服务、学校的社工服务、父母咨询和辅导、交通服务和辅具等。相关服务的撰写范例见表8-4和表8-5。

---

① 李翠玲. 个别化教育计划理念与实施[M]. 台北：心理出版社，2007：98-99.

表 8-4　相关服务撰写范例①

服务内容	提供服务的方式	频率	时间	地点	起讫日期	负责人
物理治疗	直接服务/间接服务(咨询)	4次/月	2小时/月（即1次半小时）	普通教育教室,组合教室	10.17—5.16	物理治疗师
言语语言治疗	间接服务(咨询)	2次/月	1小时/月	普通教育教室,校餐厅	10.17—5.16	言语语言治疗师

表 8-5

撰写相关服务时的注意事项
☞ 要写出所能提供服务的"量"：日期、频率、地点、期限。 ☞ 要写出所能提供服务的"质"：在决定学生的服务内容时，不是主观判断，而应采用现有评估的成果，以实证为基础。 ☞ 要将相关服务内容融入学生"生活"。 ☞ 协调各相关服务间的关系：尽量不妨碍重要课程的教学；利用课堂教学强化相关服务效果。

(3) 行为问题处理需求

针对学生可能出现的行为问题（如攻击性行为、自伤性行为、注意力不集中等），IEP 在对学生的行为进行功能性评估的基础上，必须能针对问题提供干预计划，帮助学生建立良好的行为表现。即使这些问题没有严重到构成可鉴定的行为障碍，在 IEP 中也要包括行为计划。

(4) 转衔服务需求

转衔服务是为了协助学生顺利适应下一阶段的生活而服务的，如就业、升学、成年生活等。有关转衔服务的介绍详见本书第十章。

(二) 拟订 IEP 初稿

1. 发展现状

学生的发展现状主要来自三方面：一是通过特殊儿童个别化成就测验分数、教师等级评定以及专业人员、家长、教师、医生教育评估等各方面的评定结果；二是学生的障碍对他产生的影响，特别是参与普通教育课程的影响；三是优先要考虑的教育需求，说明在未来 1 年的时间里学生将主要习得的技能。我们需要综合以上三方面的信息来对学生的发展现状进行客观描述。它主要提供有关学生发展优势和劣势、学业表现、社会技能、行为表现、沟通技巧等方面的信息，而这些信息被看作是学生发展的基准，以此为参照来进一步评定学生将来的进步情况。

在撰写这部分内容时，要求内容的表述最好是可测量的，要有明确的目标，具备功能性（在日常生活中有用）的特点，内容涉及学生学业发展和非学业发展，并能客观反映所有评估的结果。学生发展现状的撰写范例见表 8-6。

---

① The IRIS center. Sample of related services documentation on IEP form [EB/OL]. (2010-10-17) [2014-9-12]. http://iris. peabody. vanderbilt. edu/module/rs/cresource/what-are-related-services-for-students-with-Disabilities-and-how-are-they-provided/rs_02/rs_02_link_rs_sample/

表 8-6　小翰的发展现状描述(部分)[①]

基本情况:小翰,8岁,唐氏综合征,目前就读小学3年级。学校里,小翰在助教的帮助下能够与其他正常学生一起参与一般的体育课程。每周他还会接受2次抽离式(pull-out)的适应性体育课程,每次30分钟。	
能力项目	现状描述
行为表现	在小翰从事的任务中,几乎50%的时间都是在助教的帮助下完成,他在10秒内,在支持下能够完成大多数的口头指令。他经常会从同伴身上寻找视觉线索,了解应该做什么。有时候小翰会自己突然停止体育课的活动或是走开,每周大约3次,一次持续1~10分钟。在过去一个月的时间里,小翰在强化项目训练下已经进步了很多(每周离开体育课的时间降为1次)。
动作技能	根据《粗大动作发展测验(Test of Gross Motor Development-2)》评估结果发现,小翰在移动技能上的得分位于第5百分位数,球技能上的得分位于第2百分位数。他的年龄水平相当于正常儿童的5.5岁,也就是说小翰落后正常儿童约2.5岁。他的优势在于移动技能里的跑步、滑行和疾驰,以及物体控制技能里的投掷和踢。他的劣势在于移动技能里的单足跳和跳跃,以及物体控制技能里的抓和打击。
身体素质	小翰的身体素质水平显著落后于同龄正常学生。他在1分钟内能完成5次仰卧起坐(班级同学的平均水平是15次),1分钟内能完成3次经调整过的俯卧撑(班级同学的平均水平是20次),他能在17分钟(班级同学的平均水平是12分钟)内跑/走完1英里。
建议:基于以上对小翰在体育课上的行为表现、动作技能及身体素质的描述,建议小翰继续接受适应性体育课程的教学,每周约60分钟。除此以外,考虑到小翰在助教的帮助下也能从一般体育课程中获益,不仅有利于他社会性的发展,还有利于行为和动作的发展,因此建议小翰继续在助教帮助下参与一般体育课程的教学。小翰的发展目标应该包括提升球的操作技能,提升身体素质,以及提高完成任务的时间和遵从指令的能力。	

2. 参与普通教育的情况

为了与融合教育的实践相一致,IEP必须说明特殊儿童是全天都在普通班级里学习还是部分时间。即使是课外活动或其他非学术性的活动,如果特殊儿童被排除在外,没有参与,那么IEP里则必须说明原因。

3. 设计课程

普通学校里,与融合教育的理念相一致,特殊儿童和正常儿童一样,也需要学习学科课程,掌握基本的学业知识技能。从发展意义上看,这能提升家长、教师及社会大众对其发展的期望值。但特殊儿童的发展是多样性的,与正常学生相比发展差异大,学习一般的学科课程满足不了他们的需求,所以针对IEP里学生个别化的需求和教育目标,我们要在融合的环境下设计他们的课程。

---

① IEP Process-Faculty Virginia ［EB/OL］. （2010-03-02）［2014-9-12］. http：//faculty. virginia. edu/ape/LectureNotes/IEPProcess. ppt

课程设计首先要考虑儿童的发展需要和发展目标,在此基础上选择合适的课程内容,确定了课程内容后,选择课程类型。课程类型包括有:一般学业课程、功能性课程、补救性课程、环境生态课程等。在普通班级里,特殊儿童的课程应该是以一般学业课程为主,考虑到特殊儿童的身心特点,我们需要对一般学业课程进行调整,除降低学业难度、提供支持服务外,还可以在其中渗透特殊儿童所需知识技能的教学,如功能性课程、环境生态课程、补救性课程的内容,像美国就出现了"功能性学科"的概念,将学业知识与功能性技能相结合。课程设计方案示例见表8-7。

表8-7 课程设计方案①

1. 针对语文课进行补救教学,教学过程中注意训练学生持续的专注力。
2. 数学课采取单元重点教学,针对不足加以练习、补救。
3. 生活自理以行为改变技术,来逐步训练自行穿脱鞋裤及入厕能力。
4. 行动能力部分利用逐步塑造的技巧训练独立行动,以利用助行器行走、上下楼梯为主。
5. 家庭和教师合作利用饮食、运动等方式控制体重,避免体重直线上升,每月检讨一次实施成果。

4. 教育安置形式

普通班级的学习不能完全满足特殊儿童的需要,在确定了他们所需的课程内容和课程类型后,可以选择合适的教育安置形式。对于轻度障碍程度的学生或肢体残疾的学生来说,他们可能大部分或全部的时间都在普通班级里学习,而对于重度障碍程度的学生来说,他们可能部分时间在普通班,其他时间则进入资源教室或特殊教育班学习。学生教育安置形式及对应的课程范例见表8-8。

表8-8 学生教育安置形式②

场所	普通班+资源班			资源班教学时数		每周180分(五节课)
节次	星期一	星期二	星期三	星期四	星期五	说明:
早自习		(语文)		(数学)		1.每周有两节外加式课程(早自习)与三节抽离式课程(生活两节、体育一节)共五节课,至资源班接受特教服务。
1	语文	数学	语文	生活(自理)	体育(独立行动训练)	
2	数学	音乐	语文	语文	语文	2.每周上课时数:180分钟
3	生活(自理)	英语	生活	生活	数学	3.资源班各领域分配时间: 语文——50分钟
4	生活	生活	数学	弹性	弹性	数学——50分钟
5		综合				生活自理——20分钟
6		综合				独立行动训练——60分钟
7		健体				

---

① 黄瑞珍,杨孟珠,徐淑芬,等. 优质IEP:以特教学生需求为本位的设计与目标管理[M]. 台北:心理出版社,2007:135.

② 黄瑞珍,杨孟珠,徐淑芬,等. 优质IEP:以特教学生需求为本位的设计与目标管理[M]. 台北:心理出版社,2007:135.

5. 年度目标

年度目标(或长期目标)是学生在一年的时间内需要达成的目标。根据每个特殊儿童发展需要的不同,其年度目标的侧重点是不一样的,如有的学生可能偏向于学业发展,包括阅读、数学和其他学科课程领域。有的则侧重于教室行为问题的处理、社会技能或适应性技能的发展。如小梅是一个聪明活泼的孩子,天生有严重的手部畸形,婴儿时期她就显示出对音乐和韵律的热爱,并表现出了一定的天赋。因此,小梅的长期目标除了有学习使用双手义体外,还应包括她在音乐方面的发展目标,她的IEP里至少应有一个与音乐有关的目标。① 每个学生的IEP里年度目标的数目也不一样,有的学生可能有2~3个,也有的学生可能有8~10个,但针对一个学生的目标不应过于复杂或繁多,这样会使学生或家庭不知所措。

撰写年度目标时以学生的全面发展为根本点,依据发展现状来撰写,有了清晰、合理、表述详尽的发展现状的描述,才能写出可观察、可测量的年度目标。年度目标主要包括以下四个要点:主语,即"谁"将完成这个目标,主语在IEP里有时也可省略;内容,即要教学的技能或行为是什么;条件,即在什么情境或何种条件下完成;标准,即目标最后的通过标准。标准可以以学生的年级水平或年龄水平为参照,依时间、次数、百分比来确定,如4次中有3次通过、80%的时间内、5分钟内完成10次、75%的成功率等。同时,我们也可以通过定义学生在达成目标时所需的协助或条件来评估学生的行为,如独立完成、在他人支持和帮助下、在少量口头提示下等。表8-9和表8-10是年度目标修改范例及相关注意事项。

表8-9 IEP年度目标修改范例②

年度目标	问题	修改建议
1.提升小美的阅读技能	目标缺乏标准,不可评;缺乏行为完成时的条件	学期末小美的阅读技能提升到二年级的水平
2.明明能通过所有课程的考试	目标缺乏标准,不可评;目标行为表意不明	通过适当的调整和在帮助下,明明在基本技能活动方面能取得持续的进步,能在数学、科学和社会等课程中,采用问题解决的策略来解决难题,每周至少一次
3.小西能在一年的时间内提升他的阅读和写作技能	目标缺乏标准,不可评	通过补救性策略教学,小西能理解八年级水平的书面阅读材料,准确率达70%,同时通过纠正指导,提升小西解码和阅读理解的能力达六年级水平
4.减少多多对学校规则的愤怒和暴力倾向	目标缺乏标准,不可评	在愤怒管理训练和成人的支持下,多多能远离导致她行为失控的环境,以此消除她因为对学校纪律的注意过多而出现行为问题

---

① K. E. 艾伦,I. S. 施瓦兹. 特殊儿童的早期融合教育[M]. 周念丽,苏雪云,张旭,李伟亚,等译. 上海:华东师范大学出版社,2005:174.

② Nissan B. Examples and tips of making IEP annual goals measurable [EB/OL]. (1999-11-29)[2014-9-12]. http:// www. specialed. us/issues—IEPissues/writingiep/GoalsMeasurable.html

表 8-10

撰写年度目标时的注意事项
☞ 目标避免使用"困难""很差""有限""较弱"等表意不清的词语。
☞ 目标必须是可观察(定性)或可测量(定量)的明确陈述。
☞ 必须能让学生在一年的时间内合理地达成目标。
☞ 目标能帮助学生适应普通班级的教学并能取得进步。
☞ 目标要通过阶段目标或短期目标来完成。
☞ 目标必须要在实际环境中能被评量。
☞ 目标必须符合学生年龄发展的需要。
☞ 必须说明完成目标的起讫时间和参与人员。
☞ 说明目标的评价方式。

6. 短期目标

短期目标是为完成年度目标而服务的,它着眼于学生能在数周或数月时间内习得的可测量的技能或行为。美国在 2004 年的《所有障碍儿童教育法案》中规定可以不用撰写 IEP 里的短期目标,但考虑到短期目标是长期目标的细目或具体表现,它在实践中仍有指导意义,特别是短期目标可以成为班级教学的基础,提供给学生每天所要达成的学习目标,用于评量其进步表现。[①] 一个年度目标下面短期目标的数目与学生的残疾类型和程度、目标对学生学习的影响以及目标的教学难度有关。短期目标示例见表 8-11。

表 8-11 短期目标示例[②]

类型	目标	备注
小雪的年度目标 1	一年内小雪阅读理解的得分从 2.1 分提升至 3 分	教学活动是要求小雪能从班级书架上完成两本书的阅读
短期目标	1.1 小雪每周都能完成教师分配的阅读量,并能正确回答每章 10 个问题中的 8 个 1.2. 小雪每天能独立阅读 15 分钟,并能口头正确回答"在哪里""是什么"和"为什么"类型的问题	
小雪的年度目标 2	一年内小雪书写能力的得分从 1.8 分提升至 2.6 分	
短期目标	2.1 小雪能使用恰当的语法和正确的拼写形式来书写一段至少包含 3 句话的段落 2.2 小雪看到一张图片后或在他人提示下,能在 1 分钟内写出一个完整的句子	

根据年度目标,我们可以采取一些方法来制定短期目标。

(1) 任务分析法

任务分析法主要是把年度目标里的教学内容分成若干个步骤完成,如"会洗手"可分为以下五步完成:会开关水龙头;会用清水洗手;会用肥皂洗手;洗手后会用毛巾擦干手;会在

---

① Gibb G S, Dyches T T. Guide to writing quality Individualized Education Programs[M]. Boston, MA: Allyn & Bacon, 2000.

② Nissan B. Writing IEP annual goals [EB/OL]. [1999-03-10]. http://www.specialed.us/issues-IEPissues/writingiep/WritingIEPs.htm

固定时间(必要时)洗手。然后,每个步骤加上完成该动作行为的情境与标准,就可以构成学生的短期目标。如"会开关水龙头"这个动作,如果是在"洗手间"的情境下及"五次中有四次通过"的标准,就可以变为短期目标"会在洗手间开关水龙头,五次中有四次能完成"。①

(2) 改变行为

以年度目标"学生参与普通班级的集体活动时,能主动与他人交流并回应他人,10次中有8次能做到"为例,目标要求学生达成的行为是"能主动与他人交流并回应他人",那么在制定短期目标时我们要对行为进行分析,学生首先要能区分有效交流和无效交流。这样第一个短期目标的内容可以是"学生能判断或识别班级集体活动中有效交流或无效交流的行为"。接下来第二个短期目标可以是"学生在资源教室里能使用有效的交流形式"。第三个短期目标要求"学生在普通教室里参与集体活动时,能独立有效交流至少一次"。接下来其他的短期目标可以增加额外的情境或环境,在不同的条件下要求学生能进行有效交流,最终达成年度目标。

(3) 改变情境

仍然以年度目标"学生参与普通班级的集体活动时,能主动与他人交流并回应他人,10次中有8次能做到"为例,目标中的情境是"普通班级的集体活动",那么我们第一个短期目标可以要求学生在某一门课程的学习小组中使用有效交流。第二个短期目标可把这种有效交流延伸至第二门课程,依次类推,第三门课程,第四门课程……直到学生能在所有课程里掌握目标为止。②

(4) 改变标准

以年度目标"小华每分钟阅读流畅速度能增加到三年级水平的100/100字"为例(学生发展现状是二年级水平的95/100字和三年级水平的40/100字),目标中的标准是"每分钟……三年级水平100/100字"。那么我们的短期目标可以是先要求学生达到二年级水平的100/100字,然后依次是三年级水平的60/100,80/100,100/100。③

拟定短期目标的方法有很多,我们在做出选择时必须要考虑学生的年度目标、现有的发展水平,以及我们所有的能够发展学生短期目标的资源,综合考虑,最后采取最适当的划分年度目标的方法来拟定短期目标。

短期目标在撰写时,需注意以下几点:目标达成的时间;达成目标所需的教学策略和教学材料;完成教学的负责人员;目标达成的标准;目标完成的条件(如在协助下还是独立完成)。短期目标和长期目标一样,在撰写时都要符合可观察、可测量的要求。如果是中重度障碍学生,目标尽可能偏功能性取向。所有的目标在制定时始终以学生为导向而不是以教师为导向,目标内容的选择还是要根据评估结果,考虑学生的需求。

7. 确定评价方法

通过评价我们能更好地了解学生在年度目标和短期目标上的进步情况,并与前面的评估结果进行对比。可以采用的评价方法有很多,包括观察、访谈、操作、档案袋评价、课程评价等。

---

① 李翠玲. 个别化教育计划理念与实施[M]. 台北:心理出版社,2007:75.

② Beech, M. Developing quality IEP: a guide for instructional personnel and families [EB/OL]. (2012-03-24) [2014-9-12]. http://www.fldoe.org/ese/pdf/QualityIEPs.pdf

③ 李翠玲. 个别化教育计划理念与实施[M]. 台北:心理出版社,2007:58.

(三) 召开 IEP 会议

在拟定完 IEP 的初稿后,需要通过 IEP 会议整合小组成员的意见,最后制订完整的 IEP。IEP 的制订、实施和评估都需要集体的努力,IEP 应该反映小组成员对计划实施和评估所负有的共同责任。

IEP 会议根据其召开的评估可分为首次 IEP 会议(当确定学生需要特殊教育的服务时,召开第一次的 IEP 会议)、年度 IEP 会议(IEP 执行完后所召开的总结性会议)和有需要时可以随时召开的评估会议。考虑到 IEP 小组成员要找出共同的时间来开会可能比较难,所以在召开 IEP 总结会议时也可以同时讨论学生在下一个阶段新 IEP 的制订,这样既节省开会时间和人力,还能提高会议效率,保证学生所接受的课程及相关服务的连贯性。

IEP 会议的成员主要包括前面提到的 IEP 小组成员,但当 IEP 成员因某些原因而不能参加 IEP 会议,且经过其他成员同意时,就可以不用参加或提供相关的书面资料即可。IEP 会议的召开地点一般选择在学校,因为大多数的 IEP 小组成员都是学校相关人员。

整个 IEP 会议的召开流程可分为会议前的准备、正式开会和会议后三个阶段。下面以首次 IEP 会议为例,来说明其召开流程。

1. 会议前的准备

会议前的准备主要包括以下事项:

(1) IEP 小组成员需要对特殊儿童进行较为完整的评估,收集学生的基本资料。

(2) 征询各成员可以来开会的时间(特别是要配合家长的时间),通过电话、短信、电子邮件、书面通知等形式将会议的时间和地点告知团队成员。通知应该提前一周送达各成员手中,开会前几天,最好能够再以电话提醒。

(3) 制订会议流程、讨论的内容、议题及各成员职责。

(4) 事先调查家庭对孩子发展的期望、家人来开会的交通问题及是否需要沟通上的协助等。

(5) 布置会议场地。

2. 正式开会

IEP 会议在召开过程中,主要由参会人员针对讨论的问题各抒己见,表达自己的看法。会议召开的流程为:

(1) 会议主持人介绍参会人员,说明会议的目的、议程及注意事项,确定记录人员。

(2) 由熟悉学生发展的教师介绍学生的基本资料。

(3) 由专业人员或进行评估的人员解释学生的评估结果。

(4) 全体参会人员进行综合讨论,讨论的内容涉及下列几个方面:学生的障碍类别及程度、发展现状(包括优势和劣势)、家长对孩子发展的期望、能提供给学生的特殊教育服务及相关服务、年度目标和短期目标、课程计划、教育安置形式、IEP 的实施期限、评鉴标准及日期等。

(5) 讨论结束后,主持人进行总结。

(6) 所有与会人员在记录单上签名。

IEP 会议在召开过程中,应该注意以下几点:(1) 给家长阅读的资料使用通俗易懂的语言,避免过于专业的特教或医学术语。(2) 在与家长交谈时,应特别注意肢体语言与口气,使家长有种被尊重的感觉,不要在家长面前与其他团队成员窃窃私语。(3) 把握每个人的发言时间,避免有些人发言过于冗长。会议过程中最好能提供各成员的任务表(见表 8-12),这样大家都清楚自己的职责并能利用机会咨询其他专业人员。[①]

表 8-12　IEP 会议各人员职责表

人员	职责
主持人	1. 主持会议 2. 协调小组成员活动 3. 作决策 4. 与家长沟通
学校行政人员	1. 提供行政资源服务,包括交通、辅具、无障碍环境、行为处理、排课协调 2. 提供评估工具与协助鉴定特殊儿童
普通教育教师	1. 提供学生学习时的表现资料 2. 指出学生的学习能力与限制 3. 提供课程设计的资料 4. 协助发展学生的长、短期目标
特殊教育教师	1. 提供学生障碍的资料 2. 指出学生的学习能力与限制 3. 指出学生的障碍需求 4. 参与解释资料 5. 制定学生的长、短期目标 6. 提供课程设计的构想
家长(监护人)	1. 提供家长参与能力与限制的信息 2. 提出家长对学生的发展期望 3. 提供学生接受其他服务的信息
相关专业人员	1. 解释评估结果 2. 提供相关服务的建议
学生	1. 表达自身发展需求和兴趣爱好 2. 如果学生不愿意,也可以不参加 IEP 会议,但需要事先征询学生的想法以了解其喜好

3. 会议后

IEP 会议结束后,要做好会议追踪的工作。针对没有参加 IEP 会议的人员,通过电话、电子邮件、书面信函等形式告知会议达到的结果。根据会议讨论内容最终确定 IEP,制订完成后给相关人员过目并签名。

关于制订 IEP 的时间我们建议暑假就着手收集学生的信息资料,确定 IEP,这样新学期开学,就可以根据 IEP 来教学。对于老生,则可以在前一学期末评价学生本学年 IEP 执行情况时就同时拟定下一阶段的 IEP,保证开学就有可供使用的 IEP。

一份内容详尽、完整的 IEP 是帮助特殊儿童成功融入普通学校的基本条件。融合学校里的 IEP 与特殊学校的 IEP 相比存在共性,如 IEP 团队成员、IEP 的操作流程、IEP 所包含

---

① 李翠玲. 个别化教育计划理念与实施[M]. 台北:心理出版社,2007:34-36.

的内容等基本上是一样的,但融合学校里的 IEP 也有其独特性,主要体现在以下方面:首先,在特殊学校里特殊教育教师是整个班级的主导,但在融合学校里普通教育教师才是整个班级的主导,主要负责 IEP 的制订和实施,特殊教育教师为普通教育教师提供支持和建议;其次,融合环境下特殊儿童 IEP 的执行需要同龄正常同学的协助,在学习和生活上给予特殊儿童一定的帮助;第三,融合学校里特殊儿童所学习的课程内容与正常学生是一样的,考虑到特殊儿童学习能力有限,教师需要针对特殊儿童的发展特点对课程进行适当调整,适当降低学习要求、改变作业形式和评价方式等;第四,从 IEP 所包含的内容来看,融合环境下的 IEP 需要特别说明学生的障碍对他融入普通班级的影响,并尽量将这种影响降到最低。

第二节　个别化教育计划的案例评析

本节的案例来源于北京市新源西里小学为学生小文在融合环境下制订的 IEP。[①]

一、基本资料

表 8-13　小文的基本资料

1. 基本资料							
1.1 基本信息							
姓名	小文	性别	男	出生日期	2003 年 5 月 14 日	出生地	湖南
诊断结果	自闭症 中国韦氏儿童智力量表测试,总智商:76	主要障碍表现	情绪不稳定,交往能力差,学习认知能力弱 与同年龄组相比:对事物的分析、综合及抽象概括能力,数概念及心算技能,掌握、评价和应用既往知识经验的能力,以及社会理解与适应能力、对物体的感知和分析能力、区分主要与次要部分的能力、对行动的计划性、逻辑联想及知觉部分与整体关系的能力、想象力,抓住事物线索形成假设能力、对部分与整体关系的感知能力、手眼运动协调、注意和记忆能力较差;听觉语言的短时记忆、心理转换过程的灵活性极差。				
家庭住址	北京市＊＊＊＊				邮政编码			
父亲姓名	李＊＊	职业	工人	联系电话				
母亲姓名	郭＊＊	职业	无	联系电话				
主要监护人	李＊＊				联系电话				
就读学校	新源西里小学　三年级 1 班				班主任	甄＊＊		
1.2 家庭生活及学习环境							
父母婚姻状况	■稳定　□分居　□离婚　□再婚　补充:						
家庭气氛	■和睦　□普通　□紧张　补充:						

[①] 北京市新源西里小学教师姜德强提供案例。

续表

教养态度	■民主 □溺爱 □严格 □教养态度很不一致 补充：
经济状况	□富裕 □小康 ■一般 □贫困 补充：
居住条件	□与父母住一屋 ■有独立寝室 ■有起居室 □有独立客厅 □有阳台 □有独立餐厅 ■有学习空间 ■有自己的活动空间
居住环境	住房类型： ■平房 □楼房第＿＿层 □其他＿＿＿＿ 居住小环境：□绿地 □休闲地 ■临街 □其他＿＿＿＿ 居住大环境：□市区 ■城郊 □农村 □其他＿＿＿＿
邻里关系	■熟悉 □不熟悉 □友好 ■一般 □不友好 必要时 ■可以得到帮助 □不易得到帮助 □无法得到帮助
同住人	■父亲 ■母亲 □祖父母 □外祖父母 □哥哥 □姐姐 □弟弟 □妹妹 □其他＿＿＿
班级气氛	（简述班风、对本班有特殊教育需求学生的接纳态度等） 　　本班为中年级，全班29名学生，其中9名女生。班内学生活泼爱动，班级氛围较好。该生为全天制融合学生，二年级时来到本班，同学们开始对他不太适应，不太接受，经过一段时间的接触，已经开始慢慢接纳他，有喜欢的同学和老师。
人际关系	（简述有特殊教育需求学生与教师、同学、朋友、家人的关系等） 　　该生在班中的朋友比较少，他的交往能力比较欠缺，但有主动和他人交往的愿望，会主动地接近他人。同学们已经开始接纳他，并开始与他建立良好的伙伴关系，需要进一步的巩固。对老师比较依赖，总想问老师问题，希望得到老师多关注。

1.3 身体及教育情况

医疗史	一般病史、特殊情况、服药情况、特殊服务需求等：无
教育史	是否受过学前教育，或受过特殊教育、康复训练等： 　　2岁多在江西的公立幼儿园读小班；3岁在北京市海淀区的一所私立普通幼儿园读中班；随后在4～5岁期间在一个私立的普通幼儿园读书，半天上课，半天训练；之后进入北京星外宝贝的融合幼儿园进行学习，学习了4个月的时间；大班在通州的一所普通幼儿园学习；在此之后上了几个月的学前班。 　　一年级在新源西里小学特教班就读，二年级上学期开始部分时间进入普通班学习，二年级下学期全天进入新源西里小学普通班就读，现在就读于三(1)班。

1.4 其他情况的说明

家长期望	（陈述家长对孩子、班主任、任课教师、学校等的期望） 　　对学校：希望学校融合教育师资力量越来越强大。 　　对班主任及任课教师：希望老师们能多了解自闭症孩子，能够合理、正确地引导，从心理上多关注，孩子的社会规范需要严管。 　　对孩子：希望孩子越来越好。
动态补充	

这是一份内容比较完整的 IEP 里学生"基本资料"的介绍，包括小文的基本信息、家庭生活及学习环境、身体及教育情况、其他情况的说明四部分的内容。在"学习环境"下，特别对小文所在班级的班级气氛和人际关系进行了说明，展示正常学生对小文的态度及小文的人际交往情况，有利于创建良好的融合人文环境。同时，在"其他情况的说明"里加入了"家长期望"，表明学校充分尊重家长意见，与家庭一起共同努力促进残疾学生更好地融入普通学校的学习和生活。

二、基础评量及分析

表 8-14　小文的基础评量及分析

2.基础评量及分析		
评量领域与方式	现况描述	优劣势分析
2.1 感官及运动功能 □标准化测验 ■非标准化测验 □教师观察 □访谈	测验及评量结果：详见运动能力测试 简要概括：髂腰肌肌力不足，无明显肌张力问题 视觉　　□无特别表现　■有特别表现，如视觉记忆好，图片记忆能力明显强于他人 触觉　　□无特别表现　□有特别表现，如_____ 味觉　　□无特别表现　□有特别表现，如_____ 嗅觉　　□无特别表现　□有特别表现，如_____ 精细动作　□无特别表现　□有特别表现，如_____ 粗大动作　□无特别表现　□有特别表现，如_____ 平衡觉　　□无特别表现　□有特别表现，如_____	优势：无明显肌张力问题，运动能力较好 劣势：髂腰肌肌力不足，平衡能力弱
2.2 认知能力 ■标准化测验 □非标准化测验 □教师观察 □访谈	测验及评量结果：详见 cas 测验 简要概括：在同年级 7 名学生的测试对比中，计划、同时加工及注意都处于前列，而继时加工能力处于中等水平 记忆 ■较好，基本上能记住大部分教学内容，也不容易遗忘 □一般，能记住部分教学内容，但遗忘较快 □较差，只能记住一小部分教学内容且遗忘很快 □很差，即使反复讲解督促也无法记住教学内容 理解 □能理解大多数的教学内容　■能理解部分教学内容 □能理解部分简单的教学内容　□基本上不了解教学内容 推理 □较好　■一般　□较差　□很差 注意力 □集中　□一般　■容易分散　□很容易分散 补充：	优势：与同年级 7 名学生对比中，计划、同时加工能力较强 劣势：继时加工能力相对较弱

续表

2. 基础评量及分析

评量领域与方式	现况描述	优劣势分析
2.3 沟通能力 □标准化测验 ■非标准化测验 □教师观察 □访谈	测验及评量结果:详见"小伙伴"自编测试 简要概括:学生头脑中有一定的表象,可以想象出1～2步的事物及事物间的联系,多步骤、复杂的想象存在困难 语言理解 □良好　　□基本无问题 ■能理解稍简单的话语　□经常不理解别人的话语 语言表达 □表达流畅　■表达流畅但不生动 □能表达较简单的内容　□经常词不达意,难以沟通 书面理解 □能理解文章　■能理解段落　□能理解句子□能理解单个字词 书面表达 ■会写简短文章□会写一段话　□会写句子□无法进行书面表达 补充: 从语文课程目标看,依赖记忆的部分掌握较好,作文能够完成,但往往偏离主题,内容与题目不符合	优势:有一定的储存表象能力,可以进行事物间的简单联系 劣势: 多步骤、复杂的想象存在困难
2.4 社会化及情绪能力 □标准化测验 ■非标准化测验 □教师观察 □访谈	测验及评量结果:详见自闭症人际交往测试(自编) 简要概括:在情绪方面比较急躁,以自我为中心,遇困难有退缩、抵触的情况,在理解他人意图方面存在理解间接语言困难,如"叫妈妈",听不懂玩笑话等 人际关系 □良好,善于与人交往　■一般,较少主动与人交往 □较差,只被动接受同学帮助　□很差,不愿与人交往 补充: 情绪管理 □情绪稳定、乐观　□一般,无明显的悲喜表现 □经常表现出沮丧的样子　□经常发脾气 补充:遇到自己无法满足的事情或突然的改变容易着急、大叫、紧张等 行为问题 □无行为问题　■偶尔有行为问题 □经常出现行为问题　□行为问题已严重影响他人 问题行为描述: 偶尔上课躺在椅子上,上课有时边唠叨边画画等	优势:该生能关注自己的需求,对周围的事物关注较好,如"谁在做什么",能理解别人直接表达的意图,如:鲜明的语言,鲜明的表情,简单的动作 劣势:在情绪方面比较急躁,以自我为中心,遇困难有退缩、抵触的情况,在理解他人意图方面存在理解间接语言困难,如"叫妈妈",听不懂玩笑话等

续表

2.基础评量及分析			
评量领域与方式		现况描述	优劣势分析
2.5学业成就 □标准化测验 □非标准化测验 □教师观察 □访谈	科目	学习成绩或状态描述	优势:在学习中,依赖记忆的内容掌握好,比如计算、生字词、单词 劣势:依赖理解的内容有困难,如应用题、写作、阅读题等
	语文	期末 班平均:81 该生成绩:76	
	数学	期末 班平均:76.7 该生:81	
	英语	期末 班平均:75.3 该生:81	
	体育	基本能完成简单项目,复杂项目、合作项目有困难	
	美术	能画,掌握基本技巧,在创作、解读作品中存在困难	
	音乐	能唱、跳简单舞蹈,在乐理、演奏、合作中有困难	
	科学	基本能掌握常识,在理解原理、联系实际中存在困难	
	劳动	基本能完成简单项目,在精细项目,如精细的剪纸工作	
	品德	基本能掌握所学知识,在联系实际、灵活运用中存在困难	
2.6学习状态 □标准化测验 □非标准化测验 ■教师观察 ■访谈	\multicolumn{2}{l|}{访谈:家长和老师认为该生有一定的学习动机,但有退缩的现象,在家庭中对家长有依赖,如在书包内的物品整理等方面没有良好的习惯,有一定的学习习惯,如每天都完成学习任务,有一定的学习方法,如标注辅助理解,但方法少,依赖教师,自己总结少}	优势:有一定的学习动机,有一定的学习习惯,如每天都完成学习任务,有一定的学习方法,如标注辅助理解
	学习动机	□求知欲较低,对学习兴趣不高 ■有一定求知欲,依赖性强 □学习愿望不强烈,受情绪影响 □求知欲较高,能积极参与教学活动	学习品质	□放弃回避学习中的困难、挫折 ■辅助下能面对、克服困难 □在陪伴下能克服困难 □能独立克服困难,正确面对挫折	

续表

2. 基础评量及分析				
评量领域与方式	现况描述			优劣势分析
	学习习惯	□丢三落四、无规矩,不能完成作业 ■有一些学习习惯,但欠系统 □有一定的学习习惯,但潦草、正确率低 □有良好的学习习惯,能预习和复习	学习参与	□不当众说话,提问也不回应 ■能被动回答老师的问题 □能主动举手发言和参与小组讨论 □有课上积极发言,喜欢参加各种活动	劣势:有退缩的现象,在家庭中对家长有依赖,如在书包内的物品整理等方面没有良好的习惯
2.7 生活自理 ■教师观察 □访谈	生活能够自理,基本做到自己的事情自己做,没有帮助家长做事的意识,平时由妈妈照顾,上课时妈妈也在学校,对妈妈比较依赖			
2.8 优势 (同学生自身能力相比)	□语言 ■数学 □体育 □音乐 □舞蹈 □绘画 ■电脑 □手工 □人际交往 □其他_____ □无明显优势			
障碍状况总体评价	该生为自闭症,情绪和交往是他的主要问题;急躁易波动的情绪影响学生的各个方面,上课学习时容易着急,注意力时间短,与他人接触时也容易紧张,不能较好地关注和体验;记忆较好,继时加工和学习策略待提高			
障碍状况对其在普通班上课及生活的影响	情绪和机体问题影响注意力,出现小动作多的问题,急躁、不愿等待,以自我为重,影响听讲效果 对他人的意图理解能力弱,出现自顾自的现象,如用自己的方式处理问题,让其他同学觉得他有些难相处,不愿意与他更多接触 不正确的交往方式也在影响他与同学间的交往,沟通方式不恰当,例如叫喜欢的同学"妈妈",想去抱喜欢的同学,引起同学的反感			
现阶段学生教育需要的优先顺序	运动康复,增进身体发展和技能发展 情绪调整,增进交往 学习和认知			
安置建议	全天普通班+资源教室辅导(小伙伴、学习能力、运动训练、家庭辅导)			

表 8-14 是小文的评估结果及发展优势和劣势分析。针对小文的情况,教师主要从感官及运动功能、认知能力、沟通能力、社会化及情绪能力、学业成就、学习状态、生活自理、发展优劣势等方面评估小文的发展现状,评估方式包括标准化测验、非标准化测验、教师观察和访谈,评估工具包括已有的测验工具(如 cas 测验),也有教师自编评估工具(如孤独症人际交往测试),然后根据评估结果进一步分析小文在各发展领域的优势和劣势。综合考虑小文的发展现状及障碍对其在普通班上课及生活的影响,最后决策现阶段小文需要优先考虑的教育和相应的教育安置形式。

此部分对小文发展现状的分析较全面、完整,教师能依据评估结果决定小文需要优先发展的领域和教育安置形式。但存在不足之处,建议在描述学生的发展现状时尽量做到有"量"的表述,避免使用"大部分""偶尔""较少""一般"等表意不清的词语描述。只有发展现状里有"量"的说明,才能便于教师更好地把握学生的情况,后面确定学生的教育目标时也就有了参照的依据,有利于最后评估学生的教学效果,了解进步情况。此外,每个人判断"大部分""偶尔""较少""一般"程度的标准也不一样,不利于把握学生真实的发展情况。

三、教育目标的制订

表 8-15 小文的教育目标

3. 教育目标的制订					
3.1 学生前测记录表					
需要支持的领域	前测内容	测验方法、步骤	测验结果	测验日期	负责人
感官及运动功能—运动能力	运动能力测试	学生单独的运动能力测试,教师观察	学生处于下肢控制阶段,身体平衡能力、协调能力差,附表略		
认知能力	摸底测试	对学生进行摸底测试,与班内学生对比分析	附表略		
沟通能力	小伙伴小组,自编测试	利用自编测试对学生进行测试、分析	学生有一定简单联想能力,理解他人意图及复杂想象能力弱,附表略		
社会化及情绪能力	自编测试	根据观察及实际测试情况进行评价	学生情绪及意图理解得分较低,附表略		
3.2 长期教育目标					
编号	确定需要支持的领域		教育目标	制订人及日期	计划执行时间
1	身体机能调整		增进身体各部分机能发展		
2	情绪		在真实和模拟情境中,能保持安静或自主选择,等待5分钟;能保持注意,跟随15分钟		
3	社会交往		在真实和模拟情境中,能根据对方的意图进行互动交流,有适当约束自己的行为表现		

续表

| 4 | 学习能力和认知 | 完成语、数、英等学科的认知目标,在继时性加工、学习策略等方面得到训练 | | |

3.3 意见及签名表	
家长对计划的意见及签名	
执行人意见及签名	
学校领导意见及签名	

表 8-15 中,根据小文发展现状和需求,IEP 团队为小文确定了 4 个长期目标。感官及运动能力是儿童各项能力发展的基础,小文在此领域发展的劣势主要在于"骼腰肌肌力不足,平衡能力弱",因此 IEP 团队为小文制定的目标 1 是"增进身体各部分机能发展"。考虑到小文现在是 11 岁,小学三年级,这个目标基本符合小文目前的发展需求,但建议目标在表述时能阐释清楚是身体哪些部分,并且要符合可评量的原则,增加"量"的标准。目标 2 是"在真实和模拟情境中,能保持安静或自主选择,等待 5 分钟;能保持注意,跟随 15 分钟",这个目标的制定则是针对小文情绪方面的问题。小文情绪易波动、急躁,严重影响其他方面的发展(包括学业水平),注意力时间短,与人交往时不能很好地关注。在表述上建议能把这个目标分成两点表述,内容分别是"能保持安静或自主选择"和"能保持注意",便于最后评估。为了帮助小文顺利融入普通班级,与同龄同学间有较好的互动,还应解决小文社会交往方面的问题,因此目标 3 是"在真实和模拟情境中,能根据对方的意图进行互动交流,有适当约束自己的行为表现"。在表述上建议加上"量"的标准。目标 4"完成语、数、英等学科的认知目标,在继时性加工、学习策略等方面得到训练",主要针对小文学业成就水平提出目标。建议在此能把语、数、英等学科的认知目标分开来写,因为不同的学科是由不同的教师教学,相应地也是由不同的学科教师来评估各自学科学生学习的结果。具体每门学科需要小文掌握哪些认知目标,也要交代清楚。继时性加工和学习策略也建议分开来描述。相应地,每一个目标要求都增加"量"的标准。

四、教育措施

表 8-16 小文的教育措施

4. 教育措施			
4.1 支持性服务			
项目	内容	服务内容简述	负责人
教学调整	学习目标 教学目标调整	调整语数英学科学习目标,调整教师授课目标	大资源教师(教学主任) 任课教师
	评量方式	对学生做个性化评量,评价学生个体进步程度	资源教师

续表

环境调整	班级建设	座位、伙伴关系	大资源教师（德育主任）班主任
专业服务	运动训练	对学生进行运动训练	大资源教师（特教主任）资源教师
	小伙伴社团活动	交往能力、小伙伴关系	大资源教师（德育主任）资源教师
	学能小组活动	学习能力训练	大资源教师（特教主任）资源教师
支持服务	家长辅助	运动训练、学业辅导、亲子陪伴	大资源教师（特教主任）资源教师

4.2 课程设计

具体领域	落实途径	目标分配	起止时间	内容、方法、步骤	负责人
社会化及情绪能力——情绪调节	☐外加 运动训练 ☐课上 体育课、劳动课、美术课	机体机能训练，通过粗大和精细运动调整机体状态，在完成任务中感受成功的喜悦，放松和平稳情绪，掌握简单休闲方法，实现等待5分钟的目标；在活动中保持注意10分钟		详见运动训练计划和学科目标	大资源教师（教学主任）资源教师 学科教师
社会化能力——交往	☐外加 小伙伴 ☐课上 音乐课、品德课、科学课	通过实验、表演、音乐活动、社交游戏方式，在真实和模拟情境中，体验和理解别人的感受，在各种活动中，根据对方的表现，调整自己的行为		详见小伙伴小组计划和学科目标	大资源教师（德育主任）资源教师 学科教师

续表

认知能力 学习能力	□外加小组训练 □课上语文课、数学课、英语课	通过小组训练和课堂学习,掌握调整后的学科学习目标,在伙伴分享中,掌握简单的学习策略和方法;在小组活动中,增进继时性加工、学习策略	详见小组计划和学科目标	大资源教师(特教主任) 资源教师 学科教师
上述目标有的是在低年级的基础上的进一步发展,教学中,要注意不同目标的起始及程度和要求的差异,注意与三年级上册教材的衔接					

表8-16 小文的教育措施里包括支持性服务和课程设计两部分内容。以普通学校已有的环境和课程体系为基础,支持性服务主要针对小文的需求进行适应性调整,包括学习目标、教学目标、评量方式和班级建议等方面;同时,还为小文提供相应的专业服务和支持服务。在课程设计方面,根据前面制定的各领域的教育目标,将这些目标分配到各学科教学里去。一个目标可能会同时分配到多个学科里去教学,教师可以在集体授课中渗透小文的这些目标,也可以通过其他形式的训练来达成这些目标。

五、课程目标调整表

表8-17 美术课目标调整表

一、IEP目标拆分中的主要目标	1. 机体机能训练,通过精细运动调整机体状态 2. 在完成任务中感受成功的喜悦,放松和平稳情绪 3. 掌握简单休闲方法,实现等待5分钟的目标;在活动中保持注意10分钟		
	规定目标	分析	教学目标调整
二、学科目标和调整	1. 习惯	1. 对周围事物能关注,体验不深刻 2. 依赖家长	1. 同正常学生 2. 习惯:在规定时间内完成任务
	2. 颜色、图形	1. 认识基本颜色、图形 2. 能仿画简单的画 3. 会使用彩笔、蜡笔 4. 手工有难度	1. 同正常学生 2. 绘画:用简单图形组合创作,如房子 3. 手工:掌握步骤,独立完成简单作品
	3. 体验生活和大自然的美好,激发表现愿望	1. 能感知大自然中的物体特征,如绿色的树叶 2. 有一定的绘画基础 3. 有自己喜欢画的东西	1. 和同学分享作品,感受大自然 2. 体验成功的喜悦,情绪好

考虑小文的学习能力和长期目标,学科目标也要做出相应的调整,小文的 IEP 里包括体育、劳动、美术、音乐、品德、科学等课程目标的调整。表 8-17 是小文美术课的目标调整情况,根据前面的长期目标,结合美术课程特点,制定出美术课里需要小文达到的目标。然后以美术课需要学生达成的一般目标为基础,分析小文在此目标上的表现情况,再调整其教学目标。

六、总结

尽管小文的 IEP 存在一些不尽如人意的地方,如缺乏实施完目标后的评价方式和标准、目标的表述不够规范等,但整体而言,这是一份内容相对完整的 IEP,大致涵盖了 IEP 所需的内容要点,包括学生的基本情况、发展现状、教育目标、相关服务、课程设计和调整等,能有效指导教师的教学,满足小文的学习和发展需求。IEP 作为一个舶来品,国内教师能在相关理论和实证基础上,结合本土融合教育发展特点,基于特殊儿童的需求制定并执行 IEP,这本身就是一个进步,有利于特殊儿童更好地融入普通学校。因此,我们也不必以过于苛刻的眼光来审视国内的 IEP,因为 IEP 本身并没有固定的格式,它的发展可以是多种多样的,并必将经历一定的过程来成就更高水准。只要涵盖了 IEP 所需的要素,能有效指导教师的教学计划,有利于学生的发展,那就是合格的 IEP。

第三节 个别化教育计划的实施

根据图 8-1,制订出 IEP 后,接下来就是 IEP 的实施,实施完 IEP 之后,就是总结并拟订新的 IEP,一并放在本节论述。

IEP 并不是教学计划,但与教学相关,因为 IEP 里的目标需要通过教学才能达成。在教学过程中,我们要不断地对目标的完成情况进行监控和评价,及时掌握学生进步情况,进行必要的修订和改进,待学年末评估学生 IEP 的执行情况,便于下一步的决策。

一、审阅 IEP

一旦 IEP 制订出来后,必须确保小组成员人手一份,以进一步审阅 IEP 的内容,并共同探讨 IEP 里相关活动的执行、负责人员及监管。同时,还要向家长和学生解释说明 IEP 的内容及监管安排,听取他们的意见,积极促进家长参与 IEP 的执行。

二、设计教学

IEP 的实施主要通过教学完成,教师在设计教学时,应考虑特殊儿童的发展目标,配合学校课程,决定各学科的教学目标,拟定学生日常教学计划(见表-18)。对特殊儿童而言,其日常教学计划通常包括以下几个方面:教师或学生个别化的课程表;教学目标及对应的教学环境;所需支持,包括辅助教师、同伴、辅具、学习材料和策略等;目标负责人;评估标准和记录。[①]

---

① Manitoba Education. Student-specific planning: a handbook for developing and implementing individual education plans (IEPs) [EB/OL]. [2014-9-12]. http://www.edu.gov.mb.ca/k12/specedu/iep/pdf/planning/student_specific_planning.pdf

表 8-18　日常教学计划案例

建立日常教学计划
- 列举学生每天所需进行的与目标有关的事件和活动。如果班级课表上的课程安排能满足学生的日常需求,则按课表执行;如果不能,则需要为学生建立个别化的项目。
- 选择最合适的教育环境来对相关目标进行教学。
- 为每一个教学目标选择合适的支持和教学策略,因为不同的目标可能需要不同的支持。支持包括辅助教师、同伴辅导、各种教学资源或辅具。策略包括示范、提示、框架设计等。
- 决定评估标准,如精确性、持续时间、比例或达成目标的行为标准。
- 执行目标的负责人员、活动内容及时间。

小提示

　　教学目标不同于短期目标。短期目标是阶段性目标,可以按周、月或季度执行;教学目标则细化为每天或每周需要完成的目标。教师要根据短期目标来安排教学,包括设计适宜的教学目标,然后在教学目标的指引下设计教学活动。

在设计教学时,教师应注意尽量以普通教育课程为调整的参考,学生 IEP 的需求应渗透到课程里去,合理地分配至相应的学科来教学。对有的 IEP 目标来说,其可能适合在多个学科里教,如"提高课堂主动回答问题的次数至 3 次";有的目标可能适合在有限的学科里教,如"小雪能在一年内阅读理解的得分从 2.1 分提升至 3 分",这个目标可能主要适合在语文课上实现;有的目标学生可能很难从普通课程中习得,那么再为其安排个别指导活动或进入资源教室学习。同时,教师也需要对课程进行相应的调整(见表 8-16),使其更适合学生的学习。

教学活动的安排应该多元且生活化,注重所学知识的实用性,这不仅有利于特殊儿童的发展,也有利于正常学生的成长,如功能性课程一般较多地用于特殊教育课程领域里,但正常儿童同样也需要,因为普通教育课程并没有为正常儿童毕业后的成年生活做好准备,学生毕业后同样存在适应生活、适应社会的问题,他们也必须学习功能性技能以确保将来获得更好的生活质量。[①] 教学活动设计还要兼顾学生的兴趣与教育目标的达成。此外,教学计划不应只限于教育目标,有些对学生发展很重要的目标,也许是 IEP 里所没有的,但同样也可以通过教学活动设计来教给学生,避免教学活动变为单一技能训练。

表 8-19　IEP 课程调整设计示例[②]

学业辅导	
□作业调整:	□辅具调整:
□评量调整:除纸笔测验,增加口试与操作评量	□同伴辅导:请小老师协助课堂学习,并多举行小组活动
□座位调整:距离讲台最近或门口最远的位置,并安排小老师坐在旁边	□分组方式调整
□课程与教材调整:	□其他:

---

① Conley P T. Preparing students for life after high school [J]. Educational Leadership, 2002, 59 (7): 60-63.
② 李翠玲. 个别化教育计划理念与实施[M]. 台北:心理出版社,2007:117.

IEP 的实施环节里，教学设计是关键，也是难点。在普通班级里，教师要为特殊儿童学习一般的学业知识而努力，对课程进行调整，做好评估工作，同时还要关注学生 IEP 目标的达成情况，把相关领域目标渗透到学科教学中去。在资源教室里，教师要为满足学生个别化的需求而努力，如感知觉训练、动作训练、语言训练等。在学校每天的日常活动中，教师也要充分利用可能的教学机会培养学生的能力，如通过入厕、吃饭、穿脱衣服等活动培养学生生活自理的能力；通过班会、课外活动培养学生与人沟通交往的能力；通过让学生完成力所能及的任务（如分发作业、清洁）适时给予表扬，提高特殊儿童在全班同学心中的地位。除学校外，家庭在 IEP 的实施中也应发挥作用，主要是配合学校教学和训练，及时了解学生发展，家校形成一致的发展方向。

因此，在整个教学过程中，教师从一开始就要做好统筹规划工作，合理安排教学，分配任务，明确各人员职责，保证 IEP 的实施效果。

三、追踪把握学生的发展情况

IEP 实施过程中，教师应能通过评估的方式时刻追踪了解学生的发展情况，这么做的好处在于：首先，教师可以把学生在不同时期、不同课程上的表现进行对比，了解学生进步和退步情况，以此判断教学方法、教学环境和服务的有效性。其次，帮助教师建立有效的教育目标，特别是在与 IEP 团队商讨学生发展需求时，教师也应提供有效的信息帮助决策。第三，帮助决策学生的安置形式及所需要的服务。如果学生在现有的教育环境下没有取得预期的进步，则可以考虑改变现有的教育安置或相关服务。最后，促进家长和教师间的交流合作。教师只有充分了解学生，才能对学生发展提出有针对性的建议，才能得到家长的信任，促进家长积极参与学生的 IEP。

在这个过程中教师可以使用的评估方法有直接观察、档案袋评价、测验、自我评价和同伴评价等，这些方法都能帮助我们随时把握学生的学习情况。当学生达到预定教育目标时，可考虑加大学生学习的广度和深度，或是变更教学设计，以不同的活动或学习内容来强化学习效果。反之，如果学生没有按原先预定的教育目标来学习，则要考虑改变教学活动设计，尝试不同的活动方式，如果仍然无法达成时，最后才考虑改变教育目标。

四、必要时调整 IEP

在评估中我们可能会发现 IEP 里的一些问题，这时就需要对 IEP 进行调整。如果学生的学习进度超出计划的预期，则可以建立新的发展期望或修订年度目标；如果学生的学习进度不如计划预期，则可以把学生的发展期望分成若干个小步骤完成或调整年度目标；也可以改变教学策略、提供给学生的学习设备或人力支持的程度等。在调整过程中，任何有关学生学习期望的变化都应该及时，确保学生能有足够的时间参与评估，这样评估的结果才是客观、公正的。

为保证 IEP 的执行效果，我们应该定期考虑 IEP 的调整及更新，这其中有些问题是需要我们特别注意的，详见表 8-20。

表8-20　IEP调整更新过程中需要考虑的问题①

1. IEP仍然能准确反映学生的需求吗?
2. 选择的教学策略和资源如何有效支持学生的学习?需要改变吗?
3. 学生为达成计划里的目标和期望,进步的幅度有多大?分配的教学任务能帮助有效达成目标吗?如果不能,如何做出改变?
4. 在IEP里需要加入能说出学生变化的新信息吗?
5. 为更准确地反映学生的优势、需求和兴趣,需要制定新目标和期望吗?
6. 学生有认真对待自己的学习吗?
7. 家人和家庭支持学生实现IEP的目标和期望吗?

在对IEP调整更新的过程中,IEP团队可能需要通过会议的形式来决策。表8-21给出了IEP更新会议记录单的样式。

表8-21　IEP更新会议记录单样表

IEP更新会议			
学生姓名		会议日期	
会议出席人员			
审视目标和期望(清楚陈述学生的目标和期望,决定所需作出的变化和调整)			
发展新期望(依据学生的学习速度和可能出现的新情况而定)			
审视和评估目前为止进行的项目、策略、资源和服务			
评论			
责任			

五、评价学生的学习情况并向家长报告

学年末我们需要评价学生的学习进步情况,及时向家长报告,并能根据学生的发展拟定下一年的发展建议。这样既能确保学生学习的连贯性,同时也为来年的IEP打下基础。

（一）评价内容

我们在评价学生的进步情况时,主要考察以下七个方面:符合几个短期目标,符合几个年度目标,学生的学习档案,考试作业情况,每日/每周进步图表,前后测结果对比,国家级、省级或市级统考结果。②

---

① Individual Education Plan (IEP): Resource guide [EB/OL]. (1998-10-18)[2014-9-14]. http://www.edu.gov
② Gibb G S, Dyches T T. Guide to writing quality Individualized Education Programs[M]. Boston, MA: Allyn & Bacon, 2000:56.

通知家长的方式则可以通过电话、电子邮件、家校联系册、与家人谈话、IEP 会议等形式。

（二）评价方法

IEP 的评价方法有很多，之前提到的一些评价方法这里都可以使用，包括主观的方法，如观察和访谈，以及客观的方法，如测验和操作等。这里介绍一种方法——学生学习成效矩阵（Student outcome rubrics，简称 SORs）。

SORs 是用来测量学生 IEP 学习成效的一种评价工具，它是针对学生个别化的发展需要而设计的（见表 8-22），清晰地表明学生在所要求完成的任务中的行为发展期望。SORs 一般可分为 5 级（也可分 3 级或 4 级），说明学生在每个级别上的掌握情况。

下面以 SORs 的 5 级标准为例，说明其发展步骤。

1. 确定目标领域和行为指标（要求是可测量、可观察的行为）。
2. 总结学生现有的发展水平。
3. 确定学生的发展结果，并以此作为期待学生达到的水平（水平三）。
4. 说明学生在高出（水平四）或低出（水平二）预期水平一点的级别上的表现情况。
5. 说明学生在高出（水平五）或低出（水平一）预期水平很多的级别上的表现情况。

SORs 里水平一、水平二、水平四、水平五间的水平差异是由以下因素决定的：准确性、回答的频率、支持的使用（如教学材料、技术）、独立的程度（如独立完成、口头提示下完成、身体协助下完成）及环境的改变。

表 8-22　SORs 范例[①]

领域：责任/独立自主/公民权 目标技能：去指导教室（homeroom）报道		学年末的水平
现有的表现水平	小吉每天早上 8 点 45 分到校，一周他平均会有 3 次不去指导教室报道，而是徘徊在学校的走廊或是去资源教室	
水平一：比预期水平低很多	到 6 月末时，小吉能在口头提示和身体协助下，每天 9 点去指导教室报道，75% 的时间里能做到	
水平二：比预期水平低一点	到 6 月末时，小吉能在口头提示下，每天 9 点去指导教室报道，75% 的时间里能做到	
水平三：预期水平	到 6 月末时，每天 9 点小吉能独立去指导教室报道，50% 的时间里能做到	
水平四：比预期水平高一点	到 6 月末时，每天 9 点小吉能独立去指导教室报道，70% 的时间里能做到	
水平五：比预期水平高很多	到 6 月末时，每天 9 点小吉能独立去指导教室报道，90% 的时间里能做到	

---

① Student-specific planning：a handbook for developing and implementing individual education plans (IEPs) [EB/OL]. (2010-08-11)[2014-9-10]. http://www.edu.gov.mb.ca/k12/specedu/iep/pdf/planning/student_specific_planning.pdf

(三)发展情况

在向家长解释学生的发展进步情况时,可以综合使用"量"的描述和"质"的表达,即既要有量化的说明,又要有文字的解释,确保家长能理解。表 8-23 是学生成绩报告单设计式样。

表 8-23 成绩报告单设计①

学生姓名:小华　　　报告时间:第一次统考
说明:A——尚待加强;B——一些进步;C——进步很多;D——完成目标

目标类型	内容	进步情形
年度目标	小华能表现出适当的社交技能	
短期目标	1. 小华能在所有情境中不打扰别人 2. 小华能在所有情境中至少一次能顺从老师指令不打扰别人 3. 小华能在这段期间在结构化情境中使用话语表达情绪的次数达到50次	A A B
备注	小华仍旧持续进行社交技能的目标,他正逐渐发展出处理生气的情绪技能,现在当他觉得生气或遭受到挫折时,会向老师用口语表达他的情绪,但他仍要再学习如何和同学相处的情绪技能,以便有利于小组学习活动	

六、总结并拟订新的 IEP

学年末,可召集 IEP 团队成员召开 IEP 总结会议,对本学年里 IEP 的执行情况进行总结,分析目标的达成情况、学生取得的进步及发展不足,并可为下一学年 IEP 的制订打下坚实的基础。新的 IEP 在已有的 IEP 执行、评价的基础上形成,标志着学生新的 IEP 周期的开始。

个别化教育计划作为引导特殊儿童教育的一份计划书,它有利于特殊儿童的发展,并能指导教师教学,促进家校合作。本章开头提到芳芳的故事,教师只有为芳芳提供个别化的指导,制订并实施 IEP,才能帮助芳芳更好地参与普通班级的学习。因此,首先我们应做好教育评估的工作,找到芳芳多动、注意力不集中的原因。经评估发现,芳芳的问题主要是因为听不懂,才会选择发呆等行为来逃避较难的知识或练习。如果所学知识较容易,则注意力相对集中。找到原因后,教师需要再参考其他功能评估的结果,选择适当的方法对芳芳进行干预。干预过程中,老师一方面需要降低芳芳的课业难度,另一方面要提供适当的强化物(如卡通书签、贴画)鼓励芳芳完成目标任务,适时给予表扬和鼓励,提升其达成目标的信心。经过一段时间的干预,事实证明老师对芳芳的干预效果是积极的。芳芳原先在班主任的一节课上注意力分散行为发生的时间平均为 18.3 分钟。经干预后,注意力分散的行为发生的时间呈明显下降趋势,逐渐从每节课 18.3 分钟降到 4.2 分钟,达到了预期的终点行为——少于 5 分钟。②

因此我们相信,针对普通班级里特殊儿童可能出现的任何问题,和特殊儿童发展中的任何需要,只要 IEP 团队能做好评估工作,为学生提供个别化的教育支持,贯彻执行 IEP 里的

---

① 李翠玲. 个别化教育计划理念与实施[M]. 台北:心理出版社,2007:124.
② 梁松梅,贺春兰,朱振云. 小学融合教育新模式:北京市朝阳区新源西里小学的探索[M]. 北京:人民日报出版社,2010:100-102.

内容要求,就一定能促进学生的发展,这也是 IEP 本身的意义和价值所在。

【本章小结】

个别化教育计划(IEP)是建立在评估基础上的一份书面文件,它着眼于特殊儿童发展的需要,指导教师的课程和教学设计。IEP 的制订和实施是团队合作的结果,团队成员包括有特殊儿童的家长或监护人、普通教育教师、特殊教育教师或特殊教育服务的提供者、地方教育机构代表、学校行政人员、相关专业人员、能解释评估结果的人、特殊儿童及其他相关人员。IEP 的操作流程按顺序可分为五个阶段:准备阶段、拟订 IEP 初稿、召开 IEP 会议、实施 IEP 及总结与拟订新的 IEP。准备阶段要求能充分收集学生的基本资料;做好教育评估工作;在评估基础上分析学生的优弱势和特殊需求。拟订 IEP 初稿包括说明学生的发展现状;说明学生参与普通教育的情况;能为特殊学生设计适合其身心发展特点的课程;提供合适的教育安置形式;明确学生学习的年度目标和短期目标;确定评价学生发展结果的方法。召开 IEP 会议需要做好会议前的准备工作;正式开会时能明确各自职责分工,就学生的情况展开讨论;会议后要做好会议的追踪工作。实施 IEP 主要在于教学活动的设计,并能对已有的针对普通学生的课程做出调整,使其适合特殊儿童的学习;追踪把握学生的发展情况;如有必要,可调整 IEP;实施完后要评价学生的学习情况,并向家长报告。待学年末实施完 IEP,可召开 IEP 总结会议,总结本学年学生 IEP 的执行情况,并在此基础上着手建立下一学年的 IEP。

【思考题】

1. 请简要说明 IEP 的操作流程。
2. 请说明 IEP 里撰写年度目标时的注意事项。
3. 请说明根据年度目标拟定短期目标的方法。
4. 请分析在融合班级里为特殊儿童制订并实施 IEP 的意义。

【推荐阅读】

[1] Strickland B B, Turnbull A. Developing and implementing individualized education programs[M]. 3rd ed. New Jersey: Prentice Hall, 1990.

[2] Twachtman-Cullen D, Twachtman-Bassett J. The IEP from A to Z: How to create meaning and measurable goals and objectives [M]. San Francisco: Jossey-Bass, 2011.

[3] 林素贞. 个别化教育计划之实施 [M]. 台北:五南图书出版公司,2007.

[4] 李翠玲. 个别化教育计划理念与实施 [M]. 台北:心理出版社,2007.

[5] 邓猛,郭玲. 西方个别化教育计划的理论反思及对我国特殊教育发展的启示[J]. 中国特殊教育,2010,(6):3-7.

第九章 残疾学生的转衔

【本章导言】

北京市第一六五中学有4名初一年级随读生(3名轻度智力落后学生,1名注意力缺陷及多动症学生)。新生一入学,资源教师就会与班主任和各科老师一起,通过观察、访谈、测验等方式,分析出学生个体间差异及个体内的长项,确定与之相匹配的学习方式,预测可能的发展空间并制定个人发展目标。在4名随读生中3人存在书写困难,4人均无绘画经历,所以在手工操作领域存在发展空间。课程以课外小组活动的形式展开,初一年级1课时/周,初二年级2课时/周。初二年级单周活动内容为学做家常菜,双周为计算机操作。计算机小组活动的素材多来源于学做家常菜的照片和视频资料。初二年级先后有生物、计算机、音乐、心理、物理、劳技、数学、语文、外语9个学科的教师参与活动方案的设计和实施。经过50课时的小组活动,随读生在综合能力得到提升的同时,每位同学都有侧重地掌握1~2项技能,并逐渐形成了自己的优势,由此实现了由长项变强项的过程。为随读生开设职业规划课,引导学生认识自己,理解工作和职业的含义,探索职业目标,树立行行出状元的职业价值观。

在学生自主选择的基础上,教师要对其加以引导。在职业规划课上,教师带领随读生完成了"霍兰德职业兴趣测量表"。教师对学生最初的选择、测试结果和学生的实际情况进行了分析,让随读生意识到了三者之间的差异。通过第五课《价值观大拍卖》帮助学生初步明确自己的职业价值取向,又通过第六、七课的内容,了解自己喜欢及相关职业的工作内容、需要具备的条件、社会地位及外界评价、薪酬待遇、榜样人物等,对自己的职业进行第二次选择。在职业体验的过程中,"我做设计师"项目实施时正值东四地区进行危房改造,在家长的支持下,王立同学将自己的图纸变成了现实,还利用两个柱子中间的空间,巧妙地建造了一个书架。通过职业体验,随读生最终确定了自己的职业选择。

第一节 残疾学生个别化转衔概述

"转衔"这一词汇对于很多特殊教育工作者来说是陌生的词汇。虽然"转衔"在一些特殊教育专业书籍中被提及,但是这一词汇在理解上会有一些疑惑。本节将向大家介绍转衔的内涵、个别化转衔计划的制订、转衔的课程与教学等方面的内容。

一、"转衔"的含义

"转衔"的英文单词为"transition",其字面上的解释有"过渡时期""转接点"或者"过渡点"之义。但是,为什么不用"转移"或者"转换"等翻译呢?究其原因,笔者认为是因为对"transition"这个词的翻译最初来自于我国台湾地区,当时台湾学者林宏炽研究推介了"转衔"这个概念并提出了一系列做法。他认为转衔是一种过渡时期,一种转变,或是由一种形态至另一种形态,或是一个阶段至另一个阶段的过程。① 转衔意味着有特殊需要的儿童从一个熟悉的教育环境走出来,来到一个陌生的教育环境或生活环境中。这种变换对于他们来说是有压力,或者是有些害怕和困难的,他们需要支持者为他们提供各种各样的服务。通过这些服务,使他能够适应新的环境,能与在之前的教育环境中所学的知识、技能以及管理衔接得上。"转衔"这个词更能代表其"转换"和"衔接"的深刻内涵。对于一名有特殊需要的儿童和他的家庭来说,转衔意味着从一种教育环境转换到另一种教育环境,或者是从一种教育环境转换到工作和独立的生活。

1997年美国《残疾人教育法案》(IDEA)的修订案认为,为残疾儿童和残疾青少年提供免费的、合适的公共教育的首要目的是"为他们的就业和独立生活"做好预备。因此,它要求:为所有年满14周岁的残疾学生制定个别化转衔计划(Individualized Transition Plan ITP),并将它作为个别化教育计划(IEP)中的重要部分,其是为他们走向将来的社会生活做好准备。具体地说,就是对于每位年满14周岁的残疾学生(如果IEP团队觉得合适的话,可以更早),学生IEP中的关于转衔服务的需要应体现在学生学习的课程之中并且每年更新(例如,参加大学预修课程或者职业教育课程)。对于年满16周岁的残疾学生(如果IEP团队觉得合适,可以更早),其转衔服务还应包括对社会相关机构责任的规定以及如何建立必要的联系。②

在2004年,《残疾人教育法案》修订案中进一步强调了转衔计划的要求,并对转衔服务做出了新的规定:转衔服务是为残疾儿童开展的一系列有目的的协调性活动,活动过程的重点是提高残疾儿童的学业和功能(如社会适应)上的进步,以帮助他们顺利地从学校生活过渡到学校后的社会活动,这些学校后的社会活动包括中学后教育、职业培训、融合式就业(包括支持式就业)、成人继续教育、成人服务、独立生活和社区参与。③

二、转衔服务的模式

(一)威尔的桥梁模式

1984年,美国特殊教育和康复服务办公室主任玛德琳·威尔提出了转衔服务的桥梁模式。这种模式包含有三种水平的服务,每一种水平都作为连接中等特殊教育课程和成人职业的桥梁。④ 每一种水平根据残疾学生在从学校向工作成功转衔时所需服务的性质和程度的不同而有所区别。⑤ 在第一个水平上,是不需要特殊转衔服务的学生。当学完适当的中等特殊教育课程后,这些青年(主要是那些轻度障碍者)可以利用普通的适用于社区中正常人的就业服务(如职业中介机构)。在第二个水平上,是需要限时转衔服务的学生。这些服务由职业康复机构或成人服务中介提供,专门用以帮助残疾青年获得有竞争力且独立的工作。第三个水平的服务由持续性的就业服务组成,为残疾程度较严重的学生提供支持性就业及成人生活的指导与帮助,要帮助重度残疾者获得适当的工作报酬,这个水平的服务必不可少。

---

① 林炽宏. 美国身心障碍学生转衔服务之相关理论与哲学[J]. 特殊教育季刊,2005(12):1-9.
② Williams-Diehm K L, Lynch P S. Student knowledge and perceptions of individual planning and its process. The Journal for Vocational Special Needs Education,2007,29(3):13-21.
③ Mazzotti V L, Rowe D A. Linking transition assessment and postsecondary goals: key elements in the secondary transition planning process. Exceptional Children,2009,42(2):44-51.
④ 林炽宏. 美国身心障碍学生转衔服务之相关理论与哲学[J]. 特殊教育季刊,2005(12):1-9.
⑤ 林潇潇邓猛. 美国学习障碍学生的转衔及对我国特殊教育的启示. 中国特殊教育,2014,3:42-47.

(二)哈尔彭的三维转衔模式

威尔提出的从学校向工作转衔的桥梁模式被认为是正确的方向。然而,很多特殊教育者认为这种转衔的前景太局限。于是,哈尔彭提出了一个模式,将威尔的普通、限时、持续的支持服务转到帮助残疾学生适应社区中的成年生活上来,这种模式主要包括了三个领域:居住环境的质量、适当的社会人际关系网以及有意义的工作(如图 9-1)。哈尔彭的三维转衔模式直接影响了美国关于转衔的认识,那就是转衔不仅仅只关注残疾成人的就业,而应涉及成年期的所有生活领域。

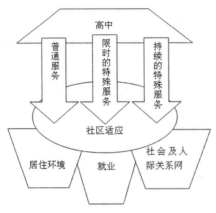

图 9-1　哈尔彭的三维转衔概念

三、个别化转衔计划的制订

(一)个别化转衔计划制定概述

美国 2004 年颁布的《残疾人教育法》修订案将转衔服务定义为一系列为残疾学生提供的重要的服务措施,包括:服务的设计要坚持结果取向,提供包括从学校到离校后的一系列行动。例如,中学毕业后继续接受教育、职业培训、融合性就业(包括有支持性的就业)、持续的成人教育、独立生活或社区参与等。服务包括指导、相关服务、社区经验、对工作进展情况的关注和实现其他成年生活目标,直到学生获得适当的日常生活技能和功能性职业评价。《残疾人教育法》修订案同时规定服务要建立在学生的个别化需要基础之上,考虑学生的偏爱和兴趣。该法案还要求高年级的学生的个别化教育计划应包括学生从学校向成年生活转衔所需支持的相关信息。提出这一要求的目的是为了使制订个别教育计划的团队把注意力集中到与学生离开学校后的成功相关的中等教育课程计划上。学生的这一部分个别化教育计划就被称为个别化转衔计划(Individualized Transition Plan,ITP)。

转衔计划需要一支团队来帮助残疾学生实现中学后目标。转衔团队的成员包括特殊教育教师、普通教育教师、职业教育教师、学校顾问、相关服务人员、社区工作人员、成年期各服务中介(如职业康复机构)的工作人员、高等院校的人员等。所有参与的成员都必须建立并保持联系,而且要相互支持。残疾学生个别化转衔计划的制订可分为四个步骤(如图 9-2 所示),这四个步骤依次是:实施适宜年龄的转衔评估;残疾学生目前学业表现水平的评定;制定可评价的中学后目标和年度目标以及最终制定相关的转衔服务。

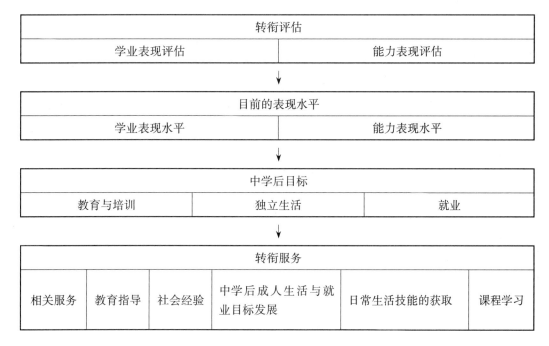

图 9-2　制订转衔计划的步骤

（二）开展适于残疾学生年龄的转衔评估

制订转衔计划最核心的部分就是残疾学生进行转衔的评估。实施转衔评估有助于学生的老师、家庭成员有机会去了解并确定这名学生的优势、爱好以及需求。为了确保评估的有效性，评估的进程应该在整个学年持续。残疾学生（视情况可由其监护人代替）回答下列问题。

1. 我未来的目标是什么？
2. 为了达成目标我应该如何去做？
3. 如果我不知道未来我喜欢或想要做什么，那么目前我可以通过使用哪些方法来发现我的兴趣所在？

与此同时，家长通过做以下的工作能够帮助鉴定有特殊需要学生的能力、爱好以及兴趣：

1. 经常同孩子谈论他们未来的目标。
2. 帮助孩子建立发展目标和对未来的愿景。
3. 确定孩子应该完成的活动，这些活动能够帮助他们达到目标。
4. 帮助孩子认识到哪些活动能够让他们变得很棒或者能够帮助他们变得更棒。
5. 帮助孩子选择所需要的支持。
6. 帮助孩子开展各式各样的活动，例如社交晚会、社区活动、娱乐活动以及一些工作经历分享等。
7. 向社区寻求帮助，包括社区里的朋友和其他家庭成员。

教师通过提供一系列的活动和经验来支持和帮助残疾学生，跟他们讨论和思考未来的目标。教师应向残疾学生提出如下的问题。

1. 你认为学校该如何与就业机构联系？
2. 高中毕业后你想要做些什么？是继续深造或接受培训，被单位雇佣还是去当兵？
3. 一个人如何决定选择哪一种工作？

4. 你想要住在哪里？以何种方式居住（是住在学校宿舍、独立的公寓、家庭住宅或者团体之家(Group Home)，选择支持性的或者独立的条件下生活。

5. 你以何种方式进入社区？是使用公共交通工具还是私人交通工具？

6. 你愿意参加哪些社区活动？俱乐部或者另外一些组织的活动？

另外，教师能够提供给残疾学生一些工作场景中的经历来帮助他们鉴定自身的能力、爱好和兴趣。例如，一名年满16周岁的残疾学生对建筑业感兴趣，教师可以带领他现场观摩在建筑场景中从事各种各样工作的人。这样做能够帮助有特殊需要的学生了解进入这些工作的要求。通过这种引导，学生能够决定哪些高中课程自己需要学习，如针对电工工作的初等代数等。学生接下来会希望能够开展一项个别化教育计划，参与到和他们的职业兴趣相关的普通教育课程中来。

有严重残疾的学生可能无法用言语表达或者不能够讨论这些问题。教师可以和他们的家人、同学、其他的服务提供者以及学校员工讨论他们认为这些学生的兴趣点在哪里，同时还应讨论针对学生未来的目标和愿景。

（三）评估残疾学生目前学业成绩和能力表现

目前的表现水平应以一系列的正式的和非正式的评估为基础。个别化转衔计划应该用一种功能性的方式描写，要强调学生的优势和需要，涉及学生在特定领域成功所要的需求。目前的表现水平还要特别强调学生的需要，以便让学生在普通课程中取得进步。[1] 对于学生的能力、目前的学业水平和功能性行为表现的描述应该不断地在个别化教育计划会议中被详细讨论，这种讨论主要由专业人员负责（如普通教师和特殊教师、言语治疗师以及学校心理师等）。但是，家长能够通过与教师和各机构专业人员分享关于孩子在不同的转衔领域的兴趣、才能和能力方面（例如教育、就业、独立生活、娱乐以及休闲生活）的信息。

教师能够通过以下方法来描述孩子目前的学业水平和能力表现：

1. 与有特殊需要的学生和他们的家人讨论与学生的目标、兴趣、爱好、能力、未来的目标等相关的教育和转衔评估。

2. 评估学生独立的生活技能。

3. 评估学生的社区参与技能。

4. 评估学生对于资源的认识，包括社区中的人员、地点以及活动。

5. 评估学生的成熟度及职业技能。

相关的转衔评估应广泛地包括成人生活所需要的一切能力，应包括能够帮助学生明确他们的优势、需要、兴趣和偏好的一系列职业和生活技能评估；也要包括对学生和家长调查，这些调查评估了学生的职业成熟度以及家庭和学生对中学后目标的一致性程度。

（四）制订可评量的转衔目标

中国学目标即学生中学毕业后的教育与培训以及独立生活和就业目标，往往是个别化转衔目标的归宿，也是制定转衔计划的依据。个别化教育计划会议集中于学生的转衔目标及措施的确定，并据此制定转衔教育的年度目标。转衔计划成为个别化教育计划的重要内容，相关会议应促使所有个别化教育计划小组成员参与讨论，残疾学生及其家庭成员的参与被视为不可缺少的环节。

个别化转衔计划包括一般的中学后目标和达到这些目标需要的一系列转衔服务。中学

---

[1] 林潇潇，邓猛. 美国学习障碍学生的转衔及对我国特殊教育的启示[J]. 中国特殊教育，2014, 3：42-47.

后目标应包括工作、教育、居住环境和社区参与等领域的目标。当学生小的进修,这些目标是很广泛的。当学生临近毕业的时候,这些目标可能会变得更具体(例如,汽车方面的工作、四年制大学等等)。如果学生还没有中学后目标,转衔目标需要定义这些目标。个别化转衔计划应该包括能够提供的促进学生向期望的中学后目标过渡的活动。① 个别化转衔计划应该明确对每项目标及其与之相关的活动或服务负责的人员姓名,负责人为学生提供相关服务,并对学生目标的完成负责。每一项目标都有相应的完成时间,在规定的时间内会有对目标和所提供的服务的考核。整个个别化转衔计划也有一个开始和截止的时间点。

在设定残疾学生个人的转衔目标后,IEP 团队中的专业人员就会根据这些目标制定针对残疾学生的相关转衔服务,这些转衔服务可能会包括学习指导、课堂环境外的社区体验、日常生活技能的训练以及相关的服务等。

(五)明确残疾学生的转衔服务

转衔服务可能会包括学习指导、课堂环境外的社区体验、日常生活技能的训练以及相关的职业咨询与指导服务等。在这一步骤中需要确定转衔教育指导和服务、各项活动、专业人员或者各类资源等。它们能被用来帮助有特殊需要的学生完成他们想要达成的中学后目标。转衔服务应该包括:

1. 基于学生需求简要地写出一份服务项目清单。

2. 需要学习的转衔课程,这些课程应包括必修与选修课程、大学先修课程、调整的课程或者特别设计的课程。课程应结合当地社区环境与资源设置,课程的教授最好在"真实"的社区中进行。

3. 根据学生实际情况及学校毕业要求选择学习的课程,争取获得毕业文凭。

5. 建立一份学生个人的转衔简述表。

小贴士

学生个人的转衔简述表是一种收集特殊需要学生在中学阶段各方面的相关信息后简述这些信息的表。在每年更新转衔简述表能够帮助有特殊需要的学生与其家庭以及教师整理和跟踪这些信息。转衔简述表最初被构思为一种对于教师、有特殊需要的学生以及他们的家庭来说追踪有特殊需要学生的中学教育和工作经历的最便捷方式,并且可以以一种精确的和简洁的形式呈现给有特殊需要学生中学后的成年期服务提供者,诸如职业康复顾问等。另外,它可以提供对于有特殊需要学生的兴趣、爱好和需要的快速的参照。当学生自己来更新转衔简述表中的个人信息时,该表又成为了提升自我倡议的工具。与此同时,转衔简述表能够帮助中学后教育机构中的支持提供者决定这个有特殊需要的学生是否有资格向他申请提供支持服务或者在大学层面上来确定他们需要的住宿。最后,转衔简述表能够提供本地针对残疾成年人提供服务的各类机构的信息。转衔简述表能够很好地在 IEP 会议中向来自本地各种服务机构的专业人士展示残疾学生的经历与需求。

四、制订个别化转衔计划后 IEP 小组成员的职责

(一)教师的职责

在制订个别化转衔计划后,教师应该履行如下职责:

1. 实施你负责的个别化教育计划中的某个领域。

---

① 田艳萍.美国障碍学生的个别化转衔计划.绥化学院学报,2014,4,146-150.

2. 当实施个别化教育计划时,与其他教师、服务提供者、机构以及学生家庭成员合作。

3. 为完成个别化教育计划的目标,提供有关学生进步的持续性的评价;如果合适的话,还要提供目标和指标。

4. 引导和学生持续交流,这种交流与他们的职业探索和职业经历相关,同时需要交流的是这种探索和经历如何与中学后目标和成年期生活目标相关。

5. 继续发展与社区和机构的联系。

(二)家长的职责

在制订个别化转衔计划后,家长应该履行如下职责:

1. 追踪你同意提供的转衔活动、服务和支持。

2. 与你的孩子核查确定他们是否正在接受商定好的转衔服务。

3. 定期与你的孩子共同检查转衔计划是否依然反映了他们要求的目标,决定是否需要进行调整。

4. 定期和你孩子的老师交流。

5. 与其他的家长进行网络交流,学习其他可能考虑的转衔支持和转衔资源。

6. 同档案管理员或教师一同检查个别化教育计划是否正在实施。

7. 当孩子正需要离开学校时,与潜在的成年期服务提供者交流以获取服务。

8. 如果计划不足以应对孩子的需要或者未能实施,那么就应该请求发起另外一次会议。

(三)残疾学生的职责

在制订个别化转衔计划后,特殊儿童应该履行如下职责:

1. 继续和教师、咨询师、其他家庭成员以及与你的转衔计划相关的社区机构工作人员交谈。

2. 如果你与同意帮助你的人很难联系,向你的老师寻求帮助。

3. 确保你的个别化教育计划中制订的活动发生了。

4. 当你成年或者你的职业兴趣变化了,修订你的计划。

5. 积极参与到这些活动中为你的成年期生活做好准备。

6. 和你的档案管理员和家长交流关于你未来的关注点或者正在改变的目标。

7. 记住学校教育、职业探索和社区活动是用来帮助为"你"的未来做好准备的。

五、残疾学生转衔课程的制定

(一)转衔课程的制定原则

1. 以就业为导向的原则

转衔课程的制订是为了让残疾学生在离开学校后能够适应成年期的生活、就业以及继续在学业上的深造。而大部分的残疾学生会选择就业,那么在转衔课程的设置中就应该考虑到课程的学习内容是否和学生将来的就业相关。因此,转衔课程应坚持以就业为导向。在设置课程前,应实施广泛的调研和市场分析,了解就业市场对人才的需求状况,并结合学生的心理和生理特点设置课程。以智力障碍学生的职业训练课程为例,学校在设置转衔课程时主要需要考虑以下四个因素:适合智障学生身心特点;适合市场经济和社会发展需要;方便智障学生就业;为智障学生进一步发展打下一定的基础。

2. 以能力发展为本的原则

由于转衔计划的目标是帮助残疾学生为中学后教育、就业以及独立生活、社会参与做好准备，因此转衔课程的设立就应该以这些目标为导向来发展学生的能力。转衔课程应突出以能力为本位的思想，表现为两个方面：一是以生活适应为中心的基础能力；二是以专业技能为中心的职业能力。基础能力主要通过基础性和通用性课程来实现。这些基础性课程主要培养学生生活自理能力、良好的体能、健康的心理品质、基本的劳动技能和劳动习惯、社会交往的能力等，旨在补偿学生的身心缺陷，挖掘学生的潜能，为职业技能选择和学习奠定能力基础。

六、转衔课程的教学

（一）基于课堂的教学

需要开展基于学校学习活动的支持性转衔。从事教育的专业人员所面临的挑战就是如何基于学校的学习活动和项目来设计课程，帮助残疾学生发展面对成功转衔和中学后生活的技能。

1. 将转衔活动融入学校活动中

（1）学校经常性地与校外就业机构联系。
（2）一周抽出一天时间提供职业活动和转衔活动。
（3）提供一门集中于就业计划和转衔计划的选修课程。
（4）向所有的学生讲授转衔计划的组成部分。
（5）利用非教学时间以及假期时间让学生参与到转衔活动中来。
（6）形成集中于自我意识和目标设定的学校俱乐部。
（7）使用服务性学习活动。
（8）与一名转衔计划"顾问"共同组织学生个人会议。
（9）在放学后提供关于就业或转衔计划的课程，课程由初中、高中、社区大学和其他中学后机构共同赞助的。
（10）访问地区商业机构、工业机构和社区机构。
（11）参加社区招聘会和大学招聘会，访问就业指导中心。
（12）任命学生转衔计划的专职辅导员。
（13）建议开展与课程或职业探索相对应的家庭指导活动。

2. 基于年级水平为本的学习

初中年级的学习过程中，应该实施以下策略来促进残疾学生的转衔发展：

（1）教会残疾学生改善学习习惯、时间管理和一般性的组织技能。
（2）教会残疾学生进行自我倡议的技能。
（3）教会残疾学生如何向别人解释他们残疾的种类。
（4）教会残疾学生懂得他们法定的权利。
（5）教会残疾学生参与学校和社区生活的技能。
（6）教会残疾学生如何选择课程，这些课程教会他们探索职业兴趣和职业技能。
（7）修改课程和考评学生表现，从而在面对残疾学生独一无二的需要时支持普通教师的工作。
（8）教会学生如何制作一份转衔文件袋，这些文件袋包含了有关他们的兴趣、表现和能力等的重要信息。

（9）鼓励社区组织、课外活动以及志愿者和社区服务活动的参与。

在高中三年的学习过程中,应该实施以下方案来促进残疾学生的转衔发展:

（1）与残疾学生和他们的家长讨论毕业要求及相关课程进展。

（2）继续教授自我倡议的技能。

（3）继续帮助学生收集有关中学后教育选择的信息。

（4）教会学生如何探索中学后机构为他们所提供的服务。

（5）继续帮助学生发展和改善所有的转衔领域的未来目标。

（6）教会学生如何负责他们自己的集中于转衔的 IEP 会议。

（7）教会学生和他们的家人如何申请中学后转衔支持服务,这些支持服务包括康复部门的服务、社会服务、健康服务以及社会安全服务。

（8）继续鼓励学生参与到社区各种组织、课外活动以及志愿者和社区服务活动中来。

（二）基于工作经验的教学

在残疾学生有机会学习关于他们自身的知识和发现一种职业可能比另外的职业更适合他自己之前,常常需要将他们引导到职业预备的经历中去。许多学生进入没有明确专业的大学后,或者因为对哪一种职业适合自己没有判断而改变专业。职业探索活动将给予残疾学生一个机会去审视适合他们的未来职业。相关指导人员应具备以下素质:

1. 对技能、贸易或职业有着承诺和热情。
2. 达到需要掌握的能力的要求并且有能力去教残疾学生。
3. 能够提供针对学生表现的持续的指导和评价。
4. 对于残疾青少年和成人有着合理的期待。
5. 支持通过反省错误和鼓励成功来进行学习。
6. 通过举例以及鼓励来激励残疾学生。
7. 和课堂教师、雇主和学生家长一同协商解决残疾学生出现的问题。
8. 在工商业的所有领域拥有相关信息以及经历。

另外,还需要记住的几点是:

1. 所有的学生都需要准备好做像成年人一样的有意义的工作。
2. 工作可能是有偿的或无偿的,兼职的或全职的,多样的或单一的。
3. 在工作环境中有严重认知障碍的学生需要机构的自然支持。
4. 作为高中学习项目的重要部分,学生需要拥有多种多样的工作经历。
5. 学生应该建立一份涵盖各项任务的档案袋,这些任务包括了他们喜欢并且能够在家和学校独立完成的任务。
6. 家庭和成年期服务提供者能够使用档案袋中的信息来发现合适的工作和找出合适的工作地点。

另外,为残疾学生计划并提供工作经历需要考虑以下几个方面:

1. 残疾学生的兴趣、爱好和中学后目标是什么?
2. 如何将以学校为基础的学习和以工作为基础的学习结合在一起?
3. 哪些继续教育和工作经历能够帮助学生达到他们的目标?
4. 残疾学生的家长支持他们参与到以工作为基础的学习中来吗?
5. 学生是否因为个人经济困境要求就业而可能离开学校?以工作为基础的学习能够帮助残疾学生留在学校之中吗?

6. 残疾学生将学会哪些技能来支持他们未来的就业目标？

7. 工作场所需要提供哪些调整和支持？这种调整和支持是合适的吗？

8. 对于这种工作经历来说，哪些支持和服务是必要的？（例如，健康检查、采集指纹、交通、灵活的行程安排、要求的制服着装、使用的工具或者设施的要求等。）

9. 在工作场所中残疾学生是否需要参加所有的雇员活动？包括有机会和自己崇拜的榜样进行社交互动活动。

10. 尽可能地让残疾学生探索校内和学校周边的工作，看看哪些工作是他们喜欢的。（例如，观察、面谈和观摩多种多样的学校雇员的工作。）

11. 建立工作面试的课堂模拟；给予残疾学生机会去角色扮演与雇主和同事的互动；练习解决工作中出现的问题和在工作地点请求需要的调整。

12. 提供以学校为基础的项目以及企业。

13. 安排来自不同职业领域的嘉宾演讲人或者有工作经历的高中生分享经验。

14. 带领学生进行工商业观摩旅行。

15. 制定合适的社区服务项目。

16. 支持残疾学生参加招聘会。

17. 需要有职业研究项目。

18. 残疾学生作为实习生获得有关具体职位和行业的第一手信息。

19. 同一些组织共同开办社区职业培训。

20. 青年学徒计划（Youth Apprenticeship Program）——在具体的职业领域将学校经历和工作经历合并。

21. 有偿的兼职工作。

22. 在工作环境中实施基于社区的指导。

23. 探索性的工作经历、用于工作评估的短期工作情形实验。

七、自我倡议的培养

（一）自我倡议的培养

1. 自我倡议的定义

自我倡议是被定义作为一种教育的目标，一种公民权利的运动，它是自我决定的一部分。自我倡议最初作为一种公民权利运动而被认识。它是一种做法或者能力。

2. 自我倡议能力的培养

具有自我倡议能力的有特殊需要的学生能够知晓他们的能力和需要。他们很自信地提出问题并且要合适的帮助，但并未表现出任何苛求和无助。当有特殊需要的学生拿到高中文凭或辍学离开学校后，IDEA法案就不再保护他们的权益了。转衔计划给予了这些学生以机会去学会如何表达他们的爱好、关注点和有关中学后教育与就业的选择等问题。学生通过提出问题和表达他们的想法来发展自我倡议能力。下面举的四个方面的例子可以帮助残疾学生练习自我倡议技能。

（1）了解你的基本权益

当IEP小组成员考虑有特殊需要学生中学后的计划，预测需要的服务以及年度目标时，学生可以准备好向他们表达自己的爱好和兴趣。

(2) 知道如何保护你的权利

一名残疾学生需要向他的代课老师解释他自身的残疾,这样做的目的是让代课老师知晓为什么这名学生需要额外的帮助,例如需要使用录音机等。

(3) 对你的生活负起责任

一名残疾学生在餐厅自己选择食物;一名成年残疾人在本地图书馆申请一个职位并得到这个职位;一名残疾人自己电话预约就诊时间。

(4) 寻求合适的帮助和支持

一名残疾学生在他的 IEP 会议上提出如何利用公共交通资源的问题;一名残疾学生联系他所在大学的残疾学生支持服务办公室去申请针对他的残疾做课堂调整等。

第二节 残疾儿童的幼小转衔

幼小转衔是残疾儿童从幼儿园教育阶段顺利过渡到小学教育阶段的基础和关键。一份针对残疾幼儿进入小学经历的调查指出,半数的孩子在入学之初都出现哭闹和腹痛的症状。面对学前与小学教育环境的差异,许多残疾幼儿会出现适应困难。学前教育目前在我国尚不属于义务教育阶段,因此就存在着许多残疾儿童由私立幼儿园转衔到公立小学的情况。由于私立幼儿园与公立小学在办学规模、师资数量与质量、办学理念等方面存在差异,且互相间的沟通合作较少,这就引起了残疾幼儿在幼小转衔上出现的诸多困难。因此,本节特将幼小转衔从升学转衔中分离出来单独讨论。

一、幼小转衔的意义

钟梅菁指出,残疾幼儿在转入新的学习环境时会面临以下的困难:一是要学习更复杂的技能;二是要全程参与新活动;三是要学习与新老师和新同学正向积极地互动。这些幼儿面对不利的情境,将会增加他们产生问题行为的危机概率,甚至导致未来更严重的障碍与问题。幼小转衔是一个生态环境的改变,从家庭或是较小的学前教育机构转至较大的、明显具有竞争力的环境。幼小转衔服务是一个各单位及人员连续性的合作过程,目的是帮助学前儿童由家庭进入一个幼儿机构,或由幼儿机构进入学校。幼小转衔的目标有两个:一是在转衔服务的交付过程中能创造连续性,以使幼儿能够很快适应新环境;二是在转衔服务的交付过程中能保证连续性,并符合孩子在成长发展时的需要,其最终目的是协助发展迟缓幼儿适应环境,使其发挥潜能。幼小衔接的合作内涵则包括幼儿自身、他们的家长、前后成长和学习环境中的教师以及为他们提供服务的专业人员、辅助工具的支持等。[①]

二、影响幼小转衔的相关因素

一些因素会影响到幼小转衔的成功,它们是:专业团队运作、教育人员参与、残疾儿童准备、家庭参与等。下面对各相关因素作简要叙述。

(一)专业团队运作

为了运作有效的转衔过程,机构间的整合与合作是必要的,机构间在转衔过程中对政策

---

① Jean C K. A study of at risk children's transition to kindergarten: Three issues[M]. Dissertation Abstracts Internation, 2002,63(2):p. 555.

的执行是需要有共识的。在转衔中机构间环境布置应有连续性,调整课程和环境适应相关的活动,这些包含了转衔方案设计者观念的一致性,适当的介入,如何去帮孩子分组,学校上课时间,学生班级数大小,教学方式的决定等。对所有服务提供者而言,合作是发展和整合转衔方案最重要的因素,也是最根本的因素之一。

教育上的合作已成为机构间人员有效活动的主要工具。转衔过程团队合作人员包含了:前一机构人员、下一机构人员、家庭成员等。机构间需要彼此有合作的机会以便能共同地观察学生、讨论学生需求和解决学生的问题。

(二)教育人员参与

参与转衔的相关教育人员的责任如下。

(1)在家长合作方面,包括和家长讨论转衔至幼儿园所需的程序;与家庭安排会议以计划转衔的过程;提供家庭所关心转衔过程中法律上的权益与转衔相关的义务;与家庭确认目标与方法以准备孩子的转衔;提供家庭所需要的服务;确定孩子与家庭参与的可行方法;与家长一起检查与更新孩子的IEP。

(2)教师本身方面,包括家庭访问,设计IEP目标帮助孩子觉得有信心适应新环境,教师之间彼此分享教学目标与经验,提供家长适应的小册子,提供家庭去支持孩子早期的学习与后来进入学校的学习,认识和获得在职训练以及人员技术上的协助。

(3)熟悉和改善环境方面,包括参观下一转衔整体环境与相关游乐设施,利用角色扮演和书籍分享帮助孩子预期下一环境所可能面临认识的事情,确认和移除环境的障碍,建议在入学前依身心障碍儿童需求作教室调整,如调整物理环境以让有肢体障碍的学生(使用轮椅或拐杖)有可调整的书桌、走廊或是教室中其他的区域,或是可选择的座位安排给知觉损伤的学生(如视障或听障),确认和获得特殊的材料和设施。

(4)了解学生方面,幼儿园老师使用发展技能的检核表去确认孩子是否具备进入班级所需的技能,然后学前特殊教育机构介入者依此设计个别化的方案去帮助孩子获得需要的技巧。

至于学校整体行政人员的责任,学校方面需要做到下列三项以帮助学生成功地转衔至新的学校,包括学校应主动联络家庭、前一阶段教育机构和社区相关机构;在儿童入学前将家庭、前一阶段教育机构和社区资源建立连接;针对家庭对儿童的特殊需求提供个别化服务。

从教育人员参与的角度来看,不论是前一安置机构教师或是下一安置机构教师,都需要对学生本身与家长在转衔过程中提供转衔前、转衔中、转衔后追踪服务,这样家长与孩子才能在转衔过程中获得正向的助益。

(三)残疾儿童预备

因为转衔计划最终的目的是帮助孩子与家庭在新的教育安置环境中能成功,因此这样的计划必须包含儿童在新的班级中准备所有可能的改变。例如,一个脑瘫的孩子在肌肉控制力限制下,需要去发展自我帮助的技巧。一个自闭症孩子则需要跟团体有更多互动的经验。所以,若要让儿童转衔成功,身心障碍学生是需要较多的沟通技巧的。

(四)家庭参与

家庭成员参与幼小转衔的过程,有其法令依据与成效。美国IDEA修正案鼓励家长与孩子参与转衔的每一决定过程(例如评估、资格鉴定、方案、安置)。家长最希望在转衔之前能够参与转衔的计划,并且实际参与转衔至下一个班级或是学校的过程。因为转衔需要家庭去改变例行性事物,去启蒙教导孩子的行为、经验与期望,在这些改变中,家庭需要不同的计划表、新建立的关系,改变原来与前一机构或方案人员相处的时间,并且帮助孩子设定新的目标,因此父母参与转衔可减轻因改变环境而带来的负面影响。

在转衔过程中家长最想要的资讯:了解转衔计划;了解法律上的权益和转衔相关的责任;确认转衔目标与方法;确认需要的服务;参观可能的方案;检查并书写适当的IEP;了解安置的程序;普通教育教师的态度;交通问题;行政部门对整合资源的承诺;转衔可能会失败的原因。除了以上的需求之外,家长认为最希望的服务是学校能直接提供书面服务资料,并指派一个可以回答家长所有问题的人。

学校与家庭在有效转衔时的合作关系对孩子来说也是重要的,有研究指出家长若参与转衔过程,学生在学校学业、学习态度、表现能否超过本身的能力方面,有较高的成就表现。

三、幼小转衔的生态-发展理论

台北教育大学的林秀锦教授研究了特殊幼儿转衔服务的协同行动,结合布朗芬布伦纳(Bronfenbrenner)的生态-发展理论,提出了特殊幼儿幼小转衔的生态-发展理论,并绘制了幼小转衔的生态-发展示意图。他指出,特殊幼儿的幼小转衔,是整个生态系统的大工程。鉴定安置作业系统,让孩子在入学后得到特教服务(大系统的制度对幼儿产生影响);法令规定的转衔会议,让幼儿园老师与小学老师产生连结(大系统的制度规范,促进了中介系统的连结);幼儿园老师参加的转衔研习内容,影响老师对于转衔的认知与做法,认为转衔就是上网通报、资料移交(外系统所提供的资源,影响微系统内老师们所采取的行动);当家长和老师们拥有充分信息时,他们就更积极主动(强化外系统的资源,让微系统更有能量);我们建立幼小之间的沟通桥梁,让家长和小学一年级教师产生正向连结的亲师关系(建立新的、亲师间的中介系统);原本参与程度低的家庭得到支持后,逐渐关注孩子的需求(随着时间转移,中介系统的连结产生变化而影响孩子)。①

图9-3中心有三个圆,分别代表幼儿园、家庭和小学三个微系统。每个微系统的外围有各自的外系统(以椭圆表示),最底层则是社会环境的法令、制度、文化、价值信念等大系统。

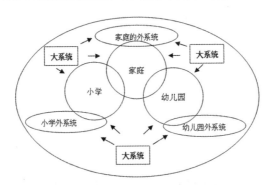

图9-3 残疾幼儿转衔的"生态-发展"图

这个图并不是静止的。随着孩子即将迈入小学,小学这个微系统的圆圈越来越清晰,而当孩子入小学之后,幼儿园这个微系统的影响力便逐渐消除。因此,不同的时间点,图上各系统及彼此之间的相互关系都有不同的变化。这张图只是代表某一个时间点各系统的相互关系。

---

① 林秀锦,王天苗.特殊幼儿转衔服务的协同行动研究[J].特殊教育研究学刊,2011,36(2).

转衔服务的过程,让几个环绕在孩子周围的微系统得到适当的资源和支持。正因孩子的家庭、现在和未来的老师(微系统)更有能量,他们就更能为孩子做出最适当的教育决定。正因为他们彼此之间的互动有正向的开始,孩子就会在亲师合作的环境下成长。转衔服务的效益或许不是直接作用在孩子身上,而是通过各系统的改变影响孩子。

四、幼小转衔的参考做法

依据特殊儿童障碍的不同程度及教学方法的不同,学前阶段的转衔服务提供者必须扮演多元化的角色。具体的做法包括如下。

1. 先让家长了解特殊儿童进入小学所需服务。
2. 请家长了解不同类型的小学。
3. 举办各式各样的讲座。
4. 进行个别家长的辅导。
5. 邀请接受单位给予各类支持的规划与提供。

沈宜纯以高雄县为例,说明幼小转衔分别由收容发展迟缓儿童的机构提出转衔,或福利部门提供该学年度领有残障手册之适龄儿童名册,以及上学年度办理缓读的儿童资料,再由政府主管单位派员访问,然后再进行转衔。①

机构方面,李庚恕曾举出我国台湾地区心爱儿童发展中心的做法,将发展迟缓的幼儿转衔服务计划分为三个阶段,如图 9-4 所示。②

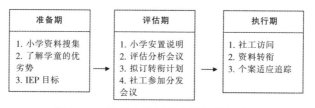

图 9-4　心爱儿童发展中心转衔服务流程

第三节　残疾学生的升学转衔

上一节已经探讨了幼小转衔。然而,教育阶段的转衔不只是包括这一阶段,它还包括了小学到中学、中学到大学的转衔。因此,本节将讨论这一方面的内容。

一、小学后校际间的转衔

残疾学生从特殊教育学校向新学校的转移或者在不同水平间的学校转移,或者因为受伤住院后回到学校,都需要转衔项目来指导他们在向新的教育环境的转移过程中获得成功。类似这样的转衔项目能够将残疾学生介绍给学校的教育专职人员并且描述他们的职责以及学校的物理设施,包括食堂、体育馆以及礼堂等的位置和一些重要的学校规章、程序和设施的位置(例如教室、储物柜、电梯、浴室等)及一些课外活动,还能够通过给予残疾学生一次访校日程来引导他们接触新的环境。这项访校日程向新的学生介绍学校的一些核心的区域以

---

① 沈宜纯. 高雄县特殊教育学生转衔流程[J]. 九零年度特殊教育教学研讨会成果报告,2000:38-39.
② 李庚恕. 浅谈学前特殊儿童转衔计划[J]. Professional Supportive Network,Winter Edition,2009:65-68.

及可建议的校园线路,学校可以指派一名可信赖的学生帮助即将到来的学生了解教室和学校,以及日程表等。

(一)学校专业人员与家庭间的协作与交流

在计划和实施一项针对残疾学生的转衔计划时,专业人员以及学生的家庭成员应合作来确定需要教授的转衔技能,设计一项转衔时间线让学生准备转衔,决定一些有效的转衔指导策略和支持,收集残疾学生在校表现的数据,建立沟通的程序以及评估转衔的进程。一旦学生进入新的学校环境,持续的交流就是很有必要的了。可以提供给他们有关转衔计划有效性的回馈,征求他们的意见并满足他们的关注和要求。

(二)转衔前的准备

首先,转衔领导小组基于地点、学校专业人员的态度、提供服务的适用性以及学生的需要来决定哪一所学校是最适合的。小组成员确定递送学校和接收学校以及教育项目中的核心专业人员,同时收集并且分享将要从一种教育环境转移到另一种教育环境中的残疾学生的多种信息。

(三)校际间的合作

来自递送学校的工作人员与接收学校的教师、管理人员以及相关支持人员共同讨论残疾学生在递送学校中一直以来使用得很成功的教育策略。在新的教育环境中教育目标应得到发展并且应该与教师们分享。在新的学校环境中,残疾学生以及教师所需相关支持、合适的教学策略应加以明确。

二、中学后的教育转衔

(一)中学后教育的意义

越来越多的残疾学生正在探索一定范围内的高等教育机会,希望进入大学。另外转衔项目能够帮助他们认识和鼓励他们去追寻获得高等教育的机会。与此同时帮助他们准备要求的入学考试。这些残疾学生将会从转衔中受益,转衔计划能够帮助他们准备,让他们在高等教育中获得成功。转衔计划项目同样应该帮助学生选择并且申请合适的大学及相关的学业、经济等方面的支持。同时需要帮助残疾学生和他们的家庭完成申请的程序,提供要求的文件,检查支持性服务的资质以及资金的支持,同时理解与残疾相关的法律,这些法律会影响入学、推荐以及相关减免措施。

转衔计划同样需要帮助残疾学生发展在学业上和社交上获得成功的必要技能,包括进行自我倡议并且理解和告知他人自身的残疾、能力、挑战和目标以及自己需要的住宿环境、支持性的服务以及辅助技术。转衔项目同样能够满足学生的态度,帮助他们发展在大班和网上课程成功的学习策略,以及阅读、记笔记、写作、学习、参加测试、时间管理和课程量的需要。转衔计划可能包括教导上大学的残疾学生制定目标、社交和自我倡议的技能,包括如何与其他人以及他们的导师交流和获得大学支持性服务和资源。许多社区大学和学院同样为有严重认知障碍的学生提供项目。虽然这些项目和传统的大学课程不同,但是他们使有严重障碍的学生接触到了广泛的教育、生活技能、就业活动以及社会互动,这些活动能够提升他们的就业、独立生活以及娱乐的机会,并且促使他们在社会独立并且融入社会中。美国教育部门2000年对于有学习障碍学生的调查发现,有98%的大学提供针对学习障碍学生的支持服务。

表 9-1　美国大学为学习障碍学生提供的服务所占比例

提供的服务(或人员)	所占比例
可替代的测试格式或者额外的时间	80%
辅导员	77%
辅助阅读员、笔记记录员或抄写员	69%
有关课堂登记的助手	62%
有声书籍	55%

当学生们进入一所学院或大学时,辅导顾问们应该提供给他们一些有关如何进入校园学生支持服务系统的信息。这种服务系统用来帮助有学习障碍的大学生制订学习计划或安排指导。同时大学管理部门可以针对这些学生进行适当的调整,包括延长测验时间,允许学生在无干扰房间中接受测验,提供授课和书本录音带,为授课安排志愿笔记记录员以及用磁带记录讲座的许可等。当这些服务适用时,学习障碍学生的保留率和毕业率将与没有学习障碍的学生的保留率和毕业率相同。

(二)残疾学生的高等教育

美国《残疾人教育法案》考虑到了从高中到中学后教育的转衔对于残疾学生来说是一个重要的选择。1985年至1996年间,美国高中毕业生进入大学深造的人数比例从58%提升到了65%。其中就有残疾学生进入中学后教育项目人数的巨大增长。在1978年,仅仅只有2.6%的残疾高中生进入到了中学后教育项目中。

2000年对于大学一年级学生的调查揭示了一个有趣的现象,那就是在1998年至2000年间,在四年制大学中学习障碍残疾类型学生的比例有着快速的增长。2000年,残疾的大一新生中有40%具有学习障碍,而1998年这一类型的残疾大一新生人数比例为16%。1998年,大多数大一新生的残疾类型为弱视和盲,但是到了2000年,大多数大一新生的残疾类型为学习障碍。与没有残疾的大学生相比,有残疾的大学生中男性的数量远高于女性的数量,白人的数量远高于其他人种的数量。下面有一些有趣的现象。

1. 残疾大学生认为在理解他人的能力上高于大学生平均水平。
3. 残疾大学生预测他们比起非残疾同学会更多地使用课业辅导服务。
4. 残疾大一新生和非残疾大一新生会选择相似的职业道路规划。

(三)面向高等教育的预备

进入大学或者其他的中学后教育机构是通往中学后教育成功的一系列步骤中的第一步。残疾学生要顺利毕业,完成他们的中学后教育项目,常常需要更多的帮助和支持。正因为有了这种认识,残疾高中生是否能够获准进入中学后教育机构就需要残疾学生自己、家长、教师和学校行政管理人员了解残疾学生离开高中前必须开展的几个步骤。下面就是一些推荐的步骤。

1. 教会学生尽早地设立中学后目标并且计划需要应对这些目标的步骤。
2. 确保残疾学生的 IEP 计划呈现了他们自身的兴趣、能力和需要,并且这些兴趣、能力和需要包括在课程学习之中,使得每个残疾学生能够成功地达到他们的中学后目标。
3. 教会学生知晓学业标准以及掌握这些学业标准的途径。
4. 尽早让学生做出中学后教育项目的选择,之所以这样做是因为他们需尽早熟悉这些项目的进入要求,了解他们在学校的分数是否满足或超过了最低的录取要求。

5. 确保提供给了残疾学生一份高中转衔计划中关于他们残疾的最新的评估报告的复印件,以便残疾学生在联系中学后教育项目机构中的残疾学生支持办公室的工作人员时使用。

6. 在毕业前,确保对学生残疾的描述文件符合他们选择的中学后教育机构的要求,确保这些教育机构的残疾学生支持办公室在学生被允许进入这些机构学习前收到这些文件。

7. 发展学生的个人档案袋,此个人档案袋呈现了每个学生的知识技能水平、在学业和社交环境中的成功等。

8. 教会学生提前准备参加大学入学考试,同时申请考试时针对他们残疾的调整。

9. 提供给学生练习自我倡议技能的机会。

10. 发展一项包含指导员、非残疾同伴和残疾学生家庭成员在内的支持系统。

11. 在申请进入中学后机构学习前鼓励残疾学生熟悉他们选择的中学后教育机构提供的残疾支持服务。

12. 教会残疾学生相关的法律权利和义务。

(四)在进入大学初期就获得成功

向大学教育项目的转衔表示了一段生活的结束和另一段生活的开始。这种转衔包括了三种转变的步骤,第一步是之前的生活方式的结束,接着是出现一种混乱的状态,又或是一种苦恼和兴奋,抑或是一种渴望回到之前生活的状态,第三步就是开始一段新的生活。在离开高中的暑期,残疾学生将经历这三个阶段。

在大学阶段的第一个学期许多残疾学生会发现他们的社交生活提供了一种之前从未有过的选择,而这种选择常常是以前从未经历的自由选择。一些残疾学生的社交生活影响了他们的日程安排,但是却没有考虑其他领域的活动。另外一些残疾学生想念他们的高中朋友,却不积极地寻找新的伙伴。在社交生活、学业表现、支持性网络和日常生活的任务中寻找平衡可以帮助残疾学生无需错过每一项活动。下面一些建议能够帮助残疾学生建立在大学第一个学期的这种平衡。

1. 社交活动方面

(1)研究可加入的合适的组织。

(2)寻找符合自己兴趣的校园活动。

(3)使用校园休闲设施。

(4)逐渐了解其他的同学。

2. 学业表现方面

(1)与学校的残疾学生支持办公室联系获得优先的日程安排(Priority Scheduling)。

(2)在上课前与教师联系,预先了解作业及相关的教学内容,教师进行有针对性的调整。

(3)在课程开始前获得教科书。

(4)选择最适合你的记笔记方式。学校的残疾学生支持办公室可能会为你提供一名记录员或者一部录音机。

(5)因为很容易耽误完成作业和参加测试,因此需要开发一项学习安排日程并且遵守它。

(6)找到一个对自己学习有利的场所。图书馆是一个很好的学习场所。

3. 支持性网络

(1) 逐渐了解公寓管理员或生活辅导员。

(2) 使用校园指导支持。

(3) 找到并且与你的学业辅导员见面。制订一项针对毕业的长期的课程计划,同时找出什么时候这些课程会被提供。

4. 日常生活任务

(1) 尽可能快地建立校园电子邮件和网络账号,因为校园通知和课程作业常常通过网络发布。

(2) 安排足够的时间进入每个课堂中。

(3) 计划就餐时间。

(4) 建立一个银行账号并且学会使用取款机。

(5) 如果你有持续的医疗问题,在你需要帮助前联系校园医生或者社区医生。

案例9-1[①]

小学阶段至中学阶段就学转衔实例	
个案姓名:林某某	就读年级:小学六年级
特教类别:严重情绪障碍	户籍地点:台北市某某区
现状概述: 1. 认知功能正常,却容易受外在影响而分心,常遗漏老师授课内容或指令,且组织能力不佳,座位及书包常呈混乱状况。 2. 自行走路上下学。未来初中地点离家较远,需搭乘公车。目前尚不会搭公车。 3. 情绪控制不佳,生气时会摔东西,很久才能平复。遇到不如己意或同学嘲弄时,容易与人发生肢体冲突。 4. 下课时或放学后常无所事事,到处闲晃。对电脑有兴趣。 5. 服用利他能,但是不喜欢,有时候会忘记吃药。 6. 比较没自信,有时会觉得自己没用或一无是处。 学生未来目标:希望未来能功课好一点,跟同学的关系也好一点,能交到好朋友。 步骤一:实施个别化教育计划和个别化转衔计划(小学六年级) 办理方式:某某小学针对林生需求拟定个别化教育计划及转衔服务,安排合适课程以利衔接初中课程。 个别化转衔计划摘要: 学年教育目标: 1. 学业学习:能养成良好学习习惯,并能利用自我监控策略辅助学习。 2. 独立生活:能搭乘大众运输工具自行上下学。 3. 人际关系:能以适当方式解决人际问题及表达情绪。 4. 休闲娱乐:能找出适合自己的休闲活动,并能安排空暇时间。 5. 健康安全:能养成按时服药习惯。 6. 未来计划:能了解自己的长处与短处,并能自我接纳。	

---

① 林秀锦,王天苗.特殊幼儿转衔服务的协同行动研究[J].特殊教育研究学刊,2011,36(2).

续表

课程安排： 通过资源班学科补救教学、社会适应(社区利用及社交技巧)课程、生活教育课程、自我检核表、普通班人员宣导与辅导达成上述目标。 转衔服务内容： 安排家长座谈会、转衔会议、协助提报鉴定安置、参观学校及参与试讲等转衔活动，并填写转衔表及转移相关资料至下一教育阶段。 步骤二：办理转衔说明活动 办理内容： 1. 办理家长座谈会，说明未来升学路径及相关注意事项。 2. 安排林生及家长参观某某初中(未来安置学校)，认识未来可能的学习环境。 步骤三：召开鉴定安置会议，确认安置情形 办理内容： 1. 林生家长向某某小学提出身心障碍学生鉴定安置申请。 2. 通过鉴定安置会议确认林生现状、需求、特教方式及相关服务等，以利某某初中能事先安排，让林生一入校即能立即接受适性教育。 步骤四：召开转衔会议及办理相关转衔活动 办理内容： 1. 安置学校确定后，某某小学召开个别化转衔会议，邀请林生家长、导师、资源班教师、行政人员及相关教师与会，并邀请某某初中相关教师参与。 2. 于转衔会议中说明林生现状、所需之各项服务及未来辅导重点。 3. 安排林生参与某某初中试讲活动，以协助林生提早接触、了解下一阶段安置环境，也让下一阶段安置学校教师提早了解林生能力状况及相关需求。

第四节 残疾学生的社会转衔

对于残疾学生来说，离开中学之后不仅仅只有进入高等院校继续学业深造这一种选择，更多的残疾学生会进入社会中独立地或者在他人的支持和服务下生活，找到一份固定的或者暂时性的工作。即使从中学毕业进入高等院校继续深造的残疾学生，在毕业后也不得不面临就业和生活方面的选择。因此，残疾学生的社会转衔就尤为重要了。下面就残疾学生在社会生活中面临就业、住宿以及休闲娱乐上的选择和建议进行探讨。

一、就业转衔

残疾人就业仅有着很小的选择空间，如果他们技能有限的话，他们进行职业选择的范围就更小，再加上残疾的性质、雇主的偏见和误解，情况就更加糟糕。对于残疾成年人来说，获得并保住一份工作是人生中最大的挑战和目标之一。

（一）庇护性就业

庇护性就业是一种准备式职业教育模式。残疾人接受比较固定的职业训练，就业以后会在一种相对受保护的条件下维持职业。主要是由相关企业，特别是福利企业和农村残疾人扶贫基地来开展，专门设立庇护车间、工场或农业基地，开设适应残疾人工作的环境和工种，为残疾人提供工疗或农疗托养。在采取企业化管理的同时，需要为残疾人提供较多的协助和一定程度的保护。许家成认为,庇护性就业是指在学校教育阶段为残疾人就业提供知识、技能,培养职业个性(工作人格和工作能力),毕业以后,残疾人根据所学,在社会帮助或照顾下,寻求和维持就业机会。① 这是目前我国残疾人就业采取的主要方式。庇护性就业的工作环境主要是针对精神、智力和重度残疾人因劳动就业能力不足,无法进入竞争性就业市场的实际状况,通过集中组织残疾人参加适当的生产劳动,以提高劳动技能、改善功能和生活状况为目的建立的福利型生产安置单位,包括工疗机构、农疗机构、集中托养机构中的劳动车间、庇护工场等。熊文娟的研究着重概述了我国庇护工场的情况,她指出,近年来,我国内地一些省份加大了庇护工场的建设力度,江苏省和广东省尤为突出。如江苏省2009年成立玉祁东方半导体器材厂庇护工场,2012年成立泰兴市残疾人庇护工场等;广东省2003年成立江门市五邑区庇护工场,2006年成立春晖庇护工场,2007年成立民爱残疾人综合服务中心庇护工场等。庇护工场逐步走上轨道,为残疾人事业的发展贡献力量。②

(二)支持性就业

支持性就业是一种高度组织的就业途径,这种就业方式将残疾人士安置在一般性工作中并提供个人培训,以让他们保持长期的工作状态。这种新的就业方式大大增加了残疾人的就业机会,而以前残疾人或者没有工作,或者只能被限制在受庇护的环境中赚少量的钱。1986年美国《联邦康复法案修订案》中提出,支持性就业服务的提供者要求针对有严重残疾的人士提供持续的工作支持以使他们完成工作,并且工作时间不少于一周20个小时。支持性就业是一种集中于"安置到培训"(place-train)的就业方式,而不是准备就业(Ready for Work)或"培训到安置"(train-place)的就业模式。

尽管英国和欧洲其他一些国家缺少关于支持性就业的定义,但是对一些政策的研究表明,在这些国家中涉及支持性就业的规定包含有以下三个主要方面。

1. 实际的工作:由标准化的劳动力完成工作并且获得正常的薪水。
2. 在融合环境下工作:有残疾的雇员和他们的非残疾同事在近似平等的工作环境下共同工作。
3. 灵活的、个人化的支持。

英国的一项调查显示,1986年英国仅有5家支持性就业机构,但到了1995年这类机构迅速增长到了200家,有约5000名残疾人士受雇于本地的公司企业。这种增长的趋势在威尔士、苏格兰和欧洲大陆也是十分显著的。

经过几十年的发展,支持性就业让许多残疾人在社会中被雇佣。一方面,因为对于这些有严重残疾的人士来说竞争性就业未能在传统意义上发生,或者是竞争性就业因为他们的残疾而一直被打断以致断断续续。另一方面,因为他们自身残疾的严重性,需要各部门提供集中的支持性就业服务,以及为了做这项工作在转衔后实施的延伸性服务。

实际上,支持性就业正体现了"正常化"原则所倡导的思想,将残疾人安置在公平的就业环境中,充分尊重他们就业的权利,并在工作环境中给予他们一定的帮助,让他们享有一定的就业成果。正常化原则中所提到的"最少受限制的环境"在就业领域可以视为竞争性的就业环境。处于竞争性就业环境中的支持性就业模式的实施,不仅可以帮助残疾人获得公平的就业环境,并在就业方面获得尊重,而且使他们能在工作中获得更多的就业技能和建立与

---

① 许家成. 残疾人职业教育的准备式和支持式模式[J]. 中国特殊教育,1998(2).
② 熊文娟. 我国庇护工场的发展历程优势及挑战[J]. 绥化学院学报,2014(4).

正常人之间良好的人际关系。支持性就业同时也体现了"回归主流"的思想。不仅教育上需要让儿童"回归主流",在就业层面也需要让残疾成人"回归主流"。当我们强调让儿童在最少限制的环境中接受教育时,我们需要了解的一点就是他们的这种教育环境应该和毕业后的环境对接。如果在"主流"的融合环境中接受教育但毕业后又走进了"支流"的就业环境中(如庇护工厂),残疾学生将无法回归到正常的社会生活中去。与此同时,通过在工作场所给予残疾人以支持,让他们能够与正常人共同工作,获取工作技能,提升社会交往技能,也是"回归主流"思想的直接体现。最后,支持性就业体现了社会角色激发理论的思想。社会角色激发理论(Social Role Valorization, SRV)是一种"正常化"理论的演化,它强调被社会排斥的人群应该有机会享受生活中所有的益处,这种生活应该在有价值的社会角色中体现。社会角色激发理论首要强调的一点就是受到社会排斥的人(包括残疾人)在专业的服务体系(包括支持性就业)中获得,并在其中发展成为一种有价值的社会角色。社会角色激发理论主张残疾人士应该享有与正常人一样的每日生活的机会和经历。残疾人在竞争性的就业环境中就业,在就业指导员的帮助下向非残疾同事展示自己的工作能力,同时建立良好的人际关系,有利于获得有价值的社会角色。

美国肯特州立大学的 Robert Cimera 对支持性就业和庇护性就业在累计成本、工作时间和获取工资三个方面进行了比较研究,研究结果指出,庇护性就业者与支持性就业者比较,会产生更多的累计成本。具体来说就是参加研究的所有支持性就业者接受的服务平均需要花费 22406 美元的成本,而庇护性就业者则需要花费平均 45840 美元的成本。另外,这项研究显示庇护性就业者接受服务的时间明显要比支持性就业者长。庇护性就业者接受平均 72.91 个月的服务,而支持性就业者只接受 44.91 个月的服务。这也证实了一种观点,那就是一旦被安置在庇护性就业场所,残疾人士就很难融入社区就业活动中。

值得注意的是支持性就业和庇护性就业在每月的服务成本上有比较,具体而言,支持性就业者平均每月的服务成本为 512.79 美元,而庇护性就业每月的服务成本为 586.28 美元。当关注于工作时间时,研究发现庇护性就业者工作的时间要比支持性就业者更多。两者分别为每月 65.68 个小时和每月 58.95 个小时。然而,当调查每小时的工作成本时,支持性就业者依然更有成本效益。支持性与庇护性就业工作每小时平均花费成本 11.15 美元和 15.04 美元。

研究的另一个发现就是支持性就业者的收入比庇护性就业者的高(分别为每月 390.96 美元和每月 164.79 美元)。此外,支持性就业更具有成本效益。支持性就业者每赚到一美元需要花费 2.01 美元的成本,而庇护性就业者每赚到一美元则需要花费 11.38 美元的成本。

(三)竞争性就业

竞争性就业是指在综合性的环境下残疾人士作为一名普通雇员与非残疾同事共同工作,并且拿到不少于最低薪水的就业方式。残疾人常常发现竞争性就业可以通过一些就业培训项目、家人和朋友的帮助以及康复机构获得。由此我们可以看出,竞争性就业可以被认为由以下方面组成:符合残疾人自身选择的全职或兼职工作;与他们的劳动相匹配的薪水,这些薪水应该不少于最低水平;在相同的商业环境中和非残疾同事一块工作。

在美国,那些构成竞争性就业的内容随着时间而产生变化。在美国 1986 年的《联邦康复法案修订案》中,竞争性就业被定义为一种需要工作 20 个小时或以上的就业形式。当 20 世纪 90 年代法律调整时,支持性就业的具体时间减少。由于这一调整,导致了工作场所中有严重残疾的雇员的数量增加。实际上,劣势产生了。那就是相比获得每周工作 30~40 小时的职位,很容易获得一份5个小时的工作。给予任何残疾人士的低于最低薪水的协商性薪水是不可接受的。如果随着时间的推移,残疾人士不能在工作中展示出基本的能力,最好的选择就是在相同或者不同的环境中寻找更适合的工作,而不是考虑低于最低薪水的薪水。

(四)自主创业

1998年《美国职业康复法案修正案》从法律上确定自主创业为残疾人职业康复的形式,而在此之前,自主创业不被认为是竞争性就业的一种方式。法案明确了自主创业既指残疾人的一种就业结果,也指通过为残疾人提供支持服务帮助残疾人实现自主创业的过程。同时法案也明确了职业康复机构在残疾人自主创业中的角色,规定当残疾人提出自主创业要求的时候,职业康复机构必须积极主动参与残疾人自主创业全过程。[1]

为了帮助残疾人实现自主创业,政府提供大量的支持服务,包括提供与自主创业相关的培训和信息,协助残疾人开发商业计划,帮助残疾人监督企业的运营。[2] 随着自主创业的发展,残疾人自主创业人数越来越多,据美国劳工部2007年统计,约有14.7%的残疾人倾向于选择自主创业,而非残疾人选择自主创业的比例只有8%。越来越多的政府机构成立专门的职能部门为残疾人提供自主创业服务,例如,残疾人就业政策办公室(the Office of Disability Employment Policy,简称ODEP)的小企业和自主创业服务项目(Small Business and Self-Employment Services Program)专门为残疾人自主创业提供资源和支持。

二、生活转衔

(一)住宿的选择

残疾人的居住环境在很大程度上能够决定他在哪里工作,结交哪些朋友,接受哪种形式的服务与支持,会从事何种娱乐休闲活动等。社会为残疾人提供了多种多样的居住方式选择。

美国独立生活运动(Independent Living Movement)源于19世纪60年代晚期,该运动的倡导者是一些残疾人团体。这些残疾人团体中的成员包括了脊椎损伤者、肌肉萎缩症患者、脑瘫患者等。最初几年时间独立生活运动的积极参与者居住在一个大型的学习社区中。这些残疾人士长期被剥夺自身的权利。独立生活运动强调平等获得就业、医疗、教育、社会服务、交通以及住宿的权利。去机构化运动旨在让智力落后者离开大型的寄宿机构,走进小的、以社区为基础的生活环境(如小组家庭、公寓)。在大型寄宿机构生活的智力落后者从1967年的194650名减少到2002年的43249名。独立生活运动和去机构化运动都力争让残疾人走出隔离环境,融入社区生活中,拥有平等的公民权和独立生活的权利。它极大地促进了残障人士生活上的融合。

1. 寄宿机构

19世纪或20世纪早期,美国建立了大量大型的、由政府管理的寄宿机构。那时,人们普遍认为智力落后的人不能接受教育和训练。这些大的寄宿机构将残疾人和外界社会隔离开来,而不是帮助他们学会在社区中生活。在20世纪六七十年代,这些寄宿机构受到强烈的谴责,因为他们不能在舒适的、人性化的、正常的环境中为残疾人提供个别化的居住服务。这些批评并不是针对居住计划这个概念本身,那些重度的残疾人总是需要24小时的支持,

---

[1] 杜林.美国残疾人支持性就业的发展及对我国的启示[J].中国特殊教育.2013(9):14-20.
[2] 杜林.美国残疾人支持性就业的发展及对我国的启示[J].中国特殊教育.2013(9):14-20.

而这些计划就可以提供。问题是,寄宿机构这样的环境存在着固有的不利条件,它不能让残疾人过上正常的生活。

20世纪70年代,美国卫生部、教育部、公共福利部和医疗鉴定委员会对为智力落后者提供居住服务的寄宿机构制定了一个大的标准,标准中包括建筑、人员、康复、教育等多方面的要求。只有达到了这些标准,寄宿机构才能取得联邦政府和州的公共医疗补助基金。公共医疗系统的规章中已经消除了原来寄宿机构中那些残忍、肮脏和过度拥挤的特点,但这些系统也因为它的高耗费和不能保证残疾人的生活质量而越来越受到批评。

2. 公寓生活

在现今社会,对正常人来说,住公寓是最普遍的生活安置方式之一。今天,越来越多的残疾成人也喜欢上了公寓生活的自由和独立。与小组家庭相比,公寓生活可以给他们提供更多的机会融入社区。通常,残疾成人有三种类型的公寓生活:群居、与合租人同住和独立生活。群居是指少数几个残疾人共同住在公寓里,并由居住在附近公寓的人提供服务。在群居者的数量和需要的支持上,根据居住者的需要,各公寓之间有很大的弹性。一些人可能需要最直接的帮助,如购物、烹饪甚至穿衣,而另一些人可能仅仅需要有限的协助、建议和提示。为便于社会融合,一些健全人也可能参与到群居中。合租公寓是由一个残疾人和一个健全人来共同居住。合租者通常是不要报酬的志愿者。独立生活的方式是2~4名残疾人居住在一起,过着最独立的生活。这些人掌握了所有的自我照顾和日常生活技能,足以照顾好自己和寓所。管理人员只是每周去一两次,帮助他们解决可能发生的一些特殊问题。

3. 收养家庭

收养家庭是指一个家庭在一段时间内将一个与其没有关系的人收养。多年来,尽管收养家庭只是为孩子提供暂时的居住服务和家庭照顾,但越来越多的家庭开始与残疾成人一起分享他们的家庭。作为为新的家庭成员提供食宿的回报,收养家庭可以得到适当的经济上的补偿。

生活在收养家庭,可以为残疾成人带来很多好处。在小组家庭,残疾人主要与为他们服务的人员发生联系,这些人并不一定住在这个家庭中,而收养家庭则不同,残疾人的住所本身就是家庭的住所。在收养家庭,残疾人可以参与和分享日常的家庭活动,可以得到家庭成员的个别化关注,可以和家庭成员建立亲密的关系。作为家庭的一分子,残疾成人还有更多的机会在社区这个大范围内被接纳。

4. 小组家庭

小组家庭通常由3~6个人组成,提供家庭式的生活。虽然一些其他障碍的人也会居住进来,但大多数小组家庭的服务对象为智力落后者。

小组家庭中,服务的人员帮助居住在其中的残疾人发展自我照顾、日常生活、建立人际关系、参加娱乐休闲等方面的技能。在这里居住的同时,大部分残疾人都会在社区或在庇护工场工作。另一些小组家庭更像小旅馆的形式。它们的主要职能是为残疾人提供独立的生活环境,如被管理的公寓。与机构相比,小组家庭两个方面的特点使它更像正常的居住环境:它的规模和所处的地理位置。大多数人都是在典型的家庭环境中长大的,在这样的环境中人能够有机会得到关心、照顾并有自己的秘密。地理位置和物力特征也是保证小组家庭能够提供正常生活方式的决定因素。小组家庭必须位于社区的居民区内,而不是繁华的商业地带。它所处的位置必须能够方便人们购物、上学、休闲娱乐及乘坐交通工具。也就是说,小组家庭必须位于正常的居住地点。在同一个社区中,它必须与真实的家庭相似,而不能明显地不同于其他家庭。

案例 9-2

Chris 和无限可能的"艺术"

Chris 有着学习障碍和癫痫。他和父母、姐姐住在一起。他进入一所特殊学校学习，之后转入了一所日托中心。当他 21 岁时，他的姐姐 Louise 出嫁，在小镇的另一边与丈夫一块生活。在之后的数年中他的母亲 Lilian 去世了。家庭的变故使得 Chris 的父亲 David 无法一个人照顾他。Chris 开始出现逐渐增多的无法控制的癫痫性痉挛并且将母亲的去世怪罪到父亲的身上。

经过了一年在家中的斗争后，社会服务机构建议 Chris 的父亲 David 安置他最好的方式是将他送往小组家庭中。在那里，支持人员能够给他提供 24 小时的支持服务。因此，Chris 搬到了离家 15 英里的小组家庭，与 8 位残疾人共同居住。最初，他的不开心和不健康的状况与日俱增。他不喜欢和他人共享一间屋子，并且一有时间就将这种不快表现出来。最终，当 Chris 伤了所有人的心后，他被允许进入医院进行"评估"。5 年后，Chris 依然住在小组家庭中，和 4 位残疾人一块居住并且周末回家一次。在这期间，没有人能够找出一个能够满足 Chris 需要的最适合的住宿选择。

一群服务人员帮助 Chris 和他的家人考虑他想要在哪儿居住以及如何居住，他的理想的居住方式是什么。每一个人都赞同他需要日间和整晚的支持服务。Chris 希望住在一个没有人能够触碰到他的音乐录影带，他可以割草并且能一边看电视一边吃晚餐的屋子里。他的父亲希望 Chris 能够住在家附近，这样他就能很容易地回家看父亲。父亲还希望 Chris 住在街道边上，这样他就可以安全地过到马路对面和邻居们打招呼了。另外，Chris 并不介意和一名支持服务人员住在一起，但是需要给他足够的空间生活。

因此，Chris、他的父亲 David、医院的一些服务人员以及提供给他支持的一些人员决定 Chris 理想的居住地就是有两到三个卧室的房子，他可以与提供支持的舍友一块住，并且有一个小组的支持人员为他提供支持服务。

下一步的工作就是去寻找出这样的理想居住地。如果找不到的话，可以做一些协调工作。比起之前考虑后又被放弃的居住方式，这看起来是一种较好的可控的居住方式。

（二）娱乐与休闲

娱乐和休闲时光是构成和提升生活满意度的重要方式。但是，对于残疾人来说，享受娱乐和休闲活动并不是那么容易。要使用社区中的娱乐资源，必须能够乘车或通过其他方式到达那里，必须有能力或技能玩耍，必须有朋友陪伴。但是对于残疾人来说，因为行动不便和没有与他人相同的兴趣爱好，导致他们的休闲娱乐是被隔离的。

所谓残疾人的休闲活动，常常只是大量地看电视、在房间里独自听音乐或是无所事事地消磨时光。特殊教育者必须意识到在课程中对学生进行娱乐休闲训练的重要性。在范围上，可以包括养宠物、学习欣赏音乐、摄影、打牌等。下面给出了一些休闲与娱乐的建议。

1. 与他人成为朋友

尝试着交朋友对于任何人来说都绝非易事。走出第一步是很难的，但是值得为之努力。参加感兴趣的俱乐部或者协会，这是一个很好的认识他人的机会。了解其他年轻人对什么感趣：电影、音乐或者服装等。在学校中找到能够帮助你同其他年轻人接触的人，例如老师或者咨询顾问。参加学校活动,如舞会、戏剧或者运动会等。花时间同有残疾的同学和没有残疾的同学一起交流。

2. 在社区中享受娱乐休闲

尝试不同的活动,发现哪些是你可能喜欢的。给一些组织打电话(例如附近的文化协会组织)询问他们的活动是否适合你参加。访问一些活动可能会开展的地方以确保你能够据此制订参加的计划。确定住宿的需要。与娱乐活动的工作人员共事,让他们根据你的情况做出调整。与你的医生讨论你在计划休闲娱乐活动时需要考虑的健康问题。

3. 在家中进行娱乐休闲活动

在家中保持快乐。花时间和家人一起享受快乐,想一想在家中和朋友一起分享的娱乐休闲活动,邀请朋友到家里来做客。当要外出娱乐时(例如去电影院看电影),询问父母是否能够带上朋友一起去。考虑和家庭成员一起参加娱乐休闲活动和健身活动。

4. 知晓从哪里可以获得有关娱乐休闲活动的信息

在学校或本地图书馆查阅即将到来的活动信息。询问其他人有关他们喜欢的活动和参加的活动的信息。查阅网络和报纸上的信息。加入到可以遇到残疾青少年的团体中。

【本章小结】

国内对于转衔的研究才刚刚开展上十年,而西方关于转衔的研究也仅仅数十年。转衔不仅仅只是让残疾学生从一种环境转移到另一种环境这个简单的过程(包括教育环境、就业环境、社会环境),而是需要各种专业人员之间的紧密协作。另外,转衔的成功对于残疾学生在下一教育阶段的发展以及未来生活、事业的发展也是十分关键的。本章从对转衔的概念分析入手,探讨了转衔在法律中的描述、个别化转衔计划的制订、转衔会议召开后各人员的职责、面向转衔的课程和教学、自我倡议和自我决定的培养以及升学转衔、社会转衔等诸多方面,以期帮助从事融合教育的专业人员了解转衔各方面的知识,为我国残疾学生的转衔提供建议和指导。

【思考题】

1. 什么是转衔?为什么使用"转衔"而不用"转移"或"转换"?
2. 个别化转衔计划的实施步骤有哪些?每个步骤中需要做的工作有哪些?
3. 为什么说转衔对于残疾学生来说是十分重要的?
4. 如何培养自我倡议和自我决定?
5. 支持性就业和庇护性就业的区别有哪些?
6. 对于残疾青少年来说,如何通过"转衔"过上高质量的生活?

【推荐阅读】

[1] 任颂羔. 特殊教育发展模式[M]. 北京:北京大学出版社,2008.
[2] 肖非. 特殊需要儿童教育导论[M]. 第8版. 北京:中国轻工业出版社,2007.

第十章 融合教育质量评价与教育督导

【本章导言】

教育质量问题是当今世界的一个热门话题。从当今国际教育发展形势来看,众多发达国家和地区为了改善学校教育质量、提升教育竞争力,纷纷制定出各自的学校评价标准,并根据标准建立基于自身国情的学校教育质量评价指标体系,力图通过运用评价的手段来促进学校教育质量的全面提高。美国、新西兰等国家和苏格兰、中国香港地区都有比较完整且各具特色的学校教育质量评价指标体系。

20世纪90年代以来,融合教育在世界范围内得到大力的宣传和推广,并迅速成为满足有特殊需要儿童教育的主要形式。融合教育的发展使得更多的残疾儿童能够进入普通学校环境中,与普通儿童一起接受教育。但融合教育不只是物理环境的融合,它还包括教学的融合以及社会文化环境的融合。① 换言之,融合教育不仅强调残疾儿童的数量问题,更加注重残疾儿童在融合学校接受教育的质量。近些年来,西方国家为了提高融合教育发展的质量、推动融合学校的创建,都在积极主动地制定融合教育的质量评估标准体系,例如英国CSEI发布的《融合教育指南:促进学校中的学习与参与》Index for Inclusion: developing learning and participation in schools、加拿大亚伯达地区《融合学校指标:持续进行对话》Indicators of Inclusive Schools: Continuing the Conversation、美国新泽西州的《照顾学生个别差异——共融校园指标》Quality Indicators for Effective Inclusive Education Guidebook等等,我国的香港地区也已经制定了《照顾学生个别差异——共融校园指标》作为评估与发展融合教育的标准。

而我国内地无论是在普通教育领域还是特殊教育领域至今都还没有一套完整的学校教育质量评价指标体系。尽管随班就读已经实施20多年了,但我们仍然没有一套具体的标准来衡量随班就读的实施状况。虽然我们不断强调随班就读是国际融合教育的本土化,但这些接受残疾学生的普通学校是否真的在践行融合教育理念?那些正在实践融合的学校在多大程度上实现了融合教育所要求的目标呢?解决这些问题都需要基于我国的具体国情来制定恰当的评估标准,从而对我国的融合教育进行质量评价。

第一节 融合教育质量评价概述

融合教育的实践效果与质量如何,需要通过评价才能知晓。因此融合教育在实践中为了确保质量就必须进行科学的评价。② 由于融合教育主要是在学校中来实施的,因此本章中的融合教育质量评价主要是在学校的层次上进行。

---

① Friend M, Bursuck W D. Including Students with Special Needs: A Practical Guide for Classroom Teachers[M]. Pearson, 2012: 6.

② 雷江华. 融合教育导论[M]. 北京:北京大学出版社,2012:124.

一、融合教育质量评价的内涵

(一)融合教育质量评价的定义

融合教育质量评价是评价主体依据融合教育的特定标准,采用科学的态度与方法,对融合学校的组织管理、文化价值观、环境氛围、课堂教学以及学生的身心发展水平进行的价值判断。其中,评价主体既可以是学校自身,也可以是专家、研究者和地方教育部门。

融合教育质量评价是基于学校教育的一般评价标准与融合教育的特定要求来进行的。融合教育强调每个儿童,特别是残疾儿童,都有接受教育的机会;每个儿童都有独特的特点、兴趣、能力和学习需要;它的核心要素就是接纳(Acceptance)、归属(Belongs)和社区感(Community),强调支持每个儿童特别的秉赋和需要,努力使学校内的每个学生都感到自己被接纳。[1] 因此,融合教育质量评价已经超越了残疾儿童教育的范畴,它评价的是所有学生的发展情况与学校融合理念的实践情况。融合教育质量评价既要评价融合学校是否实现了教育的核心目的,即培养学生、促进所有学生的学业发展,另一方面也要能够对融合学校的价值观、文化氛围、组织与政策以及资源与支持等方面是否具备融合性作出准确而全面的价值判断。[2]

(二)融合教育质量评价的目的与作用

评价是保证学校教育质量的重要途径。学校教育评价的基本目的就是判断、鉴别学校发展的基本水平。对于融合教育而言,只有通过具有一定标准的评价,学校和地方领导才能判断学校是否在实施融合教育、融合学校实施与推广融合教育的水平与程度以及学校距离融合教育标准的差距所在。

除了判断与鉴别外,融合教育质量评价还具有发展性,它更重要的目的是为了实现学校自身的发展。发展性评价是一种以教育的发展为评价对象、又以教育的发展作为目标的评价,其基本特点在于以协商为基础,评价者与评价对象共同建构评价过程,为发展而评价,以评价促发展,包括学生的发展、教师课堂教学水平的发展以及学校的发展(详见表10-1)。[3] 作为一种发展性评价,融合教育质量评价的目的包括两方面:一是提高学校照顾学生个别差异的能力,使所有学生都能接受优质教育;二是改善融合学校教育活动,最大限度地提高其教育质量,保证融合教育目标的完成。[4] 融合教育质量评价的最重要的目标不是为了把学校划分为三六九等或是制裁某些学校,而是努力做到对融合学校的创建有所帮助,向学校领导层提供必要的帮助,督促他们去反思自己的工作,指出融合教育发展的不足与需要进一步完善的领域。

表 10-1　鉴定性评价与发展性评价的对比[5]

项目	鉴定性评价	发展性评价
评价目的	鉴别、选拔	专业发展
评价方向	面向过去	面向未来
评价内容	单一、重升学率/硬件建设	全面性、整体性

---

[1] 邓猛,潘剑芳.关于全纳教育思想的几点理论回顾及其对我们的启示[J].中国特殊教育,2003(4):1-7.
[2] 张亮,赵承福.中小学教育质量评价的问题及其消解[J].中国教育学刊,2010(5):27-29.
[3] 卢立涛.国外发展性学校评价研究综述[J].外国教育研究,2008(10):20-25.
[4] 雷江华.融合教育导论[M].北京:北京大学出版社,2012:124.
[5] 卢立涛.浅析学校评价理论的发展历程与趋势[J].教育理论与实践,2007(6):23-27.

续表

项目	鉴定性评价	发展性评价
评价类型	注重结果/他评	注重过程/自评
评价方法	量化为主	质性为主
评价主体	单一主体	多元主体
评价标准	统一化/绝对比	个性化/弹性化
评价关系	自上而下	平等协商
评价结果	强迫接受	共同认可

二、融合教育质量评价指标

（一）融合教育质量评价标准与评价指标

融合教育要进行质量评价，首先需要确立客观而科学的评价标准。教育质量标准是一定时期内为实现既定教育目标而制定的教育质量规范。相应的，融合教育质量标准是指为实现融合教育理念和国家关于融合教育的相关政策目标而制定的衡量学校推行融合教育水平的规范。

教育质量标准一般通过一套系统的评价指标来表现。一套系统的教育质量评价指标体系可以实现国家对学校教育质量的监测与问责，履行学校自我评估的功能，影响学校的发展和学生的学习成绩、学生的升学与辍学等。[1] 瞭望全球融合教育发展动态，英国、美国、加拿大等国家和我国香港地区都有比较完整且各具特色的融合学校教育质量评价指标体系，而我国内地无论是在普通教育还是特殊教育领域都还没有形成一套有效的学校教育质量评价指标体系，因此本节先介绍国外比较有代表性的几套融合教育质量评价标准，在此基础上再来构建我国融合教育评价的质量指标体系。

（二）国外融合教育质量评价指标

1. 英国 CSIE：《融合教育指南：促进学校中的学习与参与》

（1）《融合教育指南》简介

《融合教育指南：促进学校中的学习与参与》由英国融合教育研究中心（CSIE）的 Tony Booth 和 Mel Ainscow 编写出版。自 2000 年第 1 版以来，《融合教育指南》在 2002 年进行过修订，在 2011 年又出现了新的版本。《融合教育指南》不仅在英国许多学校被广泛使用，其影响力也已拓展到挪威、葡萄牙、南非等国。加拿大、美国和中国香港所制定的很多融合教育质量评估指标体系也在很大程度上参考了 Tony Booth 和 Mel Ainscow 所编写的这本《融合教育指南》。

《融合教育指南》（2011）包括六个部分。第一部分是对指南的总括和简要介绍；第二部分是以融合教育的思想指导学校的发展；第三部分是融合教育的实施步骤；第四部分是融合教育的发展与评估指标；第五部分是融合教育的评估问卷和计划框架；第六部分是所提供的相关资源。《融合教育指南》是一套支持融合学校全面发展与评估的系统材料，其评估范围涉及操场、教职工办公室、班级教室以及学校内外各个环境中的教育活动。该指南鼓励所有的教师员工、父母和孩子都要参与到融合学校的创建中，共同推动融合教育计划向融合教

---

[1] 曾家延.学校教育质量评价指标体系的历史演进与建构[J].国家教育行政学院学报，2014(1)：83-88.

实践的转变。

(2) 融合教育的评估指标

《融合教育指南》在第四部分详细列出了融合教育评估的具体指标(见图10-1)。《指南》将融合教育分为三个维度:创建融合性文化,包括构建共同体和确立融合性价值观;制定融合性政策,包括创建为所有学生服务的融合性学校和提供应对多样化的支持;发展融合性实践,包括建构针对所有学生的课程和精心策划学习。

《融合教育指南》中的三个维度分别反映了融合学校发展的不同方面:文化反映了学校中的人际关系以及学校所持的价值观和信念;政策涉及学校是如何运作的以及改变学校的计划;实践则是关于教师与学生的课程和教学问题,例如教师教什么、怎么教,学生学什么、怎么学。在融合教育的三大维度六个方面下,《融合教育指南》还制定了许多更加具体的、可观察的三级指标。例如,创建融合性文化这一维度下分为建构共同体和确立融合性价值观两个方面,其中建构共同体之下有7个具体的指标,例如每个人都感到自己是受欢迎的、学生相互帮助、教师相互合作、师生相互尊重等。确立融合性价值观下有6个具体指标,例如对所有学生都保持高期待;教师、学校领导、学生和家长都具有融合教育的理念;学生受到尊重等。而在这13个具体指标之下,每个指标又有若干个可观察的判断准则,例如,"所有的学生都能得到平等的对待"这一具体指标的判断准则如下:

① 有身体损伤的学生能够得到与没有损伤的学生一样的对待吗?
② 学业成就和发育成熟度不同的学生能够得到一样的重视和尊重吗?
③ 教师能够避免对不同阶层背景的学生产生不同的态度吗?

其他两大维度的与此类似。

维度 A:
创建融合性文化
A1:构建融合性社区
A2:确立融合性价值观

维度 B:
制定融合性政策
B1:发展全民学校
B2:组织多样化的支持

维度 C:
发展融合性实践
C1:建构全体学生课程
C2:精心策划学习

图 10-1 《融合教育指南》中融合教育评价的指标

2. 加拿大:《融合学校指标:持续进行对话》

《融合学校指标:持续进行对话》是在 Tony Booth 和 Mel Ainscow 所制定的《融合教育指南》的基础上结合自身情况而制定的,它建立在对融合、学校改进和有效教学相关研究的基础之上。《融合学校指标:持续进行对话》能够为学校领导提供必要的信息和工具来反思他们的学校是如何实施与推广融合教育的,并且能够帮助学校教职员工制定策略和行动计划以推动融合实践以及更灵活和自如地应对所有学生多样化的学习需要。

《融合学校指标:持续进行对话》对融合教育的质量进行评价主要分为5个维度:

(1) 确立融合性的价值观与原则;

(2) 建构融合性的学习环境;

(3) 提供对成功的支持;

(4) 组织学习与教学;

(5) 家庭与社区参与。

每一个维度都有相应的具体指标,这些指标指明了融合学校所应该达到的目标状态。其中,确立融合性的价值观与原则有 17 个指标,旨在反映学校在融合性文化方面的建设情况;建构融合性的学习环境有 16 个指标,旨在反映学校中教职员工和学生周围的学习氛围;提供对成功的支持有 16 个指标,旨在反映学校为了促进学生的发展所提供的支持情况;组织学习与教学有 20 个指标,旨在反映课堂中的教与学情况;家庭与社区参与有 8 个指标,旨在反映学生的家长和学校所在的社区对融合教育的支持与参与情况。除了具体的指标外,它也有具体相应的评价调查测验工具。这些评估调查问卷根据每一维度具体的指标设置相应的题项,并且这些评估工具针对教师、学生、家长和学校领导等不同的调查对象在语言使用和内容上也做了相应调整,以便真实准确地反映学校实施与推行融合教育的情况。

3. 美国新泽西州:《有效的融合教育质量指标手册》

新泽西州《有效的融合教育质量指标手册》是新泽西州借鉴其他州的指导手册以及相关的研究结果编制而成的。《指标手册》将融合教育质量评价分为 11 个维度:(1)领导层;(2)学校氛围;(3)日常安排与参与;(4)课程、教学与评估;(5)项目计划与发展;(6)项目实施与评估;(7)个别化学生支持;(8)家校关系;(9)合作性计划与教学;(10)专业发展;(11)最佳教学实践方式的改进计划。

《指导手册》中的每个维度下也分为若干具体指标,例如,评价领导层这一维度有 20 个具体指标,具体指标有"校长了解并且参与到融合性课程与教学的设计与实施过程中""管理者为教师提供机会来应对挑战,发展基于证据的实践并且获得所需要的专业发展"等;学校氛围的维度中包括"学校能够积极面对多样性,教职员工能够合作努力来创建一个理解与尊重差异的环境氛围""学校中以全校参与的方式来建构所有学生在所有活动(课内外)中的积极关系"等。每一项具体指标之后又有若干事例来衡量,例如"学校中以全校参与的方式来建构所有学生在所有活动(课内外)中的积极关系"这一具体指标的事例有"学校正在实施一项或多项以下事情:全校的反欺侮运动、问题解决活动、发挥学生作为冲突的协调员、全校的积极行为支持等"。

4. 中国香港:《照顾学生个别差异——共融校园指标》

《照顾学生个别差异——共融校园指标》是香港教育当局参考英国的《融合教育指南》中关于建立融合学校文化、政策和措施等方面的相关内容,根据香港的《香港学校表现指标》(2008)编制而成的,其目标是提高学校应对学生个别差异的能力。香港教育当局认为,通过这一套评估工具,能够协助学校在自我评估及学校发展过程中订立目标和可观察的准则;促进学校在校园文化、政策和措施上的不断自我完善;关注所有学生的学习结果并提高学生的参与程度,而不只是照顾有特殊学习需要的学生。具体而言,这套指标体系分为四个维度:

(1)管理与组织;(2)学与教;(3)校风和学生支援;(4)学生表现。

每个维度都包含若干指标,每个指标则包含数项可观察的准则。《照顾学生个别差异——共融校园指标》是一套评估、协助学校发展的工具,重点是通过营造互助互爱的校风,提高教育成效。这些指标引导教职员工仔细审视学校所有层面,从而提升所有学生的学习和参与。

三、融合教育质量评价方法

（一）问卷法

问卷法是在社会调查中,采用问卷调查作为工具,直接从被调查者那里收集有关资料的方法。问卷调查法是社会调查中最常使用的一种方法,它可以在较短时间内获得大量信息,其实施步骤主要包括设计问卷、问卷的测试与修订、正式测试、统计结果与分析等。

融合教育质量指标评价问卷是融合教育质量评价最主要的工具,因为问卷能够为评价者提供最为全面而准确的信息。评价指标问卷一般是根据评价指标制定而成,本节中所介绍的四个国家和地区的融合教育质量指标体系均有相对应的质量评价问卷,并且这些问卷都是针对不同调查对象而设计的,也都具有较高的信度和效度。表 10-2 是 Tony Booth 和 Mel Ainscow 编写的《融合教育指南:促进学校中的学习与参与》中针对学生及其家长的关于融合学校文化问卷的评估部分,仅供参考。

表 10-2 融合教育评价的文化指标问卷(节选)

文化	完全同意	部分同意	不同意
1. 学校欢迎每一个学生就读,包括残疾儿童	1	2	3
2. 学生之间相互帮助	1	2	3
3. 教职工之间相互合作	1	2	3
4. 教职工与学生之间相互尊重	1	2	3
5. 教师与家长之间形成了合作伙伴关系	1	2	3
6. 学校教职工与管理者之间配合良好	1	2	3
7. 教师不偏爱某个学生群体而忽视另一个群体	1	2	3
8. 教师竭力帮助所有学生发挥最大水平	1	2	3
9. 教师认为所有的学生同等重要	1	2	3

（二）访谈法

访谈法指的是调查员通过有计划地与调查对象进行口头交谈,以了解有关社会实际情况的一种方法。该方法是通过研究者与被研究者的直接接触和交谈的方式来收集资料,通过访谈可以直接了解到受访者的思想、心理、观念等深层内容。与问卷法相比,访谈可以直接询问受访者本人对研究问题的看法,并提供机会让他们用自己的语言和概念来表达他们的观点。在融合教育质量评价中,评价者可以就评价指标中的某一个问题对学生或者教师进行深入访谈,例如,为了深入了解融合学校在课程组织中的问题,可以将访谈问题设计如下:学校的课程能否配合学校融合教育发展的目标和学生的学习需要?学校如何调整学习内容和制定教学策略以适应学生需要?

（三）观察法

观察法是指在自然状态下,根据预定的目的、计划,对对象进行观察,并记录、分析有关感性资料的一种收集资料的方法。观察法是以感官活动为先决条件,与积极的思维相结合,系统地运用感官对客观事物进行感知、考察和描述的一种研究方法。在自然状态下观察,可以搜集到生动、具体的资料;可以捕捉正在发生的现象。观察法灵活、容易进行。在融合教育质量评价中,观察法被广泛用于学生的行为评估,例如特殊儿童情绪行为在特定时间内发生的频次、特殊儿童参与课堂互动的次数等。此外,评价者可以通过观察了解学校的环境是否是无障碍的、具有通达性的,也可以了解课堂和课外活动中特殊儿童的参与情况。

四、融合教育质量评价的程序

融合教育质量的评价是一个系统而繁琐的过程(见图10-2)。一般而言,融合教育质量评估包括以下程序:(1)成立融合教育评价小组;(2)做好准备;(3)让相关人员完成质量指标评估工具;(4)处理融合教育评价信息;(5)确定目标和对象;(6)制订学校融合教育发展与改进的下一步行动计划。①

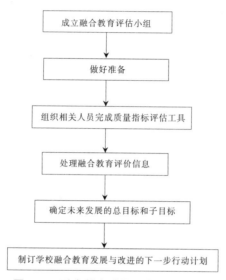

图10-2 融合教育质量评价的基本流程

(一)成立融合教育评估小组

无论学校对融合教育的发展进行自我评估还是地区领导进行评估,首先要做的就是成立融合教育评估小组来监督和执行评估过程。融合教育评价小组要由不同专业背景的专业人员和相关利益代表的群体组成,以使融合教育评价工作能够更加专业化和综合化;另一方面,为了使融合教育评价能够持续进行,还需要建立一套融合教育评价小组工作制度以保证评价工作的长期落实到位。②

融合教育评估小组一般由8~10人组成,其组长可以是校长或者地区教育领导,小组成员要具有一定的代表性,包括校长、教育行政人员、普通教师、特教教师和学生家长等人。融合教育评估小组的任务有以下几个方面:(1)确定完成学校融合教育质量指标评估工具的参与人员;(2)分配一个或多个小组成员来监督相关人员完成评估工具;(3)促进质量评估工具的完成,为参与调查者提供必要的辅助,阐明他们在填答过程中所遇到的困惑;(4)对评估工具进行计分和总结;(5)召集小组成员到一起,根据结果制订融合教育下一步发展的计划。

---

① Quality indicators for Effective Inclusive Education Guidebook [EB/OL]. [2014-12-13]. http://njcie.org/
② 雷江华. 融合教育导论[M]. 北京:北京大学出版社,2012:141.

(二)做好准备

1. 澄清目的

在组织评估之前,评估小组需要了解的关键一点就是评估的目的,即融合教育评估小组要始终明确,融合教育质量评价的目的是提高和改进学校中的实践,以使学校更加具有融合性,支持所有学生的学业成就。

2. 清晰表达原则和价值观

在评估过程之初要阐明评估的一些基本原则,即:(1)关注当前与未来,而不是纠结于过去;(2)将相关专业人员召集到一起,让他们提出、争论和澄清与融合相关的一些问题,调动他们参与的积极性与主动性。

3. 确定参与调查的相关人员

在评估过程中很重要的一点就是能够收集多方面的信息,了解参与融合教育发展中不同人的观点。因此评估小组在选择被调查对象时要注意一定的代表性,一般而言主要包括教师(普通教师和特教教师)、相关服务的专业人员、教师助手、学生和家长等人。

(三)组织相关人员完成质量指标评估工具

在融合教育质量评价过程中,评价者一般会使用评价指标问卷、访谈和课堂与校园观察等方式进行综合评价,其中评价指标问卷是最主要的工具。每一类调查对象都会被分配相应的调查工具以进行作答。参与人员最好能够完成所有的题目。如果由于时间限制或者其他的原因导致参与者不能完成这些题目,那么参与者应该至少完成他们自身所直接负责、有直接相关的题项。此外,融合教育质量评价小组还应分配特定的人员对部分学生和教师进行深度访谈,对融合学校的建筑环境、课堂内外学生的参与情况进行直接观察,全面地获得融合学校的信息。

(四)处理融合教育评价信息

通过问卷调查、访谈和观察所获得的数据资料经过科学的处理才能真实地反映学校实施融合教育的水平。一般而言,信息的处理分为三个过程。[①]

1. 分析评价资料

首先要对问卷中融合教育评价指标进行分类整理和统计学分析,计算出每个维度中每个具体指标的等级数量,对收集的问卷进行评分并划分等级。其次,对访谈和观察所获得的信息进行分析,然后进行有机的整合与归纳,使访谈和观察所获信息能够与问卷中融合教育评价的指标维度相对应。最后将问卷所得的量化资料与观察、访谈所获得的质性资料结合起来进行综合分析。

2. 形成评价意见

融合教育质量评价小组根据量化和质性数据得出初步结论,然后通过会议进行综合分析讨论,得出最终评价意见。评价意见的形成要注意以下几点:第一,要符合事实,评价意见必须是根据数据的分析而形成的,不能仅凭个人主观臆断;第二,要给评价对象必要的反馈和交流,以便于纠正评价的误差;第三,指出优点和不足。

3. 撰写评价报告

评价报告要能反映不同专家的意见和最后达成的共识,以便于将详实的信息反馈给评价学校。

---

① 雷江华. 融合教育导论[M]. 北京:北京大学出版社,2012:143.

（五）确定未来发展的总目标和子目标

这一阶段的目的主要是根据评估结果的反馈来确定未来发展的总目标以及可具体操作、衡量的子目标。在制定总目标和子目标的过程中，我们必须时刻牢记的是总目标是建立在对融合教育质量评估基础上的，最好是更加概括化和一般性的，并且是源自融合教育评估的不同方面的。作为实现总目标的具体步骤，子目标要是可测量的，并且也需要是根据评估结果来确定的优先领域。例如，评估结果中显示有行为障碍与情绪障碍的学生的 IEP 没有包括积极行为支持策略，那么，这一步所确定的总目标就是改进对个体学生的支持，子目标就是为教师提供积极行为支持的培训和支持、实施功能行为评估等。对于子目标而言，非常重要的一点就是要清晰、可观察、可测量，以至于所有的融合教育参与者都能很容易地理解它。

（六）制订学校融合教育发展与改进的下一步行动计划

制订下一步的行动计划就是要确保以上所进行的质量评估能够真正起到发展性的作用，以促进融合教育的实践。评估小组主要负责制订未来的发展行动计划。计划主要包括优先发展的总目标和子目标、资源、时间表、责任分配等各个方面，具体内容将在下一节中讲述。

第二节 融合教育质量评价指标

一、融合教育质量评价理念

融合教育质量评价指标是建立在对融合教育特定的理解基础上的，对融合教育的不同理解会制订出不同的指标体系。然而每个人都有自己对于融合教育的独特理解，本章中的融合教育质量指标体系是基于以下融合教育的理念而制订出来的，如表 10-3。

表 10-3　融合教育的理解

1. 所有学生在学校文化生活、活动和社区中参与的不断增加以及排斥的不断减少。
2. 减少所有学生活动、学习和参与的障碍，而不仅仅是有身体损伤的或者被鉴定为有特殊教育需要的学生。
3. 重构学校中的文化、政策、组织和管理、教育实践，从而使得学校能够对学生的多样性作出灵活的反应。
4. 平等地尊重和重视所有的学生、家长和教育实践者。
5. 将学生之间的差异视作支持学生学习、活动和参与的资源，而不是需要克服和解决的问题。
6. 承认学生接受优质教育和看护的权利。
7. 为学校中的教育实践者和学生做出改进。
8. 强调学校社区、价值观和学生成就的重要性。
9. 认识到学校教育中的融合是社会融合的一部分。
10. 所努力作出的改变要使所有学生从中受益。
11. 将融合价值观付诸实践。

二、融合教育质量评价的指标体系

基于以上对融合教育的理解，结合对当前融合教育领域比较有代表性的质量评价指标体系的回顾，本书在借鉴这些的基础上，将融合教育质量评价的指标体系分为 5 个维度：融合性的文化与环境，融合性的学校政策与组织，融合学校的资源与支持，融合班级中的教与学,学生的表现(如图 10-3)。

1. 融合性的文化与环境

这一维度主要是创建一个安全的、接纳的、合作性的和激励性的校园文化环境氛围。在这种充满融合性文化的学校中,每个人都能感觉到自己被尊重,具有一种归属感。通过创建共同的融合性文化和环境,学校能够将这种文化价值观传播至所有新的融合教育实践者、儿童、管理委员会和父母,进而引导学校的各项政策和实践活动。

2. 融合性的学校政策与组织

学校的领导阶层在不同岗位上要充分发挥专业领导作用,与教师一起建立融合学校的共同愿景和学校未来的发展方向。学校领导要充分领会融合教育的精神,将其贯彻到学校的各项政策和组织机构的管理活动中,使之成为学校发展的核心,从而促进所有学生的参与和学习。

3. 融合学校的资源与支持

为了促使学生全面发展、健康成长,满足特殊学生的特殊需要,学校应该为学生提供多样化的资源和适当的支持服务。融合学校除了要为有特殊需要的学生提供必要的资源与支持,包括个别化辅导、辅助设备以及言语和语言治疗、心理咨询等服务外,还要提供支持来促进教师的专业发展。

4. 融合班级中的教与学

这一维度主要是发展反映融合文化与政策的实践活动,包括教师的教与学生的学两个方面。融合课堂中的教学应该能够反映学生的多样化,并据此做出相应的调整,以促进所有学生的学业成绩的提高。

5. 学生的表现

学生表现是学校需要关注的核心事物。学校需要通过学生在态度与行为、参与和成就两个方面的表现来掌握学生的发展情况。同时,学生表现也是学校教育的主要成果,学校可以根据学生的表现了解学生的需要。

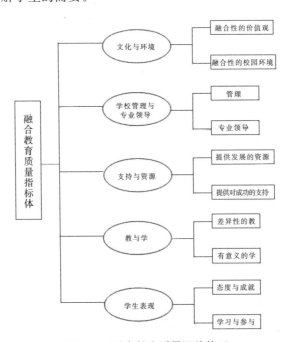

图 10-3 融合教育质量评价体系

借助于这样一套系统的融合教育质量评价标准体系,融合学校可以对自己的教育质量进行自我诊断、自我反思,从而更有依据地自我规划和改进,教育行政部门也可以对学校更好地进行督导。[①] 具体而言,融合教育质量评价指标具有如下作用:(1)作为地区和学校在实施融合教育过程中评估自身发展程度的工具量表;(2)引导学校中的领导层对融合教育的各方面进行讨论,并确定学校改进与发展的优先领域;(3)作为发展融合教育、创建融合学校的框架;(4)用以确定和评估学校在推广与实施融合教育方面实现特定目标所取得的进步。

三、融合教育质量评价指标的维度

(一)融合教育质量评价指标

1. 融合性的文化与环境

学校文化价值观是学校所秉承的哲学、理念、信仰、态度和期待等精神思想体系,它既是学校发展的内动力,也是学校教育工作的方向指引。[②] 实施融合教育的普通学校,是反对歧视、创造欢迎残疾人的社区、建立全纳性社会和实现人人受教育的最有效途径。因此,融合性文化与环境的核心就是对多样化儿童的接纳、归属和社区感,在学校中形成师生之间、学生之间的相互尊重。融合性的文化与环境是融合学校创建的基础,它的发展水平直接关系到整个学校融合教育的推行与实施。融合性的文化与环境包括两个方面:确立融合性价值观和创建融合性的环境氛围。

(1)一级评价指标

融合性文化和融合性环境氛围各有 15 个一级评价指标,主要是评估学校的文化和环境方面是否符合融合教育的理念。具体指标如表 10-4 所示。

表 10-4 融合教育文化与环境评价一级指标

(一)确立融合性文化
1. 教师、管理者、学生和家长共同致力于为所有学生创建融合性的学习环境
2. 多样性得到承认和尊重
3. 教师不断创造机会来加强学生对人与人之间以及社区之间互动的理解
4. 所有的学校员工都承担起促进学生在学校中取得成功的责任
5. 教师在与学生和家长沟通交流时使用积极的、充满希望的语言
6. 学校中所有的决定都是基于学生的利益来考虑的
7. 对所有的学生都有高期待
8. 融合是促进所有学生的学习与社会活动的参与,而不只是物理环境的融合
9. 学校教职员工努力减少和消除学生参与和学习的障碍
10. 学校管理者与教师共同确定学校中提高融合程度的优先领域
11. 教师尊重和理解学生的文化背景
12. 教师表现出对所有人权的尊重
13. 学校文化中反对任何形式的种族主义和歧视
14. 学校要确保残疾学生和其他特殊需要学生教育的连贯性
15. 学校致力于特殊学生与普通学生的平等,强调对特殊学生的接纳

---

① 周丹. 对学校教育质量评价指标体系的一些思考[J]. 江南大学学报(人文社会科学版),2005 (6):100-102.
② 邬志辉. 发展性评估与普通高中的转型性变革[J]. 教育研究,2004 (10):69-75.

(二)创建融合性的环境氛围
16. 学校欢迎每一个学生就读,包括残疾儿童
17. 所有的教师、学生和家长都拥有对学校的归属感
18. 教职工之间相互合作
19. 所有新入职的教师都是受欢迎的,并且能很快适应学校环境
20. 教职工与学生之间相互尊重
21. 教师与学生之间有积极的和支持性的关系
22. 特殊儿童是受欢迎的,并且能很快适应学校环境
23. 学生之间相互帮助
24. 学生有机会来展示自己的领导力
25. 学生有机会分享他们的经验和想法,从而影响学校的政策与实践
26. 学校尊重不同的观点并将其作为提高学习的资源
27. 学校建筑对所有人而言都是通用的
28. 学校的物理环境对所有学生而言都是舒适的和受欢迎的
29. 冲突能够以一种尊重的方式解决
30. 学生积极地参与到自己的学习中

(2) 融合教育评估二级指标

以上所有这些指标仍然具有一定的抽象性,因此在制定系统的指标体系时还需要有若干原则来进行解释,即融合教育评价的二级指标。二级指标是对一级指标的进一步阐释,限于篇幅,本书仅举几例,如表10-5。

表10-5 融合教育文化与环境评价二级指标

1. 教师、管理者、学生和家长共同致力于为所有学生创建融合性的学习环境
(1) 建设一个充满包容与接纳的校园和提高学业成绩是同等重要的
(2) 互助和鼓励学生独立是同等重要的
(3) 校园文化欣赏学生的不同能力
(4) 学校内的共识是:所有学生都有潜力
(5) 学生之间的能力差异是支持学习的丰富资源,而不是障碍
(6) 所有教师和学生一起努力来减少校内不平等的现象
(7) 教师员工接纳和善待所有学生,不论其背景、能力和表现如何
(8) 融合是指不断促进学生的参与,而不只是允许学生就读
(9) 校内教师员工共同承担责任,促进融合
2. 对所有的学生都有高期待
(1) 每位学生都能感受到学校在支持自己达到自己最高的成就
(2) 学校鼓励所有学生都对自己的学习抱有很高的志向和目标
(3) 学校认为所有的学生都有无限的潜力和成就
(4) 学生的成就是按照他们本身的潜能来衡量的,而非与其他人比较
(5) 教师避免根据学生现阶段的表现而对他们形成刻板印象
(6) 学校鼓励所有学生为自己的成就感到自豪
(7) 教师鼓励所有学生相互欣赏彼此的成就

续表

(8)教师避免对学习障碍或学习有困难的学生作负面评价
3.教职工与学生之间相互尊重
(1)教师以尊重的态度称呼学生
(2)学生对不同职务的教师都能抱持尊重的态度
(3)学校就如何改善校园咨询学生的意见
(4)学生的意见能够影响学校的事情
(5)学校有渠道让学生参与讨论学校事务
(6)当教师需要帮助时,学生能提供帮助
(7)学生遇到困难时,知道向谁寻求帮助
(8)学生相信学校会以行之有效的行动解决学生的困难

2. 融合学校的管理与专业领导

优异的学校管理组织是基于良好的专业领导和学校管理两个主要因素,为促进其他四个维度的工作提供有力的支持。学校不同级别的领导在不同的工作岗位发挥专业领导作用,与教职员工建立融合学校的共同愿景,制定明晰的学校发展规划,践行融合办学理念,促进学生学习和发展。详见表10-6。

表10-6 融合学校的管理与专业领导一级评价指标

(一)管理
1.学校提供各种激励手段来鼓励教师积极参与学校的融合工作
2.学校协助所有新入职的教师尽快融入学校
3.教师能获得公平的聘任和晋升安排
4.学校能够协调所提供的各种资源和支持服务
5.学校能够公平分配资源,以支持融合学校的建设
6.学校管理实行问责制,教师应该对包括残疾儿童在内的所有学生负责
7.学校按照融合教育的理念和原则制定适切的发展规划
8.学校制定清晰的融合教育推行策略,包括对特殊学生的支持与资源方面的调配
9.学校有专门负责融合教育实施的计划与执行小组
10.学校已经建立了融合教育自评机制
11.学校能够利用评估结果得到反馈
(二)专业领导
12.学校行政领导层熟悉并且认同融合教育的理念
13.学校领导带领学校教职员工共同制定融合学校愿景
14.学校领导争取资源来支持学校的融合教育工作
15 学校领导具有融合教育方面的专业知识,并能掌握教育发展的趋势

续表

16. 学校领导为融合教师提供合作的信息和组织研讨会
17. 学校领导能够为融合教师的专业发展提供足够的专业支持
18. 学校领导知人善用，充分发挥教师的能力和水平
19. 学校行政管理部门与教师密切合作、关系融洽
20. 学校领导经常督促学校的融合教育工作

3. 资源与支持

资源与支持是学校建设融合学校的基础和动力，没有足够的资源与支持，学校的融合理念很难实现。一般而言，融合学校的资源与支持不但是服务于特殊教育需要学生的，也是为了促进教师的专业发展。融合学校中的资源与支持指标如表 10-7。

表 10-7　融合学校的资源与支持一级评价指标

提供发展的资源和对成功的支持
1. 学校合理分配资源，支持融合教育发展
2. 了解和利用社区资源
3. 充分利用教师专长
4. 将学生的差异作为一种资源
5. 教师开发各种资源，帮助学生学习和参与
6. 积极行为支持根植于班级和学校之中，以支持学习和社会参与
7. 为学生和他们的家庭创建一个安全的、积极的和支持性的学习环境
8. 学校组织的专业学习活动有助于教师尊重、重视和应对学生的多样性
9. 教职员工有机会参与到合作性的问题解决之中
10. 持续性的评估确定学生何时需要额外的支持、干预和服务
11. 教师能够从专家那里获得咨询和支持，从而帮助他们满足所有的学生的多样化需要
12. 学校员工和相关服务的提供者合作良好
13. 尽可能多地服务与干预支持课堂学习
14. 辅助技术，包括沟通设备，能够用来支持个体的学生
15. 支持与干预可以减少学生参与的障碍
16. 支持与干预可以减少问题行为，包括欺负
17. 支持与干预可以减少和消除对学生的停课和开除
18. 支持可以确保学生为成功转衔做好充分的准备

4. 教与学

融合课堂中的教与学是融合教育发展的核心。融合教育的发展归根结底是为了促进包括残疾儿童在内的所有学生的发展，包括学生的学业发展和社会性发展，这些发展最重要的是要通过课堂中的教学来实现。融合教育在长期的教学实践中形成了一系列的最佳实践方式，包括合作教学、差异教学、合作学习等，其具体指标如表 10-8。

表 10-8　融合学校的教与学评价指标

(一)教师的教
1.课堂教学是建立在差异化原则基础上的教学
2.学校和班级日程是很灵活的,能够满足学生的学习需要和偏好
3.教学计划满足班级内所有学生的学习需要
4.教师有机会与其他教师共同制订教学计划和协同教学
5.教师了解他们学生的个人优势、劣势、需要、兴趣,并且能够利用这些信息来使教学更具有针对性
6.教师提供多样化的方式来评估学生对新的知识与概念的掌握
7.教师提供清晰的教学策略,以至于学生能够形成个人的学习方法
8.教师能够通过有意义的方式将教育技术运用到促进学生参与和支持学习方面
9.当组织学生分组时,教师应该考虑学生个体的学习和情感需要
10.激发和建构背景知识是每个学生学习经验中不可或缺的一部分
11.辅助教师支持所有学生的学习和参与
(二)学生的学
12.学生有机会相互学习
13.学生能够获得各种不同的阅读水平和各种格式版本的学习资源
14.学生有机会与各种类型的同伴交往并且从中受益
15.学生有机会合作学习和同伴互动
16.学生有丰富的学习经历来进一步开发个人的优势和兴趣
17.学生得到持续性的反馈从而进一步改善学习
18.学生通过多种方式展示个人的学习和成长
19.课堂评估促进所有学生的参与和成功
21.学生有持续性的机会来讨论和探索他们的兴趣、关注点
22.所有的学生都有机会参与到课内与课外活动中

5. 学生表现

融合教育的最终发展是通过学生的表现来体现的,学生表现是融合教育质量评价的重要方面。一般而言,融合教育中对学生的评价主要是从两个方面,即态度与行为、成就与参与。详见表 10-9。

表 10-9　融合学校的学生表现评价指标

(一)态度与行为
1.学生有正面的自我形象
2.学生明确自己的长处与短处
3.特殊学生学会了良好的社会交往技巧,并与普通学生之间形成友谊
4.有情绪与行为障碍的学生能够很好地控制自己的行为,养成自律习惯

续表

5. 在遇到困难时,学生会主动寻求协助
6. 学生能够进行恰当的行为自我管理,例如保持情绪稳定、健康生活习惯等
7. 学生积极学习
(二)成就与参与
8. 所有学生的学业有所进步
9. 所有学生的多元智力得以发展
10. 特殊学生能够与普通学生一起积极参与学校的活动
11. 特殊学生能够与普通学生一样掌握各种学习技巧
12. 所有学生都能积极参与到课堂之中

(二)评价问卷

融合教育质量评价问卷是根据评价指标来制定的,每一项指标均有相应的题项与之相对应。这些题项又根据不同的调查对象在语言和内容上做了灵活的调整与处理(见表10-10及案例10-1)。例如,第一道测题"教师、管理者、学生和家长共同致力于为所有学生创建融合性的学习环境",在家长的问卷中,其问题改编为"每个人共同努力来确保所有的学生包括残疾儿童都能融入普通学校之中";在学生的问卷中为"每个人共同努力以至于所有的学生都能感觉到他们在学校中有所归属";在教师的问卷中是"我与学生、家长共同努力创建融合性的学习氛围"等等。参与者回答的等级共有五级——完全不同意、不同意、不确定、同意、完全同意,以五点量表的形式进行设计。

当不同参与者群体对某一维度的回答十分不一致时,例如,如果学校领导、教师都认为学生在学校得到了公平的对待,但家长和学生自身却不这么认为时,那么这些不一致的领域将是融合学校发展中进一步讨论的重点;当某一项指标得分较低时,其反映的领域应该是需要学校进一步加强改善的;当某一项指标有很高的赞同度时,那么它所反映的这一领域应该是学校做得比较好的方面。以下是融合性文化与环境问卷针对不同调查对象的部分题项。

表10-10 不同调查对象融合性文化调查问卷的项目表达

指标	家长	学生	教师	学校领导
	"在我孩子的学校……"	"在我的学校……"	"我的同事和我……"	"在我的学校……"
1. 教师、管理者、学生和家长共同致力于为所有学生创建融合性的学习环境	每个人共同努力来确保所有的学生包括残疾儿童都能融入普通学校中	每个人共同努力以至于所有的学生都能感觉到他们在学校中有所归属	我与学生、家长共同努力创建融合性的学习氛围	教师、管理者、学生和家长共同致力于为所有学生创建融合性的学习环境

续表

指标		家长 "在我孩子的学校……"	学生 "在我的学校……"	教师 "我的同事和我……"	学校领导 "在我的学校……"
2	多样性得到承认和尊重	残疾学生与普通学生之间的差异是很正常的	每个人之间存在差异是很正常的事情	将各种类型的特殊学生身上所体现的差异视作学校的一个方面	学生的多样性是我们学校的一个不可或缺的方面
3	教师不断创造机会来加强学生对人与人之间以及社区之间互动的理解	教师帮助学生认识和了解社区中人与人之间不同的联系与互动		我不断创造机会来加强学生对人与人之间以及社区之间互动的理解	不断创造机会来加强学生对人与人之间以及社区之间互动的理解
4	所有的学校员工都承担起促进学生在学校中取得成功的责任	教师很关心所有学生的发展与成功，包括残疾儿童	老师们想让我做得更好	我对班级中所有学生的成功负责	所有的学校员工都承担起促进学生在学校中取得成功的责任
5	教师在与学生和家长沟通交流时使用积极的、充满希望的语言	教师在与我和孩子沟通交流时使用积极的语言	老师与我交流时使用鼓励性的语气	我使用积极的、鼓励性的语言与学生和家长交流沟通	教师在与学生和家长沟通交流时使用积极的、充满希望的语言
6	所有的决定都是基于学生的利益来考虑的	教师所做的一切事情都是为了学生最好地发展	老师为我做最好的事情	我在作决策的时候充分考虑学生利益的最大化	所有的决定都是基于学生的利益来考虑的
7	对所有的学生都有高期待	教师对所有的学生都有很高的期待，包括各种有特殊需要的学生	老师期望我尽全力学习	我对所有的学生都有很高的期待，无论他们是否残疾，能力水平如何	对所有的学生都有高期待

续表

指标	家长 "在我孩子的学校……"	学生 "在我的学校……"	教师 "我的同事和我……"	学校领导 "在我的学校……"
8	融合是促进所有学生的学习与社会活动的参与，而不只是物理环境的融合	所有的孩子，无论他们的能力水平如何，都有机会参与到学习当中		我认为融合就是不断提高学生在学习和社会活动中的参与水平	融合是促进所有学生的学习与社会活动的参与，而不只是物理环境的融合
9	学校教职员工努力减少和消除学生参与和学习的障碍	教师致力于减少包括残疾学生在内的所有学生的学习障碍	老师知道如何确保班级中的每个学生都能参与到学习活动中去	我尽量减少妨碍学生学习和活动参与的障碍	学校教职员工努力减少和消除学生参与和学习的障碍
10	学校管理者与教师共同确定学校中提高融合程度的优先领域	所有学生的融合是非常重要的		我和其他老师共同努力来将融合作为学校的优先发展领域	学校管理者与教师共同确定学校中提高融合程度的优先领域
11	教师尊重和理解学生的文化背景	教师尊重学生不同的文化背景	老师尊重学生不同的文化背景		教师尊重和理解学生的文化背景
12	教师表现出对所有人权的尊重	教师表现出对所有人权的尊重			教师表现出对所有人权的尊重
13	学校文化中反对任何形式的种族主义和歧视	教师采取行动反对所有形式的歧视	平等地对待每个人很重要	我采取措施来反对任何形式的歧视	学校文化中反对任何形式的种族主义和歧视
14	学校要确保残疾学生和其他特殊需要学生教育的连贯性			我确保特殊学生接受教育的一致性和连贯性	学校要确保残疾学生和其他特殊需要学生教育的连贯性

续表

指标	家长 "在我孩子的学校……"	学生 "在我的学校……"	教师 "我的同事和我……"	学校领导 "在我的学校……"
15	学校致力于特殊学生与普通学生的平等,强调对特殊学生的接纳	教师平等地对待所有学生	老师平等地对待残疾学生和普通学生	我致力于特殊学生与普通学生的平等,并积极接纳特殊学生	学校致力于特殊学生与普通学生的平等,强调对特殊学生的接纳

案例 10-1

问卷案例

请在问卷(表 10-11)中标注出你对问题的认同程度。在作答过程中,你需要尽可能地从你自己的亲身经历或者你观察到的现象来表达你的观点。

表 10-11 问卷

我的同事和我	非常不同意	不同意	不确定	同意	非常同意
1. 欢迎并且接纳学区内所有学生来学校接受教育,不管他们的种族为何、是否残疾、社会背景如何					
2. 相信学生及其家长对学校有强烈的归属感					
3. 相互合作					
4. 欢迎学校中新的教师入职,并且积极帮助他们适应学校					
5. 尊敬地对待每一位同学,所有的学生也都很尊敬我们					
6. 在各方面尽可能地支持学生的发展					
7. 欢迎新学生以及他们的家长进入学校					
8. 确保所有的学生都能够相互帮助					
9. 确保所有的学生都有机会展示他们的领导能力					
10. 确保所有的学生都有机会来分享他们的经验和思想,并能够影响学校的政策和实践					
11. 确保学生之间能够形成积极的关系					
12. 能够顺畅地与家长进行交流与合作					
13. 能够将不同的观点看做是促进学习的有价值的资源					
14. 相信学校的建筑对所有人来说都是可以进入的					
15. 相信学校的物理环境是舒适的					

我的同事和我	非常不同意	不同意	不确定	同意	非常同意
16.确保学生之间的冲突能够得到顺利解决					
17.确保学生能够积极地参与到他们自己的学习活动中					

四、根据评价结果制订融合教育行动计划

融合教育质量评价的目的是为了进一步发展融合教育,本节以融合教育评价指标中融合教育支持部分的指标为例,介绍如何根据融合教育指标问卷来制订发展行动计划。[①]

(一)确定优先发展领域

优先发展领域一般是指以下三个方面:(1)根据融合教育质量评价问卷测得的融合教育发展最为薄弱的方面。(2)调查参与者通过访谈所认为的学校融合教育优先发展的领域。(3)学校领导和专家通过分析数据,结合融合教育理念,来确定优先发展领域。本节中以确立优先发展领域"支持与干预可以减少问题行为,包括欺侮"为例。

(二)确定问题的根源

确定当前挑战的根源,其目的是确定优先发展领域背后潜在的问题根源。学校是一个非常复杂的环境,学校所存在的各种问题和学校的发展优势往往也是相互交织在一起的。因此确定优先发展领域背后所存在的一个单一的问题根源很具有挑战性。在这里,要实现这一目的并不是要简化问题,而是提供辅助来确定一个可触及的、可以用行动来解决的问题根源,如图10-4。

支持与干预可以减少问题行为,包括欺侮

工具类型:小组讨论纲要。

由6～20位参与者组成小组,包括教师、学校领导、辅助教师和相关服务提供者。

活动持续时间:30～60分钟。

活动过程:

根据优先领域所确定的指标,引入优先领域背后潜含的挑战和问题以及它是如何被确定出来的:"在分组讨论中,我们发现一些学生报告他们被同伴欺负,另外一些家长也反映了同样的问题。我们自己也观察到了学生存在一些不友善行为,但是我们无法确定这些是否是欺侮行为,也不知道如何处理它们。"

进行群体性大组讨论,使用头脑风暴法形成一个共识性结论,这个结论可能是:"我们没有需要的信息来确认和处理欺侮行为。"

问第一个问题:出现这种挑战和问题的原因是什么?在此阶段所回答的答案是肤浅一些的,答案可能是:"我们没有足够的时间来了解如何确定和管理欺侮行为,也没有时间来履行我们的教学责任。"

第二个问题:为什么我们没有足够的时间来了解欺侮行为?答案深入到了第二个层次,

[①] Alberta Education. Inclusive Learning Supports. Indicators of Inclusive Schools: Continuing the Conversation [M]. Alberta Education,2013:14-25.

可能是:"我们对于什么是欺侮行为和如何更好地来解决这个问题有不同的看法,这需要花费一定的时间来达成共识。"

继续向下问,直到发现问题的根源:"我们没有确定、回应和阻止包括欺侮在内的问题行为的全校性质的规章程序和策略。"

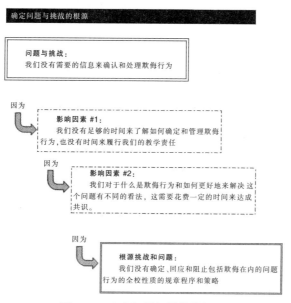

图 10-4　确定问题与挑战的根源

（三）制订行动计划

制订融合行动计划主要是针对上面所确定的问题来进行的,如表 10-12。

表 10-12

提供融合的支持
支持与干预可以减少问题行为,包括欺侮
挑战与问题: 我们没有需要的信息来确认和处理欺侮行为
挑战与问题根源: 我们没有确定、回应和阻止包括欺侮在内的问题行为的全校性质的规章程序和策略

这个活动主要是来确定学校中需要作出哪些改变来应对前面所确认的根本挑战和问题。讨论参与者在讨论的过程中应该尽可能集中于最贴近于实际和可操作的方面,如表 10-13。

表 10-13

行动计划	
关键的问题和挑战: 优先领域背后最直接的问题和调整	我们没有需要的信息来确认和处理欺侮行为
问题和挑战根源: 对关键问题影响最大、最深远的因素	我们没有确定、回应和阻止包括欺侮在内的问题行为的全校性质的规章程序和策略
目标: 当这些问题和挑战解决之后所要实现的状态	教师将会拥有能够确认和解决欺侮行为的指导手册

续表

行动计划	
关键行动： 实现目标所要采取的主要行动	制定一个政策规定来定义和确定解决欺侮行为的策略 支持教师实施这项政策规定 让学生和家长都能了解这项政策规定
结果： 在采取了关键行动、实现目标后，目标群体在技能、态度、知识、星期、系统和实践方面所发生的变化	
成就测量： 能够展示结果取得进步的测量	
策略： 用来实现目标的策略或方法	

目标：

所制定的解决以上确认的挑战的行动的总体目标是什么？

与总目标相关的子目标是什么？

政策：

学校有没有能够直接解决上面所确认的问题和挑战的政策规定？

需要作出哪些政策上的改变以应对这种问题和挑战？这些挑战和问题是在我们所控制的范围之内的吗？作出这些改变有哪些障碍？如果要作出这些改变，需要哪些特定的短期、中期和长期行动？需要哪些人参与？谁负责？

人员：

谁最能有效地影响这些挑战和问题？

需要哪些人参与才能导致改变的发生？

他们需要哪些支持或信息？

在改变的发生过程中如何与学生以及家长进行沟通交流？

谁需要知道改变正在取得进步？家长，其他学校？

领导者：

学校领导在支持改变发生的过程中扮演什么角色？

学校领导需要哪些工具、资源和信息以支持改变的发生？

他们如何才能最有效地参与进去？

基础设施：

当前学校中已经存在的基础设施（政策、人力资源、技术）如何协调才能更有效地支持改变？

需要采取哪些特定的短期、中期和长期行动更好地利用已存在的基础资源？谁负责领导？

第三节　融合教育的教育督导

融合教育的发展不仅需要学校自身和研究者进行质量评价，它还需要政府进行行政的教育督导。通过教育督导,教育行政部门能够不断督促下级教育部门和融合学校改进融合教育实践,推动融合教育的发展。

一、融合教育督导

(一)融合教育督导概述

1. 融合教育督导的定义

融合教育督导是各级教育行政督导部门根据融合教育的理念以及国家关于实施融合教育的相关法律法规和政策文件,运用科学的方法和组织,对融合教育工作进行监督、检查、评估和指导,以促进融合学校的建设和融合教育质量的提高。

为了促进各地区融合教育的发展和融合学校的建设,各级地方教育行政部门需要定期对各学校的融合教育发展情况进行督导评估。近年来,随着融合教育理念的传播,我国政府日益重视融合教育的发展。《特殊教育提升计划(2014—2016)》中明确提出未来三年特殊教育发展的总目标中包括"全面推进全纳教育,使每一个残疾孩子都能接受合适的教育"。[①] 在推进融合教育的同时,我国也在加强融合教育的督导评价工作,以确保融合教育的质量。《特殊教育提升计划(2014—2016)》中规定,"国家有关部门组织开展对特殊教育提升计划实施情况的专项督导检查",这其中当然也包括融合教育实施的专项督导。另外,北京市在《北京市融合教育行动计划》中也明确要求要"强化督导评价""建立健全对特殊教育的督导和评价制度。对区县政府特殊教育工作进行督导,督促区县政府及其相关部门落实发展特殊教育的职责""进一步完善对中小学随班就读教育工作的督导检查,督促落实随班就读教育工作的相关规定。逐步建立健全特殊教育质量评价制度。将对区县政府特殊教育工作的督导结果、特殊教育办学水平和教育质量作为评价考核区县教育工作的重要内容;将对特教学校的督导评价结果作为评价考核特教学校工作的重要依据"。[②] 上海的浦东新区教育督导室也把对学校随班就读工作的督导列入常规教育督导体系。[③]

2. 融合教育督导与融合教育质量评价之间的关系

融合教育督导与融合教育质量评价之间的关系实际上反映的是教育督导与教育评价之间的关系:(1)从性质上来看,教育督导属于行政监督的性质,具有鲜明的法律权威性和行政指令性,而教育评价更倾向于学术研究性、技术操作性,单纯的教育评价不具备行政监督性和指令性;(2)从实施主体上来看,教育督导的实施主体必须是经政府授权的教育督导机构及督导人员,这是法律明确规定的,而教育评估的实施主体可以是任何与教育有关的部门、团体和教育研究人员;(3)教育督导的功能主要是对被督导对象进行监督、检查,还有评估指导。而教育评价更多的是鉴定、激励与改进作用;(4)从适用对象上看,督导除了对各级学校进行督学外,还有对下级人民政府和教育行政部门进行的督政。[④]

---

① 国务院办公厅关于转发教育部等部门《特殊教育提升计划(2014—2016)》的通知[EB/OL]. (2014-01-08)[2014-12-11]. http:// www. gov. cn/xxgk/pub/govpublic/mrlm/201401/t20140118_66612. html
② 北京市中小学融合教育行动计划[EB/OL]. (2014-03-25)[2015-1-3]. http://www. bdpf. org. cn/zxpd/zyzz/2013/201302/c18643/content. html
③ 浦东新区教育局关于加强随班就读工作管理的实施意见[EB/OL]. (2013-11-04)[2014-10-3]. http://www. shisun. nh. edu. sh. cn/website/showsj. php? id=142126
④ 朱琦,杨辛,蔡雯卿. 问题与探析:当代教育督导研究[M]. 天津:天津教育出版社,2006:12—13.

(二)融合教育督导人员

1. 融合教育督导人员的组成

融合教育督导人员是指参与融合教育督导过程,并承担一定教育督导职责的所有人员。一般而言,融合教育的督导人员由两部分人员组成:督学和相关利益群体。督学可分为专职督学和兼职督学,其中专职督学是我国政府和教育行政主管部门中,专门从事教育督导的有关工作人员。在融合教育的督学中,应该同时包括分管普通教育与特殊教育的两类工作人员。《教育督导条例》(2012)规定:"国家实行督学制度""县级以上人民政府根据教育督导工作需要,为教育督导机构配备专职督学。教育督导机构可以根据教育督导工作需要聘任兼职督学"。[①] 兼职督学具有与专职督学同等的职权,兼职督导可以由已经退休的老同志担任,例如特殊学校的退休校长、特殊教育高级或特级教师以及有丰富融合教育经验的、同时熟悉普通教育与特殊教育的教师担任。相关利益群体一般包括学生家长和社区代表,通过家长与社区的参与,可以使政府在进行教育督导的时候能够倾听来自多方面的声音,密切政府、学校与家庭和社区之间的联系。

2. 融合教育督导人员的资格与素养

(1)融合教育督导人员的资格条件

督学人员的选拔应该是依据教育督导相关法律法规以及督导工作的任务、性质进行遴选的。当前我国并没有专门针对融合教育督学人员的选拔条件规定。督学人员的选拔基本上依据2006年《国家督学聘任管理办法(暂行)》来进行,如表10-14。[②]

表10-14 国家督学聘任的基本条件

国家督学聘任管理办法(暂行)
(一)国家督学应当符合下列基本条件:
1. 坚持党的基本路线,热爱社会主义教育事业
2. 熟悉有关教育法律、法规、方针、政策,具有较强的业务能力,工作实绩突出
3. 具有较强的组织协调能力和较强的口头与书面表达能力
4. 具有大学本科以上学历或同等学力,从事教育管理或者教学、研究工作10年以上
5. 行政机关副厅级及以上,或具有中小学特级教师称号、高等学校和科研机构等正高级专业技术职务
国家督学聘任管理办法(暂行)
6. 坚持原则,办事公道,品行端正,廉洁自律
7. 身体健康,能够保证履行国家督学职责和完成任务所必需的时间
(二)退休人员拟聘国家督学职务的人选在退休前应符合第六条基本条件的相应要求
(三)初聘国家督学人选年龄不得超过61周岁,续聘国家督学人选年龄不得超过63周岁
(四)国家督学每届任期3年,续聘一般不得超过3届。国家督学任期届满,自动解聘

(2)融合教育督导人员的基本素养

教育督导工作的特点决定了督学必须具有较高的职业素养。融合教育的督导既要了解普通教育,也要了解特殊教育,此外还应掌握最新的融合教育理念。本节在参考西方融合教

---

① 教育督导条例[EB/OL].(2012-9-17)[2015-2-14].http://www.gov.cn/zwgk/2012/09/17/content_2226290
② 国家督学聘任管理办法(暂行)[EB/OL].(2006-7-19)[2014-9-12].http://www.jincao.com/fa/04/law04.13

育督学基本素养的基础上[①],结合我国督学的实际情况,将我国融合教育督学的基本素养分成三个方面:理论知识、实践经历、能力素养。如表 10-15。

表 10-15 融合教育督学的基本素养

融合教育督学的基本素养
(一)理论知识
1.关于特殊教育需要的广泛的、最新的知识
2.对特殊教育需要、学习障碍、自闭症谱系障碍、唐氏综合征等方面有广泛的知识和了解
3.对包括有特殊需要的学生在内的所有学生的学业进步与教学质量等相关问题有深刻的理解
4.关于学校中特殊教育需要的学生有最新的知识了解,并且了解与融合、儿童权利等有关的最新的国际实践
5.深刻理解有特殊教育需要的学生在教学、学习和评估中的最佳实践方式
6.了解监控和评估特殊教育需要学生的最佳实践方式
7.了解融合学校的最佳创建方式
(二)实践经验
1.过去有过推动融合教育的成功实践或者支持融合领域和特殊教育需要领域同事发展的经验
2.有过融合教育和特殊教育需要领域成功的督导、培训的经历
3.在教育行政部门或学校中有过教育、教学和管理经验
融合教育督学的基本素养
(三)能力素养
1.具有较强的组织协调能力和较强的口头与书面表达能力
2.能够与利益相关群体形成良好的人际关系和积极的互动
3.具有团队领导能力、管理能力以及对督导工作的推动能力

二、融合教育督导的基本过程

如图 10-5,融合教育督导的基本程序包括计划与准备、调查与评估、反馈与指导、总结与改进等步骤。融合教育督导首先要进行计划和准备。计划是对教育督导工作的具体策划和安排,做好各种准备工作。这些计划与准备包括做好督导对象的安排、方式的选择、评估方案的准备、人员和经费的准备等。接着就是到督导单位进行调查,要在检查的基础上对教育督导对象进行评估。然后根据评估的结果,按照法规政策监督和检查下级政府、教育行政部门、学校以及教师是否依法开展教育活动,同时在调查评估的基础上,发现教育中存在的问题,运用教育科学理论和技术对督导队伍进行指导,以便改进其教育工作。[②]

---

① EVALUATING EDUCATIONALINCLUSION:Guidance for inspectors and schools [EB/OL]. [2015-4-6]. http://dera.ioe.ac.uk/4455/
② 黄威.教育督导学[J].北京:中国人民大学出版社,2011:8.

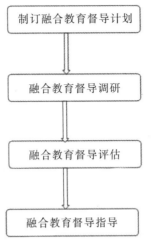

图 10-5 融合教育督导流程图

(一) 制订融合教育督导计划

1. 融合教育督导计划的概念

融合教育督导计划是围绕国家在融合教育方面的发展规划、政策方针、法律法规以及融合教育本身的教育理念,根据教育督导的相关理论所制订的、对融合教育督导组织的未来活动的目标、内容、策略、方法、程序等方面进行的系统安排。教育督导计划是对将要进行的督导活动的整体规划与设计,指明了教育督导活动的重点和方向所在,有利于教育督导活动的科学化和规范化,对提高教育督导活动的效率具有关键意义。[①]

2. 融合教育督导计划的基本内容

苏君阳教授主编的《教育督导学》将教育督导计划的基本内容分为督导目的、对象、评估指标体系、方法、人员分工和时间六个方面。本书参照这种框架,结合融合教育工作的具体内容,将融合教育督导计划的基本内容分列如下。

(1) 督导目的

每一次督导,都应该有一个明确的目的或一个主要目的。融合教育督导的目的应该与融合教育的实施与推广本身相联系。融合教育督导的目的要解释得明确、可行,符合实际,便于实践,因此融合教育督导的目的应该是融合教育理念实施的具体化。具体来说,融合教育督导的目的可以是监督检查各县市教育部门执行国家关于融合教育方面的教育法规和政策方面的情况,例如对融合教育的资金分配、地区残疾儿童在普通学校接受教育的比例等方面,也可以是针对一所学校在建设融合校园方面的检查与评估,例如学校在融合教育物质环境与文化环境的建设、课程与教学的调整、师资等各方面的情况。

(2) 督导对象

确定了教育督导的目的和目标后,就要确定融合教育督导的对象。总的来说,融合教育督导的对象包括两个大的方面:政府部门(包括政府及其教育部门)、办学部门(各级普通学校)。在计划中要明确督导对象是政府部门还是办学部门,即是督学还是督政。督政要明确是要督政府还是教育行政机构;督学是督小学、中学,还是幼儿园等。这些在融合教育督导计划中都是需要明确说明的。

---

① 苏君阳. 教育督导学[M]. 北京:北京师范大学出版社,2012:159.

(3) 督导评估指标体系

与融合教育质量评估一样,融合教育督导评估也需要科学化、规范化和系统化的指标体系。从范围上来讲,融合教育督导评估包括学校融合教育质量评估在内,因此,融合教育质量评估指标也应该成为融合教育督导评估指标体系的一部分。但教育督导范围较大,因此又包含其他的评估指标。在制定督导计划时,要设计出符合督导目的的、完整的督导评估指标体系,这是教育督导工作能否顺利进行的重要工具。

(4) 督导方法

在进行督导的时候,督导小组应该从督导队伍的特点和督导所要达到的目的出发,精心设计和选用科学的方法,而不是千篇一律地开会、观察,应该设计一些科学的问卷,将量化与质性的方法结合在一起,这样才能获得全面有效的数据。一般采用的督导方法有:由被督导单位先进行自查,再由上级督导机构进行检查或抽查,然后再进行复查。在督导检查中,通常采用听(听汇报、听课)、看(看校园环境、看师生课间活动)、查(查阅各种资料、学生档案,特别是有无残疾学生的个别化教育计划、档案资料等)、谈(座谈、与有关人员的谈话)、问(询问)、访(专访有关人员)等方法,获得督导检查的信息。

(5) 督导人员的分工

参加督导的人员名单应该列入计划,根据督导任务进行分组并确定负责人,一定要将工作任务落实到人,如需抽调其他教育行政人员、学校领导和教师参与督导,也应明确安排。根据督导任务,督导小组将参与督导的人员进行明确的分工,确定各项目负责人,并把具体工作落实到每个成员,最后将人员组成及分工写入督导计划中。这样就能明确:本次教育督导有哪些事情?谁分别负责这些事情?该如何做?在什么时间做?等等。

(二) 融合教育督导调研

1. 融合教育督导调研概述

融合教育督导调研是根据融合教育督导计划,依据实事求是的原则,通过一系列的调查手段,有组织、有系统地收集和获取被督导部门的各种材料和信息,并对这些材料和信息进行整理分析,对被督导部门有整体客观的认识,搞清被督导部门的实际情况,总结成绩、发现问题的过程。[1] 融合教育督导调研是落实融合教育督导计划的具体举措,通过这种调查分析,能够为评价某个地区或学校的融合教育发展情况提供科学的依据。

融合教育督导调研的内容一般包括两个方面,即被督导单位内部的调查研究和被督导单位外部的调查与分析。对于一个融合学校而言,其内部的调查研究包括学校的建筑环境设计、课程与教学调整、学校校园文化、学校中的融合推进小组建设情况、包括残疾儿童在内的所有学生的学业表现等各个方面。外部的调查与分析包括融合学校建设过程中社区的参与情况、家庭的参与情况、学校的融合对周围社区以及普通学生和残疾学生家长的影响等方面。

2. 融合教育督导调研过程

如表10-16,融合教育督导调研主要分为以下几个过程。

---

[1] 黄崴.教育督导学[M].北京:中国人民大学出版社,2011:164.

表 10-16 融合教育督导调研过程

第一步:拟定调研方案	调研方案通常包含以下内容: (1)调研目的与任务;(2)调研对象与内容; (3)调研方式与方法;(4)调研步骤与时间安排; (5)组织领导与人员安排;(6)经费预算和物质保障;(7)预期成果
第二步:确定调研对象	确定调研对象是教育督导调研最为关键的步骤: 1.全面调研中确定研究对象,即对所要调研的全体对象进行一个不漏的调研,例如一个学校中的所有与融合教育有关的事情,从组织管理到文化价值观与环境、课程与教学等各个方面 2.抽样调研中确定调研对象,即按照一定的方法选出部分调研对象进行调研,以此来推断总体的情况。一般而言,抽样调研中的调研对象应该具有一定的代表性 3.个案调研中确定调研对象,从调研对象中选择一个或几个个体,如学校、教师、学生等,综合各种调研方法,进行深入细致的调研
第三步:拟定调研类型	1.根据调研对象的范围,融合教育督导调研分为全面调研和抽样调研。全面调研,即对调研对象进行逐个调研的方式;抽样调研是根据一定的方法选择部门调研对象进行调研 2.根据调研目的,分为描述性调研和解释性调研。前者是对调研对象的现实情况进行客观描述,例如学校中特殊学生的数量、有无资源教室和残疾学生的IEP等。后者是探讨调研对象之间的逻辑关系和规律,例如特殊学生学业难以提高的原因、如何促进特殊学生与普通学生之间的交往等 3.定性调研和定量调研
第四步:手机、整理、分析调研资料	1.资料收集。主要方法有观察法、访谈法、问卷调查、文献法、测试法等 2.资料整理。文字资料的整理主要是检查、分类和汇总;数据资料的整理有检验、分组、汇总和制作统计图表 3.资料分析。在实际工作中往往将量化资料和质性资料结合起来分析问题

注:上表整理自黄崴主编《教育督导学》(2011):166-177。

(三)融合教育督导评估

1. 融合教育督导评估的概念

融合教育督导评估是以融合教育发展的目标和国家在融合教育方面的政策规定为依据,制定科学的、合理的、有效的评估指标体系,运用一系列有关的方法和手段,对被督导单位的教育活动及其所取得的成果进行分析比较,作出科学的判断,总结出所得成绩和尚存在的不足,为上级有关部门决策及为被督导单位发扬成绩、深化改革提供依据。

一般而言,融合教育督导评估的对象可以是人,也可以是物。例如在针对融合学校的督导中,督导评估的对象可以是学校校长、教师、学生,也可以是学校的环境、设备、课程与教学等方面。

2. 融合教育督导评估标准

融合教育督导评估指标体系即是督导活动整个过程的内容和依据,又是被督导单位自我评估的准则及今后工作的目标和方向,因此根据督导评估的要求,设计一套符合实际的、切实可行的、具有导向性的指标体系至关重要。[①] 学校评估标准具有明确的导向性。就督学而言,其评估标准的制定及内容就会直接影响学校办学思路的确定与策略的选择,会引发课堂教学模式的变革、课程的实施与课堂教学方法的改革。只有充分发挥学校评估标准的积极的导向功能,才能进一步推进素质教育的实施,使督导评估成为新的指挥棒;只有使督导评估与学校改革的其他方面相互结合,才能达到标本兼治的目的。[②]

制定一套完整的督导评估指标体系是一项非常复杂而严谨的工作,它不仅包括教育工作不同维度的各项指标,还包括每项指标的权重系数(见案例10-2)。当前我国教育部门并没有专门制定针对教育行政部门和普通学校中融合教育工作的督导评估指标体系,因此本书中只呈现融合教育督导评估的基本指标,而无法列出完整的指标体系。学校融合教育督导评估标准与学校融合教育质量评价标准类似,这里不再列出,这里只列出对地区教育部门融合教育工作督导的主要考虑方面,见表10-17。

表10-17　地区融合教育督导指标[③]

地区政策	
组织机构	地区是否建立了融合教育管理机构、服务机构? 与融合教育有关的各种组织机构是否有健全的规章制度? 组织机构是否能够为辖区内实施融合教育的学校提供咨询、资源与服务?组织机构设置是否合理、恰当? 组织机构的编制是否符合要求?不同组织机构的责任、权利是否明确?
管理工作	融合教育管理人员是否具备特殊教育和融合教育方面的专业知识与技能? 融合教育的管理规则与程序是否明确? 融合教育管理的方法是否科学?
师资培训	是否建立和健全了融合教师师资培训机构? 师资培训机构是否有足够健全的规章制度? 师资培训机构是否有专职和兼职的培训人员? 培训人员的效果如何?
教育效果	地区残疾儿童在普通学校的入学率如何? 融合学校的办学特色如何? 学生的素质发展如何?

[①] 朱琦,杨辛,蔡雯卿. 问题与探析:当代教育督导研究[M]. 天津:天津教育出版社,2006:156.
[②] 乐毅. 我国教育督导与评估亟待解决的三大问题[J]. 上海教育科研,2008(2):4-6.
[③] 雷江华. 融合教育导论. 北京:北京大学出版社,2012:133-136.

案例 10-2

表 10-18 北京市区县融合教育工作督导评价指标体系

一级指标	二级指标	三级指标	分值	评价等级 A	B	C
一、组织领导	(一)教育地位	1. 确立特殊教育优先发展的地位,重视并加强对特殊教育的领导,列入议事日程,推进特教事业发展。	3	3~2.7	2.6~1.8	1.7~0
		2. 把特殊教育纳入当地经济社会发展整体规划和教育发展规划,制订特殊教育年度计划,工作思路清晰,目标任务明确,措施具体可行。	3	3~2.7	2.6~1.8	1.7~0
	(二)制度保障	3. 建立特殊教育联席会议制度,定期召开联席会议,研究、协调、解决重要问题。	3	3~2.7	2.6~1.8	1.7~0
		4. 建立由联席会议办公室牵头,其他相关部门分工负责的工作机制,各部门职责分工明确,责任落实,形成推动特殊教育工作的有效合力。	3	3~2.7	2.6~1.8	1.7~0
		5. 健全和完善以随班就读为主体,以特教学校为骨干,以送教上门等多种形式为补充的特殊教育体系。	3	3~2.7	2.6~1.8	1.7~0
		6. 建立健全对特殊教育的督导和评价制度,开展对融合教育工作的督导和评价,督导结果向区县政府报告,并列入对相关部门和学校的考核、评价范围,建立奖惩机制。	4	4~3.6	3.5~2.4	2.3~0
		7. 健全和完善特殊教育表彰制度,对做出突出成绩的单位和个人进行表彰,大力宣传融合教育先进单位和个人的事迹。	3	3~2.7	2.6~1.8	1.7~0
二、经费保障	(三)经费投入	8. 将经费全面纳入财政保障范围,加大对特殊教育投入的力度,随着教育事业费的增加而逐步增加,进一步拓宽特殊教育经费来源渠道,满足融合教育发展需要。	3	3~2.7	2.6~1.8	1.7~0

3. 融合教育督导评估报告

督导小组在督导评估工作结束之后一般要撰写教育督导报告。我国的督导报告在行文格式上一般分为四个主要部分:一是在督导报告的开头,简述本次督导的时间、地点、目的、督导小组名称和人员、督导对象及督导内容等;二是肯定被督导对象单位已经取得的成绩;三是指出被督导单位仍然存在的问题;四是提出整改或指导性意见和建议。[①]

(1)督导报告的开头

主要介绍本次督导的时间、地点、目的等内容。在开头部分,督导报告要介绍督导是如何组织的,在评估过程中使用了什么方法等具体内容。

(2)肯定成绩

肯定成绩主要是为了帮助学校总结经验,特别是在办学理念、基础设施建设、学校组织

[①] 朱琦,杨辛,蔡雯卿. 问题与探析:当代教育督导研究[M]. 天津:天津教育出版社,2006:156.

管理等方面。通过肯定其主观努力,能够使学校的一些经验由自发的行为变为自觉的行动,使学校领导和教师产生一种愉悦感和成就感,不断激励其朝向融合教育的方向发展。

(3) 指出不足

指出不足主要是为了帮助学校诊断问题,这些问题一般都是通过前一步的评估而发现的。督导组要将评估出来的问题进一步系统化和条理化,帮助学校分析出现问题的原因。在分析原因时,督导组要从多方面启发诱导,引导督导对象尽量想出更多的原因,然后对各种原因进行归类,提炼出最核心、最亟需解决的问题。

(4) 制定未来行动方案

制定未来行动方案就是指导学校改进工作,帮助学校解决所确定的问题,制定未来发展的规划。在制定未来行动方案时,督导人员和督导对象首先要根据督导评估的结果分别提出解决问题的方案,并将其列在表格之中。然后将双方所提出的解决方案放在一起进行集体讨论、分析,从中找出最有效、最能解决当前问题的行动方案。值得注意的是,由于行动方案的具体实施者是督导对象,因此在讨论确立行动方案时,要充分倾听督导对象的意见。

(四)融合教育督导指导

1. 教育督导指导概述

融合教育督导指导是指督导部门和督导人员给被督导单位或被督导人员提建议出主意,给予帮助、指示和教导,帮助他们改正缺点,弥补不足,提高教育效率和质量的过程。融合教育督导的指导工作是融合教育督导的最终目的和归宿。

融合教育督导指导不仅包括督导结果的反馈,更重要的还有指导。常见的督导指导内容主要包括以下几个方面:(1)指导督导对象制定发展规划,即设计和指导一个组织机构有序发展的纲领性文件,主要是方向引导;(2)指导督导对象开展自评,也就是帮助督导对象认识自我、发现问题;(3)指导督导对象解决问题,发挥支持者与指导者的作用。[①]

2. 教育督导指导实施

(1) 教育督导指导的前期工作

在开展教育督导指导工作之前,督导者需要做一定的准备工作,首先就是确定督导指导问题,任何一个具体的教育督导指导活动都是为了解决具体的问题而实施的。其次,做好组织准备工作。做好组织准备工作是有效开展教育督导指导工作的重要前提,主要是成立督导指导领导小组和督导指导工作小组。第三,拟订督导指导计划。督导指导工作只有按照一定的计划进行,才能更顺利地开展。

(2) 教育督导指导实施

教育督导指导工作是督导者与督导对象进行互动、交流和共同解决问题的过程。督导指导实施主要分为倾听、反馈、确认问题、分析原因、制定行动方案、实施并评价六个阶段。

教育督导人员首先要通过倾听来确认在督导评估过程中所发现的问题,在倾听完督导对象介绍自己的情况后,督导人员要给予反馈,通过反馈交流进一步确认具体的情形,例如自己了解到的是否与督导对象所说的一致。通过倾听和反馈之后,下一阶段就是要确认存在的问题,督导人员和督导对象对为什么会出现问题进行深入的分析,也就是分析出现的原因。在此过程中双方要尽可能找出更多的原因,以便于从中提炼出最关键、最亟需解决的问题。接着就是制定行动方案。在行动方案制定后,教育督导指导就进入了行动方案的实施

---

① 黄崴. 教育督导学[M]. 北京:中国人民大学出版社,2011:226-227.

并对实施情况进行评估的阶段。

【本章小结】

　　融合教育的实践效果与质量如何,需要通过评价才能知晓。融合教育质量评价可以判断学校是否在实施融合教育、融合学校实施与推广融合教育的水平与程度以及学校距离融合教育标准的差距所在,更重要的是融合教育质量评价还具有发展性,它更重要的目的是为了实现学校自身的发展。从全球融合教育发展动态来看,英国、美国、加拿大等国家和中国香港地区都有比较完整且各具特色的融合学校教育质量评价指标体系。本书在借鉴这些的基础上,将融合教育质量评价的指标体系分为5个维度:融合性的文化与环境,融合性的学校政策与组织,融合学校的资源与支持,融合班级中的教与学,学生的表现。每个维度又可以分为若干指标,共同构成完整的融合教育质量评价指标体系。学校可以使用这些指标来评价本校融合教育的发展情况,并在此基础上制订发展行动计划。

　　融合教育的发展不仅需要学校自身和研究者进行质量评价,还需要政府进行行政的教育督导。通过教育督导,教育行政部门能够不断督促下级教育部门和融合学校改进融合教育实践,推动融合教育的发展。

【思考题】

1. 融合教育质量评价的意义是什么?
2. 融合教育质量评价的指标包括哪些?
3. 如何使用融合教育质量评价指标进行评价?
4. 融合教育督导与融合教育质量评价的区别和联系是什么?

【推荐阅读】

[1] 雷江华. 融合教育导论[M]. 北京:北京大学出版社,2011.

[2] Booth T, Ainscow M. Index for inclusion: developing learning and participation in schools [M]. 2002.

[3] 黄崴. 教育督导学[M]. 北京:中国人民大学出版社,2011.

[4] 朱琦,杨辛,蔡雯卿. 问题与探析:当代教育督导研究[M]. 天津:天津教育出版社,2006.

北京大学出版社
教育出版中心 精品图书

21世纪高校广播电视专业系列教材

电视节目策划教程（第二版）	项仲平
电视导播教程（第二版）	程晋
电视文艺创作教程	王建辉
广播剧创作教程	王国臣
电视导论	李欣
电视纪录片教程	卢炜
电视导演教程	袁立本
电视摄像教程	刘荃
电视节目制作教程	张晓锋
视听语言	宋杰
影视剪辑实务教程	李琳
影视摄制导论	朱怡
新媒体短视频创作教程	姜荣文
电影视听语言——视听元素与场面调度案例分析	李骏
影视照明技术	张兴
影视音乐	陈斌
影视剪辑创作与技巧	张拓
纪录片创作教程	潘志琪
影视拍摄实务	翟臣

21世纪信息传播实验系列教材（徐福荫 黄慕雄 主编）

网络新闻实务	罗昕
多媒体软件设计与开发	张新华
播音与主持艺术（第三版）	黄碧云 睢凌
摄影基础（第二版）	张红 钟日辉 王首农

21世纪数字媒体专业系列教材

视听语言	赵慧英
数字影视剪辑艺术	曾祥民
数字摄像与表现	王以宁
数字摄影基础	王朋娇
数字媒体设计与创意	陈卫东
数字视频创意设计与实现（第二版）	王靖
大学摄影实用教程（第二版）	朱小阳
大学摄影实用教程	朱小阳

21世纪教育技术学精品教材（张景中 主编）

教育技术学导论（第二版）	李芒 金林
远程教育原理与技术	王继新 张屹
教学系统设计理论与实践	杨九民 梁林梅
信息技术教学论	雷体南 叶良明
信息技术与课程整合（第二版）	赵呈领 杨琳 刘清堂

教育技术学研究方法（第三版）	张屹 黄磊

21世纪高校网络与新媒体专业系列教材

文化产业概论	尹章池
网络文化教程	李文明
网络与新媒体评论	杨娟
新媒体概论（第二版）	尹章池
新媒体视听节目制作（第二版）	周建青
融合新闻学导论（第二版）	石长顺
新媒体网页设计与制作（第二版）	惠悲荷
网络新媒体实务	张合斌
突发新闻教程	李军
视听新媒体节目制作	邓秀军
视听评论	何志武
出镜记者案例分析	刘静 邓秀军
视听新媒体导论	郭小平
网络与新媒体广告（第二版）	尚恒志 张合斌
网络与新媒体文学	唐东堰 雷奕
全媒体新闻采访写作教程	李军
网络直播基础	周建青
大数据新闻传媒概论	尹章池

21世纪特殊教育创新教材·理论与基础系列

特殊教育的哲学基础	方俊明
特殊教育的医学基础	张婷
融合教育导论（第二版）	雷江华
特殊教育学（第二版）	雷江华 方俊明
特殊儿童心理学（第二版）	方俊明 雷江华
特殊教育史	朱宗顺
特殊教育研究方法（第二版）	杜晓新 宋永宁 等
特殊教育发展模式	任颂羔

21世纪特殊教育创新教材·发展与教育系列

视觉障碍儿童的发展与教育	邓猛
听觉障碍儿童的发展与教育（第二版）	贺荟中
智力障碍儿童的发展与教育（第二版）	刘春玲 马红英
学习困难儿童的发展与教育（第二版）	赵微
自闭症谱系障碍儿童的发展与教育	周念丽
情绪与行为障碍儿童的发展与教育	李闻戈
超常儿童的发展与教育（第二版）	苏雪云 张旭

21世纪特殊教育创新教材·康复与训练系列

特殊儿童应用行为分析（第二版）	李芳 李丹

特殊儿童的游戏治疗	周念丽	智障学生职业教育模式	
特殊儿童的美术治疗	孙 霞	特殊教育学校学生康复与训练	
特殊儿童的音乐治疗	胡世红	特殊教育学校校本课程开发	
特殊儿童的心理治疗（第三版）	杨广学	特殊教育学校特奥运动项目建设	
特殊教育的辅具与康复	蒋建荣		
特殊儿童的感觉统合训练（第二版）	王和平	**21世纪学前教育专业规划教材**	
孤独症儿童课程与教学设计	王 梅	学前教育概论	李生兰
		学前教育管理学（第二版）	王 雯
21世纪特殊教育创新教材·融合教育系列		幼儿园课程新论	李生兰
融合教育本土化实践与发展	邓 猛等	幼儿园歌曲钢琴伴奏教程	果旭伟
融合教育理论反思与本土化探索	邓 猛	幼儿园舞蹈教学活动设计与指导（第二版）	董 丽
融合教育实践指南	邓 猛	实用乐理与视唱（第二版）	代 苗
融合教育理论指南	邓 猛	学前儿童美术教育	冯婉贞
融合教育导论（第二版）	雷江华	学前儿童科学教育	洪秀敏
学前融合教育（第二版）	雷江华 刘慧丽	学前儿童游戏	范明丽
小学融合教育概论	雷江华 袁 维	学前教育研究方法	郑福明
		学前教育史	郭法奇
21世纪特殊教育创新教材（第二辑）		外国学前教育史	郭法奇
特殊儿童心理与教育（第二版）	杨广学 张巧明 王 芳	学前教育政策与法规	魏 真
教育康复学导论	杜晓新 黄昭明	学前心理学	涂艳国 蔡 艳
特殊儿童病理学	王和平 杨长江	学前教育理论与实践教程	王 维 王维娅 孙 岩
特殊学校教师教育技能	昝 飞 马红英	学前儿童数学教育与活动设计	赵振国
		学前融合教育（第二版）	雷江华 刘慧丽
自闭谱系障碍儿童早期干预丛书		幼儿园教育质量评价导论	吴 钢
如何发展自闭谱系障碍儿童的沟通能力	朱晓晨 苏雪云	幼儿园绘本教学活动设计	赵 娟
如何理解自闭谱系障碍和早期干预	苏雪云	幼儿学习与教育心理学	张 莉
如何发展自闭谱系障碍儿童的社会交往能力		学前教育管理	虞永平
	吕 梦 杨广学	国外学前教育学本文献讲读	姜 勇
如何发展自闭谱系障碍儿童的自我照料能力			
	倪萍萍 周 波	**大学之道丛书精装版**	
如何在游戏中干预自闭谱系障碍儿童	朱 瑞 周念丽	美国高等教育通史	［美］亚瑟·科恩
如何发展自闭谱系障碍儿童的感知和运动能力		知识社会中的大学	［英］杰勒德·德兰迪
	韩文娟 徐 芳 王和平	大学之用（第五版）	［美］克拉克·克尔
如何发展自闭谱系障碍儿童的认知能力	潘前前 杨福义	营利性大学的崛起	［美］理查德·鲁克
自闭症谱系障碍儿童的发展与教育	周念丽	学术部落与学术领地：知识探索与学科文化	
如何通过音乐干预自闭谱系障碍儿童	张正琴		［英］托尼·比彻 保罗·特罗勒尔
如何通过画画干预自闭谱系障碍儿童	张正琴	美国现代大学的崛起	［美］劳伦斯·维赛
如何运用ACC促进自闭谱系障碍儿童的发展	苏雪云	教育的终结——大学何以放弃了对人生意义的追求	
孤独症儿童的关键性技能训练法	李 丹		［美］安东尼·T.克龙曼
自闭症儿童家长辅导手册	雷江华	世界一流大学的管理之道——大学管理研究导论	程 星
孤独症儿童课程与教学设计	王 梅	后现代大学来临？	
融合教育理论反思与本土化探索	邓 猛		［英］安东尼·史密斯 弗兰克·韦伯斯特
自闭症谱系障碍儿童家庭支持系统	孙玉梅		
自闭症谱系障碍儿童团体社交游戏干预	李 芳	**大学之道丛书**	
孤独症儿童的教育与发展	王 梅 梁松梅	以学生为中心：当代本科教育改革之道	赵炬明
		市场化的底限	［美］大卫·科伯
特殊学校教育·康复·职业训练丛书 （黄建行 雷江华 主编）		大学的理念	［英］亨利·纽曼
		哈佛：谁说了算	［美］理查德·布瑞德利
信息技术在特殊教育中的应用		麻省理工学院如何追求卓越	［美］查尔斯·维斯特

大学与市场的悖论	[美]罗杰·盖格
高等教育公司：营利性大学的崛起	[美]理查德·鲁克
公司文化中的大学：大学如何应对市场化压力	
	[美]埃里克·古尔德
美国高等教育质量认证与评估	
	[美]美国中部州高等教育委员会
现代大学及其图新	[美]谢尔顿·罗斯布莱特
美国文理学院的兴衰——凯尼恩学院纪实	[美]P.F.克鲁格
教育的终结：大学何以放弃了对人生意义的追求	
	[美]安东尼·T.克龙曼
大学的逻辑（第三版）	张维迎
我的科大十年（续集）	孔宪铎
高等教育理念	[英]罗纳德·巴尼特
美国现代大学的崛起	[美]劳伦斯·维赛
美国大学时代的学术自由	[美]沃特·梅兹格
美国高等教育通史	[美]亚瑟·科恩
美国高等教育史	[美]约翰·塞林
哈佛通识教育红皮书	哈佛委员会
高等教育何以为"高"——牛津导师制教学反思	
	[英]大卫·帕尔菲曼
印度理工学院的精英们	[印度]桑迪潘·德布
知识社会中的大学	[英]杰勒德·德兰迪
高等教育的未来：浮言、现实与市场风险	
	[美]弗兰克·纽曼等
后现代大学来临？	[英]安东尼·史密斯等
美国大学之魂	[美]乔治·M.马斯登
大学理念重审：与纽曼对话	[美]雅罗斯拉夫·帕利坎
学术部落及其领地——当代学术界生态揭秘（第二版）	
	[英]托尼·比彻 保罗·特罗勒尔
德国古典大学观及其对中国大学的影响（第二版）	陈洪捷
转变中的大学：传统、议题与前景	郭为藩
学术资本主义：政治、政策和创业型大学	
	[美]希拉·斯劳特 拉里·莱斯利
21世纪的大学	[美]詹姆斯·杜德斯达
美国公立大学的未来	
	[美]詹姆斯·杜德斯达 弗瑞斯·沃马克
东西象牙塔	孔宪铎
理性捍卫大学	眭依凡

学术规范与研究方法系列

如何为学术刊物撰稿（第三版）	[英]罗薇娜·莫瑞
如何查找文献（第二版）	[英]萨莉·拉姆齐
给研究生的学术建议（第二版）	[英]玛丽安·彼得 等
社会科学研究的基本规则（第四版）	[英]朱迪斯·贝尔
做好社会研究的10个关键	[英]马丁·丹斯考姆
如何写好科研项目申请书	[美]安德鲁·弗里德兰德等
教育研究方法（第六版）	[美]梅瑞迪斯·高尔等
高等教育研究：进展与方法	[英]马尔科姆·泰特
如何成为学术论文写作高手	[美]华乐丝
参加国际学术会议必须要做的那些事	[美]华乐丝
如何成为优秀的研究生	[美]布卢姆
结构方程模型及其应用	易丹辉 李静萍
学位论文写作与学术规范（第二版）	李 武 毛远逸 肖东发
生命科学论文写作指南	[加]白青云
法律实证研究方法（第二版）	白建军
传播学定性研究方法（第二版）	李 琨

21世纪高校教师职业发展读本

如何成为卓越的大学教师	[美]肯·贝恩
给大学新教员的建议	[美]罗伯特·博伊斯
如何提高学生学习质量	[英]迈克尔·普洛瑟等
学术界的生存智慧	[美]约翰·达利等
给研究生导师的建议（第2版）	[英]萨拉·德拉蒙特等
高校课程理论——大学教师必修课	黄福涛

21世纪教师教育系列教材·物理教育系列

中学物理教学设计	王 霞
中学物理微格教学教程（第三版）	张军朋 詹伟琴 王 恬
中学物理科学探究学习评价与案例	张军朋 许桂清
物理教学论	邢红军
中学物理教学法	邢红军
中学物理教学评价与案例分析	王建中 孟红娟
中学物理课程与教学论	张军朋 许桂清
物理学习心理学	张军朋
中学物理课程与教学设计	王 霞

21世纪教育科学系列教材·学科学习心理学系列

数学学习心理学（第三版）	孔凡哲
语文学习心理学	董蓓菲

21世纪教师教育系列教材

青少年心理发展与教育	林洪新 郑淑杰
教育心理学（第二版）	李晓东
教育学基础	庞守兴
教育学	余文森 王 晞
教育研究方法	刘淑杰
教育心理学	王晓明
心理学导论	杨凤云
教育心理学概论	连 榕 罗丽芳
课程与教学论	李 允
教师专业发展导论	于胜刚
学校教育概论	李清雁
现代教育评价教程（第二版）	吴 钢
教师礼仪实务	刘 霄
家庭教育新论	闫旭蕾 杨 萍
中学班级管理	张宝书
教育职业道德	刘亭亭
教师心理健康	张怀春

现代教育技术	冯玲玉
青少年发展与教育心理学	张清
课程与教学论	李允
课堂与教学艺术（第二版）	孙菊如 陈春荣
教育学原理	靳淑梅 许红花
教育心理学（融媒体版）	徐凯
高中思想政治课程标准与教材分析	胡田庚 高鑫

21世纪教师教育系列教材·初等教育系列

小学教育学	田友谊
小学教育学基础	张永明 曾碧
小学班级管理	张永明 宋彩琴
初等教育课程与教学论	罗祖兵
小学教育研究方法	王红艳
新理念小学数学教学论	刘京莉
新理念小学音乐教学论（第二版）	吴跃跃
初中历史跨学科主题学习案例集	杜芳 陆优君
青少年心理发展与教育	林洪新 郑淑杰
名著导读12讲——初中语文整本书阅读指导手册	文贵良
小学融合教育概论	雷江华 袁维

教师资格认定及师范类毕业生上岗考试辅导教材

教育学	余文森 王晞
教育心理学概论	连榕 罗丽芳

21世纪教师教育系列教材·学科教育心理学系列

语文教育心理学	董蓓菲
生物教育心理学	胡继飞

21世纪教师教育系列教材·学科教学论系列

新理念化学教学论（第二版）	王后雄
新理念科学教学论（第二版）	崔鸿 张海珠
新理念生物教学论（第二版）	崔鸿 郑晓慧
新理念地理教学论（第三版）	李家清
新理念历史教学论（第二版）	杜芳
新理念思想政治（品德）教学论（第三版）	胡田庚
新理念信息技术教学论（第二版）	吴军其
新理念数学教学论	冯虹
新理念小学音乐教学论（第二版）	吴跃跃

21世纪教师教育系列教材·语文教育系列

语文文本解读实用教程	荣维东
语文课程教师专业技能训练	张学凯 刘丽丽
语文课程与教学发展简史	武玉鹏 王从华 黄修志
语文课程学与教的心理学基础	韩雪屏 王朝霞
语文课程名师名课案例分析	武玉鹏 郭治锋 等
语用性质的语文课程与教学论	王元华
语文课堂教学技能训练教程（第二版）	周小蓬
中外母语教学策略	周小蓬
中学各类作文评价指引	周小蓬
中学语文名篇新讲	杨朴 杨旸
语文教师职业技能训练教程	韩世姣

21世纪教师教育系列教材·学科教学技能训练系列

新理念生物教学技能训练（第二版）	崔鸿
新理念思想政治（品德）教学技能训练（第三版）	胡田庚 赵海山
新理念地理教学技能训练（第二版）	李家清
新理念化学教学技能训练（第二版）	王后雄
新理念数学教学技能训练	王光明

王后雄教师教育系列教材

教育考试的理论与方法	王后雄
化学教育测量与评价	王后雄
中学化学实验教学研究	王后雄
新理念化学教学诊断学	王后雄

西方心理学名著译丛

儿童的人格形成及其培养	［奥地利］阿德勒
活出生命的意义	［奥地利］阿德勒
生活的科学	［奥地利］阿德勒
理解人生	［奥地利］阿德勒
荣格心理学七讲	［美］卡尔文·霍尔
系统心理学：绪论	［美］爱德华·铁钦纳
社会心理学导论	［美］威廉·麦独孤
思维与语言	［俄］列夫·维果茨基
人类的学习	［美］爱德华·桑代克
基础与应用心理学	［德］雨果·闵斯特伯格
记忆	［德］赫尔曼·艾宾浩斯
实验心理学（上下册）	［美］伍德沃斯 施洛斯贝格
格式塔心理学原理	［美］库尔特·考夫卡

21世纪教师教育系列教材·专业养成系列（赵国栋 主编）

微课与慕课设计初级教程	
微课与慕课设计高级教程	
微课、翻转课堂和慕课设计实操教程	
网络调查研究方法概论（第二版）	
PPT云课堂教学法	
快课教学法	

其他

三笔字楷书书法教程（第二版）	刘慧龙
植物科学绘画——从入门到精通	孙英宝
艺术批评原理与写作（第二版）	王洪义
学习科学导论	尚俊杰
艺术素养通识课	王洪义